Deutscher Caritasverband (Hg.)

AVR 2027

Richtlinien für Arbeitsverträge in den Einrichtungen des Deutschen Caritasverbandes (AVR) in der Fassung ab dem 1. Januar 2027

Stand: 19. März 2026

LAMBERTUS

caritas

Die Arbeitsvertragsrichtlinien enthalten bei der Bezeichnung von Personen aus Gründen der besseren Lesbarkeit durchgängig die männliche Form. Soweit im Text das Wort Mitarbeiter verwendet wird, beruht dies ausschließlich auf sprachlichen Überlegungen; die Mitarbeiterinnen und anderen Personen in den einzelnen Einrichtungen des Deutschen Caritasverbandes sind darin eingeschlossen.

www.lambertus.de

Bezugsquelle:
Lambertus-Verlag GmbH
Karlstraße 40
D-79104 Freiburg
Telefon: 0761-368 25 25
Fax 0761-368 25 33
www.lambertus.de
info@lambertus.de

Herausgeber:
Deutscher Caritasverband e.V.,
Referat Arbeits- und Tarifrecht
Postfach 420, 79004 Freiburg

Satz: Reemers Publishing Services GmbH, Krefeld
Druck: Druckerei Franz X. Stückle, Ettenheim

ISBN 978-3-7841-3850-3

Vorwort

Sehr geehrte Leserinnen und Leser,

die Bundeskommission der Arbeitsrechtlichen Kommission (AK) hat in ihrer Sitzung am 9. Oktober 2025 in Fulda eine grundlegende Neufassung der Richtlinien für Arbeitsverträge in den Einrichtungen des Deutschen Caritasverbandes (AVR) beschlossen. Diese Richtlinien finden ab dem 1. Januar 2027 mit wenigen Ausnahmen für alle Mitarbeitende in den Einrichtungen des Deutschen Caritasverbandes Anwendung. Weitere Korrekturbeschlüsse erfolgten durch die Bundeskommission in den Sitzungen am 4. Dezember 2025 und 19. März 2026 in Fulda.

Mit der Neufassung der AVR findet ein langjähriger Reformprozess seinen Abschluss. Im Jahr 2011 wurden für einzelne Berufsgruppen im Bereich der Pflege in der Altenhilfe und im Krankenhaus sowie im Sozial- und Erziehungsdienst Regelungen aus dem Tarifvertrag für den Öffentlichen Dienst der Kommunen (TVöD-VKA) in die Anlagen 30 bis 33 zu den AVR übernommen worden. Für andere Tätigkeitsbereiche, etwa in der Verwaltung, Beratung oder in den medizinisch-technischen Diensten galten weiterhin die am Bundesangestelltentarif (BAT) orientierten Strukturen der Anlagen 2 ff zu den AVR. Dies führte über viele Jahre hinweg zu einem heterogenen Regelungssystem, der insbesondere die Bereiche Arbeitszeit, Entgelt und Urlaub betraf. Die AVR-Reform hatte zum Ziel, diese Unterschiede zu beseitigen und ein transparentes, modernes und für alle Mitarbeitenden gleichermaßen geltendes Regelungssystem zu schaffen.

Mit der Neufassung wird die bislang geltende Gliederung in einen Allgemeinen Teil und zahlreiche Einzelanlagen aufgegeben und durch ein fortlaufend geschriebenes Tarifwerk mit Anhängen für besondere Gruppen ersetzt. Das Tarifwerk zeichnet sich nun durch eine einheitliche Struktur aus. Der bisherige tätigkeitsbezogene Geltungsbereich wird von einem einrichtungsbezogenen abgelöst. Ferner werden u. a. die regelmäßige Arbeitszeit, die Bereitschaftszeit, der Bereitschaftsdienst, die Berechnungsbasis der Entgeltfortzahlung, der Urlaub, die Krankenbezüge und der Krankengeldzuschuss einheitlich geregelt. Die bisherige Weihnachtszuwendung und das bisherige Urlaubsgeld werden von der Jahressonderzahlung abgelöst. Inhaltliche Sonderregelungen finden sich in den Anhängen und bestehen künftig nur noch für bestimmte Gruppen, insbesondere für Ärztinnen und Ärzte, Lehrkräfte sowie Auszubildende.

Die Tätigkeitsmerkmale, insbesondere die der Anlage 2-Mitarbeitenden, wurden überarbeitet und befinden sich nun in der Entgeltordnung. Die Entgelttabellen wurden an denen des TVöD-VKA angepasst, mit dem Unterschied, dass für Führungskräfte zwei neue Entgeltgruppen 16 und 17 hinzugefügt wurden. Zudem gibt es Übergangsregelungen für Betreuungskräfte und Mitarbeiter mit bestimmten Tätigkeiten in der Entgeltgruppe 2.

Die neue Entgeltordnung gilt für Neueinstellungen ab dem 1. Januar 2027 unmittelbar. Bestandsmitarbeitende der Anlagen 2, 2d und 2e zu den AVR haben dagegen ein Wahlrecht: Wenn sie keinen Antrag auf Überleitung stellen, bleibt es bei der bisherigen Eingruppierungsregelungen mit den zugehörigen (dynamischen) Vergütungstabellen und den Zulagen wie z. B. der Kinderzulage.

Die Regionalkommissionen haben die in den AVR Caritas 2027 enthaltenen mittleren Werte für die Höhe der Vergütungsbestandteile sowie des Umfangs der regelmäßigen Arbeitszeit und des Erholungsurlaubs zum 1. Januar 2027 – zum Teil mit regionsspezifischen Abweichungen – für ihren Bereich übernommen und festgesetzt.

Für den Herausgeber
Andreas Unrau
Freiburg, im April 2026

Inhaltsübersicht

Inhaltsübersicht

AVR

Inhalt

Abschnitt I Allgemeine Vorschriften

§ 1 Wesen der Caritas, Dienstgemeinschaft

Lebens- und Wesensäußerung

Dienstgemeinschaft

(1) [1]Die Caritas ist eine Lebens- und Wesensäußerung der katholischen Kirche. [2]Die dem Deutschen Caritasverband angeschlossenen Einrichtungen dienen dem gemeinsamen Werk christlicher Nächstenliebe. [3]Dienstgeber und Mitarbeiter bilden eine Dienstgemeinschaft und tragen gemeinsam zur Erfüllung der Aufgaben der Einrichtung bei. [4]Die Mitarbeiter haben den ihnen anvertrauten Dienst in Treue und in Erfüllung der allgemeinen und besonderen Dienstpflichten zu leisten.

(2) Der Treue des Mitarbeiters muss von Seiten des Dienstgebers die Treue und Fürsorge gegenüber dem Mitarbeiter entsprechen.

Dienstgeber

(3) Auf dieser Grundlage regeln sich alle Beziehungen zwischen Dienstgeber und Mitarbeiter.

§ 2 Geltungsbereich

(1) Die AVR finden Anwendung in allen in der Bundesrepublik Deutschland gelegenen Einrichtungen und Dienststellen, die dem Deutschen Caritasverband angeschlossen sind.

Einrichtung

> *Anmerkung:*
>
> Besondere diözesane Regelungen und Beschlüsse der Zentralen Arbeitsrechtlichen Kommission (Anhang Zentrale Arbeitsrechtliche Kommission) werden durch die AVR nicht berührt.

(2) Die AVR gelten nicht für:

a) Mitarbeiter, deren Leistungsfähigkeit infolge einer körperlichen, geistigen, seelischen oder sonstigen Behinderung beeinträchtigt ist und deren Rehabilitation oder Resozialisierung durch Beschäftigungs- und Arbeitstherapiemaßnahmen angestrebt wird;

beeinträchtigte Leistungsfähigkeit

b) Mitarbeiter, die nicht in erster Linie aus Gründen der Erwerbstätigkeit beschäftigt werden, sondern vorwiegend zu ihrer Betreuung, sofern die Anwendung der AVR nicht ausdrücklich schriftlich vereinbart ist;

Betreuung

c) Mitarbeiter, die Tätigkeiten nach § 11 Abs. 3 SGB XII ausüben;

zumutbare Tätigkeit

d) Mitarbeiter mit fortdauerndem Förderungsbedarf, die sich zu Beschäftigungsbeginn in einer öffentlich geförderten Beschäftigungsmaßnahme (z.B. nach SGB II, SGB III) befinden und im Rahmen von Maßnahmen der Beschäftigung und/oder Qualifizierung zur Erlangung eines Arbeitsplatzes und/oder Erhaltung der Beschäftigungsfähigkeit eine fachliche und/oder sozialpädagogische Anleitung erhalten;

fortdauernder Förderungsbedarf

e) Mitarbeiter, die für einen festumgrenzten Zeitraum ausschließlich zu ihrer Vor-, Aus- oder Weiterbildung beschäftigt werden, sofern diese öffentlich gefördert wird und nicht Anhang Auszubildende anzuwenden ist;

Ausbildung außerhalb Anhang Auszubildende

f) leitende Ärzte (Chefärzte) und vergleichbare leitende Mitarbeiter, wenn ihre Arbeitsbedingungen einzelvertraglich besonders vereinbart sind oder werden;

Einzelvertrag

g) Mitarbeiter, die über die höchste Vergütungsgruppe der AVR hinausgehende Dienstbezüge (§ 27) erhalten.

außertarifliche Vergütung

(3) Soweit in den AVR von Mitarbeitern in Krankenhäusern gesprochen wird, umfasst dies die Mitarbeiter, die in

Krankenhäuser

a) Krankenhäusern, einschließlich psychiatrischen Fachkrankenhäusern,

b) medizinischen Instituten von Krankenhäusern oder

c) sonstigen Einrichtungen (z.B. Reha-Einrichtungen, Kureinrichtungen), in denen die betreuten Personen in ärztlicher Behandlung stehen, wenn die Behandlung durch in den Einrichtungen selbst beschäftigte Ärztinnen oder Ärzte stattfindet,

beschäftigt sind.

Fachabteilungen in psychiarischen Zentren bzw. Rehabilitations- oder Kureinrichtungen

Anmerkung 1 zu Absatz 3:

[1]Hiervon sind auch Mitarbeiter in Fachabteilungen (z.B. Pflege-, Altenpflege- und Betreuungseinrichtungen) in psychiatrischen Zentren bzw. Rehabilitations- oder Kureinrichtungen erfasst, soweit diese mit einem psychiatrischen Fachkrankenhaus bzw. einem Krankenhaus desselben Trägers einen Betrieb bilden. [2]Im Übrigen werden Mitarbeiter in Altenpflegeeinrichtungen eines Krankenhauses von der Begriffsbestimmung in Absatz 3 nicht erfasst, auch soweit sie mit einem Krankenhaus desselben Trägers einen Betrieb bilden.

Lehrkräfte an Krankenpflegeschulen

Anmerkung 2 zu Absatz 3:

Lehrkräfte an Krankenpflegeschulen und ähnlichen der Ausbildung dienenden Einrichtungen nach Absatz 3 fallen unter die Mitarbeiter, soweit diese nicht vom Geltungsbereich nach Teil II. Anhang Lehrkräfte erfasst sind.

Pflege- und Betreuungseinrichtungen

(4) Soweit in den AVR von Mitarbeitern in Pflege- und Betreuungseinrichtungen gesprochen wird, umfasst dies die Mitarbeiter, die in

a) Heil-, Pflege- und Entbindungseinrichtungen,

b) medizinischen Instituten von Heil- und Pflegeeinrichtungen,

c) sonstigen Einrichtungen und Heimen, in denen die betreuten Personen in ärztlicher Behandlung stehen, wenn die Behandlung durch nicht in den Einrichtungen selbst beschäftigte Ärztinnen oder Ärzte stattfindet,

d) Einrichtungen und Heimen, die der Förderung der Gesundheit, der Erziehung, der Fürsorge oder Betreuung von Kindern und Jugendlichen, der Fürsorge und Betreuung von obdachlosen, alten, gebrechlichen, erwerbsbeschränkten oder sonstigen hilfsbedürftigen Personen dienen, auch wenn diese Einrichtungen nicht der ärztlichen Behandlung der betreuten Personen dienen, oder in

e) ambulanten Pflegediensten oder teilstationären Pflegeeinrichtungen

beschäftigt sind, soweit deren Einrichtungen nicht unter Absatz 3 fallen.

Lehrkräfte an Altenpflegeschulen

Anmerkung zu Absatz 4:

Lehrkräfte an Altenpflegeschulen und ähnlichen der Ausbildung dienenden Einrichtungen nach Absatz 4 fallen unter diesen Absatz, soweit diese nicht unter Absatz 3 bzw. unter den Teil II. Anhang Lehrkräfte fallen.

SuE

(5) Soweit in den AVR von Mitarbeitern im Sozial- und Erziehungsdienst gesprochen wird, umfasst dies die Mitarbeiter, die gemäß Teil B Abschnitt XXIV Anhang Entgeltordnung eingruppiert sind.

Rettungsdienst

(6) Soweit in den AVR von Mitarbeitern im Rettungsdienst gesprochen wird, umfasst dies die Mitarbeiter, die gemäß Teil B Abschnitt XXII Anhang Entgeltordnung eingruppiert sind. Dies umfasst auch Mitarbeiter in Leitstellen, die nach Teil B Abschnitt XVIII Anhang Entgeltordnung eingruppiert sind.

ärztlicher Dienst

(7) Für Mitarbeiter im ärztlichen Dienst gelten die besonderen Regelungen des Anhangs Ärztlicher Dienst.

Fahrdienst

(8) Für Mitarbeiter in Fahrdiensten gelten die besonderen Regelungen des Anhangs Fahrdienste.

§ 3 Allgemeine Dienstpflichten

Dienst in der katholischen Kirche

(1) Der Dienst in der katholischen Kirche fordert vom Dienstgeber und vom Mitarbeiter die Bereitschaft zu gemeinsam getragener Verantwortung und vertrauensvolle Zusammenarbeit unter Beachtung der Eigenart, die sich aus dem Auftrag der Kirche und ihrer besonderen Verfasstheit ergibt.

kirchliche Gesetze

(2) Bei der Erfüllung der dienstlichen Aufgaben sind die allgemeinen und für einzelne Berufsgruppen erlassenen kirchlichen Gesetze und Vorschriften zu beachten.

Bezug zur Grundordnung

(3) Die Grundordnung des kirchlichen Dienstes ist Bestandteil des Dienstverhältnisses.

fachliches Können

(4) [1]Jeder Mitarbeiter hat seine beruflichen Fähigkeiten und Erfahrungen nach bestem Können bei der Erfüllung des ihm übertragenen Dienstes einzusetzen. [2]Er soll jederzeit bemüht sein, sein fachliches Können zu erweitern. [3]Er hat die für seinen Arbeitsbereich bestehenden Gesetze und Verwaltungsbestimmungen und daneben die durch Dienstanweisungen oder Anordnungen seiner Vorgesetzten gegebenen Weisungen zu beachten.

Ordnungen der Einrichtung

(5) Die Dienstordnung sowie die Haus- und Heimordnung sind für jeden Mitarbeiter verbindlich.

§ 4 Besondere Dienstpflichten

Verschwiegenheit

(1) Das Gebot der Verschwiegenheit in allen dienstlichen Angelegenheiten besteht nicht nur während des Dienstverhältnisses, sondern auch nach dessen Beendigung.

Nebentätigkeit

(2) [1]Die Ausübung einer Nebentätigkeit ist zulässig. [2]Über die Aufnahme einer Nebentätigkeit ist der Dienstgeber zu unterrichten. [3]Eine Nebentätigkeit ist unzulässig, wenn dadurch die Arbeitskraft der Mitarbeiter oder berechtigte Interessen des Dienstgebers erheblich beeinträchtigt werden. [4]In diesem Fall kann der Dienstgeber eine Nebentätigkeit untersagen bzw. die Erlaubnis zur Nebentätigkeit einschränken.

Beteiligung an Weiterbildung

(3) [1]Die Mitarbeiter sind grundsätzlich verpflichtet, sich auf Verlangen des Dienstgebers in zumutbarem Umfang an der Weiterbildung der Mitarbeiter und am Unterricht an den Schulen des Dienstgebers zu beteiligen. [2]In akademischen Lehrkrankenhäusern sind die Ärzte im Rahmen ihres Dienstes verpflichtet, sich an der praktischen Ausbildung der Medizinstudenten in dem Krankenhaus zu beteiligen. [3]Das gilt auch für sonstige Mitarbeiter, die an der Ausbildung auf Anordnung des Dienstgebers beteiligt werden. [4]Die Ärzte sind verpflichtet, ärztliche Bescheinigungen auszustellen und auf Anordnung des Dienstgebers im Rahmen einer zugelassenen Nebentätigkeit des leitenden Arztes oder für einen Belegarzt des Krankenhauses ärztlich tätig zu werden.

Belohnungen und Geschenke

Sparsamkeit

(4) [1]Der Mitarbeiter darf Belohnungen und Geschenke in Bezug auf seine dienstliche Tätigkeit nur mit Zustimmung des Dienstgebers annehmen. [2]Werden dem Mitarbeiter Belohnungen und Geschenke in Bezug auf seine dienstliche Tätigkeit angeboten, so hat er dies dem Dienstgeber unverzüglich und unaufgefordert mitzuteilen. [3]Pflegliche Behandlung des Eigentums der Einrichtung und Sparsamkeit in seiner Verwendung gehören zu den selbstverständlichen Pflichten.

Haftung

(5) [1]Wenn der Mitarbeiter seine Dienstpflicht vorsätzlich oder grob fahrlässig verletzt, so haftet er dem Dienstgeber für den dadurch entstandenen Schaden nach Maßgabe der gesetzlichen Bestimmungen. [2]Beim Rettungsdienst im Notarztwagen oder Rettungshubschrauber ist der Mitarbeiter in Fällen, in denen kein grob fahrlässiges und kein vorsätzliches Handeln vorliegt, von etwaigen Haftungsansprüchen freizustellen.

§ 5 Verschwiegenheitspflicht und Aussagegenehmigung in seelsorgerischen Angelegenheiten

Seelsorge

(1) [1]Angelegenheiten, die einem Mitarbeiter im Zusammenhang mit seelsorgerischen Tätigkeiten oder zu seelsorgerischen Zwecken anvertraut wurden, unterliegen auch dann der Verschwiegenheit, wenn dieser nicht ausdrücklich zur Seelsorge beauftragt ist. [2]Dies gilt auch über den Bereich eines Dienstgebers hinaus sowie nach Beendigung des Dienstverhältnisses.

Geheimhaltung

(2) [1]Absatz 1 gilt nicht, soweit Tatsachen mitgeteilt werden, die offenkundig sind oder ihrer Bedeutung nach keiner Geheimhaltung bedürfen. [2]Eine Verpflichtung, geplante Straftaten anzuzeigen, bleibt von Absatz 1 unberührt.

Genehmigung

(3) [1]Ein Mitarbeiter, der vor Gericht oder außergerichtlich über Angelegenheiten, für die Absatz 1 gilt, aussagen oder Erklärungen abgeben soll, bedarf hierfür der Genehmigung. [2]Dies gilt auch dann, wenn die Voraussetzungen des § 54 StPO oder § 376 ZPO nicht erfüllt sind. [3]Die Genehmigung erteilt der Dienstgeber oder, wenn das Dienstverhältnis beendet ist, der letzte Dienstgeber. [4]Hat sich der Vorgang, der den Gegenstand der Äußerung bildet, bei einem früheren Dienstgeber ereignet, darf die Genehmigung nur mit dessen Zustimmung erteilt werden.

Zeugenaussage

(4) [1]Die Genehmigung, als Zeuge auszusagen, soll nur zum Schutz des Seelsorgegeheimnisses versagt werden. [2]Ist der Mitarbeiter Partei oder Beschuldigter in einem gerichtlichen Verfahren oder soll sein Vorbringen der Wahrnehmung seiner berechtigten Interessen dienen, darf die Genehmigung auch dann, wenn die Voraussetzungen des Satzes 1 erfüllt sind, nur versagt werden, wenn die dienstlichen Rücksichten dies unabweisbar erfordern. [3]Wird sie versagt, ist dem Mitarbeiter der Schutz zu gewähren, den er zur Vertretung seiner Interessen benötigt.

§ 6 Dienstvertrag, Nebenabreden, Probezeit

Dienstvertrag

(1) [1]Der Mitarbeiter wird durch den Rechtsträger der Einrichtung (Dienstgeber) oder den von diesem Bevollmächtigten eingestellt. [2]Der Dienstvertrag wird vor Dienstbeginn schriftlich unter Verwendung eines Musterdienstvertrages des Deutschen Caritasverbandes abgeschlossen. [3]Mehrere Dienstverhältnisse zu demselben Dienstgeber dürfen nur begründet werden, wenn die jeweils übertragenen Tätigkeiten nicht in einem unmittelbaren Sachzusammenhang stehen. [4]Andernfalls gelten sie als ein Dienstverhältnis.

zusätzliche Vereinbarungen

(2) [1]Zusätzliche Vereinbarungen bedürfen zu ihrer Gültigkeit der Schriftform. [2]Sie können gesondert gekündigt werden, soweit das in den AVR vorgesehen oder einzelvertraglich vereinbart ist.

(3) [1]Die Einstellung setzt die persönliche Eignung und die notwendigen Kenntnisse und Fähigkeiten, in der Regel die erforderliche Fachausbildung, voraus. [2]Der Dienstgeber kann die Vorlage eines ärztlichen Zeugnisses von einem Arzt seines Vertrauens verlangen.

ärztliches Zeugnis

(4) Die ersten sechs Monate des Dienstverhältnisses sind Probezeit, sofern im Dienstvertrag nicht auf eine Probezeit verzichtet oder eine kürzere Probezeit vereinbart worden ist oder der Mitarbeiter im unmittelbaren Anschluss an ein erfolgreich abgeschlossenes Lehr- oder Ausbildungsverhältnis bei demselben Dienstgeber eingestellt wird.

Probezeit

(5) Bei Antritt des Dienstes ist der Mitarbeiter auf treue und gewissenhafte Erfüllung seines Dienstes und die Einhaltung der Verschwiegenheit zu verpflichten.

Dienstantritt

§ 7 Personalakten

(1) Für jeden Mitarbeiter ist eine Personalakte zu führen.

Personalakte

(2) [1]Der Mitarbeiter hat ein Recht auf Einsicht in seine vollständigen Personalakten. [2]Er kann von seinen Personalakten Kopien verlangen.

Einsicht

(3) [1]Der Mitarbeiter muss zu Beschwerden und Behauptungen jeder Art, die für ihn ungünstig sind oder ihm nachteilig werden können, vor Aufnahme in die Personalakten gehört werden. [2]Seine Äußerungen sind zu den Personalakten zu nehmen.

Anhörung

§ 8 Ärztliche Untersuchung während des Dienstverhältnisses

(1) Der Dienstgeber kann bei gegebener Veranlassung durch einen Arzt seines Vertrauens feststellen lassen, ob der Mitarbeiter dienstfähig und/oder frei von ansteckenden Krankheiten ist.

Ärztliches Attest zur Arbeitsfähigkeit

(2) [1]Entstehen dem Mitarbeiter aus vom Dienstgeber angeordneten ärztlichen Untersuchungen Kosten, sind sie vom Dienstgeber zu übernehmen. [2]Das Ergebnis der ärztlichen Untersuchung ist dem Mitarbeiter auf seinen Antrag bekannt zu geben.

Kosten

(3) Gesetzliche Vorschriften, die den Mitarbeiter verpflichten oder berechtigen, sich ärztlich untersuchen zu lassen, bleiben unberührt.

Gesetze

§ 9 Regenerationstage/Umwandlungstage der Mitarbeiter im Sozial- und Erziehungsdienst

(1) [1]Mitarbeiter, die nach Teil B Abschnitt XXIV Anhang Entgeltordnung eingruppiert sind, haben ab dem Kalenderjahr 2023 bei Verteilung der wöchentlichen Arbeitszeit auf fünf Tage in der Kalenderwoche Anspruch auf zwei Arbeitstage Arbeitsbefreiung unter Fortzahlung des Entgelts (Dienstbezüge) und der in Monatsbeträgen festgelegten Zulagen (Regenerationstage). [2]Wird die wöchentliche Arbeitszeit an weniger als fünf Tagen in der Woche erbracht, vermindert sich der Anspruch auf die Regenerationstage entsprechend. [3]Maßgeblich für die Verminderung nach Satz 2 sind die jeweiligen Verhältnisse zum Zeitpunkt der Antragstellung nach Absatz 2 Satz 2. [4]Verändert sich im Zeitraum zwischen der Antragstellung und dem gewährten Regenerationstag die Verteilung der wöchentlichen

Regenerationstage

Arbeitszeit, erhöht oder vermindert sich der Anspruch auf die Regenerationstage entsprechend. [5]Verbleibt bei den Berechnungen nach den Sätzen 2 oder 4 ein Bruchteil, der mindestens einen halben Regenerationstag ergibt, wird er auf einen vollen Regenerationstag aufgerundet; Bruchteile von weniger als einem halben Regenerationstag bleiben unberücksichtigt.

Anmerkung zu Satz 1:

Reduktion des Anspruchs

[1]Der Anspruch reduziert sich auf einen Regenerationstag, wenn in dem Kalenderjahr nicht für mindestens vier Kalendermonate Anspruch auf Entgelt bestanden hat. [2]Anspruch auf Entgelt im Sinne des Satzes 1 sind hier auch der Anspruch auf Entgeltfortzahlung (§§ 15 Abs. 4 Satz 1, 36, 37 Abs. 1 und 2, 47, 49) und der Anspruch auf Krankengeldzuschuss, auch wenn dieser wegen der Höhe der Barleistungen des Sozialversicherungsträgers nicht gezahlt wird. [3]Einem Anspruch auf Entgelt gleichgestellt ist der Bezug von Krankengeld nach § 45 SGB V oder entsprechender gesetzlicher Leistungen, Leistungen nach § 56 IfSG, Kurzarbeitergeld und Leistungen nach §§ 18 bis 20 MuSchG oder nach § 24i SGB V.

entgegenstehende betriebliche/dienstliche Gründe

(2) [1]Bei der Festlegung der Lage der Regenerationstage sind die Wünsche des Mitarbeiters zu berücksichtigen, sofern dem keine dringenden dienstlichen/betrieblichen Gründe entgegenstehen. [2]Der Mitarbeiter hat den/die Regenerationstag/e spätestens vier Wochen vor dem gewünschten Zeitpunkt der Gewährung in Textform gegenüber dem Dienstgeber geltend zu machen. [3]Der Dienstgeber entscheidet über die Gewährung der Regenerationstage bis spätestens zwei Wochen vor diesen und teilt dies dem Mitarbeiter in Textform mit. [4]Im gegenseitigen Einvernehmen ist unter Berücksichtigung der aktuellen dienstlichen/betrieblichen Verhältnisse abweichend von den Sätzen 2 und 3 auch eine kurzfristige Gewährung von Regenerationstagen möglich. [5]Regenerationstage, für die im laufenden Kalenderjahr keine Arbeitsbefreiung nach Satz 1 erfolgt ist, verfallen. [6]Abweichend von Satz 5 verfallen Regenerationstage, die wegen dringender betrieblicher/dienstlicher Gründe im laufenden Kalenderjahr nicht gewährt worden sind, spätestens am 30. September des Folgejahres.

Umwandlungstage

(3) [1]Mitarbeiter, die Anspruch auf eine monatliche SuE-Zulage gemäß § 28 Abs. 4 Buchst. e haben, können bis zum 31. Oktober des laufenden Kalenderjahres in Textform geltend machen, statt der ihnen zustehenden SuE-Zulage im Folgejahr bis zu zwei Arbeitstage Arbeitsbefreiung unter Fortzahlung des Entgelts (Dienstbezüge) und der in Monatsbeträgen festgelegten Zulagen in Anspruch zu nehmen (Umwandlungstage). [2]Mitarbeiter, die erstmalig einen Anspruch auf eine SuE-Zulage gemäß § 28 Abs. 4 Buchst. e erwerben, können nach Ablauf von drei Kalendermonaten nach Aufnahme des Dienstverhältnisses (Neubegründung des Dienstverhältnisses oder Tätigkeitswechsel) die Geltendmachung der Umwandlungstage für das laufende Kalenderjahr erklären. [3]Die SuE-Zulage wird jeweils nach der erfolgten Arbeitsbefreiung gekürzt. [4]Der Kürzungsbetrag ergibt sich aus dem individuell ermittelten Stundenentgelt bezogen auf die an dem Umwandlungstag dienstplanmäßig bzw. betrieblich festgelegten Arbeitsstunden. [5]Besteht zum Zeitpunkt der Beantragung kein Dienstplan bzw. keine betrieblich festgelegte Arbeitszeit, so ist die an dem Umwandlungstag zu leistende Arbeitszeit dadurch zu ermitteln, dass die dienstvertraglich vereinbarte regelmäßige durchschnittliche wöchentliche Arbeitszeit durch die Anzahl der Arbeitstage zu teilen ist, die der Mitarbeiter in der Woche zu leisten hat, in der der Umwandlungstag liegt. [6]Der

Mitarbeiter hat den/die Umwandlungstag/e spätestens vier Wochen vor dem gewünschten Zeitpunkt der Gewährung in Textform gegenüber dem Dienstgeber geltend zu machen. [7]Der Dienstgeber entscheidet über die Gewährung der Umwandlungstage bis spätestens zwei Wochen vor diesen und teilt dies dem Mitarbeiter in Textform mit. [8]Bei der Festlegung der Lage der Umwandlungstage sind die Wünsche des Mitarbeiters zu berücksichtigen, sofern dem keine dringenden dienstlichen/betrieblichen Gründe entgegenstehen. [9]Im gegenseitigen Einvernehmen ist unter Berücksichtigung der aktuellen dienstlichen/betrieblichen Verhältnisse abweichend von den Sätzen 6 und 7 auch eine kurzfristige Gewährung von Umwandlungstagen möglich. [10]Eine im Vorjahr nach Satz 1 oder im laufenden Kalenderjahr nach Satz 2 beantragte Umwandlung der SuE-Zulage wirkt längstens bis zum Ende des laufenden Kalenderjahres.

Anmerkung zu Absatz 3 Satz 4:

Zur Ermittlung des auf eine Stunde entfallenden Anteils sind die in Monatsbeträgen festgelegten Entgeltbestandteile durch das 4,348-fache der regelmäßigen wöchentlichen Arbeitszeit zu teilen.

Ermittlung des Stundenanteils

Anmerkung zu § 9:

Bei den Regenerations- und Umwandlungstagen handelt es sich nicht um Urlaubs-/Zusatzurlaubstage.

keine Urlaubs-/Zusatzurlaubstage

§ 10 Beschäftigungszeit

(1) [1]Beschäftigungszeit ist die bei demselben Dienstgeber in einem Dienstverhältnis zurückgelegte Zeit, auch wenn sie unterbrochen worden ist.

Beschäftigungszeit

[2]Zeiten einer Teilzeitbeschäftigung werden voll angerechnet.

[3]Ist der Mitarbeiter aus seinem Verschulden oder auf seinen eigenen Wunsch aus dem Dienstverhältnis ausgeschieden, so gelten vor dem Ausscheiden liegende Zeiten nicht als Beschäftigungszeit, es sei denn, dass er das Dienstverhältnis wegen eines mit Sicherheit erwarteten Personalabbaus oder wegen Unfähigkeit zur Fortsetzung der Arbeit infolge einer Körperbeschädigung oder einer in Ausübung oder infolge seiner Arbeit erlittenen Gesundheitsbeschädigung aufgelöst hat oder die Nichtanrechnung der Beschäftigungszeit aus sonstigen Gründen eine unbillige Härte darstellen würde.

(2) [1]Übernimmt ein Dienstgeber eine Einrichtung im Geltungsbereich der AVR oder in einem anderen Tätigkeitsbereich der katholischen Kirche, so werden dem Mitarbeiter die bei der Einrichtung zurückgelegten Zeiten nach Maßgabe des Absatzes 1 als Beschäftigungszeit angerechnet. [2]Bei Übernahme einer Einrichtung aus einem anderen Tätigkeitsbereich können die bei dieser Einrichtung zurückgelegten Zeiten ganz oder teilweise als Beschäftigungszeit angerechnet werden, wenn in dieser Einrichtung den AVR entsprechende Regelungen galten.

Vorbeschäftigungszeiten

(3) Bei dem Mitarbeiter, der am 31. Dezember 1987 schon und am 1. Januar 1988 noch in einem Dienstverhältnis gemäß Absatz 1 Satz 1 steht, gilt Absatz 1 Satz 2 in der ab 1. Januar 1988 geltenden Fassung, wenn der Mitarbeiter bis zum 31. Dezember 1989 nachweist, dass aufgrund dieser Vorschrift zusätzliche Beschäftigungszeiten anzurechnen sind.

zusätzliche Beschäftigungszeiten

Übergangsregelung zu § 10 Abs. 1:

Innerhalb des über den 31. März 1991 hinaus fortbestehenden Dienstverhältnisses eines Mitarbeiters bleibt die vor dem 1. April 1991 erreichte Beschäftigungszeit unberührt.

§ 11 Dienstzeit

Dienstzeit

(1) [1]Die Dienstzeit umfasst die Beschäftigungszeit und die nach den Absätzen 2 bis 5 anzurechnenden Zeiten einer früheren Beschäftigung, soweit diese nicht schon bei der Berechnung der Beschäftigungszeit berücksichtigt sind. [2]Für die Anrechnung nach den Absätzen 2 bis 5 gilt § 10 Abs. 1 Satz 2 entsprechend.

anzurechnende Zeiten

(2) Anzurechnen sind die Zeiten, die ein Mitarbeiter in einem Dienstverhältnis im Tätigkeitsbereich des Deutschen Caritasverbandes oder eines ihm angeschlossenen Mitgliedes oder in einem anderen Tätigkeitsbereich der katholischen Kirche verbrachte.

unbillige Härte

(3) [1]Die in Absatz 2 aufgeführten Zeiten werden nicht angerechnet, wenn der Mitarbeiter aus seinem Verschulden oder auf eigenen Wunsch aus dem Dienstverhältnis ausgeschieden ist. [2]Dies gilt nicht, wenn der Mitarbeiter im Anschluss an das bisherige Dienstverhältnis zu einer anderen Einrichtung desselben Dienstgebers oder zu einem anderen Dienstgeber im Tätigkeitsbereich des Deutschen Caritasverbandes oder eines ihm angeschlossenen Mitgliedes oder in einem anderen Tätigkeitsbereich der katholischen Kirche übergetreten ist, oder wenn er das Dienstverhältnis wegen eines mit Sicherheit erwarteten Personalabbaus oder wegen Unfähigkeit zur Fortsetzung der Arbeit infolge einer Körperbeschädigung oder in Ausübung oder infolge seiner Arbeit erlittenen Gesundheitsbeschädigung aufgelöst hat, oder die Nichtanrechnung eine unbillige Härte darstellen würde.

(4) Die Zeit anderer beruflicher Tätigkeiten kann ganz oder teilweise angerechnet werden, wenn die Tätigkeit Voraussetzung für die Einstellung war.

(5) Anzurechnen sind ferner

weitere Anrechnungszeiten

a) die Zeiten erfüllter Dienstpflicht in der Bundeswehr, Zeiten des zivilen Ersatzdienstes nach dem Gesetz über den zivilen Ersatzdienst und Zeiten des Zivildienstes nach dem Zivildienstgesetz, sowie Zeiten einer Tätigkeit als Entwicklungshelfer, soweit diese vom Wehr- oder Zivildienst befreit, sowie in der DDR erbrachte Zeiten des Grundwehrdienstes, des Wehrersatzdienstes, soweit dieser die Zeit des Grundwehrdienstes betrug, sowie Haftzeiten wegen Verweigerung des Wehrdienstes und eine daran anschließende Ableistung des Grundwehrdienstes der DDR,

b) die im Soldatenverhältnis in der Bundeswehr zurückgelegten Zeiten, soweit sie nicht nach Buchstabe a anzurechnen sind; Absatz 3 Sätze 1 und 2 sind sinngemäß anzuwenden.

Anmerkung:

Vortätigkeit in der evangelischen Kirche

Der Tätigkeit im Bereich der katholischen Kirche im Sinne von § 11 steht gleich eine Tätigkeit in der evangelischen Kirche, in einem Diakonischen Werk oder in einer Einrichtung, die dem Diakonischen Werk angeschlossen ist.

Übergangsregelung zu § 11:

Innerhalb des über den 31. März 1991 hinaus fortbestehenden Dienstverhältnisses eines Mitarbeiters bleibt die vor dem 1. April 1991 erreichte Dienstzeit unberührt.

§ 11a Ausschlussfrist zu § 10 und § 11

Nachweis anrechnungsfähiger Zeiten

[1]Der Mitarbeiter hat die anrechnungsfähigen Beschäftigungs- und Dienstzeiten innerhalb einer Ausschlussfrist von drei Monaten nach Aufforderung durch den Dienstgeber nachzuweisen. [2]Zeiten, für die der Nachweis nicht fristgemäß erbracht wird, werden nicht angerechnet. [3]Kann der Nachweis aus einem vom Mitarbeiter nicht zu vertretenden Grunde innerhalb der Ausschlussfrist nicht erbracht werden, so ist die Frist auf einen vor Ablauf der Ausschlussfrist zu stellenden Antrag zu verlängern.

§ 12 Einholung eines erweiterten Führungszeugnisses während des Dienstverhältnisses

Kosten

Soweit die Einholung eines erweiterten Führungszeugnisses gesetzlich vorgeschrieben und vom Dienstgeber angeordnet ist, werden die dafür entstehenden Kosten im laufenden Dienstverhältnis vom Dienstgeber getragen.

§ 13 Versetzung und Abordnung

Versetzung Abordnung

(1) [1]Der Mitarbeiter kann im Rahmen seiner vertraglich vorgesehenen Tätigkeit aus dienstlichen oder betrieblichen Gründen in eine andere Einrichtung desselben Dienstgebers unter Wahrung des Besitzstandes versetzt oder bis zu sechs Monaten abgeordnet werden. [2]Vor der Versetzung oder Abordnung ist der Mitarbeiter zu hören. [3]Zu einer Versetzung, die mit der Zuweisung eines anderen dienstlichen Wohnsitzes verbunden ist, ist die Zustimmung des Mitarbeiters erforderlich.

persönliche Gründe

(2) Von einer Versetzung oder Abordnung des Mitarbeiters soll Abstand genommen werden, wenn sie ihm aus persönlichen Gründen nicht zumutbar ist (z.B. mit Rücksicht auf seine Familie).

Probezeit

(3) Während der Probezeit (§ 6 Abs. 4) ist eine Versetzung oder Abordnung nur mit Zustimmung des Mitarbeiters zulässig.

Zuweisung

(4) Die Zuweisung eines anderen Arbeitsplatzes in derselben Einrichtung ist keine Versetzung oder Abordnung im Sinne der Absätze 1 bis 3.

§ 14 Qualifizierung

Qualifizierung

(1) [1]Ein hohes Qualifikationsniveau und lebenslanges Lernen liegen im gemeinsamen Interesse von Mitarbeitern und Dienstgebern. [2]Qualifizierung dient der Steigerung von Effektivität und Effizienz der Einrichtungen der Caritas, der Nachwuchsförderung und der Steigerung von beschäftigungsbezogenen Kompetenzen. [3]Qualifizierung wird auch als Teil der Personalentwicklung verstanden.

kein Anspruch

(2) [1]Vor diesem Hintergrund stellt Qualifizierung nach den AVR ein Angebot dar, aus dem für die Mitarbeiter kein individueller Anspruch außer nach Absatz 4 abgeleitet, aber das durch freiwillige Dienstvereinbarung wahrgenommen und nä-

her ausgestaltet werden kann. [2]Weitergehende Mitbestimmungsrechte werden dadurch nicht berührt.

Qualifizierungsmaßnahmen, Dokumentation und Teilnahmebestätigung

(3) [1]Qualifizierungsmaßnahmen sind

a) die Fortentwicklung der fachlichen, methodischen und sozialen Kompetenzen für die übertragenen Tätigkeiten (Erhaltungsqualifizierung),
b) der Erwerb zusätzlicher Qualifikationen (Fort- und Weiterbildung),
c) die Qualifizierung zur Arbeitsplatzsicherung (Qualifizierung für eine andere Tätigkeit; Umschulung) und
d) die Einarbeitung bei oder nach längerer Abwesenheit (Wiedereinstiegsqualifizierung).

[2]Die Teilnahme an einer Qualifizierungsmaßnahme wird dokumentiert und den Mitarbeitern schriftlich bestätigt.

Erörterung Qualifizierungsbedarf

(4) [1]Mitarbeiter haben – auch in den Fällen des Absatzes 3 Satz 1 Buchst. d – Anspruch auf ein regelmäßiges Gespräch mit der jeweiligen Führungskraft, in dem festgestellt wird, ob und welcher Qualifizierungsbedarf besteht. [2]Dieses Gespräch kann auch als Gruppengespräch geführt werden. [3]Wird nichts anderes geregelt, ist das Gespräch jährlich zu führen.

Kosten

(5) [1]Die Kosten einer vom Dienstgeber veranlassten Qualifizierungsmaßnahme – einschließlich Reisekosten – werden, soweit sie nicht von Dritten übernommen werden, grundsätzlich vom Dienstgeber getragen. [2]Ein möglicher Eigenbeitrag wird durch eine Qualifizierungsvereinbarung geregelt. [3]Die Einrichtungsleitung und die Mitarbeitervertretung sind gehalten, die Grundsätze einer fairen Kostenverteilung unter Berücksichtigung des betrieblichen und individuellen Nutzens zu regeln. [4]Ein Eigenbeitrag der Mitarbeiter kann in Geld und/oder Zeit erfolgen.

Arbeitszeit

(6) Zeiten von vereinbarten Qualifizierungsmaßnahmen gelten als Arbeitszeit.

Förderung

(7) Gesetzliche Förderungsmöglichkeiten können in die Qualifizierungsplanung einbezogen werden.

individuelle Arbeitszeiten

(8) Für Mitarbeiter mit individuellen Arbeitszeiten sollen Qualifizierungsmaßnahmen so angeboten werden, dass ihnen eine gleichberechtigte Teilnahme ermöglicht wird.

§ 14a Qualifizierung für Mitarbeiter im Sozial- und Erziehungsdienst

Qualifizierungszeit

[1]Bei Mitarbeitern im Erziehungsdienst werden – soweit gesetzliche Regelungen bestehen, zusätzlich zu diesen gesetzlichen Regelungen – im Rahmen der regelmäßigen durchschnittlichen wöchentlichen Arbeitszeit im Kalenderjahr 30 Stunden für Zwecke der Vorbereitung und Qualifizierung verwendet. [2]Bei Teilzeitmitarbeitern gilt Satz 1 entsprechend mit der Maßgabe, dass sich die Stundenzahl nach Satz 1 in dem Umfang, der dem Verhältnis ihrer individuell vereinbarten durchschnittlichen Arbeitszeit zu der regelmäßigen Arbeitszeit vergleichbarer Vollzeitmitarbeiter entspricht, reduziert. [3]Im Erziehungsdienst tätig sind insbesondere Mitarbeiter als Kinderpfleger bzw. Sozialassistent, Heilerziehungspflegehelfer, Erzieher, Heilerziehungspfleger, im handwerklichen Erziehungsdienst, als Leiter oder ständige Vertreter von Leitern von Kindertagesstätten oder Erzie-

hungsheimen sowie andere Mitarbeiter mit erzieherischer Tätigkeit in der Erziehungs- oder Eingliederungshilfe.

Anmerkung 1 zu Satz 3:

Soweit Berufsbezeichnungen aufgeführt sind, werden auch Mitarbeiter erfasst, die eine entsprechende Tätigkeit ohne staatliche Anerkennung oder staatliche Prüfung ausüben. Berufsbezeichnung

Anmerkung 2 zu Satz 3:

Mitarbeiter im handwerklichen Erziehungsdienst müssen in Einrichtungen der Erziehungs-, Behinderten-, Suchtkranken-, Wohnungslosen- oder Straffälligenhilfe tätig sein. Mitarbeiter im handwerklichen Erziehungsdienst

Abschnitt II Arbeitszeit

§ 15 Regelmäßige Arbeitszeit

(1) [1]Die regelmäßige Arbeitszeit beträgt ausschließlich der Pausen durchschnittlich 39 Stunden, für Mitarbeiter in Krankenhäusern durchschnittlich 38,5 Stunden (*RK BW:* 39 Stunden; *RK Mitte:* befristet bis zum 31. Dezember 2028 39 Stunden), wöchentlich. [2]Bei Wechselschichtarbeit werden die gesetzlich vorgeschriebenen Pausen in die Arbeitszeit eingerechnet. [1]Die regelmäßige Arbeitszeit kann auf fünf Tage, aus notwendigen betrieblichen/dienstlichen Gründen auch auf sechs Tage verteilt werden. [1]Satz 2 findet für Mitarbeiter in Krankenhäusern und Pflege- und Betreuungseinrichtungen keine Anwendung. regelmäßige Arbeitszeit

(2) [1]Für die Berechnung des Durchschnitts der regelmäßigen wöchentlichen Arbeitszeit ist ein Zeitraum von bis zu einem Jahr zugrunde zu legen. [2]Abweichend von Satz 1 kann bei Mitarbeitern, die ständig Wechselschicht- oder Schichtarbeit zu leisten haben, ein längerer Zeitraum zugrunde gelegt werden. Durchschnitt

(3) [1]In Einrichtungen, in denen auf Grund spezieller Aufgaben oder saisonbedingt erheblich verstärkte Tätigkeiten anfallen, kann für diese Tätigkeiten die regelmäßige Arbeitszeit auf bis zu 60 Stunden in einem Zeitraum von bis zu sieben Tagen verlängert werden, wenn durch Verkürzung der regelmäßigen wöchentlichen Arbeitszeit bis zum Ende des Ausgleichszeitraums nach Absatz 2 Satz 1 ein entsprechender Zeitausgleich durchgeführt wird. [2]Satz 1 findet für Mitarbeiter in Krankenhäusern und Pflege- und Betreuungseinrichtungen keine Anwendung. Verlängerung der Arbeitszeit

(4) [1]Soweit es die betrieblichen/dienstlichen Verhältnisse zulassen, wird der Mitarbeiter am 24. Dezember und am 31. Dezember unter Fortzahlung des Entgelts nach § 36 von der Arbeit freigestellt. [2]Kann die Freistellung nach Satz 1 aus betrieblichen/dienstlichen Gründen nicht erfolgen, ist entsprechender Freizeitausgleich innerhalb von drei Monaten zu gewähren. [3]Die regelmäßige Arbeitszeit vermindert sich für jeden gesetzlichen Feiertag, sowie für den 24. Dezember und 31. Dezember, sofern sie auf einen Werktag fallen, um die dienstplanmäßig ausgefallenen Stunden. [4]Für Mitarbeiter in Krankenhäusern und Pflege- und Betreuungseinrichtungen gilt abweichend von Satz 3: Die regelmäßige Arbeitszeit vermindert sich für den 24. Dezember und 31. Dezember, sofern sie auf einen Werktag fallen, um die dienstplanmäßig ausgefallenen Stunden. 24./31. Dezember

Anmerkung zu Absatz 4 Satz 3:

Die Verminderung der regelmäßigen Arbeitszeit betrifft die Mitarbeiter, die wegen des Dienstplans am Feiertag frei haben und deshalb ohne diese Regelung nacharbeiten müssten.

Anmerkung zu Absatz 4 Satz 4:

Die Verminderung der regelmäßigen Arbeitszeit betrifft die Mitarbeiter, die wegen des Dienstplans frei haben und deshalb ohne diese Regelung nacharbeiten müssten.

Abweichung vom ArbZG durch Dienstvereinbarung

(5) Aus dringenden betrieblichen/dienstlichen Gründen kann auf der Grundlage einer Dienstvereinbarung im Rahmen des § 7 Abs. 1, 2 und des § 12 ArbZG von den Vorschriften des Arbeitszeitgesetzes abgewichen werden.

Anmerkung zu Absatz 5:

Schichtbetrieben

In vollkontinuierlichen Schichtbetrieben kann an Sonn- und Feiertagen die tägliche Arbeitszeit auf bis zu zwölf Stunden verlängert werden, wenn dadurch zusätzliche freie Schichten an Sonn- und Feiertagen erreicht werden.

Verpflichtung Sonntags-, Feiertags-, Nacht-, Schichtarbeit, Bereitschaftsdienst, Mehrarbeit

(6) Die Mitarbeiter sind im Rahmen begründeter betrieblicher/dienstlicher Notwendigkeiten zur Leistung von Sonntags-, Feiertags-, Nacht-, Wechselschicht-, Schichtarbeit sowie – bei Teilzeitbeschäftigung aufgrund dienstvertraglicher Regelung oder mit ihrer Zustimmung – zu Bereitschaftsdienst, Rufbereitschaft, Überstunden und Mehrarbeit verpflichtet.

Arbeitszeitkorridor

(7) [1]Durch Dienstvereinbarung kann ein wöchentlicher Arbeitszeitkorridor von bis zu 45 Stunden eingerichtet werden. [2]Die innerhalb eines Arbeitszeitkorridors geleisteten zusätzlichen Arbeitsstunden werden im Rahmen des nach Absatz 2 Satz 1 festgelegten Zeitraums ausgeglichen.

Rahmenarbeitszeit

(8) [1]Durch Dienstvereinbarung kann in der Zeit von 6 bis 20 Uhr eine tägliche Rahmenzeit von bis zu zwölf Stunden eingeführt werden. [2]Die innerhalb der täglichen Rahmenzeit geleisteten zusätzlichen Arbeitsstunden werden im Rahmen des nach Absatz 2 Satz 1 festgelegten Zeitraums ausgeglichen.

(9) Die Absätze 7 und 8 gelten nur alternativ und nicht bei Wechselschicht- und Schichtarbeit.

Krankenhäuser, Pflege- und Betreuungseinrichtungen

(10) [1]Auf der Grundlage einer Dienstvereinbarung kann für Mitarbeiter in Krankenhäusern und Pflege- und Betreuungseinrichtungen bei der Behandlung, Pflege und Betreuung von Personen die tägliche Arbeitszeit im Schichtdienst, ausschließlich der Pausen, auf bis zu 12 Stunden verlängert werden, wenn solche Dienste nach der Eigenart dieser Tätigkeit und zur Erhaltung des Wohles dieser Personen erforderlich sind. [2]In unmittelbarer Folge dürfen höchstens 5 Zwölf-Stunden-Schichten und innerhalb von zwei Wochen nicht mehr als 8 Zwölf-Stunden-Schichten geleistet werden. [3]Solche Schichten können nicht mit Bereitschaftsdienst kombiniert werden. [4]Bei der Anordnung von Zwölf-Stunden-Schichten kann die Ruhezeit (§ 5 Abs. 1 ArbZG) nicht verkürzt werden.

Anmerkung zu § 15:

Gleitzeitregelungen sind unter Wahrung der jeweils geltenden Mitbestimmungsrechte unabhängig von den Vorgaben zu Arbeitszeitkorridor und Rahmenzeit (Absätze 7 und 8) möglich. Sie dürfen keine Regelungen nach Absatz 5 enthalten.

Gleitzeit

§ 15a Arbeit an Sonn- und Feiertagen für Mitarbeiter in Krankenhäusern und Pflege- und Betreuungseinrichtungen

Für Mitarbeiter in Krankenhäusern und Pflege- und Betreuungseinrichtungen gilt in Ergänzung zu § 15 Abs. 4 Satz 4 und § 15 Abs. 6 für Sonn- und Feiertage Folgendes:

(1) [1]Die Arbeitszeit an einem gesetzlichen Feiertag, der auf einen Werktag fällt, wird durch eine entsprechende Freistellung an einem anderen Werktag bis zum Ende des dritten Kalendermonats – möglichst aber schon bis zum Ende des nächsten Kalendermonats – ausgeglichen, wenn es die betrieblichen Verhältnisse zulassen. [2]Kann ein Freizeitausgleich nicht gewährt werden, erhält der Mitarbeiter je Stunde 100 v.H. des auf eine Stunde entfallenden Anteils des monatlichen Entgelts der jeweiligen Entgeltgruppe und Stufe nach Maßgabe der Entgelttabelle. [3]Ist ein Arbeitszeitkonto eingerichtet, ist eine Buchung gemäß § 20 Abs. 3 zulässig. [4]§ 18 Abs. 1 Satz 2 Buchst. d bleibt unberührt.

bei gesetzl. Feiertag als Werktag, Freizeitausgleich/ finanzielle Abgeltung

(2) [1]Für Mitarbeiter, die regelmäßig nach einem Dienstplan eingesetzt werden, der Wechselschicht- oder Schichtdienst an sieben Tagen in der Woche vorsieht, vermindert sich die regelmäßige Wochenarbeitszeit um ein Fünftel der dienstvertraglich vereinbarten durchschnittlichen Wochenarbeitszeit, wenn sie an einem gesetzlichen Feiertag, der auf einen Werktag fällt,

bei gesetzl. Feiertag als Werktag und Schichtdienst Reduzierung Soll-Arbeitszeit

a) Arbeitsleistung zu erbringen haben oder
b) nicht wegen des Feiertags, sondern dienstplanmäßig nicht zur Arbeit eingeteilt sind und deswegen an anderen Tagen der Woche ihre regelmäßige Arbeitszeit erbringen müssen.

[2]Absatz 1 gilt in diesen Fällen nicht. [3]§ 18 Abs. 1 Satz 2 Buchst. d bleibt unberührt.

(3) [1]Mitarbeiter, die regelmäßig an Sonn- und Feiertagen arbeiten müssen, erhalten innerhalb von zwei Wochen zwei arbeitsfreie Tage. [2]Hiervon soll ein freier Tag auf einen Sonntag fallen.

arbeitsfreie Tage

§ 15b Sonderregelung für Mitarbeiter in häuslichen Gemeinschaften

Bei Mitarbeitern, die in häuslicher Gemeinschaft mit den ihnen anvertrauten Personen zusammenleben und sie eigenverantwortlich erziehen, pflegen oder betreuen (§ 18 Abs. 1 Nr. 3 ArbZG), kann, sofern die Eigenart des Dienstes es erfordert, einzelvertraglich von den Arbeitszeitregelungen nach Abschnitt II abgewichen werden.

häusliche Gemeinschaft

§ 16 Sonderformen der Arbeit

Wechselschichtarbeit | *Wechselschicht* | *Nachtschicht*

(1) [1]Wechselschichtarbeit ist die Arbeit nach einem Schichtplan, der einen regelmäßigen Wechsel der täglichen Arbeitszeit in Wechselschichten vorsieht, bei denen Mitarbeiter durchschnittlich längstens nach Ablauf eines Monats erneut zur Nachtschicht herangezogen werden. [2]Wechselschichten sind wechselnde Arbeitsschichten, in denen ununterbrochen bei Tag und Nacht, werktags, sonntags und feiertags gearbeitet wird. [3]Nachtschichten sind Arbeitsschichten, die mindestens zwei Stunden Nachtarbeit umfassen.

Krankenhäuser, Pflege- und Betreuungseinrichtungen

(1a) Für Mitarbeiter in Krankenhäusern, Pflege- und Betreuungseinrichtungen ist abweichend von Absatz 1 Satz 1 Wechselschichtarbeit die Arbeit nach einem Schichtplan/Dienstplan, der einen regelmäßigen Wechsel der täglichen Arbeitszeit in Wechselschichten vorsieht, bei denen der Mitarbeiter längstens nach Ablauf eines Monats erneut zu mindestens zwei Nachtschichten herangezogen wird.

Schichtarbeit

(2) Schichtarbeit ist die Arbeit nach einem Schichtplan, der einen regelmäßigen Wechsel des Beginns der täglichen Arbeitszeit um mindestens zwei Stunden in Zeitabschnitten von längstens einem Monat vorsieht, und die innerhalb einer Zeitspanne von mindestens 13 Stunden geleistet wird.

Bereitschaftsdienst

(3) Bereitschaftsdienst leisten Mitarbeiter, die sich auf Anordnung des Dienstgebers außerhalb der regelmäßigen Arbeitszeit an einer vom Dienstgeber bestimmten Stelle aufhalten, um im Bedarfsfall die Arbeit aufzunehmen.

Rufbereitschaft

(4) [1]Rufbereitschaft leisten Mitarbeiter, die sich auf Anordnung des Dienstgebers außerhalb der regelmäßigen Arbeitszeit an einer dem Dienstgeber anzuzeigenden Stelle aufhalten, um auf Abruf die Arbeit aufzunehmen. [2]Rufbereitschaft wird nicht dadurch ausgeschlossen, dass Mitarbeiter vom Dienstgeber mit einem Mobiltelefon oder einem vergleichbaren technischen Hilfsmittel ausgestattet sind.

Nachtarbeit

(5) Nachtarbeit ist die Arbeit zwischen 21 Uhr und 6 Uhr.

Mehrarbeit

(6) Mehrarbeit sind die Arbeitsstunden, die Teilzeitmitarbeiter über die vereinbarte regelmäßige Arbeitszeit hinaus bis zur regelmäßigen wöchentlichen Arbeitszeit von Vollzeitmitarbeitern (§ 15 Abs. 1 Satz 1) leisten.

Überstunden

(7) Überstunden sind die auf Anordnung des Dienstgebers geleisteten Arbeitsstunden, die über die im Rahmen der regelmäßigen Arbeitszeit von Vollzeitmitarbeitern (§ 15 Abs. 1 Satz 1) für die Woche dienstplanmäßig bzw. betriebsüblich festgesetzten Arbeitsstunden hinausgehen und nicht bis zum Ende der folgenden Kalenderwoche ausgeglichen werden.

Überstunden bei

(8) Abweichend von Absatz 7 sind nur die Arbeitsstunden Überstunden, die

• Arbeitszeitkorridor

a) im Falle der Festlegung eines Arbeitszeitkorridors nach § 15 Abs. 7 über 45 Stunden oder über die vereinbarte Obergrenze hinaus,

• Rahmenarbeitszeit

b) im Falle der Einführung einer täglichen Rahmenzeit nach § 15 Abs. 8 außerhalb der Rahmenzeit,

Wechselschicht-/Schichtarbeit

c) im Falle von Wechselschicht- oder Schichtarbeit über die im Schichtplan festgelegten täglichen Arbeitsstunden einschließlich der im Schichtplan vorgesehenen Arbeitsstunden, die bezogen auf die regelmäßige wöchentliche Arbeitszeit im Schichtplanturnus nicht ausgeglichen werden,

angeordnet worden sind.

§ 17 Bereitschaftsdienst und Rufbereitschaft

Voraussetzung Bereitschaftsdienst

(1) Der Dienstgeber darf Bereitschaftsdienst nur anordnen, wenn zu erwarten ist, dass zwar Arbeit anfällt, erfahrungsgemäß aber die Zeit ohne Arbeitsleistung überwiegt.

13/16-Stunden-Dienst

(2) Abweichend von den §§ 3, 5 und 6 Abs. 2 ArbZG kann im Rahmen des § 7 ArbZG die tägliche Arbeitszeit im Sinne des Arbeitszeitgesetzes über acht Stunden hinaus verlängert werden, wenn mindestens die acht Stunden überschreitende Zeit im Rahmen von Bereitschaftsdienst geleistet wird, und zwar wie folgt:

a) bei Bereitschaftsdiensten der Stufen A und B bis zu insgesamt maximal 16 Stunden täglich; die gesetzlich vorgeschriebene Pause verlängert diesen Zeitraum nicht,

b) bei Bereitschaftsdiensten der Stufen C und D bis zu insgesamt maximal 13 Stunden täglich; die gesetzlich vorgeschriebene Pause verlängert diesen Zeitraum nicht.

24-Stunden-Dienst

(3) [1]Im Rahmen des § 7 ArbZG kann unter den Voraussetzungen

a) einer Prüfung alternativer Arbeitszeitmodelle,

b) einer Belastungsanalyse gemäß § 5 ArbSchG und

c) ggf. daraus resultierender Maßnahmen zur Gewährleistung des Gesundheitsschutzes

aufgrund einer Dienstvereinbarung von den Regelungen des Arbeitszeitgesetzes abgewichen werden. [2]Abweichend von den §§ 3, 5 und 6 Abs. 2 ArbZG kann die tägliche Arbeitszeit im Sinne des Arbeitszeitgesetzes über acht Stunden hinaus verlängert werden, wenn in die Arbeitszeit regelmäßig und in erheblichem Umfang Bereitschaftsdienst fällt. [3]Hierbei darf die tägliche Arbeitszeit ausschließlich der Pausen maximal 24 Stunden betragen.

Dienst ohne Ausgleich

(4) [1]Unter den Voraussetzungen des Absatzes 3 Satz 1 kann die tägliche Arbeitszeit gemäß § 7 Abs. 2a ArbZG ohne Ausgleich verlängert werden, wobei

a) bei Bereitschaftsdiensten der Stufen A und B eine wöchentliche Arbeitszeit von bis zu maximal durchschnittlich 58 Stunden,

b) bei Bereitschaftsdiensten der Stufen C und D eine wöchentliche Arbeitszeit von bis zu maximal durchschnittlich 54 Stunden

zulässig ist.

Ausgleichszeitraum

(5) Für den Ausgleichszeitraum nach den Absätzen 2 bis 4 gilt § 15 Abs. 2 Satz 1.

Teilzeitarbeit und Bereitschaftsdienst

(6) [1]In den Fällen, in denen Mitarbeiter Teilzeitarbeit gemäß § 21 vereinbart haben, verringern sich die Höchstgrenzen der wöchentlichen Arbeitszeit nach den Absätzen 2 bis 4 in demselben Verhältnis wie die Arbeitszeit dieser Mitarbeiter zu der regelmäßigen Arbeitszeit der Vollzeitmitarbeiter. [2]Mit Zustimmung des Mitarbeiters oder aufgrund von dringenden dienstlichen oder betrieblichen Belangen kann hiervon abgewichen werden.

(7) [1]Der Dienstgeber darf Rufbereitschaft nur anordnen, wenn erfahrungsgemäß lediglich in Ausnahmefällen Arbeit anfällt. [2]Durch tatsächliche Arbeitsleistung innerhalb der Rufbereitschaft kann die tägliche Höchstarbeitszeit von zehn Stunden (§ 3 ArbZG) überschritten werden (§ 7 ArbZG).

(8) § 15 Abs. 5 bleibt im Übrigen unberührt.

Sonderregelung Heime, § 17 Abs. 12

(9) [1]Für Mitarbeiter in Einrichtungen und Heimen, die der Förderung der Gesundheit, der Erziehung, der Fürsorge oder Betreuung von Kindern und Jugendlichen, der Fürsorge und Betreuung von obdachlosen, alten, gebrechlichen, erwerbsbeschränkten oder sonstigen hilfsbedürftigen Personen dienen, auch wenn diese Einrichtungen nicht der ärztlichen Behandlung der betreuten Personen dienen, gelten die Absätze 1 bis 8 mit der Maßgabe, dass die Grenzen für die Stufen A und B einzuhalten sind. [2]Dazu gehören auch die Mitarbeiter in Einrichtungen, in denen die betreuten Personen nicht regelmäßig ärztlich behandelt und beaufsichtigt werden (Erholungsheime).

Anmerkung zu Absatz 9:

Unter Absatz 9 fallen auch Rettungsdienste.

Bewertung Bereitschaftsdienst als Arbeitszeit

(10) Zum Zwecke der Entgeltberechnung wird die Zeit des Bereitschaftsdienstes einschließlich der geleisteten Arbeit wie folgt als Arbeitszeit gewertet:

a) [1]Nach dem Maß der während des Bereitschaftsdienstes erfahrungsgemäß durchschnittlich anfallenden Arbeitsleistungen wird die Zeit des Bereitschaftsdienstes wie folgt als Arbeitszeit gewertet:

Stufe	Arbeitsleistung innerhalb des Bereitschaftsdienstes	Bewertung als Arbeitszeit
A	0 bis 10 v.H.	15 v.H.
B	mehr als 10 v.H. bis 25 v.H.	25 v.H.
C	mehr als 25 v.H. bis 40 v.H.	40 v.H.
D	mehr als 40 v.H. bis 49 v.H.	55 v.H.

[2]Ein hiernach der Stufe A zugeordneter Bereitschaftsdienst wird der Stufe B zugeteilt, wenn der Mitarbeiter während des Bereitschaftsdienstes in der Zeit von 22 bis 6 Uhr erfahrungsgemäß durchschnittlich mehr als dreimal dienstlich in Anspruch genommen wird.

b) Entsprechend der Zahl der vom Mitarbeiter je Kalendermonat abgeleisteten Bereitschaftsdienste wird die Zeit eines jeden Bereitschaftsdienstes zusätzlich wie folgt als Arbeitszeit gewertet:

Zahl der Bereitschaftsdienste im Kalendermonat	Bewertung als Arbeitszeit
1. bis 8. Bereitschaftsdienst	25 v.H.
9. bis 12. Bereitschaftsdienst	35 v.H.
13. und folgende Bereitschaftsdienste	45 v.H.

Zuweisung Stufen

(11) Die Zuweisung zu den einzelnen Stufen des Bereitschaftsdienstes erfolgt durch die Einrichtungsleitung und die Mitarbeitervertretung.

Mitarbeiter gem. § 17 Abs. 9

(12) [1]Für die Mitarbeiter gemäß § 17 Abs. 9 wird zum Zwecke der Entgeltberechnung die Zeit des Bereitschaftsdienstes einschließlich der geleisteten Arbeit mit 25 v.H. als Arbeitszeit bewertet. [2]Leistet der Mitarbeiter in einem Kalendermonat

mehr als acht Bereitschaftsdienste, wird die Zeit eines jeden über acht Bereitschaftsdienste hinausgehenden Bereitschaftsdienstes zusätzlich mit 15 v.H. als Arbeitszeit gewertet.

Zeitzuschlag

(13) Die Mitarbeiter erhalten zusätzlich zu dem Entgelt nach Absatz 12 für die Zeit des Bereitschaftsdienstes in den Nachtstunden (§ 16 Abs. 5) je Stunde einen Zeitzuschlag in Höhe von 15 v.H. des Stundenentgelts nach Anhang Tabellen.

Tabellenentgelt

(14) Das Entgelt für die nach den Absätzen 10, 12 und 13 zum Zwecke der Entgeltberechnung als Arbeitszeit gewertete Bereitschaftsdienstzeit bestimmt sich nach Anhang Tabellen.

SuE

(14a) Für Mitarbeiter im Sozial- und Erziehungsdienst tritt bei der Anwendung der Absätze 12 und 13 das auf die Stunde umgerechnete individuelle Tabellenentgelt an die Stelle des Stundenentgelts nach Anhang Tabellen.

Freizeitausgleich

(15) An Mitarbeiter wird das Bereitschaftsdienstentgelt gezahlt, es sei denn, dass ein Freizeitausgleich im Dienstplan vorgesehen ist, oder eine entsprechende Regelung in einer einvernehmlichen Dienstvereinbarung getroffen wird oder der Mitarbeiter dem Freizeitausgleich zustimmt.

§ 17a Bereitschaftsdienst und Rufbereitschaft für Mitarbeiter in Krankenhäusern

Bereitschaftsdienst

(1) Der Dienstgeber darf Bereitschaftsdienst nur anordnen, wenn zu erwarten ist, dass zwar Arbeit anfällt, erfahrungsgemäß aber die Zeit ohne Arbeitsleistung überwiegt.

13/16-Stunden-Dienst

(2) Abweichend von den §§ 3, 5 und 6 Abs. 2 ArbZG kann im Rahmen des § 7 ArbZG die tägliche Arbeitszeit im Sinne des Arbeitszeitgesetzes über acht Stunden hinaus verlängert werden, wenn mindestens die acht Stunden überschreitende Zeit im Rahmen von Bereitschaftsdienst geleistet wird, und zwar wie folgt:

a) bei Bereitschaftsdiensten der Stufe I bis zu insgesamt maximal 16 Stunden täglich; die gesetzlich vorgeschriebene Pause verlängert diesen Zeitraum nicht,
b) bei Bereitschaftsdiensten der Stufen II und III bis zu insgesamt maximal 13 Stunden täglich; die gesetzlich vorgeschriebene Pause verlängert diesen Zeitraum nicht.

24-Stunden-Dienst

(3) [1]Im Rahmen des § 7 ArbZG kann unter den Voraussetzungen

a) einer Prüfung alternativer Arbeitszeitmodelle,
b) einer Belastungsanalyse gemäß § 5 ArbSchG und
c) ggf. daraus resultierender Maßnahmen zur Gewährleistung des Gesundheitsschutzes

aufgrund einer Dienstvereinbarung von den Regelungen des Arbeitszeitgesetzes abgewichen werden. [2]Abweichend von den §§ 3, 5 und 6 Abs. 2 ArbZG kann die tägliche Arbeitszeit im Sinne des Arbeitszeitgesetzes über acht Stunden hinaus verlängert werden, wenn in die Arbeitszeit regelmäßig und in erheblichem Umfang Bereitschaftsdienst fällt. [3]Hierbei darf die tägliche Arbeitszeit ausschließlich der Pausen maximal 24 Stunden betragen.

Dienst ohne Ausgleich

(4) Unter den Voraussetzungen des Absatzes 3 Satz 1 kann die tägliche Arbeitszeit gemäß § 7 Abs. 2a ArbZG ohne Ausgleich verlängert werden, wobei

a) bei Bereitschaftsdiensten der Stufe I eine wöchentliche Arbeitszeit von bis zu maximal durchschnittlich 58 Stunden,

b) bei Bereitschaftsdiensten der Stufen II und III eine wöchentliche Arbeitszeit von bis zu maximal durchschnittlich 54 Stunden zulässig ist.

Ausgleichszeitraum

(5) Für den Ausgleichszeitraum nach den Absätzen 2 bis 4 gilt § 15 Abs. 2 Satz 1.

Teilzeitarbeit

(6) [1]In den Fällen, in denen Mitarbeiter Teilzeitarbeit gemäß § 21 vereinbart haben, verringern sich die Höchstgrenzen der wöchentlichen Arbeitszeit nach den Absätzen 2 bis 4 in demselben Verhältnis wie die Arbeitszeit dieser Mitarbeiter zu der regelmäßigen Arbeitszeit der Vollzeitmitarbeiter. [2]Mit Zustimmung des Mitarbeiters oder aufgrund von dringenden dienstlichen oder betrieblichen Belangen kann hiervon abgewichen werden.

Anordnung Rufbereitschaft

(7) [1]Der Dienstgeber darf Rufbereitschaft nur anordnen, wenn erfahrungsgemäß lediglich in Ausnahmefällen Arbeit anfällt. [2]Durch tatsächliche Arbeitsleistung innerhalb der Rufbereitschaft kann die tägliche Höchstarbeitszeit von zehn Stunden (§ 3 ArbZG) überschritten werden (§ 7 ArbZG).

Abweichung vom ArbZG durch Dienstvereinbarung

(8) § 15 Abs. 5 bleibt im Übrigen unberührt.

Sonderregelung Heime, vgl. § 17a Abs. 12

(9) [1]Für Mitarbeiter in Einrichtungen und Heimen, die der Förderung der Gesundheit, der Erziehung, Fürsorge oder Betreuung von Kindern und Jugendlichen, der Fürsorge und Betreuung von obdachlosen, alten, gebrechlichen, erwerbsbeschränkten oder sonstigen hilfsbedürftigen Personen dienen, auch wenn diese Einrichtungen nicht der ärztlichen Behandlung der betreuten Personen dienen, gelten die Absätze 1 bis 8 mit der Maßgabe, dass die Grenzen für die Stufe I einzuhalten sind. [2]Dazu gehören auch die Mitarbeiter in Einrichtungen, in denen die betreuten Personen nicht regelmäßig ärztlich behandelt und beaufsichtigt werden (Erholungsheime).

Bewertung Bereichtschaftsdienst als Arbeitszeit

(10) Zum Zwecke der Entgeltberechnung wird nach dem Maß der während des Bereitschaftsdienstes erfahrungsgemäß durchschnittlich anfallenden Arbeitsleistungen die Zeit des Bereitschaftsdienstes einschließlich der geleisteten Arbeit wie folgt als Arbeitszeit gewertet:

Stufe	Arbeitsleistung innerhalb des Bereitschaftsdienstes	Bewertung als Arbeitszeit
I	bis zu 25 v.H.	60 v.H.
II	mehr als 25 v.H. bis 40 v.H.	75 v.H.
III	mehr als 40 v.H. bis 49 v.H.	90 v.H.

Zuweisung

(11) Die Zuweisung zu den einzelnen Stufen des Bereitschaftsdienstes erfolgt durch die Einrichtungsleitung und die Mitarbeitervertretung.

Mitarbeiter nach § 17a Abs. 9

(12) Für die Mitarbeiter gemäß § 17a Abs. 9 wird zum Zwecke der Entgeltberechnung die Zeit des Bereitschaftsdienstes einschließlich der geleisteten Arbeit mit 28,5 v.H. als Arbeitszeit gewertet.

(13) Das Entgelt für die nach den Absätzen 10 und 12 zum Zwecke der Entgeltberechnung als Arbeitszeit gewertete Bereitschaftsdienstzeit bestimmt sich nach Anhang Tabellen.

Vergütung

(14) [1]Die Mitarbeiter erhalten zusätzlich zu dem Entgelt nach Absatz 13 für jede nach den Absätzen 10 und 12 als Arbeitszeit gewertete Stunde, die an einem Feiertag geleistet worden ist, einen Zeitzuschlag in Höhe von 25 v.H. des Stundenentgelts ihrer jeweiligen Entgeltgruppe nach Anhang Tabellen. [2]Die Mitarbeiter erhalten zusätzlich zu dem Entgelt nach Absatz 13 für die Zeit des Bereitschaftsdienstes in den Nachtstunden (§ 16 Abs. 5) je Stunde einen Zeitzuschlag in Höhe von 15 v.H. des Stundenentgelts ihrer jeweiligen Entgeltgruppe nach Anhang Tabellen. [3]Im Übrigen werden für die Zeit des Bereitschaftsdienstes einschließlich der geleisteten Arbeit und für die Zeit der Rufbereitschaft Zeitzuschläge nach § 18 nicht gezahlt.

Feiertagszuschlag

(14a) Für Mitarbeiter im Sozial- und Erziehungsdienst tritt bei der Anwendung der Absätze 12 und 13 das auf die Stunde umgerechnete individuelle Tabellenentgelt an die Stelle des Stundenentgelts nach Anhang Tabellen.

SuE

(15) [1]Das Bereitschaftsdienstentgelt wird gezahlt, es sei denn, dass ein Freizeitausgleich im Dienstplan vorgesehen ist, oder eine entsprechende Regelung in einer einvernehmlichen Dienstvereinbarung getroffen wird oder der Mitarbeiter dem Freizeitausgleich zustimmt. [2]In diesem Fall kann anstelle der Auszahlung des Entgelts nach Absatz 13 für die nach den Absätzen 10 und 12 gewertete Arbeitszeit bis zum Ende des dritten Kalendermonats auch durch entsprechende Freizeit abgegolten werden (Freizeitausgleich). [3]Die Möglichkeit zum Freizeitausgleich nach Satz 2 umfasst auch die dem Zeitzuschlag nach Absatz 14 1:1 entsprechende Arbeitszeit. [4]Für die Zeit des Freizeitausgleichs werden das Entgelt (§ 28) und die in Monatsbeträgen festgelegten Zulagen fortgezahlt. [5]Nach Ablauf der drei Monate wird das Bereitschaftsdienstentgelt am Zahltag des folgenden Kalendermonats fällig.

Freizeitausgleich

(16) [1]Das Bereitschaftsdienstentgelt nach den Absätzen 10, 12, 13 und 14 kann im Falle der Faktorisierung nach § 20 Abs. 3 in Freizeit abgegolten werden. [2]Dabei entspricht eine Stunde Bereitschaftsdienst

Abgeltung

a)	nach Absatz 1		
	aa)	in der Stufe I	37 Minuten,
	bb)	in der Stufe II	46 Minuten und
	cc)	in der Stufe III	55 Minuten,
b)	nach Absatz 12		17,5 Minuten und
c)	bei Feiertagsarbeit nach Absatz 14 jeweils zuzüglich		15 Minuten.

§ 18 Ausgleich für Sonderformen der Arbeit

Zeitzuschläge

(1) [1]Der Mitarbeiter erhält neben dem Entgelt für die tatsächliche Arbeitsleistung Zeitzuschläge. [2]Die Zeitzuschläge betragen – auch bei Teilzeitmitarbeitern – je Stunde

a)	für Überstunden	
	– in den Entgeltgruppen 1 bis 9b	30 v.H.,
	– in den Entgeltgruppen 9c bis 17	15 v.H.,
b)	für Nachtarbeit	20 v.H.,
c)	für Sonntagsarbeit	25 v.H.,
d)	bei Feiertagsarbeit	
	– ohne Freizeitausgleich	135 v.H.,
	– mit Freizeitausgleich	35 v.H.,
e)	für Arbeit am 24. Dezember und am 31. Dezember jeweils ab 6 Uhr	35 v.H.,
f)	für Arbeit an Samstagen von 13 bis 21 Uhr, soweit diese nicht im Rahmen von Wechselschicht- oder Schichtarbeit anfällt	20 v.H.

Freizeitausgleich bei Arbeitszeitkonto

des auf eine Stunde entfallenden Anteils des Tabellenentgelts der Stufe 3 der jeweiligen Entgeltgruppe. [3]Beim Zusammentreffen von Zeitzuschlägen nach Satz 2 Buchst. c bis f wird nur der höchste Zeitzuschlag gezahlt. [4]Auf Wunsch des Mitarbeiters können, soweit ein Arbeitszeitkonto (§ 20) eingerichtet ist und die betrieblichen/dienstlichen Verhältnisse es zulassen, die nach Satz 2 zu zahlenden Zeitzuschläge entsprechend dem jeweiligen Vomhundertsatz einer Stunde in Zeit umgewandelt und ausgeglichen werden. [5]Dies gilt entsprechend für Überstunden als solche.

Anmerkung zu Absatz 1 Satz 1:

Überstunden

Bei Überstunden richtet sich das Entgelt für die tatsächliche Arbeitsleistung nach der jeweiligen Entgeltgruppe und der individuellen Stufe, höchstens jedoch nach der Stufe 4.

Anmerkung zu Absatz 1 Satz 2 Buchst. b:

Abweichend gilt für Mitarbeiter im Rettungsdienst bis zum 31. Dezember 2027 ein Zeitzuschlag für Nachtarbeit in Höhe von 10 v.H.

Anmerkung zu Absatz 1 Satz 2 Buchst. d:

Feiertagsarbeit

[1]Der Freizeitausgleich muss im Dienstplan besonders ausgewiesen und bezeichnet werden. [2]Falls kein Freizeitausgleich gewährt wird, werden als Entgelt einschließlich des Zeitzuschlags und des auf den Feiertag entfallenden Tabellenentgelts höchstens 235 v.H. gezahlt.

(1a) [1]Überstunden sind grundsätzlich durch entsprechende Freizeit auszugleichen. [2]Sofern kein Arbeitszeitkonto nach § 20 eingerichtet ist oder wenn ein solches besteht, der Mitarbeiter jedoch keine Faktorisierung nach Absatz 1 geltend macht, erhält der Mitarbeiter für Überstunden (§ 16 Abs. 7), die nicht bis zum Ende des dritten Kalendermonats – möglichst aber schon bis zum Ende des nächsten Kalendermonats – nach deren Entstehen mit Freizeit ausgeglichen worden sind, je Stunde 100 v.H. des auf die Stunde entfallenden Anteils des Tabellenentgelts der jeweiligen Entgeltgruppe und Stufe, höchstens jedoch nach der Stufe 4. [3]Der Anspruch auf den Zeitzuschlag für Überstunden nach Absatz 1 besteht unabhängig von einem Freizeitausgleich. [4]Dieser Absatz gilt nicht für Mitarbeiter in Krankenhäusern und Pflege- und Betreuungseinrichtungen.

Überstundenausgleich, Arbeitszeitkonto

(1b) [1]Zugunsten der Mitarbeiter können für Dienste, soweit diese zu Zeiten gemäß § 18 Abs. 1 Satz 2 Buchst. b bis f erbracht werden, die dort genannten Prozentbeträge durch Dienstvereinbarung erhöht werden. [2]Durch Dienstvereinbarungen können für die freiwillige Übernahme zusätzlich betrieblich veranlasster Dienste Zulagen oder Zuschläge zusätzlich zum ohnehin geschuldeten Entgelt vereinbart werden. [3]Die Regelungen der Mitarbeitervertretungsordnung (MAVO) sind zu beachten.

Dienstvereinbarung

(2) Für Arbeitsstunden, die keine Überstunden sind und die aus betrieblichen/dienstlichen Gründen nicht innerhalb des nach § 15 Abs. 2 Satz 1 oder 2 festgelegten Zeitraums mit Freizeit ausgeglichen werden, erhält der Mitarbeiter je Stunde 100 v.H. des auf eine Stunde entfallenden Anteils des Tabellenentgelts der jeweiligen Entgeltgruppe und Stufe.

Abgeltung nicht ausgeglichener Arbeitsstunden

Anmerkung zu Absatz 2:

Mit dem Begriff „Arbeitsstunden" sind nicht die Stunden gemeint, die im Rahmen von Gleitzeitregelungen im Sinne der Anmerkung zu § 15 anfallen, es sei denn, sie sind angeordnet worden.

Arbeitsstunden

(3) [1]Für die Rufbereitschaft wird eine tägliche Pauschale je Entgeltgruppe bezahlt. [2]Sie beträgt für die Tage Montag bis Freitag das Zweifache, für Samstag, Sonntag sowie für Feiertage das Vierfache des tariflichen Stundenentgelts nach Maßgabe der Entgelttabelle. [3]Maßgebend für die Bemessung der Pauschale nach Satz 2 ist der Tag, an dem die Rufbereitschaft beginnt. [4]Für die Arbeitsleistung innerhalb der Rufbereitschaft außerhalb des Aufenthaltsortes im Sinne des § 16 Abs. 4 wird die Zeit jeder einzelnen Inanspruchnahme einschließlich der hierfür erforderlichen Wegezeiten jeweils auf eine volle Stunde gerundet und mit dem Entgelt für Überstunden sowie mit etwaigen Zeitzuschlägen nach Absatz 1 bezahlt. [5]Wird die Arbeitsleistung innerhalb der Rufbereitschaft am Aufenthaltsort im Sinne des § 16 Abs. 4 telefonisch (z.B. in Form einer Auskunft) oder mittels technischer Einrichtungen erbracht, wird abweichend von Satz 4 die Summe dieser Arbeitsleistungen auf die nächste volle Stunde gerundet und mit dem Entgelt für Überstunden sowie mit etwaigen Zeitzuschlägen nach Absatz 1 bezahlt. [6]Absatz 1 Satz 4 gilt entsprechend, soweit die Buchung auf das Arbeitszeitkonto nach § 20 Abs. 3 Satz 2 zulässig ist. [7]Satz 1 gilt nicht im Falle einer stundenweisen Rufbereitschaft. [8]Eine Rufbereitschaft im Sinne von Satz 7 liegt bei einer ununterbrochenen Rufbereitschaft von weniger als zwölf Stunden vor. [9]In diesem Fall wird abweichend von den Sätzen 2 und 3 für jede Stunde der Rufbereitschaft 12,5 v.H. des tariflichen Stundenentgelts nach Maßgabe der Entgelttabelle gezahlt.

Rufbereitschaft

Anmerkung zu Absatz 3:

Zur Ermittlung der Tage einer Rufbereitschaft, für die eine Pauschale gezahlt wird, ist auf den Tag des Beginns der Rufbereitschaft abzustellen.

Wechselschichtzulage

(4) [1]Mitarbeiter, die ständig Wechselschichtarbeit leisten, erhalten eine Wechselschichtzulage von 200 Euro monatlich. [2]Mitarbeiter, die nicht ständig Wechselschichtarbeit leisten, erhalten eine Wechselschichtzulage von 1,18 Euro pro Stunde.

Krankenhäuser, Pflege- und Betreuungseinrichtungen

(4a) [1]Mitarbeiter in Krankenhäusern und Pflege- und Betreuungseinrichtungen, die ständig Wechselschichtarbeit leisten, erhalten abweichend zu Absatz 4 eine Wechselschichtzulage von 250 Euro monatlich. [2]Mitarbeiter in Krankenhäusern, die nicht ständig Wechselschichtarbeit leisten, erhalten eine Wechselschichtzulage von 1,49 Euro pro Stunde. [3]Mitarbeiter in Pflege- und Betreuungseinrichtungen, die nicht ständig Wechselschichtarbeit leisten, erhalten eine Wechselschichtzulage von 1,47 Euro pro Stunde.

Schichtzulage

(5) [1]Mitarbeiter, die ständig Schichtarbeit leisten, erhalten eine Schichtzulage von 100 Euro monatlich. [2]Mitarbeiter, die nicht ständig Schichtarbeit leisten, erhalten eine Schichtzulage von 0,59 Euro pro Stunde.

(6) Die in den Absätzen 4, 4a und 5 genannten Zulagen nehmen an den allgemeinen Entgelterhöhungen teil.

§ 19 Bereitschaftszeiten

Bereitschaftsdienst Voraussetzung

(1) [1]Bereitschaftszeiten sind die Zeiten, in denen sich der Mitarbeiter am Arbeitsplatz oder einer anderen vom Dienstgeber bestimmten Stelle zur Verfügung halten muss, um im Bedarfsfall die Arbeit selbständig, ggf. auch auf Anordnung, aufzunehmen und in denen die Zeiten ohne Arbeitsleistung überwiegen. [2]Für Mitarbeiter, in deren Tätigkeit regelmäßig und in nicht unerheblichem Umfang Bereitschaftszeiten fallen, gelten folgende Regelungen:

a) Bereitschaftszeiten werden zur Hälfte als tarifliche Arbeitszeit gewertet (faktorisiert).

b) Sie werden innerhalb von Beginn und Ende der regelmäßigen täglichen Arbeitszeit nicht gesondert ausgewiesen.

c) Die Summe aus den faktorisierten Bereitschaftszeiten und der Vollarbeitszeit darf die Arbeitszeit nach § 15 Abs. 1 nicht überschreiten.

d) Die Summe aus Vollarbeits- und Bereitschaftszeiten darf durchschnittlich 48 Stunden wöchentlich nicht überschreiten.

[3]Ferner ist Voraussetzung, dass eine nicht nur vorübergehend angelegte Organisationsmaßnahme besteht, bei der regelmäßig und in nicht unerheblichem Umfang Bereitschaftszeiten anfallen.

Dienstvereinbarung

(2) Die Anwendung des Absatzes 1 bedarf einer einvernehmlichen Dienstvereinbarung.

Anmerkung zu § 19:

Diese Regelung gilt nicht für Wechselschicht- und Schichtarbeit.

AVR

§ 19a Arbeitsbereitschaft im Rettungsdienst

Anstelle von § 19 gilt für Mitarbeiter im Rettungsdienst: Die regelmäßige Arbeitszeit kann auf durchschnittlich bis zu 43 Stunden in der Woche, ab 1. Januar 2028 auf durchschnittlich bis zu 42 Stunden in der Woche, und über zehn Stunden werktäglich verlängert werden, wenn in die Arbeitszeit regelmäßig und in erheblichem Umfang Arbeitsbereitschaft fällt. Verlängerung Arbeitszeit

§ 20 Arbeitszeitkonto

(1) [1]Durch Dienstvereinbarung kann ein Arbeitszeitkonto eingerichtet werden. [2]Soweit ein Arbeitszeitkorridor (§ 15 Abs. 7) oder eine Rahmenzeit (§ 15 Abs. 8) vereinbart wird, ist ein Arbeitszeitkonto einzurichten. Arbeitszeitkonto

(2) [1]In der Dienstvereinbarung wird festgelegt, ob das Arbeitszeitkonto in der ganzen Einrichtung oder Teilen davon eingerichtet wird. [2]Alle Mitarbeiter der Einrichtungsteile, für die ein Arbeitszeitkonto eingerichtet wird, werden von den Regelungen des Arbeitszeitkontos erfasst. Dienstvereinbarung

(3) [1]Auf das Arbeitszeitkonto können Zeiten, die bei Anwendung des nach § 15 Abs. 2 festgelegten Zeitraums als Zeitguthaben oder als Zeitschuld bestehen bleiben, nicht durch Freizeit ausgeglichene Zeiten nach § 18 Abs. 1 Satz 5 und Abs. 2 sowie in Zeit umgewandelte Zuschläge nach § 18 Abs. 1 Satz 4 gebucht werden. [2]Weitere Kontingente (z.B. Rufbereitschafts-/Bereitschaftsdienstentgelte) können durch Dienstvereinbarung zur Buchung freigegeben werden. [3]Der Mitarbeiter entscheidet für einen in der Dienstvereinbarung festgelegten Zeitraum, welche der in Satz 1 genannten Zeiten auf das Arbeitszeitkonto gebucht werden. Zeitarten

(4) Im Falle einer unverzüglich angezeigten und durch ärztliches Attest nachgewiesenen Arbeitsunfähigkeit während eines Zeitausgleichs vom Arbeitszeitkonto (Zeiten nach Absatz 3 Satz 1 und 2) tritt eine Minderung des Zeitguthabens nicht ein. Arbeitsunfähigkeit

(5) In der Dienstvereinbarung sind insbesondere folgende Regelungen zu treffen: Dienstvereinbarung

a) Die höchstmögliche Zeitschuld (bis zu 40 Stunden) und das höchstzulässige Zeitguthaben (bis zu einem Vielfachen von 40 Stunden), die innerhalb eines bestimmten Zeitraums anfallen dürfen; Grenze Zeitschuld/-guthaben

b) nach dem Umfang des beantragten Freizeitausgleichs gestaffelte Fristen für das Abbuchen von Zeitguthaben oder für den Abbau von Zeitschulden durch den Mitarbeiter; Frist Abbau/Aufbau

c) die Berechtigung, das Abbuchen von Zeitguthaben zu bestimmten Zeiten (z.B. an so genannten Brückentagen) vorzusehen;

d) die Folgen, wenn der Dienstgeber einen bereits genehmigten Freizeitausgleich kurzfristig widerruft.

(6) [1]Der Dienstgeber kann mit dem Mitarbeiter die Einrichtung eines Langzeitkontos vereinbaren. [2]In diesem Fall ist die Mitarbeitervertretung zu beteiligen und – bei Insolvenzfähigkeit des Dienstgebers – eine Regelung zur Insolvenzsicherung zu treffen. Langzeitkonto

(7) [1]Dienstvereinbarungen, die auf Grundlage der Anlagen 5a und 5b in der bis zum 31. Dezember 2026 geltenden Fassung der AVR, die bis zum 31. Dezember 2026 abgeschlossen wurden, haben Bestandschutz. [2]Neue Dienstvereinbarungen können auf dieser Grundlage nicht mehr abgeschlossen werden. Dienstvereinbarung

§ 21 Teilzeitbeschäftigung

Anspruch Teilzeitarbeit bei Kind/pflegebedürftigen Angehörigen

(1) [1]Mit Mitarbeitern soll auf Antrag eine geringere als die vertraglich festgelegte Arbeitszeit vereinbart werden, wenn sie

a) mindestens ein Kind unter 18 Jahren oder

b) einen nach ärztlichem Gutachten pflegebedürftigen sonstigen Angehörigen

Arbeitszeitgestaltung

tatsächlich betreuen oder pflegen und dringende dienstliche bzw. betriebliche Belange nicht entgegenstehen. [2]Die Teilzeitbeschäftigung nach Satz 1 ist auf Antrag auf bis zu fünf Jahre zu befristen. [3]Sie kann verlängert werden; der Antrag ist spätestens sechs Monate vor Ablauf der vereinbarten Teilzeitbeschäftigung zu stellen. [4]Bei der Gestaltung der Arbeitszeit hat der Dienstgeber im Rahmen der dienstlichen bzw. betrieblichen Möglichkeiten der besonderen persönlichen Situation des Mitarbeiters nach Satz 1 Rechnung zu tragen.

Erörterungspflicht

(2) Mitarbeiter, die in anderen als den in Absatz 1 genannten Fällen eine Teilzeitbeschäftigung vereinbaren wollen, können von ihrem Dienstgeber verlangen, dass er mit ihnen die Möglichkeit einer Teilzeitbeschäftigung mit dem Ziel erörtert, zu einer entsprechenden Vereinbarung zu gelangen.

§ 22 Kurzarbeit

Anhang Kurzarbeit

Für die Einführung und Durchführung von Kurzarbeit nach SGB III findet Anhang Kurzarbeit Anwendung.

§ 23 Sonderbestimmungen bei Dienstreisen und Reisekostenerstattung

Arbeitszeit bei Dienstreisen

(1) [1]Bei Dienstreisen wird als Arbeitszeit nur die Zeit der tatsächlichen dienstlichen Inanspruchnahme am auswärtigen Geschäftsort angerechnet. [2]Die notwendige Reisezeit wird daneben grundsätzlich in vollem Umfang als Arbeitszeit bewertet, wobei für die Zeit der tatsächlichen dienstlichen Inanspruchnahme und für die notwendige Reisezeit insgesamt höchstens zehn Stunden als tägliche Arbeitszeit angerechnet werden. [3]Es wird jedoch für jeden Tag, an dem der Mitarbeiter sich außerhalb des Beschäftigungsortes aufhalten muss, mindestens die dienstplanmäßige bzw. betriebsübliche Arbeitszeit berücksichtigt.

Reisedauer

(2) Für die Berechnung der Reisedauer sind die gemäß Absatz 3 bei dem jeweiligen Dienstgeber geltenden Vorschriften des Reisekostenrechts sinngemäß anzuwenden.

Reisekostenerstattung

(3) [1]Der Mitarbeiter hat nach Maßgabe der nachstehenden Bestimmungen Anspruch auf Reisekostenerstattung. [2]Soweit in einer Einrichtung oder Dienststelle eine eigene Reisekostenregelung nicht besteht, regelt sich der Anspruch auf Reisekostenerstattung nach der in der jeweiligen Diözese geltenden Ordnung. [3]Soweit Regelungen über Reisekostenerstattung im Sinne des Satzes 2 nicht erlassen wurden, regelt sich bis zum Inkrafttreten solcher Regelungen der Anspruch des Mitarbeiters auf Reisekostenerstattung nach dem Reisekostenrecht, das jeweils für die Angestellten des Bundeslandes Anwendung findet, in dem die Dienststelle oder Einrichtung ihren Sitz hat. [4]Reisekosten werden nur auf Antrag gewährt. [5]Der Antrag ist beim Dienstgeber zu stellen. [6]Reisekosten sind vom Dienstgeber zu zahlen.

Abschnitt III Eingruppierung, Entgelt und sonstige Leistungen

§ 24 Eingruppierung

Tätigkeitsmerkmale

(1) [1]Die Eingruppierung des Mitarbeiters richtet sich nach den Tätigkeitsmerkmalen des Anhangs Entgeltordnung. [2]Der Mitarbeiter erhält Entgelt nach der Entgeltgruppe, in der er eingruppiert ist.

„gesamte auszuübende Tätigkeit"

(2) [1]Der Mitarbeiter ist in der Entgeltgruppe eingruppiert, deren Tätigkeitsmerkmalen die gesamte von ihr/ihm nicht nur vorübergehend auszuübende Tätigkeit entspricht. [2]Die gesamte auszuübende Tätigkeit entspricht den Tätigkeitsmerkmalen einer Entgeltgruppe, wenn zeitlich mindestens zur Hälfte Arbeitsvorgänge anfallen, die für sich genommen die Anforderungen eines Tätigkeitsmerkmals oder mehrerer Tätigkeitsmerkmale dieser Entgeltgruppe erfüllen. [3]Kann die Erfüllung einer Anforderung in der Regel erst bei der Betrachtung mehrerer Arbeitsvorgänge festgestellt werden (z.B. vielseitige Fachkenntnisse), sind diese Arbeitsvorgänge für die Feststellung, ob diese Anforderung erfüllt ist, insoweit zusammen zu beurteilen. [4]Werden in einem Tätigkeitsmerkmal mehrere Anforderungen gestellt, gilt das in Satz 2 bestimmte Maß, ebenfalls bezogen auf die gesamte auszuübende Tätigkeit, für jede Anforderung. [5]Ist in einem Tätigkeitsmerkmal ein von den Sätzen 2 bis 4 abweichendes zeitliches Maß bestimmt, gilt dieses. [6]Ist in einem Tätigkeitsmerkmal als Anforderung eine Voraussetzung in der Person des Mitarbeiters bestimmt, muss auch diese Anforderung erfüllt sein.

Anmerkung zu Absatz 2:

[1]Arbeitsvorgänge sind Arbeitsleistungen (einschließlich Zusammenhangsarbeiten), die, bezogen auf den Aufgabenkreis des Mitarbeiters, zu einem bei natürlicher Betrachtung abgrenzbaren Arbeitsergebnis führen. [2]Jeder einzelne Arbeitsvorgang ist als solcher zu bewerten und darf dabei hinsichtlich der Anforderungen zeitlich nicht aufgespalten werden. [3]Eine Anforderung im Sinne der Sätze 2 und 3 ist auch das in einem Tätigkeitsmerkmal geforderte Herausheben der Tätigkeit aus einer niedrigeren Entgeltgruppe.

Angabe im Dienstvertrag

(3) Die Entgeltgruppe des Mitarbeiters ist im Dienstvertrag anzugeben.

Anmerkung zu §§ 24 und 25:

Die Grundsätze der korrigierenden Rückgruppierung bleiben unberührt.

§ 25 Eingruppierung in besonderen Fällen

Änderung der übertragenen Tätigkeit, § 24 Abs. 2 S. 1

(1) [1]Ist dem Mitarbeiter eine andere, höherwertige Tätigkeit nicht übertragen worden, hat sich aber die ihm übertragene Tätigkeit (§ 24 Abs. 2 Satz 1) nicht nur vorübergehend derart geändert, dass sie den Tätigkeitsmerkmalen einer höheren als seiner bisherigen Entgeltgruppe entspricht (§ 24 Abs. 2 Sätze 2 bis 6), und hat der Mitarbeiter die höherwertige Tätigkeit ununterbrochen sechs Monate lang ausgeübt, ist er mit Beginn des darauffolgenden Kalendermonats in der höheren Entgeltgruppe eingruppiert. [2]Für die zurückliegenden sechs Kalendermonate gilt § 26 Abs. 1 singemäß.

Unterbrechungszeit

(2) [1]Ist die Zeit der Ausübung der höherwertigen Tätigkeit durch Urlaub, Arbeitsbefreiung, Arbeitsunfähigkeit, Kur- oder Heilverfahren oder Vorbereitung auf eine Fachprüfung für die Dauer von insgesamt nicht mehr als sechs Wochen unterbrochen worden, wird die Unterbrechungszeit in die Frist von sechs Monaten eingerechnet. [2]Bei einer längeren Unterbrechung oder bei einer Unterbrechung aus anderen Gründen beginnt die Frist nach der Beendigung der Unterbrechung von neuem.

Zuweisung der bisherigen Tätigkeit

(3) Wird dem Mitarbeiter vor Ablauf der sechs Monate wieder eine Tätigkeit zugewiesen, die den Tätigkeitsmerkmalen seiner bisherigen Entgeltgruppe entspricht, gilt § 26 Abs. 1 sinngemäß.

Anmerkung zu §§ 24 und 25:

Die Grundsätze der korrigierenden Rückgruppierung bleiben unberührt.

§ 26 Vorübergehende Übertragung einer höherwertigen Tätigkeit

persönliche Zulage bei vorübergehender Tätigkeit

(1) Wird dem Mitarbeiter vorübergehend eine andere Tätigkeit übertragen, die den Tätigkeitsmerkmalen einer höheren als seiner Entgeltgruppe entspricht, und hat er sie mindestens einen Monat ausgeübt, erhält er für den Kalendermonat, in dem er mit der ihm übertragenen Tätigkeit begonnen hat, und für jeden folgenden vollen Kalendermonat dieser Tätigkeit eine persönliche Zulage.

persönliche Zulage bei vertretungsweiser Tätigkeit

(2) [1]Wird dem Mitarbeiter vertretungsweise eine andere Tätigkeit übertragen, die dem Tätigkeitsmerkmal einer höheren als seiner Entgeltgruppe entspricht und hat die Vertretung länger als drei Monate gedauert, erhält er nach Ablauf dieser Frist eine persönliche Zulage für den letzten Kalendermonat der Frist und für jeden folgenden vollen Kalendermonat der weiteren Vertretung. [2]Bei der Berechnung der Frist sind bei mehreren Vertretungen Unterbrechungen von weniger als jeweils drei Wochen unschädlich. [3]Auf die Frist von drei Monaten sind Zeiten der Ausübung einer höherwertigen Tätigkeit nach Absatz 1 anzurechnen, wenn die Vertretung sich unmittelbar anschließt oder zwischen der Beendigung der höherwertigen Tätigkeit und der Aufnahme der Vertretung ein Zeitraum von weniger als drei Wochen liegt.

Bemessung aus Unterschiedsbetrag

(3) Die persönliche Zulage bemisst sich aus dem Unterschied zwischen den Dienstbezügen (§ 27), die dem Mitarbeiter bei einer Höhergruppierung in die höhere Vergütungs- bzw. Entgeltgruppe zustehen würde, und den Dienstbezügen, die ihm in der Entgeltgruppe zustehen, in die er eingruppiert ist.

Stufenzuordnung

(4) [1]Ist Mitarbeitern vorübergehend eine höherwertige Tätigkeit übertragen worden, und wird ihnen im unmittelbaren Anschluss daran eine Tätigkeit derselben höheren Entgeltgruppe dauerhaft übertragen, werden sie hinsichtlich der Stufenzuordnung so gestellt, als sei die Höhergruppierung ab dem ersten Tag der vorübergehenden Übertragung der höherwertigen Tätigkeit erfolgt. [2]Unterschreiten bei Höhergruppierungen nach Satz 1 die Dienstbezüge (§ 27) die Summe aus den Dienstbezügen und dem Zulagenbetrag nach § 26 Abs. 3, die der Mitarbeiter am Tag vor der Höhergruppierung erhalten hat, erhält der Mitarbeiter dieses höhere Entgelt so lange, bis die Dienstbezüge dieses höhere Entgelt erreichen oder übersteigen.

§ 27 Dienstbezüge

Dienstbezüge

Die dem Mitarbeiter monatlich zu gewährenden Dienstbezüge bestehen aus:

1. dem monatlichen Tabellenentgelt (§ 28 Abs. 1 bis 3) oder der Regelvergütung (Teil II. Anhang Überleitung),
2. Erschwerniszuschläge bzw. -zulagen (§ 32), die in festen Monatsbeträgen gezahlt werden,
3. den sonstigen Zulagen (§ 33 Abs. 1),
4. der Kinderzulage (§ 12 Teil II. Anhang Überleitung).

§ 28 Tabellenentgelt

Eingruppierung

(1) [1]Der Mitarbeiter erhält monatlich ein Tabellenentgelt. [2]Die Höhe bestimmt sich nach der Entgeltgruppe, in die er eingruppiert ist, und nach der für ihn geltenden Stufe.

Anhang Tabellen

(2) [1]Die Mitarbeiter erhalten Entgelt nach Anhang Tabellen. [2]Abweichend von Satz 1 erhalten Mitarbeiter, die nach dem Teil B Abschnitt XXIV Anhang Entgeltordnung eingruppiert sind, Entgelt nach Anhang Tabellen. [3]Abweichend von Satz 1 erhalten Mitarbeiter, die nach dem Teil B Abschnitt XI Ziffern 1 bis 2c Anhang Entgeltordnung in eine der Entgeltgruppen P 4 bis P 16 eingruppiert sind, Entgelt nach Anhang Tabellen.

Eingruppierungsautomatik

(3) [1]Bei Mitarbeitern nach Absatz 2 Satz 2 entspricht, soweit in den AVR auf bestimmte Entgeltgruppen Bezug genommen wird,

die Entgeltgruppe	der Entgeltgruppe
S 2	2
S 3	4
S 4	5
S 5	6
S 6 bis S 8b	8
S 9 bis S 11a	9a
S 11b bis S 13	9b
S 14	9c
S 15 und S 16	10
S 17	11
S 18	12.

[2]Bei Mitarbeitern nach Absatz 2 Satz 3 entspricht, soweit in den AVR auf bestimmte Entgeltgruppen Bezug genommen wird,

die Entgeltgruppe	der Entgeltgruppe
P 4	3
P 6	4
P 7	7
P 8	8
P 9, P 10	9a
P 11	9b
P 12	9c
P 13	10
P 14, P 15	11
P 16	12.

(4) Besondere Zulagen

Zulage Krankenhäuser; nicht dynamische Zulage

a) Mitarbeiter in Krankenhäusern, die in eine der Entgeltgruppen 5 bis 15 bzw. P 4 bis P 16 eingruppiert sind, erhalten zuzüglich zu dem Tabellenentgelt gemäß Absatz 1 eine nicht dynamische Zulage in Höhe von monatlich 25,00 Euro (*RK BW:* 35,00 Euro).

b) Mitarbeiter in Pflege- und Betreuungseinrichtungen, die in eine der Entgeltgruppen P 4 bis P 16 eingruppiert sind, erhalten zuzüglich zu dem Tabellenentgelt gemäß Absatz 1 eine nicht dynamische Zulage in Höhe von monatlich 25,00 Euro (*RK BW:* 35 Euro).

Pflegezulage

c) Mitarbeiter in Krankenhäusern sowie in Pflege- und Betreuungseinrichtungen, die in eine der Entgeltgruppen P 4 bis P 16 eingruppiert sind, erhalten zuzüglich zu dem Tabellenentgelt gemäß Absatz 1 eine Pflegezulage in Höhe von monatlich 141,82 Euro; die Pflegezulage nimmt an allgemeinen Entgelterhöhungen Teil.

Einmalzahlung

d) [1]Mitarbeiter in Krankenhäusern, die in eine der Entgeltgruppen 1 bis 4 eingruppiert sind, erhalten zuzüglich zu dem Tabellenentgelt gemäß Absatz 1 einmalig im Kalenderjahr eine Einmalzahlung in Höhe von 8,4 v.H. (*RK BW:* 10,08 v.H.) der Stufe 2 ihrer jeweiligen Entgeltgruppe im Auszahlungsmonat. [2]Die Einmalzahlung nach Satz 1 wird mit dem Tabellenentgelt für den Monat Juli ausgezahlt.

SuE-Zulage

e) [1]Mitarbeiter im Sozial- und Erziehungsdienst, die in einer der Entgeltgruppen S 2 bis S 11a eingruppiert sind, erhalten eine monatliche SuE-Zulage in Höhe von 130,00 Euro. [2]Mitarbeiter im Sozial- und Erziehungsdienst, die in den Entgeltgruppen S 11b, S 12 bei Tätigkeiten der Ziffer 1, S 14, oder S 15 bei Tätigkeiten der Ziffer 7 eingruppiert sind, erhalten eine monatliche SuE-Zulage in Höhe von 180,00 Euro.

§ 29 Stufen der Entgelttabelle

Entgeltstufen Gruppen 2 bis 17

(1) Die Entgeltgruppen 2 bis 17 umfassen sechs Stufen.

Stufenzuordnung Grundregel einschlägige Berufserfahrung

(2) [1]Bei Einstellung werden die Mitarbeiter der Stufe 1 zugeordnet, sofern keine einschlägige Berufserfahrung vorliegt. [2]Verfügt der Mitarbeiter über eine einschlägige Berufserfahrung von mindestens einem Jahr, erfolgt die Einstellung in die Stufe 2; verfügt er über eine einschlägige Berufserfahrung von mindestens drei Jahren, erfolgt in der Regel eine Zuordnung zur Stufe 3. [3]Unabhängig davon kann der Dienstgeber bei Neueinstellungen zur Deckung des Personalbedarfs Zeiten einer vorherigen beruflichen Tätigkeit ganz oder teilweise für die Stufenzuordnung berücksichtigen, wenn diese Tätigkeit für die vorgesehene Tätigkeit förderlich ist. [4]Bei Einstellung im Anschluss an ein Dienstverhältnis bei demselben Dienstgeber werden die Mitarbeiter mit einschlägiger Berufserfahrung (horizontale Wiedereinstellung) der im vorhergehenden Dienstverhältnis erworbenen Stufe zugeordnet und die im vorhergehenden Dienstverhältnis erreichte Stufenlaufzeit wird fortgeführt, soweit es zwischen den Dienstverhältnissen zu keiner längeren als einer sechsmonatigen rechtlichen Unterbrechung gekommen ist.

Anmerkung zu Absatz 2:

Praktikum

[1]Ein Praktikum oder berufspraktischer Ausbildungsteil nach Abschnitt H des Teil II. i.V.m. Teil III. Anhang Auszubildende gilt grundsätzlich als Erwerb einschlägiger Berufserfahrung. [2]Abweichend von Satz 1 gelten für Mitarbeiter im Sozial- und Erziehungsdienst die Sätze 3 und 4. [3]Ein Berufspraktikum nach abgelegtem Examen oder eine praktische Ausbildung nach abgelegter theoretischer schulischer Teilprüfung gilt grundsätzlich als Erwerb einschlägiger Berufserfahrung. [4]Als Erwerb einer einjährigen einschlägigen Berufserfahrung gilt entsprechend auch die fachpraktische Ausbildung im Rahmen einer abgeschlossenen praxisintegrierten Ausbildung zum Erzieher nach landesgesetzlichen Regelungen und im Rahmen einer abgeschlossenen praxisintegrierten Ausbildung zum Heilerziehungspfleger nach landesgesetzlichen Regelungen.

Eingangsstufe

(3) Abweichend von Absatz 2 Satz 1 ist Eingangsstufe in den Entgeltgruppen P 7 bis P 16 die Stufe 2.

Anschlussdienstverhältnis

(4) [1]Wird der Mitarbeiter in unmittelbarem Anschluss an ein Dienstverhältnis im Geltungsbereich der AVR oder im sonstigen Tätigkeitsbereich der katholischen Kirche eingestellt, so erhält er

a) wenn sein bisheriges Entgelt nach den AVR oder einer entsprechenden Regelung bemessen war, das Entgelt der Stufe, das er beim Fortbestehen des Dienstverhältnisses am Einstellungstag vom bisherigen Dienstgeber erhalten hätte,

b) wenn sein bisheriges Entgelt in Abweichung von den Vorschriften der AVR oder einer entsprechenden Regelung bemessen war, das Entgelt der Stufe, das er am Einstellungstag von seinem bisherigen Dienstgeber erhalten würde, wenn sein Entgelt ab dem Zeitpunkt, seitdem er ununterbrochen im Geltungsbereich der AVR oder im sonstigen Tätigkeitsbereich der katholischen Kirche tätig ist, nach den AVR oder einer entsprechenden Regelung bemessen worden wäre.

Fortführung der erreichten Stufenlaufzeit

[2]Die im vorhergehenden Dienstverhältnis erreichte Stufenlaufzeit wird im Anschlussdienstverhältnis fortgeführt. [3]War der Mitarbeiter in Abweichung von den Vorschriften der AVR oder einer entsprechenden Regelung eingruppiert, wird die bisherige erreichte Stufenlaufzeit so fortgeführt, wie wenn er ab dem Zeitpunkt, seitdem er ununterbrochen im Geltungsbereich der AVR oder im sonstigen Tätigkeitsbereich der katholischen Kirche tätig ist, nach der AVR oder einer entsprechenden Regelung eingruppiert worden wäre.

Anmerkungen zu Absatz 4:

Tätigkeit in der katholischen Kirche

1) Der Tätigkeit im Bereich der katholischen Kirche steht gleich eine Tätigkeit in der evangelischen Kirche, in einem Diakonischen Werk oder in einer Einrichtung, die dem Diakonischen Werk angeschlossen ist.

kein unmittelbarer Anschluss

2) [1]Ein unmittelbarer Anschluss liegt nicht vor, wenn zwischen den Dienstverhältnissen ein oder mehrere Werktage – mit Ausnahme allgemein arbeitsfreier Werktage – liegen, in denen das Dienstverhältnis nicht bestand. [2]Es ist jedoch unschädlich, wenn der Mitarbeiter in dem gesamten zwischen den Dienstverhältnissen liegenden Zeitraum dienstunfähig erkrankt war oder die Zeit zur Ausführung eines Umzuges an einen anderen Ort benötigt hat. [3]Von der Voraussetzung des unmittelbaren Anschlusses kann abgewichen werden, wenn der Zeitraum zwischen dem Ende des bisherigen Dienstverhältnisses und dem Beginn des neuen Dienstverhältnisses ein Jahr nicht übersteigt.

Stufenlaufzeit, ununterbrochene Tätigkeit

(5) Die Mitarbeiter erreichen die jeweils nächste Stufe – von Stufe 3 an in Abhängigkeit von ihrer Leistung gemäß § 30 Abs. 2 – nach folgenden Zeiten einer ununterbrochenen Tätigkeit innerhalb derselben Entgeltgruppe bei ihrem Dienstgeber (Stufenlaufzeit):

- Stufe 2 nach einem Jahr in Stufe 1,
- Stufe 3 nach zwei Jahren in Stufe 2,
- Stufe 4 nach drei Jahren in Stufe 3,
- Stufe 5 nach vier Jahren in Stufe 4 und
- Stufe 6 nach fünf Jahren in Stufe 5.

(6) Abweichend von Absatz 5 wird in den Entgeltgruppen P 7 und P 8 die Stufe 3 nach drei Jahren in Stufe 2 erreicht.

Anmerkung zu Absatz 6:

keine Anwendung von Absatz 6

Absatz 6 findet keine Anwendung auf Mitarbeiter, die mindestens zur Hälfte eine oder mehrere der folgenden Tätigkeiten auszuüben haben:

- Pflege Kranker sowie Bedienung und Überwachung der Geräte in Dialyseeinheiten,
- entsprechende Tätigkeiten in Blutzentralen,
- entsprechende Tätigkeiten in besonderen Behandlungs- und Untersuchungsräumen in mindestens zwei Teilgebieten der Endoskopie,
- entsprechende Tätigkeiten in Polikliniken (Ambulanzbereichen) oder Ambulanzen/Nothilfen,
- entsprechende Tätigkeiten im EEG-Dienst,

- Erfüllung von Pflegeaufgaben an Patienten von psychiatrischen oder neurologischen Krankenhäusern, die nicht in diesen Krankenhäusern untergebracht sind,
- Betreuung von psychisch kranken Patienten bei der Arbeitstherapie in psychiatrischen oder neurologischen Krankenhäusern,
- dem zentralen Sterilisationsdienst vorstehen,
- entsprechende Tätigkeiten im Operationsdienst als Operations- bzw. Anästhesiepflegekräfte,
- entsprechende Tätigkeiten mit Verantwortlichkeit für die fachgerechte Lagerung in der großen Chirurgie,
- Vorbereiten der Herz-Lungen-Maschine und herangezogen werden zur Bedienung der Maschine während der Operation,
- entsprechende Tätigkeiten in Einheiten für Intensivmedizin,
- in erheblichem Umfang der Ärztin bzw. dem Arzt bei Herzkatheterisierungen, Dilatationen oder Angiographien unmittelbar assistieren.

(7) [1]Die Entgeltgruppe 1 umfasst fünf Stufen. [2]Einstellungen erfolgen in der Stufe 2 (Eingangsstufe). [3]Die jeweils nächste Stufe wird nach vier Jahren in der vorangegangenen Stufe erreicht; § 30 Abs. 2 bleibt unberührt.

Stufen Entgeltgruppe 1, Stufenzuordnung und -laufzeit

§ 30 Allgemeine Regelungen zu den Stufen

(1) Die Mitarbeiter erhalten vom Beginn des Monats an, in dem die nächste Stufe erreicht wird, das Tabellenentgelt nach der neuen Stufe.

Monatsbeginn

(2) [1]Bei Leistungen des Mitarbeiters, die erheblich über dem Durchschnitt liegen, kann die erforderliche Zeit für das Erreichen der Stufen 4 bis 6 jeweils verkürzt werden. [2]Bei Leistungen, die erheblich unter dem Durchschnitt liegen, kann die erforderliche Zeit für das Erreichen der Stufen 4 bis 6 jeweils verlängert werden. [3]Bei einer Verlängerung der Stufenlaufzeit hat der Dienstgeber jährlich zu prüfen, ob die Voraussetzungen für die Verlängerung noch vorliegen. [4]Für die Beratung von schriftlich begründeten Beschwerden von Mitarbeitern gegen eine Verlängerung nach Satz 2 bzw. 3 ist eine betriebliche Kommission zuständig. [5]Die Mitglieder der betrieblichen Kommission werden je zur Hälfte vom Dienstgeber und von der Mitarbeitervertretung benannt; sie müssen der Einrichtung angehören. [6]Der Dienstgeber entscheidet auf Vorschlag der Kommission darüber, ob und in welchem Umfang der Beschwerde abgeholfen werden soll.

Verkürzung und Verlängerung der Stufenlaufzeit, § 29 Abs. 5, 7

betriebliche Kommission

Anmerkung zu Absatz 2:

[1]Die Instrumente der materiellen Leistungsanreize (§ 31) und der leistungsbezogene Stufenaufstieg bestehen unabhängig voneinander und dienen unterschiedlichen Zielen. [2]Leistungsbezogene Stufenaufstiege unterstützen insbesondere die Anliegen der Personalentwicklung.

materielle Leistungsanreize

Anmerkung zu Absatz 2 Satz 2:

Bei Leistungsminderungen, die auf einem anerkannten Arbeitsunfall oder einer Berufskrankheit gemäß §§ 8 und 9 SGB VII beruhen, ist diese Ursache in geeigneter Weise zu berücksichtigen.

Leistungsminderung

Mitwirkung der Kommission

Anmerkung zu Absatz 2 Satz 6:

Die Mitwirkung der Kommission erfasst nicht die Entscheidung über die leistungsbezogene Stufenzuordnung.

Zeiten ununterbrochener Tätigkeit, § 29 Abs. 5

(3) [1]Den Zeiten einer ununterbrochenen Tätigkeit im Sinne des § 29 Abs. 5 Satz 1 stehen gleich:

a) Zeiten von Beschäftigungsverboten nach dem Mutterschutzgesetz,
b) Zeiten einer Arbeitsunfähigkeit nach § 37 bis zu 26 Wochen,
c) Zeiten eines bezahlten Urlaubs,
d) Zeiten eines Sonderurlaubs, bei denen der Dienstgeber vor dem Antritt schriftlich ein dienstliches bzw. betriebliches Interesse anerkannt hat,
e) Zeiten einer sonstigen Unterbrechung von weniger als einem Monat im Kalenderjahr,
f) Zeiten der vorübergehenden Übertragung einer höherwertigen Tätigkeit.

[2]Zeiten der Unterbrechung bis zu einer Dauer von jeweils drei Jahren, die nicht von Satz 1 erfasst werden, und Elternzeit bis zu jeweils fünf Jahren sind unschädlich, werden aber nicht auf die Stufenlaufzeit angerechnet. [3]Bei einer Unterbrechung von mehr als drei Jahren, bei Elternzeit von mehr als fünf Jahren, erfolgt eine Zuordnung zu der Stufe, die der vor der Unterbrechung erreichten Stufe vorangeht, jedoch nicht niedriger als bei einer Neueinstellung; die Stufenlaufzeit beginnt mit dem Tag der Arbeitsaufnahme. [4]Zeiten, in denen Mitarbeiter mit einer kürzeren als der regelmäßigen wöchentlichen Arbeitszeit eines entsprechenden Vollzeitmitarbeiter beschäftigt waren, werden voll angerechnet.

Höhergruppierung

(4) [1]Bei Eingruppierung in eine höhere Entgeltgruppe werden die Mitarbeiter der gleichen Stufe zugeordnet, die sie in der niedrigeren Entgeltgruppe erreicht haben, mindestens jedoch der Stufe 2. [2]Fällt der Zeitpunkt der Stufensteigerung mit dem einer Höhergruppierung eines Mitarbeiters zusammen, so ist zunächst die Steigerung in der bisherigen Entgeltgruppe vorzunehmen und danach die Höhergruppierung durchzuführen. [3]Die Stufenlaufzeit in der höheren Entgeltgruppe beginnt mit dem Tag der Höhergruppierung. [4]Bei einer Eingruppierung in eine niedrigere Entgeltgruppe ist der Mitarbeiter der in der höheren Entgeltgruppe erreichten Stufe zuzuordnen; die in der bisherigen Stufe zurückgelegte Stufenlaufzeit wird auf die Stufenlaufzeit in der niedrigeren Entgeltgruppe angerechnet. [5]Der Mitarbeiter erhält vom Beginn des Monats an, in dem die Veränderung wirksam wird, das entsprechende Tabellenentgelt aus der im Satz 1 oder Satz 4 festgelegten Stufe der betreffenden Entgeltgruppe.

Sonderregelung SuE

(4a) [1]Für Mitarbeiter im Sozial- und Erziehungsdienst gilt abweichend von Absatz 4 folgende Regelung. [2]Bei Eingruppierung in eine höhere Entgeltgruppe werden die Mitarbeiter der gleichen Stufe zugeordnet, die sie in der niedrigeren Entgeltgruppe erreicht haben. [3]Fällt der Zeitpunkt der Stufensteigerung mit dem einer Höhergruppierung eines Mitarbeiters zusammen, so ist zunächst die Steigerung in der bisherigen Entgeltgruppe vorzunehmen und danach die Höhergruppierung durchzuführen. [4]Die Stufenlaufzeit in der höheren Entgeltgruppe beginnt mit dem Tag der Höhergruppierung. [5]Bei einer Eingruppierung in eine niedrigere Entgeltgruppe ist der Mitarbeiter der in der höheren Entgeltgruppe erreichten Stufe zuzuordnen; die in der bisherigen Stufe zurückgelegte Stufenlaufzeit wird auf die Stufenlaufzeit in der niedrigeren Entgeltgruppe angerechnet. [6]Der Mitarbeiter erhält vom Beginn des Monats an, in dem die Veränderung wirksam wird, das entsprechende Tabellenentgelt aus der in Satz 2 oder Satz 5 festgelegten Stufe der betreffenden Entgeltgruppe. [7]Beträgt bei Höhergruppierungen der Unterschiedsbetrag zwischen dem derzeitigen Tabellenentgelt und dem Tabellenentgelt nach Satz 3

in den Entgeltgruppen S 2 bis S 8b vom 1. Februar 2026 an weniger als 77,37 Euro,

in den Entgeltgruppen S 9 bis S 18 vom 1. Februar 2026 an weniger als 123,79 Euro

erhält der Mitarbeiter während der betreffenden Stufenlaufzeit anstelle des Unterschiedsbetrages den vorgenannten jeweils zustehenden Garantiebetrag. [8]Wird der Mitarbeiter nicht in die nächsthöhere, sondern in eine darüber liegende Entgeltgruppe höhergruppiert, gilt Satz 7 mit der Maßgabe, dass auf das derzeitige Tabellenentgelt und das Tabellenentgelt der Entgeltgruppe abzustellen ist, in die der Mitarbeiter höhergruppiert wird.

> *Anmerkung zu den Absätzen 4 und 4a:*
>
> Bei Eingruppierung in eine Entgeltgruppe, die einer anderen als der bisherigen Entgelttabelle zugeordnet ist (Tabellenwechsel), werden die Mitarbeiter der gleichen Stufe zugeordnet, die sie in der bisherigen Entgeltgruppe erreicht haben.

abweichende höhere Stufenzuordnung

(5) [1]Soweit es zur regionalen Differenzierung, zur Deckung des Personalbedarfs oder zur Bindung von qualifizierten Fachkräften erforderlich ist, kann sowohl Gruppen von Mitarbeitern als auch einzelnen Mitarbeitern, abweichend von dem sich aus der nach § 29 und § 30 Abs. 4 ergebenden Stufe ihrer jeweiligen Entgeltgruppe zustehenden Entgelt, ein um bis zu zwei Stufen höheres Entgelt ganz oder teilweise vorweggewährt werden. [2]Haben Mitarbeiter bereits die Stufe 5 oder die Endstufe ihrer jeweiligen Entgeltgruppe erreicht, kann ihnen unter den Voraussetzungen des Satzes 1 ein bis zu 20 v.H. der Stufe 2 ihrer jeweiligen Entgeltgruppe höheres Entgelt gezahlt werden. [3]Die Gewährung eines höheren Entgelts nach den Sätzen 1 und 2 kann zeitlich befristet erfolgen; sie ist jederzeit widerruflich. [4]Im Übrigen bleibt § 30 unberührt. [5]Die Mitbestimmungs- und Beteiligungsrechte nach der Mitarbeitervertretungsordnung (MAVO) bleiben unberührt.

§ 31 Leistungsentgelt bzw. Sozialkomponente

Zweck

(1) Das Leistungsentgelt bzw. die Sozialkomponente sollen dazu beitragen, die caritativen Dienstleistungen zu verbessern.

Dienstvereinbarung

(2) [1]Ein Leistungsentgelt bzw. eine Sozialkomponente können nur durch eine ergänzende Dienstvereinbarung mit der Mitarbeitervertretung nach § 38 MAVO eingeführt werden. [2]Der persönliche Geltungsbereich einer solchen ergänzenden Dienstvereinbarung ist auf Mitarbeiter im Sinne von § 3 MAVO beschränkt. [3]Eine Dienstvereinbarung kann auch Teile einer Einrichtung umfassen. [4]Kommt eine Dienstvereinbarung vor Ablauf des jeweiligen Kalenderjahres für das jeweilige Kalenderjahr nicht zustande, findet Absatz 4 Anwendung. [5]Für leitende Mitarbeiter nach § 3 Abs. 2 Nr. 2 bis 4 MAVO gilt Absatz 4, sofern individualrechtlich nichts anderes vereinbart wurde.

Gesamtvolumen

(3) [1]Das für das Leistungsentgelt bzw. die Sozialkomponente zur Verfügung stehende Gesamtvolumen entspricht 2,00 v.H. der im jeweiligen Kalenderjahr gezahlten ständigen Monatsentgelte aller unter den Geltungsbereich fallenden Mitarbeiter der jeweiligen Einrichtung im Sinne von § 1 MAVO. [2]Das zur Verfügung stehende Gesamtvolumen ist zweckentsprechend zu verwenden. [3]Für Mitarbeiter in Krankenhäusern beträgt das Gesamtvolumen nach Satz 1 abweichend 1,00 v.H.

Anmerkung zu Absatz 3 Satz 1:

ständiges Monatsentgelt

[1]Ständige Monatsentgelte sind insbesondere das Tabellenentgelt (ohne Sozialversicherungsbeiträge des Dienstgebers und dessen Beiträge für die Zusatzversorgung), die in Monatsbeträgen festgelegten Zulagen sowie Entgelt im Krankheitsfall und bei Urlaub, soweit diese Entgelte in dem betreffenden Kalenderjahr ausgezahlt worden sind; nicht einbezogen sind dagegen insbesondere Abfindungen, Aufwandsentschädigungen, Besitzstandszulagen, Einmalzahlungen, Jahressonderzahlungen, Leistungsentgelte, Strukturausgleiche, unständige Entgeltbestandteile und Entgelte der Mitarbeiter im Sinne des § 2 Abs. 2 Buchst. g. [2]Unständige Entgeltbestandteile können betrieblich einbezogen werden.

Zahlung ohne Dienstvereinbarung

(4) [1]Kommt eine Dienstvereinbarung im jeweiligen Kalenderjahr für das jeweilige Kalenderjahr weder zum Leistungsentgelt noch zur Sozialkomponente zu Stande, wird aus dem nach Absatz 3 Satz 1 zur Verfügung stehenden jährlichen Gesamtvolumen mit dem Entgelt für den Monat Januar des Folgejahres eine Einmalzahlung an alle Mitarbeiter, die unter den Geltungsbereich fallen, ausgeschüttet. [2]Die Auszahlung an den einzelnen Mitarbeiter erfolgt in Höhe des in Absatz 3 Satz 1 genannten Vomhundertsatzes der im jeweiligen Kalenderjahr an ihn gezahlten ständigen Monatsentgelte im Sinne der Anmerkung zu Absatz 3 Satz 1. [3]Endet das Dienstverhältnis unterjährig, ist die Einmalzahlung am letzten Tag des Dienstverhältnisses auszuschütten.

höhe Gesamtvolumen

(5) [1]Für Mitarbeiter, die nach Teil A sowie Teil B Abschnitte I, X, Ziffern 4 bis 20 im Abschnitt XI, Abschnitte XVI, XVIII, XXII und XXIII Anhang Entgeltordnung eingruppiert sind, beträgt das Gesamtvolumen für das Jahr

a) abweichend von Absatz 3 Satz 1

2027:	0,0 v.H.,
2028:	0,5 v.H.,
2029:	1,0 v.H.,
2030:	1,5 v.H.,

und

b) abweichend von Absatz 3 Satz 3

2027:	0,00 v.H.,
2028:	0,25 v.H.,
2029:	0,50 v.H.,
2030:	0,75 v.H.,

[2]Satz 1 gilt nicht für Mitarbeiter in der Entgeltgruppe 1, in der Entgeltgruppe 2 in den Stufen 5 bis 6 Teil A und in der Entgeltgruppe 2 in der Stufe 6 Teil B der Entgeltordnung.

Anmerkung zu Absatz 5:

Für Mitarbeiter, die mit unterjähriger Wirkung einen Überleitungsantrag nach Teil I. Anhang Überleitung stellen, gilt Absatz 5 anteilig ab dem Wirksamwerden der Überleitung.

§ 32 Erschwerniszuschläge

Voraussetzung

(1) [1]Erschwerniszuschläge werden für Arbeiten gezahlt, die außergewöhnliche Erschwernisse beinhalten. [2]Dies gilt nicht für Erschwernisse, die mit dem der Eingruppierung zugrunde liegenden Berufs- oder Tätigkeitsbild verbunden sind.

Art der Arbeit

(2) Außergewöhnliche Erschwernisse im Sinne des Absatzes 1 ergeben sich grundsätzlich nur bei Arbeiten

a) mit besonderer Gefährdung,
b) mit extremer nicht klimabedingter Hitzeeinwirkung,
c) mit besonders starker Schmutz- oder Staubbelastung,
d) mit besonders starker Strahlenexposition oder
e) unter sonstigen vergleichbar erschwerten Umständen.

Keine Zuschläge

(3) Zuschläge nach Absatz 1 werden nicht gewährt, soweit der außergewöhnlichen Erschwernis durch geeignete Vorkehrungen, insbesondere zum Arbeitsschutz, ausreichend Rechnung getragen wird.

Höhe Zuschläge

(4) [1]Die Zuschläge betragen in der Regel 5 bis 15 v.H. – in besonderen Fällen auch abweichend – des auf eine Stunde entfallenden Anteils des monatlichen Tabellenentgelts der Stufe 2 der Entgeltgruppe 2. [2]Teilzeitmitarbeiter erhalten Erschwerniszuschläge, die nach Stunden bemessen werden, in voller Höhe; sofern sie pauschaliert gezahlt werden, gilt dagegen § 42 Abs. 2.

Dienstvereinbarung; Erschwerniszulage

(5) [1]Die zuschlagspflichtigen Arbeiten und die Höhe der Zuschläge werden durch Dienstvereinbarung festgelegt. [2]Soweit keine Regelung nach Satz 1 für den Mitarbeiter Anwendung findet, gelten befristet bis zum 31. Dezember 2028 die Sätze 3 bis 7. [3]Mitarbeiter erhalten eine monatliche Zulage unter der Voraussetzung, dass die zulageberechtigende Tätigkeit mindestens 25 v.H. ihrer Arbeitszeit ausmacht. [4]Zulagen erhalten:

	Monatsbetrag
1. Mitarbeiter, die Desinfektionsarbeiten mit Ausnahme der Schädlingsbekämpfung ausüben.	10,23 Euro
2. Mitarbeiter, die bei Arbeiten mit gesundheitsschädigenden ätzenden oder giftigen Stoffen der Einwirkung dieser Stoffe ausgesetzt sind, wenn sie im Kalendermonat durchschnittlich mindestens ein Viertel der regelmäßigen Arbeitszeit in Räumen oder mindestens ein Drittel der regelmäßigen Arbeitszeit im Freien dieser Einwirkung ausgesetzt sind.	12,78 Euro

3. Mitarbeiter, die Versuchstiere in wissenschaftlichen Anstalten, Lehr-, Versuchs- oder Untersuchungsanstalten pflegen, wenn sie bei der Pflege der Tiere mit diesen in unmittelbare Berührung kommen. 15,34 Euro

4.

- Pflegepersonen in psychiatrischen Krankenhäusern, Krankenhausabteilungen oder -stationen, in entsprechenden komplementären Einrichtungen oder in psychiatrischen Abteilungen / Stationen in Einrichtungen der stationären Altenhilfe,
- Pflegepersonen in neurologischen Kliniken, Abteilungen oder Stationen, die ständig seelisch erkrankte Patienten pflegen,
- Mitarbeiter in psychiatrischen oder neurologischen Krankenhäusern, Kliniken oder Abteilungen, die im EEG-Dienst oder in der Röntgendiagnostik ständig mit seelisch erkrankten Patienten Umgang haben,
- Mitarbeiter der Physiotherapie / Krankengymnastik, die überwiegend mit seelisch erkrankten Patienten Umgang haben,
- sonstige Mitarbeiter, die ständig mit seelisch erkrankten Patienten zu arbeitstherapeutischen Zwecken zusammenarbeiten oder sie hierbei beaufsichtigen. 15,34 Euro

5. Mitarbeiter, die in großen Behandlungsbecken (nicht in Badewannen) Unterwassermassagen oder Unterwasserbehandlungen ausführen, wenn sie im Kalendermonat durchschnittlich mindestens ein Viertel der regelmäßigen Arbeitszeit mit diesen Arbeiten beschäftigt sind. 10,23 Euro

6. Mitarbeiter als Sektionsgehilfen in der Human- oder Tiermedizin. 15,34 Euro

7. Mitarbeiter, die in Leichenschauhäusern oder in Einrichtungen, die die Aufgaben von Leichenschauhäusern zu erfüllen haben, Leichen versorgen und herrichten. 12,78 Euro

8. Mitarbeiter, die besonders schmutzige und besonders ekelerregende Arbeiten ausführen, wenn sie diese Arbeiten im Kalendermonat durchschnittlich zu einem Viertel der regelmäßigen Arbeitszeit ausführen. (Besonders schmutzige und besonders ekelerregende Arbeiten sind z.B. das Beseitigen und der Transport von spezifischen Krankenhausabfällen; die Beseitigung von Verstopfungen in Toilettenanlagen, Spuck- und Waschbecken und Abflussleitungen; das Verlesen stark verschmutzter Wäsche und das Vorwaschen blutiger Operationswäsche oder stark verschmutzter Säuglings- oder Bettwäsche; das Reinigen ekelerregend verschmutzter Matratzen sowie Arbeiten beim Aufarbeiten von Matratzen.) 15,34 Euro

[5]Die genannten Zulagen werden mit Ausnahme der Zulage nach Ziffer 8 beim Vorliegen der Voraussetzungen neben der monatlichen Zulage nach Ziffer 1 der Anmerkungen zu Teil B Abschnitt XI Ziffern 1 bis 2b Anhang Entgeltordnung gezahlt. [6]Beginnt die zulageberechtigende Tätigkeit nicht am Ersten, sondern im Laufe eines Kalendermonats, so ist in diesem Monat für jeden Kalendertag ab Beginn dieser Tätigkeit 1/30 des Monatsbetrages zu zahlen. [7]Die Zulage entfällt mit Ablauf des Kalendermonats, in dem die Voraussetzungen für die Gewährung der Zulage weggefallen sind.

§ 33 Sonstige Zulagen

(1) [1]Mitarbeiter, die durch die Art ihrer Tätigkeit aus ihrer Vergütungs- bzw. Entgeltgruppe hervorgehoben sind, können für die Dauer dieser Tätigkeit eine Stellenzulage erhalten.[2]Bei besonders hochwertigen Leistungen des Mitarbeiters kann eine widerrufliche Leistungszulage gewährt werden.[3]Die Stellenzulage und die Leistungszulage sollen als prozentualer Zuschlag berechnet werden. [4]Grundlage der Berechnung ist die Regelvergütung bzw. das Tabellenentgelt.

Stellenzulage

Berechnung der Zulagen

(2) Durch Dienstvereinbarung kann eine besondere Zulage gezahlt werden, wenn aufgrund besonderer örtlicher Verhältnisse für vergleichbare Mitarbeiter in anderen Einrichtungen und Diensten eine Zulage wegen erhöhter Lebenshaltungskosten (sog. Ballungsraumzulage) gewährt wird.

Ballungsraumzulage

§ 34 Vergütung für Sonderleistungen der Mitarbeiter

(1) [1]Die Mitarbeiter haben Gutachten, die ihnen dienstlich übertragen werden, anzufertigen oder bei der Anfertigung behilflich zu sein. [2]Erhält der Dienstgeber vom Auftraggeber des Gutachtens eine besondere Bezahlung, durch die auch die Leistung des Mitarbeiters vergütet wird, so hat der das Gutachten anfertigende Mitarbeiter Anspruch auf Vergütung seiner Leistung entsprechend dem Maß seiner Beteiligung, soweit er das Gutachten außerhalb der Dienstzeit erstellt hat.

Vergütung für Gutachten

(2) Falls Oberärzte oder Assistenzärzte im Einvernehmen mit dem Dienstgeber für Leitende Ärzte (Chefärzte) tätig werden, haben sie für diese Tätigkeit keinen Anspruch auf Vergütung gegenüber dem Dienstgeber.

Oberärzte/ Assistenzärzte

(3) Bei der Beteiligung an der Weiterbildung der Mitarbeiter oder am Unterricht an den Schulen des Dienstgebers (§ 4 Abs. 3) erhält der Mitarbeiter nur dann eine besondere Vergütung, wenn er diese Tätigkeit einschließlich einer angemessenen Vorbereitungszeit nicht im Rahmen der für ihn maßgebenden wöchentlichen Arbeitszeit ausüben kann.

Beteiligung an Weiterbildung

(4) [1]Die Mitarbeiter in der Pflege nach Teil B Abschnitt XI Ziffern 1 bis 2c Anhang Entgeltordnung sind verpflichtet, am Rettungsdienst im Notarztwagen oder Rettungshubschrauber teilzunehmen, wenn das Krankenhaus Träger oder Beteiligter des Rettungsdienstes ist. [2]Für jeden Einsatz im Rettungsdienst erhält der Mitarbeiter einen nicht zusatzversorgungspflichtigen Einsatzzuschlag. [3]Der Einsatzzuschlag im Rettungsdienst beträgt 25,89 Euro. [4]Dieser Betrag verändert sich zu demselben Zeitpunkt und in dem gleichen Ausmaß wie die Stundenvergütung der Entgeltgruppe 12 Anhang Tabellen. [5]Der Einsatzzuschlag steht nicht zu, wenn dem Mitarbeiter wegen der Teilnahme am Rettungsdienst außer den Vergütungen nach den AVR sonstige Leistungen vom Dienstgeber oder von einem Dritten (z.B. private Unfallversicherung, für die der Dienstgeber oder ein Träger des Rettungs-

Rettungsdienst, Einsatzzuschlag

dienstes die Beiträge ganz oder teilweise trägt; die Liquidationsansprüche usw.) zustehen. [6]Der Mitarbeiter kann auf die Leistungen verzichten.

keine Anrechnung auf Dienstbezüge

(5) Besteht nach den vorstehenden Bestimmungen ein Anspruch auf Sondervergütung, so wird diese auf die Dienstbezüge (§ 27) nicht angerechnet.

§ 35 Jahressonderzahlung

Anspruch

(1) Mitarbeiter, die am 1. Dezember im Dienstverhältnis stehen, haben Anspruch auf eine Jahressonderzahlung.

Bemessungssatz

(2) [1]Die Jahressonderzahlung beträgt bei Mitarbeitern

- in den Entgeltgruppen 1 bis 8 86 v.H.,
- in den Entgeltgruppen 9a bis 12 76 v.H. und
- in den Entgeltgruppen 13 bis 17 56 v.H.

Bemessungsgrundlage

Bemessungszeitpunkt

des dem Mitarbeiter in den Kalendermonaten Juli, August und September durchschnittlich gezahlten monatlichen Entgelts; unberücksichtigt bleiben hierbei das zusätzlich für Überstunden und Mehrarbeit gezahlte Entgelt (mit Ausnahme der im Dienstplan vorgesehenen Überstunden und Mehrarbeit), Leistungszulagen, Leistungs- und Erfolgsprämien. [2]Der Bemessungssatz bestimmt sich nach der Entgeltgruppe am 1. September. [3]Bei Mitarbeitern, deren Dienstverhältnis nach dem 30. September begonnen hat, tritt an die Stelle des Bemessungszeitraums der erste volle Kalendermonat des Dienstverhältnisses. [4]In den Fällen, in denen im Kalenderjahr der Geburt des Kindes während des Bemessungszeitraums eine elterngeldunschädliche Teilzeitbeschäftigung ausgeübt wird, bemisst sich die Jahressonderzahlung nach dem Beschäftigungsumfang am Tag vor dem Beginn der Elternzeit.

Anmerkung zu Absatz 2:

[1]Bei der Berechnung des durchschnittlich gezahlten monatlichen Entgelts werden die gezahlten Entgelte der drei Monate addiert und durch drei geteilt; dies gilt auch bei einer Änderung des Beschäftigungsumfangs. [2]Ist im Bemessungszeitraum nicht für alle Kalendertage Entgelt gezahlt worden, werden die gezahlten Entgelte der drei Monate addiert, durch die Zahl der Kalendertage mit Entgelt geteilt und sodann mit 30,67 multipliziert. [3]Zeiträume, für die Krankengeldzuschuss gezahlt worden ist, bleiben hierbei unberücksichtigt. [4]Besteht während des Bemessungszeitraums an weniger als 30 Kalendertagen Anspruch auf Entgelt, ist der letzte Kalendermonat, in dem für alle Kalendertage Anspruch auf Entgelt bestand, maßgeblich.

(2a) Für die Jahressonderzahlung von Mitarbeitern in der Entgeltgruppe S 9 findet der in Absatz 2 Satz 1 für die Entgeltgruppen 1 bis 8 ausgewiesene Prozentsatz Anwendung.

anteilige Sonderzahlung bei Unterbrechung

(3) [1]Der Anspruch nach den Absätzen 1 bis 2a vermindert sich um ein Zwölftel für jeden Kalendermonat, in dem Mitarbeiter keinen Anspruch auf Entgelt oder Fortzahlung des Entgelts haben. [2]Die Verminderung unterbleibt für Kalendermonate,

1. für die Mitarbeiter kein Tabellenentgelt erhalten haben wegen
   a) Ableistung von Grundwehrdienst oder Zivildienst, wenn sie diesen vor dem 1. Dezember beendet und die Beschäftigung unverzüglich wieder aufgenommen haben,
   b) Beschäftigungsverboten nach dem Mutterschutzgesetz,
   c) Inanspruchnahme der Elternzeit nach dem Bundeselterngeld- und Elternzeitgesetz bis zum Ende des Kalenderjahres, in dem das Kind geboren ist, wenn am Tag vor Antritt der Elternzeit Entgeltanspruch bestanden hat;
2. in denen Mitarbeitern Krankengeldzuschuss gezahlt wurde oder nur wegen der Höhe des zustehenden Krankengelds ein Krankengeldzuschuss nicht gezahlt worden ist.

Zahlungszeitpunkt

(4) [1]Die Jahressonderzahlung wird mit dem Tabellenentgelt für November ausgezahlt. [2]Ein Teilbetrag der Jahressonderzahlung kann zu einem früheren Zeitpunkt ausgezahlt werden.

anteilige Sonderzahlung bei Ausscheiden

(5) [1]Mitarbeiter erhalten die Jahressonderzahlung auch dann, wenn ihr Dienstverhältnis vor dem 1. Dezember endet. [2]Bei Mitarbeitern, deren Dienstverhältnis vor dem 1. Dezember geendet hat, tritt an die Stelle des Bemessungszeitraums nach Absatz 2 der letzte volle Kalendermonat des Dienstverhältnisses mit der Maßgabe, dass Bemessungsgrundlage für die Jahressonderzahlung nur das Tabellenentgelt und die in Monatsbeträgen festgelegten Zulagen sind.

§ 36 Bezüge während des Erholungsurlaubs

Urlaubsbezüge

(1) [1]Während des Erholungsurlaubs erhält der Mitarbeiter die Dienstbezüge (§ 27) einschließlich der Zulagen, die in Monatsbeträgen festgelegt sind, die er erhalten würde, wenn er sich nicht im Urlaub befände. [2]Haben sich die Dienstbezüge und die Zulagen oder eine dieser Leistungen während der letzten drei Kalendermonate vor dem Beginn des Erholungsurlaubs zuungunsten des Mitarbeiters verändert, so bemessen sich diese während des Erholungsurlaubs nach den durchschnittlichen Dienstbezügen bzw. Zulagen, die der Mitarbeiter im genannten Berechnungszeitraum erhalten hat. [3]Dabei bleiben Kürzungen der Dienstbezüge bzw. der Zulagen, die im Berechnungszeitraum infolge von Kurzarbeit, Arbeitsausfällen oder unverschuldeter Arbeitsversäumnis eintreten, für die Berechnung der Dienstbezüge bzw. Zulagen außer Betracht. [4]Beim Vorliegen der Voraussetzungen erhält der Mitarbeiter zusätzlich pro Urlaubstag einen Aufschlag nach Absatz 3.

> *Anmerkung zu Absatz 1:*
>
> Bei der Bemessungsgrundlage nach Satz 1 ist der Zuschlag gemäß § 8 Abs. 3 Sätze 3 und 4 Anhang Ärztlicher Dienst in jedem Monat des Berechnungszeitraumes mit einem Sechstel zu berücksichtigen.

(2) [1]Als Zulagen, die in Monatsbeträgen festgelegt sind, gelten auch Monatspauschalen der in Absatz 3 genannten Bezüge. [2]Solange dem Mitarbeiter die Monatspauschale zusteht, sind die entsprechenden Bezüge bei der Errechnung des Aufschlages nicht zu berücksichtigen.

Aufschlag, vgl. Abs. 1, letzter Satz

(3) Der Aufschlag ermittelt sich aus dem Tagesdurchschnitt

- der Zeitzuschläge nach § 18 Abs. 1 Satz 2 Buchst. b bis f, § 7 Abs. 1 Buchst. b bis e Anhang Ärztlicher Dienst,
- der Überstundenvergütung nach § 18 Abs. 1 Satz 2 Buchst. a, § 7 Abs. 1 Satz 1 Buchst. a Anhang Ärztlicher Dienst,
- dem Zeitzuschlag nach § 18 Abs. 1 Satz 2 Buchst. a, § 7 Abs. 1 Satz 1 Buchst. a Anhang Ärztlicher Dienst,
- für ausgeglichene Überstunden, der Vergütung für Bereitschaftsdienst und Rufbereitschaft nach § 17 Abs. 10 bis 15 und § 18 Abs. 3, für Mitarbeiter in Krankenhäusern § 17a Abs.10 bis 16 und § 18 Abs. 3, § 8 und § 7 Abs. 3 Anhang Ärztlicher Dienst,
- der Mehrarbeitsvergütung für teilzeitbeschäftigte Mitarbeiter nach § 18 Abs. 2, sowie den Aufschlagszahlungen nach dieser Vorschrift während der letzten drei Kalendermonate vor Beginn des Urlaubs.

Berechnung Aufschlag

(4) [1]Der Tagesdurchschnitt nach Absatz 3 beträgt bei der Verteilung der durchschnittlichen regelmäßigen Arbeitszeit auf fünf Tage 1/65, bei einer Verteilung auf sechs Tage 1/78 aus der Summe der in den dem Urlaubsbeginn vorangegangenen drei Kalendermonaten gezahlten

- Zeitzuschläge nach § 18 Abs. 1 Satz 2 Buchst. b bis f, § 7 Abs. 1 Buchst. b bis e Anhang Ärztlicher Dienst,
- der Überstundenvergütung nach § 18 Anmerkung zu Absatz 1 Satz 1, § 7 Abs. 1 Satz 1 Anmerkung zu Absatz 1 Satz 1 Anhang Ärztlicher Dienst,
- des Zeitzuschlages nach § 18 Abs. 1 Satz 2 Buchst. a, § 7 Abs. 1 Satz 1 Buchst. a Anhang Ärztlicher Dienst,
- für ausgeglichene Überstunden, der Vergütung für Bereitschaftsdienst und Rufbereitschaft nach § 17 Abs. 10 bis 15 und § 18 Abs. 3, für Mitarbeiter in Krankenhäusern § 17a Abs. 10 bis 16 und § 18 Abs. 3, § 8 und § 7 Abs. 3 Anhang Ärztlicher Dienst,
- der Mehrarbeitsvergütung für teilzeitbeschäftigte Mitarbeiter nach § 18 Abs. 2 sowie der Aufschlagszahlungen nach Absatz 3. [2]Ist die durchschnittliche regelmäßige wöchentliche Arbeitszeit weder auf fünf noch auf sechs Tage verteilt, ist der Tagesdurchschnitt entsprechend zu ermitteln. [3]Maßgebend ist die Verteilung der Arbeitszeit zu Beginn des Drei-Kalendermonate-Berechnungszeitraumes.

Berechnung Aufgschlag

(5) [1]Werden die in Absatz 3 genannten Bezüge in Monatspauschalen festgesetzt, ist Absatz 2 zu beachten. [2]Wird eine der Leistungen nach Absatz 3, die im Drei-Kalendermonate-Berechnungszeitraum zur Auszahlung gelangt, dem Mitarbeiter nicht für jeden Monat mit einer Monatspauschale vergütet, gilt die Monatspauschale in diesem Falle nicht als eine in Monatsbeträgen festgelegte Zulage. [3]Die Monatspauschale ist in diesem Falle in die Berechnung des Tagesdurchschnitts gemäß Absatz 4 einzubeziehen.

Erwerbstätigkeit im Urlaub

(6) Mitarbeiter, die ohne Erlaubnis während des Urlaubs gegen Entgelt arbeiten, verlieren hierdurch den Anspruch auf die Urlaubsvergütung für die Tage der Erwerbstätigkeit.

§ 37 Krankenbezüge

(1) [1]Wird der Mitarbeiter durch Arbeitsunfähigkeit infolge Krankheit an seiner Arbeitsleistung verhindert, ohne dass ihn ein Verschulden trifft, erhält er Krankenbezüge nach Maßgabe der Absätze 2 bis 9. [2]Als unverschuldete Arbeitsunfähigkeit im Sinne des Satzes 1 gilt auch die Arbeitsverhinderung infolge einer Maßnahme der medizinischen Vorsorge oder Rehabilitation, die ein Träger der gesetzlichen Renten-, Kranken- oder Unfallversicherung, eine Verwaltungsbehörde der Kriegsopferversorgung oder ein sonstiger Sozialleistungsträger bewilligt hat und die in einer Einrichtung der medizinischen Vorsorge oder Rehabilitation durchgeführt wird. [3]Bei Mitarbeitern, die nicht Mitglied einer gesetzlichen Krankenkasse oder nicht in der gesetzlichen Rentenversicherung versichert sind, gilt Satz 2 entsprechend, wenn eine Maßnahme der medizinischen Vorsorge oder Rehabilitation ärztlich verordnet worden ist und in einer Einrichtung der medizinischen Vorsorge oder Rehabilitation oder einer vergleichbaren Einrichtung durchgeführt wird.

unverschuldete Arbeitsunfähigkeit infolge Krankheit

(2) [1]Der Mitarbeiter erhält bis zur Dauer von sechs Wochen Krankenbezüge in Höhe der Urlaubsvergütung, die ihm zustehen würde, wenn er Erholungsurlaub hätte. [2]Der Anspruch nach Satz 1 entsteht erstmals nach vierwöchiger ununterbrochener Dauer des Dienstverhältnisses. [3]Wird der Mitarbeiter infolge derselben Krankheit (Absatz 1) erneut arbeitsunfähig, hat er wegen der erneuten Arbeitsunfähigkeit Anspruch auf Krankenbezüge nach den Sätzen 1 und 2 für einen weiteren Zeitraum von sechs Wochen, wenn

Dauer bis zu 6 Wochen in Höhe der Urlaubsvergütung – siehe § 36

Anspruch bei Fortsetzungserkrankung

a) er vor der erneuten Arbeitsunfähigkeit mindestens sechs Monate nicht infolge derselben Krankheit arbeitsunfähig war oder
b) seit dem Beginn der ersten Arbeitsunfähigkeit infolge derselben Krankheit eine Frist von zwölf Monaten abgelaufen ist.

[4]Der Anspruch auf die Krankenbezüge nach den Sätzen 1 bis 3 wird nicht dadurch berührt, dass der Dienstgeber das Dienstverhältnis aus Anlass der Arbeitsunfähigkeit kündigt. [5]Das Gleiche gilt, wenn der Mitarbeiter das Dienstverhältnis aus einem vom Dienstgeber zu vertretenden Grund kündigt, der den Mitarbeiter zur Kündigung aus wichtigem Grund ohne Einhaltung einer Kündigungsfrist berechtigt. [6]Endet das Dienstverhältnis vor Ablauf der in den Sätzen 1 bis 2 oder 3 genannten Frist von sechs Wochen nach dem Beginn der Arbeitsunfähigkeit, ohne dass es einer Kündigung bedarf, oder infolge einer Kündigung aus anderen als den in den Sätzen 4 und 5 bezeichneten Gründen, endet der Anspruch mit dem Ende des Dienstverhältnisses.

Anspruch bei krankheitsbedingter Kündigung

Anspruch bei Ende des Dienstverhältnisses

(3) [1]Nach Ablauf des nach Absatz 2 maßgebenden Zeitraumes erhält der Mitarbeiter für den Zeitraum, für den ihm Krankengeld oder die entsprechenden Leistungen aus der gesetzlichen Renten- oder Unfallversicherung oder nach dem Bundesversorgungsgesetz gezahlt werden, als Krankenbezüge einen Krankengeldzuschuss. [2]Dies gilt nicht,

Anspruch auf Krankengeldzuschuss

a) wenn der Mitarbeiter Rente wegen voller Erwerbsminderung (§ 43 SGB VI) oder wegen Alters aus der gesetzlichen Rentenversicherung erhält,
b) für den Zeitraum, für den die Mitarbeiterin Anspruch auf Mutterschaftsgeld nach § 19 Abs. 2 MuSchG hat.

[3]Steht dem Mitarbeiter Anspruch auf Krankengeld aus der gesetzlichen Krankenversicherung für den Tag, an dem die Arbeitsunfähigkeit ärztlich festgestellt wird,

nicht zu, erhält er für diesen Tag einen Krankenzuschuss in Höhe von 100 v.H. des Nettoarbeitsentgelts, wenn für diesen Tag infolge der Arbeitsunfähigkeit ein Vergütungsausfall eintritt.

Dauer des Anspruchs auf Krankengeldzuschuss

(4) [1]Der Krankengeldzuschuss wird bei einer Beschäftigungszeit (§ 10)

- von mehr als einem Jahr, längstens bis zum Ende der 13. Woche,
- von mehr als drei Jahren, längstens bis zum Ende der 26. Woche,

seit dem Beginn der Arbeitsunfähigkeit, jedoch nicht über den Zeitpunkt der Beendigung des Dienstverhältnisses hinaus, gezahlt. [2]Vollendet der Mitarbeiter im Laufe der Arbeitsunfähigkeit eine Beschäftigungszeit von mehr als einem Jahr bzw. von mehr als drei Jahren, wird der Krankengeldzuschuss gezahlt, wie wenn er die maßgebende Beschäftigungszeit bei Beginn der Arbeitsunfähigkeit vollendet hätte. [3]In den Fällen des Absatzes 1 Satz 2 und 3 wird die Zeit der Maßnahme bis zu höchstens zwei Wochen nicht auf die Fristen des Satzes 1 angerechnet.

(5) [1]Innerhalb eines Kalenderjahres können die Bezüge nach Absatz 2 Sätze 1 bis 2 oder 3 und der Krankengeldzuschuss bei einer Beschäftigungszeit

- von mehr als einem Jahr, längstens für die Dauer von 13 Wochen,
- von mehr als drei Jahren, längstens für die Dauer von 26 Wochen

Anspruch bei neuer Arbeitsunfähigkeit

bezogen werden; Absatz 4 Satz 3 gilt entsprechend. [2]Erstreckt sich eine Erkrankung ununterbrochen von einem Kalenderjahr in das nächste Kalenderjahr oder erleidet der Mitarbeiter im neuen Kalenderjahr innerhalb von 13 Wochen nach Wiederaufnahme der Arbeit einen Rückfall, bewendet es bei dem Anspruch aus dem vorhergehenden Jahr. [3]Bei jeder neuen Arbeitsunfähigkeit besteht jedoch mindestens der sich aus Absatz 2 ergebende Anspruch.

Anspruch bei Arbeitsunfall oder Berufskrankheit

(6) Bei der jeweils ersten Arbeitsunfähigkeit, die durch einen bei dem Dienstgeber erlittenen Arbeitsunfall oder durch eine bei dem Dienstgeber zugezogene Berufskrankheit verursacht ist, wird der Krankengeldzuschuss ohne Rücksicht auf die Beschäftigungszeit bis zum Ende der 26. Woche seit dem Beginn der Arbeitsunfähigkeit, jedoch nicht über den Zeitpunkt der Beendigung des Dienstverhältnisses hinaus, gezahlt, wenn der zuständige Unfallversicherungsträger den Arbeitsunfall oder die Berufskrankheit anerkennt.

Verhältnis zu Renten- und Versicherungsansprüchen

Rückforderung überzahlter Krankenbezüge, s. auch Abschn. X Abs. d

(7) [1]Krankengeldzuschuss wird nicht über den Zeitpunkt hinaus gezahlt, von dem an der Mitarbeiter Bezüge aufgrund eigener Versicherung aus der gesetzlichen Rentenversicherung (einschließlich eines rentenersetzenden Übergangsgeldes im Sinne des § 20 SGB VI in Verbindung mit § 8 SGB IX), aus einer zusätzlichen Alters- und Hinterbliebenenversorgung oder aus einer sonstigen Versorgungseinrichtung erhält, zu der der Dienstgeber oder ein anderer Dienstgeber, der die AVR, eine vergleichbare kircheneigene Regelung, den Bundesangestelltentarifvertrag oder einen Tarifvertrag wesentlich gleichen Inhalts angewendet hat, die Mittel ganz oder teilweise beigesteuert hat. [2]Überzahlter Krankengeldzuschuss und sonstige überzahlte Bezüge gelten als Vorschüsse auf die zustehenden Bezüge im Sinne des Satzes 1. [3]Die Ansprüche des Mitarbeiters gehen insoweit auf den Dienstgeber über; § 53 SGB I bleibt unberührt. [4]Der Dienstgeber kann von der Rückforderung des Teils des überzahlten Betrages, der nicht durch die für den Zeitraum der Überzahlung zustehenden Bezüge im Sinne des Satzes 1 ausgeglichen worden ist, absehen, es sei denn, der Mitarbeiter hat dem Dienstgeber die Zustellung des Rentenbescheides schuldhaft verspätet mitgeteilt.

(8) [1]Der Krankengeldzuschuss wird in Höhe des Unterschiedsbetrages zwischen der Nettourlaubsvergütung und der um die gesetzlichen Beitragsanteile des Mitarbeiters zur gesetzlichen Renten-, Arbeitslosen- und sozialen Pflegeversicherung verminderten Leistungen der Sozialleistungsträger gezahlt. [2]Nettourlaubsvergütung ist die um die gesetzlichen Abzüge verminderte Urlaubsvergütung (§ 36 Abs. 1).

Höhe und Berechnung des Krankengeldzuschusses

(9) [1]Anspruch auf Krankengeldzuschuss nach den Absätzen 3 bis 8 hat auch der Mitarbeiter, der in der gesetzlichen Krankenversicherung versicherungsfrei oder von der Versicherungspflicht in der gesetzlichen Krankenversicherung befreit ist. [2]Dabei sind für die Anwendung des Absatzes 8 die Leistungen zugrunde zu legen, die dem Mitarbeiter als Pflichtversicherten in der gesetzlichen Krankenversicherung zustünden.

Krankengeldzuschuss für Privatversicherte

(10) Abweichend von Absatz 3 Satz 1 und Absatz 4 erhält der Mitarbeiter in den ersten vier Wochen einer ununterbrochenen Dauer seines Dienstverhältnisses für den Zeitraum, für den ihm Krankengeld oder entsprechende Leistungen aus der gesetzlichen Renten- oder Unfallversicherung oder nach dem Bundesversorgungsgesetz gezahlt werden, als Krankenbezüge einen Krankengeldzuschuss.

Krankengeldzuschuss in den ersten 4 Wochen des Dienstverhältnisses, Abs. 2 S. 2

Anmerkung zu Absatz 1:

Ein Verschulden im Sinne des Absatzes 1 liegt nur dann vor, wenn die Arbeitsunfähigkeit vorsätzlich oder grob fahrlässig herbeigeführt wurde.

Verschulden

Anmerkung zu Absatz 6:

Hat der Mitarbeiter in einem Fall des Absatzes 6 die Arbeit vor Ablauf der Bezugsfrist von 26 Wochen wieder aufgenommen und wird er vor Ablauf von sechs Monaten aufgrund desselben Arbeitsunfalls oder derselben Berufskrankheit erneut arbeitsunfähig, wird der Ablauf der Bezugsfrist, wenn dies für den Mitarbeiter günstiger ist, um die Zeit der Arbeitsfähigkeit hinausgeschoben.

Hinausschieben des Ablaufs der Bezugszeit

Anmerkung zu § 37:

Für Mitarbeiter, die am 31. Dezember 1995 in einem Dienstverhältnis stehen, das am 1. Januar 1996 bei demselben Dienstgeber fortbesteht, gilt für die Anwendung der vorstehenden Regelungen die zu diesem Zeitpunkt erreichte Dienstzeit als Beschäftigungszeit.

Beschäftigungszeit

§ 38 Anzeige- und Nachweispflichten

(1) [1]In den Fällen des § 37 Abs. 1 Satz 1 ist der Mitarbeiter verpflichtet, dem Dienstgeber die Arbeitsunfähigkeit und deren voraussichtliche Dauer unverzüglich mitzuteilen. [2]Dauert die Arbeitsunfähigkeit länger als drei Kalendertage, hat der Mitarbeiter eine ärztliche Bescheinigung über das Bestehen der Arbeitsunfähigkeit sowie deren voraussichtliche Dauer spätestens an dem darauffolgenden allgemeinen Arbeitstag dem Dienstgeber vorzulegen. [3]Der Dienstgeber ist berechtigt, in Einzelfällen die Vorlage der ärztlichen Bescheinigung früher zu verlangen. [4]Dauert die Arbeitsunfähigkeit länger als in der Bescheinigung angegeben, ist der Mitarbeiter verpflichtet, eine neue ärztliche Bescheinigung vorzulegen.

Anzeigepflicht
Nachweispflicht

Auslands-
erkrankung

(2) [1]Hält sich der Mitarbeiter bei Beginn der Arbeitsunfähigkeit im Ausland auf, ist er über Absatz 1 hinaus verpflichtet, dem Dienstgeber die Arbeitsunfähigkeit, deren voraussichtliche Dauer und die Adresse am Aufenthaltsort in der schnellstmöglichen Art der Übermittlung mitzuteilen. [2]Die durch die Mitteilung entstehenden Kosten hat der Dienstgeber zu tragen. [3]Darüber hinaus ist der Mitarbeiter, wenn er Mitglied einer gesetzlichen Krankenkasse ist, verpflichtet, auch dieser die Arbeitsunfähigkeit und deren voraussichtliche Dauer unverzüglich anzuzeigen. [4]Kehrt ein arbeitsunfähig erkrankter Mitarbeiter in das Inland zurück, ist er verpflichtet, dem Dienstgeber seine Rückkehr unverzüglich anzuzeigen.

Verletzung der
Anzeige und
Nachweispflicht

(3) Der Dienstgeber ist berechtigt, die Fortzahlung der Bezüge zu verweigern, solange der Mitarbeiter die von ihm nach Absatz 1 Sätze 1 bis 4 vorzulegende ärztliche Bescheinigung nicht vorlegt oder den ihm nach Absatz 2 obliegenden Verpflichtungen nicht nachkommt, es sei denn, dass der Mitarbeiter die Verletzung dieser ihm obliegenden Verpflichtungen nicht zu vertreten hat.

elektronische
AU-Bescheinigung

(4) [1]Absatz 1 Sätze 2 bis 4 gelten nicht für Mitarbeiter, die Versicherte einer gesetzlichen Krankenkasse sind, § 5 Abs. 1a EFZG. [2]Diese sind zum Nachweis ihrer Arbeitsunfähigkeit gegenüber dem Dienstgeber verpflichtet, zu den in Absatz 1 Satz 2 bis 4 genannten Zeitpunkten das Bestehen einer Arbeitsunfähigkeit sowie deren voraussichtliche Dauer feststellen und sich eine ärztliche Bescheinigung nach Absatz 1 Satz 2 oder 4 aushändigen zu lassen. [3]Kommt der Mitarbeiter der Pflicht aus Satz 2 nicht nach, gilt Absatz 3 Alternative 1 entsprechend. [4]Liegt ein Fall des § 5 Abs. 1a Satz 3 EFZG vor, verbleibt es bei der Anwendung des Absatz 1 Sätze 2 bis 4.

Maßnahme der
medizinischen
Vorsorge und
Rehabilitation

(5) In den Fällen des § 37 Abs. 1 Satz 2 bis 3 ist der Mitarbeiter verpflichtet, dem Dienstgeber den Zeitpunkt des Antritts der Maßnahme, die voraussichtliche Dauer und die Verlängerung der Maßnahme unverzüglich mitzuteilen und ihm

a) eine Bescheinigung über die Bewilligung der Maßnahme durch einen Sozialleistungsträger nach § 37 Abs. 1 Satz 2 oder

b) eine ärztliche Bescheinigung über die Erforderlichkeit der Maßnahme im Sinne des § 37 Abs. 1 Satz 3 unverzüglich vorzulegen.

§ 39 Besondere Zahlungen – vermögenswirksame Leistungen

Anspruch; Höhe

(1) [1]Nach Maßgabe des Vermögensbildungsgesetzes in seiner jeweiligen Fassung haben Mitarbeiter, deren Dienstverhältnis voraussichtlich mindestens sechs Monate dauert, einen Anspruch auf vermögenswirksame Leistungen. [2]Für vollzeitbeschäftigte Mitarbeiter beträgt die vermögenswirksame Leistung für jeden vollen Kalendermonat mindestens 6,65 Euro; für Auszubildende beträgt sie mindestens 13,29 Euro. [3]Der Anspruch entsteht frühestens für den Kalendermonat, in dem der Mitarbeiter dem Dienstgeber die erforderlichen Angaben schriftlich mitteilt, und für die beiden vorangegangenen Monate desselben Kalenderjahres; die Fälligkeit tritt nicht vor acht Wochen nach Zugang der Mitteilung beim Dienstgeber ein. [4]Die vermögenswirksame Leistung wird nur für Kalendermonate gewährt, für die den Mitarbeitern Tabellenentgelt, Entgeltfortzahlung oder Krankengeldzuschuss zusteht. [5]Für Zeiten, für die Krankengeldzuschuss zusteht, ist die vermögenswirksame Leistung Teil des Krankengeldzuschusses. [6]Die vermögenswirksame Leistung ist kein zusatzversorgungspflichtiges Entgelt.

(2) Der Mitarbeiter und der Auszubildende teilen dem Dienstgeber schriftlich die Art der gewählten Anlage mit und geben hierbei, soweit dies nach der Art der Anlage erforderlich ist, das Unternehmen oder Institut mit der Nummer des Kontos an, auf das die Leistungen eingezahlt werden sollen.

Anlageart

(3) [1]Der Mitarbeiter und der Auszubildende erhalten auf Antrag anstelle der vermögenswirksamen Leistung nach Absatz 2 eine monatliche Zulage in gleicher Höhe wie nach Absatz 1 zur Brutto-Entgeltumwandlung, wenn diese gemäß der Regelung zur Entgeltumwandlung der Zentralen Kommission zur Ordnung des Arbeitsvertragsrechts im kirchlichen Dienst (Zentral-KODA) vom 15. April 2002 in ihrer jeweils gültigen Fassung durchgeführt wird. [2]Auf die Zulage nach Satz 1 sind die Regelungen über vermögenswirksame Leistungen entsprechend anzuwenden.

Zulage

§ 40 Besondere Zahlungen – Jubiläumszuwendung

(1) Der Mitarbeiter erhält nach einer Jubiläumsdienstzeit von 25, 40 und 50 Jahren jeweils eine Jubiläumszuwendung.

Anspruch

(2) Die Jubiläumsdienstzeit umfasst die Beschäftigungszeit (§ 10).

Voraussetzungen

(3) [1]Anzurechnen sind ferner die Zeiten, die ein Mitarbeiter in einem Dienstverhältnis oder Ausbildungsverhältnis im Tätigkeitsbereich des Deutschen Caritasverbandes oder eines ihm angeschlossenen Mitgliedes oder in einem anderen Tätigkeitsbereich der katholischen Kirche verbrachte. [2]Zeiten mit weniger als der durchschnittlichen regelmäßigen wöchentlichen Arbeitszeit werden in vollem Umfang berücksichtigt.

(4) [1]Die in Absatz 3 aufgeführten Zeiten werden nicht angerechnet, wenn der Mitarbeiter aus seinem Verschulden oder auf eigenen Wunsch aus dem Dienstverhältnis ausgeschieden ist. [2]Dies gilt nicht, wenn der Mitarbeiter im Anschluss an das bisherige Dienstverhältnis zu einer anderen Einrichtung desselben Dienstgebers oder zu einem anderen Dienstgeber im Tätigkeitsbereich des Deutschen Caritasverbandes oder eines ihm angeschlossenen Mitgliedes oder in einen anderen Tätigkeitsbereich der katholischen Kirche übergetreten ist oder wenn er das Dienstverhältnis wegen eines mit Sicherheit erwarteten Personalabbaus oder wegen Unfähigkeit zur Fortsetzung der Arbeit infolge einer Körperschädigung oder in Ausübung oder infolge seiner Arbeit erlittenen Gesundheitsbeschädigung aufgelöst hat oder die Nichtanrechnung eine unbillige Härte darstellen würde.

Ausscheiden aus dem Dienstverhältnis

(5) Die Jubiläumszuwendung beträgt nach einer Jubiläumsdienstzeit

Höhe

– von 25 Jahren	613,55 Euro
– von 40 Jahren	1.022,58 Euro
– von 50 Jahren	1.227,10 Euro.

(6) [1]Durch Vereinbarung zwischen Dienstgeber und Mitarbeiter kann statt der Jubiläumszuwendung Zusatzurlaub in entsprechendem Umfang vereinbart werden. [2]Für diesen Zusatzurlaub finden die Regelungen des § 47 Abs. 7 und 7a und des § 17 Abs. 5 Anhang Ärztlicher Dienst keine Anwendung.

Zusatzurlaub in entsprechendem Umfang

§ 41 Besondere Zahlungen – Zuwendungen im Todesfall

Sterbegeld, Anspruchsberechtigte

(1) [1]Beim Tode des Mitarbeiters, der sich nicht im Sonderurlaub nach § 48 befindet und dessen Dienstverhältnis nicht nach § 53 Abs. 1 Satz 6 ruht, erhalten

a) der überlebende Ehegatte, der Lebenspartner im Sinne des Lebenspartnerschaftsgesetzes,

b) die Abkömmlinge des Mitarbeiters

Höhe

Sterbegeld. [2]Als Sterbegeld werden für die restlichen Kalendertage des Sterbemonats und für zwei weitere Monate die Dienstbezüge (§ 27) des Verstorbenen gewährt.

weitere Anspruchsberechtigte

(2) Sind Anspruchsberechtigte im Sinne des Absatzes 1 nicht vorhanden, ist Sterbegeld auf Antrag zu gewähren

a) Verwandten der aufsteigenden Linie, Geschwistern, Geschwisterkindern sowie Stiefkindern, wenn sie zur Zeit des Todes des Mitarbeiters mit diesem in häuslicher Gemeinschaft gelebt haben oder wenn der Verstorbene ganz oder überwiegend ihr Ernährer gewesen ist;

b) sonstigen Personen, die die Kosten der letzten Krankheit oder der Bestattung getragen haben, bis zur Höhe ihrer Aufwendungen.

Sterbegeld in Sonderfällen

(3) [1]Hat der Mitarbeiter im Sterbemonat keinen Anspruch auf Dienstbezüge (§ 27) wegen Elternzeit oder auf Krankenbezüge wegen Ablauf der Fristen des § 37 oder hat die Mitarbeiterin zur Zeit ihres Todes Mutterschaftsgeld nach § 19 MuSchG bezogen, werden als Sterbegeld für den Sterbetag und die restlichen Kalendertage des Sterbemonats sowie für zwei weitere Monate die Dienstbezüge des Verstorbenen gewährt. [2]Das Sterbegeld wird in einer Summe ausgezahlt.

Anrechnung von Dienstbezügen

(4) Sind an den Verstorbenen Dienstbezüge (§ 27) oder Vorschüsse über den Sterbetag hinaus gezahlt worden, werden diese auf das Sterbegeld angerechnet.

Erlöschen des Anspruchs

(5) [1]Die Zahlung an einen der nach Absatz 1 oder 2 Berechtigten bringt den Anspruch der übrigen gegenüber dem Dienstgeber zum Erlöschen. [2]Sind Berechtigte nach Absatz 1 oder 2 nicht vorhanden, werden über den Sterbetag hinausbezahlte Bezüge für den Sterbemonat nicht zurückgefordert.

(6) Wer den Tod des Mitarbeiters vorsätzlich herbeigeführt hat, hat keinen Anspruch auf das Sterbegeld.

(7) Das Sterbegeld verringert sich um den Betrag, den die nach Absatz 1 oder 2 Berechtigten als Sterbegeld aus einer zusätzlichen Alters- und Hinterbliebenenversorgung oder aus einer Ruhegeldeinrichtung erhalten.

Anmerkung:

Vergütungsgruppenzulagen gelten bei der Berechnung des Sterbegeldes als Bestandteil der Dienstbezüge (§ 27).

§ 42 Berechnung und Auszahlung des Entgelts

Bemessungszeitraum

(1) [1]Bemessungszeitraum für das Tabellenentgelt und die sonstigen Entgeltbestandteile ist der Kalendermonat, soweit tarifvertraglich nicht ausdrücklich etwas Abweichendes geregelt ist. [2]Die Zahlung erfolgt am letzten Tag des Monats (Zahltag) für den laufenden Kalendermonat auf ein von dem Mitarbeiter benanntes

Konto innerhalb eines Mitgliedstaats der Europäischen Union. [3]Fällt der Zahltag auf einen Samstag, einen Wochenfeiertag oder den 31. Dezember, gilt der vorhergehende Werktag, fällt er auf einen Sonntag, gilt der zweite vorhergehende Werktag als Zahltag. [4]Entgeltbestandteile, die nicht in Monatsbeträgen festgelegt sind, sowie der Tagesdurchschnitt nach § 36 sind am Zahltag des zweiten Kalendermonats, der auf ihre Entstehung folgt, fällig.

Anmerkungen zu Absatz 1:

1. Teilen Mitarbeiter ihrem Dienstgeber die für eine kostenfreie bzw. kostengünstigere Überweisung in einen anderen Mitgliedstaat der Europäischen Union erforderlichen Angaben nicht rechtzeitig mit, so tragen sie die dadurch entstehenden zusätzlichen Überweisungskosten.
2. Soweit Dienstgeber die Bezüge am 15. eines jeden Monats für den laufenden Monat zahlen, können sie jeweils im Dezember eines Kalenderjahres den Zahltag vom 15. auf den letzten Tag des Monats gemäß Absatz 1 Satz 1 verschieben.

Teilzeit

(2) Soweit in den AVR nicht ausdrücklich etwas anderes geregelt ist, erhalten teilzeitbeschäftigte Mitarbeiter das Tabellenentgelt (§ 28) und alle sonstigen Entgeltbestandteile in dem Umfang, der dem Anteil ihrer individuell vereinbarten durchschnittlichen Arbeitszeit an der regelmäßigen Arbeitszeit vergleichbarer Vollzeitmitarbeiter entspricht.

Auszahlung bei „Teilmonaten"

(3) [1]Besteht der Anspruch auf das Tabellenentgelt oder die sonstigen Entgeltbestandteile nicht für alle Tage eines Kalendermonats, wird nur der Teil gezahlt, der auf den Anspruchszeitraum entfällt. [2]Besteht nur für einen Teil eines Kalendertags Anspruch auf Entgelt, wird für jede geleistete dienstplanmäßige oder betriebsübliche Arbeitsstunde der auf eine Stunde entfallende Anteil des Tabellenentgelts sowie der sonstigen in Monatsbeträgen festgelegten Entgeltbestandteile gezahlt. [3]Zur Ermittlung des auf eine Stunde entfallenden Anteils sind die in Monatsbeträgen festgelegten Entgeltbestandteile durch das 4,348-fache der regelmäßigen wöchentlichen Arbeitszeit (§ 15 Abs. 1 und entsprechende Sonderregelungen) zu teilen. [4]Ändert sich die Höhe der Dienstbezüge (§ 27) und der in Monatsbeträgen festgelegten Zulagen im Laufe des Kalendermonats, so gelten die Sätze 1 bis 3 entsprechend.

Rundungsvorschrift

(4) [1]Ergibt sich bei der Berechnung von Beträgen ein Bruchteil eines Cents von mindestens 0,5, ist er aufzurunden; ein Bruchteil von weniger als 0,5 ist abzurunden. [2]Zwischenrechnungen werden jeweils auf zwei Dezimalstellen durchgeführt. [3]Jeder Entgeltbestandteil ist einzeln zu runden.

(5) Entfallen die Voraussetzungen für eine Zulage im Laufe eines Kalendermonats gilt Absatz 3 entsprechend.

(6) Einzelvertraglich können neben dem Tabellenentgelt zustehende Entgeltbestandteile (z.B. Zeitzuschläge, Erschwerniszuschläge) pauschaliert werden.

Abrechnung; Ausschlussfrist § 57

(7) [1]Dem Mitarbeiter wird eine Abrechnung zur Verfügung gestellt, in der die Beträge, aus denen sich die Bezüge zusammensetzen, und die Abzüge getrennt aufgeführt sind. [2]Der Mitarbeiter hat sich bei der Auszahlung der Dienstbezüge (§ 27) sofort zu vergewissern, dass die Höhe der ausgezahlten Bezüge mit der Abrechnung übereinstimmt, und die etwaige Nichtübereinstimmung unverzüglich zu beanstanden. [3]Unterlässt der Mitarbeiter eine unverzügliche Beanstandung, so kann er diese später nicht mehr geltend machen. [4]Hiervon bleibt die Nachprüfung

der Richtigkeit der Berechnung der Dienstbezüge unberührt. [5]Für Beanstandungen wegen nichtzutreffender Berechnung der Dienstbezüge ist die Ausschlussfrist (§ 57) einzuhalten.

Fahrradleasing

(8) Bestandteile der Vergütung bzw. des Entgelts können einzelvertraglich zu Zwecken des Leasings von Fahrrädern im Sinne von § 63a StVZO umgewandelt werden.

Gehaltsabtretung

(9) [1]Die Abtretung von Vergütungsansprüchen ist ausgeschlossen (§ 399 BGB). [2]Im Einzelfall kann der Mitarbeiter mit dem Dienstgeber die Abtretbarkeit seiner Vergütungsansprüche schriftlich vereinbaren. [3]Sätze 1 und 2 gelten nur für Dienstverträge, die vor dem 1. Oktober 2021 abgeschlossen wurden.

§ 43 Zusätzliche Altersversorgung

Anhang Zusätzliche Altersversorgung

Der Dienstgeber ist verpflichtet, die Versorgung der Mitarbeiter für Alter und Invalidität gemäß den Bestimmungen des Anhangs Zusätzliche Altersversorgung zu veranlassen.

Abschnitt IV Urlaub und Arbeitsbefreiung

§ 44 Erholungsurlaub

Anspruch

(1) [1]Die Mitarbeiter und die Auszubildenden erhalten in jedem Urlaubsjahr den gesetzlichen Mindesturlaub von vier Wochen und haben einen weitergehenden Urlaubsanspruch im Gesamtumfang des § 45 Abs. 1. [2]Urlaubsjahr ist das Kalenderjahr.

Zweck

(2) [1]Der Erholungsurlaub dient der Erhaltung der Gesundheit. [2]Der Mitarbeiter ist deshalb verpflichtet, den Erholungsurlaub tatsächlich zu nehmen und darf während des Erholungsurlaubs keine dem Urlaubszweck widersprechende Erwerbstätigkeit leisten.

Festsetzung

(3) [1]Der Dienstgeber setzt auf Antrag des Mitarbeiters den Erholungsurlaub zeitlich fest. [2]Dabei hat er die Urlaubswünsche des Mitarbeiters zu berücksichtigen, es sei denn, dass dringende dienstliche Belange oder Urlaubswünsche anderer Mitarbeiter, die unter sozialen Gesichtspunkten den Vorrang verdienen, diesen entgegenstehen. [3]Der Urlaub ist zu gewähren, wenn der Mitarbeiter dies im Anschluss an eine Maßnahme der medizinischen Vorsorge oder Rehabilitation (§ 37 Abs. 1 Sätze 2 und 3) verlangt.

(4) [1]Der Erholungsurlaub soll grundsätzlich zusammenhängend gewährt werden. [2]Kann der Erholungsurlaub aus dringenden dienstlichen Gründen nicht zusammenhängend gewährt werden oder ist eine Teilung des Erholungsurlaubs aus Gründen gerechtfertigt, die in der Person des Mitarbeiters liegen, so ist diese zulässig. [3]Bei einer Teilung muss jedoch ein Teil des Erholungsurlaubs so bemessen sein, dass der Mitarbeiter mindestens für 14 aufeinanderfolgende Werktage vom Dienst befreit ist.

Antritt

(5) [1]Der Erholungsurlaub ist spätestens bis zum Ende des Urlaubsjahres anzutreten. [2]Kann der Erholungsurlaub aus dringenden dienstlichen Gründen oder aus Gründen, die in der Person des Mitarbeiters liegen, bis zum Ende des Urlaubsjahres nicht angetreten werden, ist er bis zum 30. April des folgenden Urlaubsjahres anzutreten. [3]Hat der Mitarbeiter den ihm zustehenden Urlaub vor dem Beginn der

Elternzeit nicht oder nicht vollständig erhalten, so ist ihm der Resturlaub nach der Elternzeit im laufenden oder im nächsten Urlaubsjahr zu gewähren. [4]Wird die Wartezeit (Absatz 6) erst nach Ablauf des Urlaubsjahres erfüllt, ist der Urlaub spätestens bis zum Ende des folgenden Urlaubsjahres anzutreten. [5]Kann der gesetzliche Mindesturlaub und der Zusatzurlaub nach § 208 SGB IX infolge Arbeitsunfähigkeit nicht angetreten werden, erlischt dieser Urlaubsanspruch 15 Monate nach Ablauf des Urlaubsjahres. [6]Kann der weitergehende Urlaubsanspruch infolge von Arbeitsunfähigkeit nicht angetreten werden, gilt § 44 Abs. 5 Satz 2.

(6) Der Erholungsurlaub kann erstmalig nach Ablauf von sechs Monaten seit Einstellung (Wartezeit) geltend gemacht werden. *Wartezeit, vgl. Abs. 5 Satz 4*

(7) [1]Beginnt oder endet das Dienstverhältnis im Laufe des Urlaubsjahres, so beträgt der Urlaubsanspruch ein Zwölftel für jeden vollen Beschäftigungsmonat. [2]Entsprechendes gilt, wenn gemäß § 53 Abs. 1 Satz 6 das Ruhen des Dienstverhältnisses eintritt. [3]Scheidet der Mitarbeiter wegen verminderter Erwerbsfähigkeit (§ 53 Abs. 1 und 3) oder durch Erreichung der Altersgrenze (§ 54 Abs. 3 und 4) aus dem Dienstverhältnis aus, so beträgt der Urlaubsanspruch sechs Zwölftel, wenn das Dienstverhältnis in der ersten Hälfte des Urlaubsjahres endet, und zwölf Zwölftel, wenn das Dienstverhältnis in der zweiten Hälfte des Urlaubsjahres endet. *Berechnung bei Veränderungen im Urlaubsjahr*

(8) [1]Der Urlaubsanspruch vermindert sich für jeden vollen Kalendermonat der Elternzeit ohne Teilzeitbeschäftigung und eines Sonderurlaubs nach § 48 jeweils um ein Zwölftel. [2]Die Verminderung unterbleibt für drei Kalendermonate eines Sonderurlaubs zum Zwecke der beruflichen Fortbildung, wenn der Dienstgeber ein dienstliches oder betriebliches Interesse an der Beurlaubung schriftlich anerkannt hat. *Elternzeit ohne Teilzeitbeschäftigung*

(9) [1]Ergeben sich bei der Berechnung des anteiligen Jahresurlaubs Bruchteile eines Urlaubstages, die mindestens einen halben Tag ergeben, sind diese auf einen vollen Urlaubstag aufzurunden. [2]Vor Anwendung der Absätze 7 und 8 sind der Erholungsurlaub und ein etwaiger Zusatzurlaub, mit Ausnahme des Zusatzurlaubs nach dem Neunten Sozialgesetzbuch, zusammenzurechnen. *Bruchteile, Urlaubstage*

(10) [1]Erkrankt der Mitarbeiter während des Erholungsurlaubs und zeigt er dies unverzüglich an, so werden ihm die durch ärztliches Zeugnis nachgewiesenen Krankheitstage, an denen der Mitarbeiter arbeitsunfähig war, auf den Urlaub nicht angerechnet; § 38 Abs. 1 bis 4 gilt entsprechend. [2]Der Mitarbeiter hat nach Ablauf des Erholungsurlaubs seinen Dienst an dem im Voraus festgelegten Tag wieder aufzunehmen. [3]Dauert die Arbeitsunfähigkeit über diesen Zeitpunkt hinaus an, so hat er nach Wiederherstellung der Dienstfähigkeit unverzüglich den Dienst aufzunehmen. [4]Die wegen Arbeitsunfähigkeit nachzugewährenden Urlaubstage werden vom Dienstgeber auf Antrag des Mitarbeiters erneut festgesetzt. *Erkrankung*

§ 45 Dauer des Erholungsurlaubs

(1) Der Urlaub des Mitarbeiters, dessen durchschnittliche regelmäßige wöchentliche Arbeitszeit auf 5 Arbeitstage in der Kalenderwoche verteilt ist (Fünftagewoche), beträgt 30 Arbeitstage, soweit nicht eine für den Mitarbeiter günstigere gesetzliche Regelung (z.B. für Jugendliche und schwerbehinderte Menschen) oder für die Auszubildenden eine Sonderregelung getroffen ist. *Dauer*

(2) Abweichend von Absatz 1 Satz 1 beträgt der Urlaub für Ärztinnen und Ärzte, die unter den Geltungsbereich des Anhangs Ärztlicher Dienst fallen, 31 Arbeitstage.

(2a) *(RK Mitte):* [1]Mitarbeiter in Krankenhäusern erhalten zusätzlich zur Dauer des Erholungsurlaubs nach Absatz 1 in den Kalenderjahren 2027 und 2028 jeweils zwei weitere Arbeitstage Erholungsurlaub. [2]Infolgedessen erhöhen sich für sie die Höchsturlaubstage nach § 47 Abs. 7 Sätze 2 und 3 um zwei Arbeitstage.

(3) (weggefallen)

Arbeitstage

(4) [1]Arbeitstage sind alle Kalendertage, an denen der Mitarbeiter dienstplanmäßig oder in seiner Einrichtung oder Dienststelle üblicherweise zu arbeiten hat oder zu arbeiten hätte, mit Ausnahme der auf Arbeitstage fallenden gesetzlichen Feiertage, für die kein Freizeitausgleich gewährt wird. [2]Endet eine Dienstleistung nicht an dem Kalendertag, an dem sie begonnen hat, gilt als Arbeitstag der Kalendertag, an dem die Dienstleistung begonnen hat.

mehr als 5-Tage-Woche

weniger als 5-Tage-Woche

Zusatzurlaub

Änderung der Tage-Woche

Bruchteile Urlaubstage

(5) [1]Ist die durchschnittliche regelmäßige wöchentliche Arbeitszeit regelmäßig oder dienstplanmäßig im Durchschnitt des Urlaubsjahres auf mehr als fünf Arbeitstage in der Kalenderwoche verteilt, erhöht sich der Urlaub für jeden zusätzlichen Arbeitstag im Urlaubsjahr um 1/260 des Urlaubs nach Absatz 1 und § 47 zuzüglich eines etwaigen Zusatzurlaubs. [2]Ein Zusatzurlaub nach § 47, nach dem Neunten Sozialgesetzbuch und nach den Vorschriften für politisch Verfolgte bleibt dabei unberücksichtigt. [3]Ist die durchschnittliche regelmäßige wöchentliche Arbeitszeit regelmäßig oder dienstplanmäßig im Durchschnitt des Urlaubsjahres auf weniger als fünf Arbeitstage in der Kalenderwoche verteilt, vermindert sich der Urlaub für jeden zusätzlichen arbeitsfreien Tag im Urlaubsjahr um 1/260 des Urlaubs nach Absatz 1 und § 47 zuzüglich eines etwaigen Zusatzurlaubs. [4]Ein Zusatzurlaub nach § 47, nach dem Neunten Sozialgesetzbuch und nach den Vorschriften für politisch Verfolgte bleibt dabei unberücksichtigt. [5]Wird die Verteilung der durchschnittlichen regelmäßigen wöchentlichen Arbeitszeit während des Urlaubsjahres auf Dauer oder jahreszeitlich bedingt vorübergehend geändert, ist die Zahl der Arbeitstage zugrunde zu legen, die sich ergeben würde, wenn die für die Urlaubszeit maßgebende Verteilung der Arbeitszeit für das ganze Urlaubsjahr gelten würde. [6]Ergeben sich bei der Berechnung des Erholungsurlaubs nach den Sätzen 1 bis 5 Bruchteile eines Urlaubstages, die mindestens einen halben Tag ergeben, so sind diese auf einen vollen Urlaubstag aufzurunden.

§ 46 Urlaub bei Beendigung des Dienstverhältnisses

Beendigung Dienstverhältnis

(1) [1]Soweit im Zeitpunkt einer Kündigung des Dienstverhältnisses der entstandene Urlaubsanspruch (§ 44 Abs. 6) noch nicht erfüllt ist, ist der Erholungsurlaub während der Kündigungsfrist zu gewähren und zu nehmen. [2]Soweit der Erholungsurlaub aus dienstlichen Gründen nicht gewährt werden kann oder die Kündigungsfrist nicht ausreicht oder das Dienstverhältnis durch Auflösungsvertrag (§ 54 Abs. 2) endet, ist der Erholungsurlaub abzugelten. [3]Dasselbe gilt, wenn das Dienstverhältnis wegen verminderter Erwerbsfähigkeit endet (§ 53 Abs. 1 und 3) oder zum Ruhen kommt (§ 53 Abs. 1 Satz 6). [4]Kann wegen Arbeitsunfähigkeit der Erholungsurlaub bis zur Beendigung des Dienstverhältnisses nicht mehr genommen werden, besteht ein Abgeltungsanspruch für den gesetzlichen Mindesturlaub und den Zusatzurlaub nach § 208 SGB IX. [5]Der weitergehende Urlaubsanspruch wird nur dann abgegolten, wenn nach Ausscheiden des Mitarbeiters aus

dem Dienstverhältnis dessen Arbeitsunfähigkeit noch im Urlaubsjahr, für das der Urlaubsanspruch entstanden ist, bzw. im Übertragungszeitraum (§ 44 Abs. 5) so rechtzeitig endet, dass bei bestehendem Dienstverhältnis der Urlaub hätte verwirklicht werden können. [6]Wird Urlaub abgegolten, so erhält der Mitarbeiter für jeden abzugeltenden Urlaubstag bei einer Verteilung der durchschnittlichen regelmäßigen wöchentlichen Arbeitszeit auf fünf Tage 1/22, bei einer Verteilung auf sechs Tage 1/26 der Dienstbezüge (§ 27) einschließlich der Zulagen, die in Monatsbeträgen festgelegt sind. [7]Zusätzlich erhält der Mitarbeiter beim Vorliegen der Voraussetzungen pro Urlaubstag, der abgegolten wird, einen Aufschlag nach § 36 Abs. 3. [8]In anderen Fällen ist der Bruchteil entsprechend zu ermitteln.

(2) [1]Erholungsurlaub, der im selben Urlaubsjahr von einem früheren Dienstgeber gewährt oder abgegolten wurde, wird auf die Urlaubsdauer angerechnet. [2]Beim Ausscheiden eines Mitarbeiters ist der Dienstgeber verpflichtet, in einer Bescheinigung die Dauer des in dem laufenden Urlaubsjahr erhaltenen oder abgegoltenen Erholungsurlaubs zu vermerken und dem Mitarbeiter auszuhändigen.

mehrere Dienstverhältnisse

§ 47 Zusatzurlaub

(1) [1]Mitarbeiter, die ständig Wechselschichtarbeit nach § 16 Abs. 1 oder ständig Schichtarbeit nach § 16 Abs. 2 leisten und denen die Zulage nach § 18 Abs. 4 Satz 1, Abs. 4a Satz 1 oder Abs. 5 Satz 1 zusteht, erhalten

a) bei Wechselschichtarbeit für je zwei zusammenhängende Monate und

b) bei Schichtarbeit für je vier zusammenhängende Monate

einen Arbeitstag Zusatzurlaub.

ständige Wechselschicht-/Schichtarbeit, vgl. Anm. für Mitarbeiter in Krankenhäuser, Anm. zu Abs. 1

> *Anmerkung für Mitarbeiter in Krankenhäusern:*
>
> Es wird für je zwei Tage Zusatzurlaubsanspruch nach Satz 1 Buchst. a ein zusätzlicher Tag Zusatzurlaub gewährt.

(2) Im Falle nicht ständiger Wechselschichtarbeit und nicht ständiger Schichtarbeit soll bei annähernd gleicher Belastung die Gewährung zusätzlicher Urlaubstage durch Dienstvereinbarung geregelt werden.

nicht ständige Wechselschicht-/Schichtarbeit

(3) [1]Mitarbeiter erhalten bei einer Leistung im Kalenderjahr von mindestens

Nachtarbeit vgl. Anm. zu Abs. 3

– 150 Nachtarbeitsstunden	1 Arbeitstag
– 300 Nachtarbeitsstunden	2 Arbeitstage
– 450 Nachtarbeitsstunden	3 Arbeitstage
– 600 Nachtarbeitsstunden	4 Arbeitstage

Zusatzurlaub im Kalenderjahr. [2]Nachtarbeitsstunden, die in Zeiträumen geleistet werden, für die Zusatzurlaub für Wechselschicht- oder Schichtarbeit zusteht, bleiben unberücksichtigt.

(4) Bei Anwendung des Absatzes 3 werden nur die im Rahmen der regelmäßigen Arbeitszeit (§ 15) in der Zeit zwischen 21 Uhr und 6 Uhr dienstplanmäßig bzw. betriebsüblich geleisteten Nachtarbeitsstunden berücksichtigt.

Nachtarbeitsstunden

Teilzeit bei Nachtarbeit

(5) [1]Bei Teilzeitmitarbeitern ist die Zahl der nach Absatz 3 geforderten Nachtarbeitsstunden entsprechend dem Verhältnis ihrer individuell vereinbarten durchschnittlichen regelmäßigen Arbeitszeit zur regelmäßigen Arbeitszeit vergleichbarer Vollzeitmitarbeiter zu kürzen. [2]Ist die vereinbarte Arbeitszeit im Durchschnitt des Urlaubsjahres auf weniger als fünf Arbeitstage in der Kalenderwoche verteilt, ist der Zusatzurlaub in entsprechender Anwendung des § 45 Abs. 5 Satz 1, Satz 3 und Satz 6 zu ermitteln.

Zusatzurlaub

(6) [1]Die Mitarbeiter erhalten für die Zeit der Bereitschaftsdienste in den Nachtstunden einen Zusatzurlaub in Höhe von zwei Arbeitstagen pro Kalenderjahr, sofern mindestens 288 Stunden der Bereitschaftsdienste kalenderjährlich in die Zeit zwischen 21 Uhr bis 6 Uhr fallen. [2]Absatz 3 Satz 2 und Absatz 5 gelten entsprechend.

Höchsturlaubstage

(7) [1]Zusatzurlaub nach dieser Regelung und sonstigen Bestimmungen mit Ausnahme von § 208 SGB IX wird nur bis zu insgesamt sechs Arbeitstagen im Kalenderjahr gewährt. [2]Erholungsurlaub und Zusatzurlaub (Gesamturlaub) dürfen im Kalenderjahr zusammen 35 Arbeitstage, bei Zusatzurlaub wegen Wechselschichtarbeit 36 Tage, nicht überschreiten. [3]Bei Mitarbeitern, die das 50. Lebensjahr vollendet haben, gilt abweichend von Satz 2 eine Höchstgrenze von 36 Arbeitstagen; maßgebend für die Berechnung der Urlaubsdauer ist das Lebensjahr, das im Laufe des Kalenderjahres vollendet wird.

Mitarbeiter in Krankenhäuser

(7a) [1]Für Mitarbeiter in Krankenhäusern wird Zusatzurlaub nach dieser Regelung und sonstigen Bestimmungen mit Ausnahme von § 208 SGB IX nur bis zu insgesamt zehn Arbeitstagen gewährt. [2]Erholungsurlaub und Zusatzurlaub (Gesamturlaub) mit Ausnahme von § 208 SGB IX dürfen dabei zusammen 40 Arbeitstage nicht überschreiten.

(8) Im Übrigen gelten die §§ 36, 44 und 45 mit Ausnahme von § 44 Abs. 7 Satz 1 entsprechend.

Anmerkungen zu den Absätzen 1, 3 und 6:

1. [1]Der Anspruch auf Zusatzurlaub nach den Absätzen 1 und 2 bemisst sich nach der abgeleisteten Schicht- oder Wechselschichtarbeit und entsteht im laufenden Jahr, sobald die Voraussetzungen nach Absatz 1 erfüllt sind. [2]Für die Feststellung, ob ständige Wechselschichtarbeit oder ständige Schichtarbeit vorliegt, ist eine Unterbrechung durch Arbeitsbefreiung, Freizeitausgleich, bezahlten Urlaub oder Arbeitsunfähigkeit in den Grenzen des § 37 unschädlich.
2. Der Anspruch auf Zusatzurlaub nach Absatz 3 sowie nach Absatz 6 bemisst sich nach den abgeleisteten Nachtarbeitsstunden und entsteht im laufenden Jahr, sobald die Voraussetzungen nach Absatz 3 Satz 1 bzw. nach Absatz 6 Satz 1 erfüllt sind.

Anmerkung zu den Absätzen 1 bis 8:

Zusatzurlaub § 4 Anlage 14 AVR idF vom 31.12.2026

[1]Hat der Mitarbeiter im Kalenderjahr 2026 die Voraussetzungen für einen Anspruch auf Zusatzurlaub nach § 4 der Anlage 14 in der bis zum 31. Dezember 2026 geltenden Fassung der AVR erfüllt, wird der sich daraus ergebende Zusatzurlaub im Kalenderjahr 2027 gewährt. [2]Erwirbt der Mitarbeiter im Kalenderjahr 2027 einen weiteren Anspruch auf Zusatzurlaub, werden die in den Kalenderjahren 2026 und 2027 erworbenen Ansprüche miteinander verglichen. [3]Der Mitarbeiter erhält in diesem Fall ausschließlich den jeweils höheren Anspruch auf Gewährung von Zusatzurlaub.

§ 48 Sonderurlaub

(1) Der Mitarbeiter soll auf Antrag Sonderurlaub unter Wegfall der Bezüge erhalten, wenn er

Anspruch

a) mindestens ein Kind unter 18 Jahren oder

Voraussetzungen

b) einen nach ärztlichem Attest pflegebedürftigen sonstigen Angehörigen

tatsächlich betreut oder pflegt und dringende dienstliche bzw. betriebliche Belange nicht entgegenstehen.

(2) Sonderurlaub unter Wegfall der Bezüge aus anderen als den in Absatz 1 genannten Gründen kann bei Vorliegen eines wichtigen Grundes gewährt werden, wenn die dienstlichen oder betrieblichen Verhältnisse es gestatten.

(3) Der Mitarbeiter soll den Sonderurlaub schriftlich spätestens drei Monate vor dem Zeitpunkt, ab dem Sonderurlaub in Anspruch genommen werden soll, beim Dienstgeber unter Angabe des Zeitraums, für den er ihn in Anspruch nehmen will, beantragen.

Frist

(4) [1]Der Sonderurlaub soll nicht länger als fünf Jahre einschließlich der Elternzeit des Mitarbeiters betragen. [2]Er kann verlängert werden; ein Antrag auf Verlängerung ist spätestens sechs Monate vor Ablauf des Sonderurlaubs zu stellen.

Dauer

(5) Sonderurlaub kann mit Zustimmung des Dienstgebers vorzeitig beendet werden.

vorzeitige Beendigung

(6) Wenn der Sonderurlaub vier Wochen übersteigt, gilt die Zeit des Sonderurlaubs nicht als Beschäftigungszeit nach § 10, es sei denn, der Dienstgeber hat vor Antritt des Sonderurlaubs ein dienstliches oder betriebliches Interesse an der Beurlaubung schriftlich anerkannt.

Beschäftigungszeit

(7) [1]Während der Zeit des Sonderurlaubs kann der Mitarbeiter eine entgeltliche Beschäftigung nur mit Zustimmung des Dienstgebers ausüben. [2]Die wöchentliche Arbeitszeit soll 19 Stunden nicht übersteigen. [3]Die Beschäftigung darf dem Zweck des Sonderurlaubs nicht zuwiderlaufen.

entgeltliche Beschäftigung

Anmerkung 1 zu §§ 44 bis 48:

[1]Eine für den jugendlichen Mitarbeiter günstigere Regelung gilt nach § 19 Abs. 2 JArbSchG nur, wenn der Jugendliche zu Beginn des Kalenderjahres noch nicht 16 Jahre alt ist; in diesem Falle erhält der Jugendliche einen Urlaub von 30 Werktagen. [2]Als Werktage gelten dabei alle Kalendertage, die nicht Sonn- oder gesetzliche Feiertage sind.

Anmerkung 2 zu §§ 44 bis 48:

Schwerbehinderte Menschen erhalten gemäß § 208 SGB IX einen Zusatzurlaub.

§ 49 Arbeitsbefreiung

(1) Persönliche Angelegenheiten hat der Mitarbeiter außerhalb der Arbeitszeit zu erledigen.

Grundsatz

Fälle der Arbeitsbefreiung

(2) Als Fälle des § 616 BGB, in denen der Mitarbeiter unter Fortzahlung der Dienstbezüge (§ 27) und der in Monatsbeiträgen festgelegten Zulagen in nachstehend genanntem Ausmaß von der Arbeit freigestellt wird, gelten nur die folgenden Anlässe:

a)	Umzug aus dienstlichem oder betrieblichem Grund an einen anderen Ort	1 Arbeitstag
b)	Niederkunft der Ehefrau, Lebenspartnerin im Sinne des Lebenspartnerschaftsgesetzes oder der in ehe- oder lebenspartnerschaftsähnlicher Gemeinschaft lebenden Lebensgefährtin	1 Arbeitstag
c)	Tod des Ehegatten, des Lebenspartners im Sinne des Lebenspartnerschaftsgesetzes oder des in ehe- oder lebenspartnerschaftsähnlicher Gemeinschaft lebenden Lebensgefährten, eines Kindes oder Elternteils	2 Arbeitstage
d)	Kirchliche Eheschließung des Mitarbeiters	1 Arbeitstag
e)	Taufe, Erstkommunion, Firmung und entsprechende religiöse Feiern eines Kindes des Mitarbeiters	1 Arbeitstag
f)	Kirchliche Eheschließung eines Kindes des Mitarbeiters	1 Arbeitstag
g)	Schwere Erkrankung	
	aa) eines Angehörigen, soweit er in demselben Haushalt lebt	1 Arbeitstag im Kalenderjahr
	bb) eines Kindes, das das 14. Lebensjahr noch nicht vollendet hat, wenn im laufenden Kalenderjahr kein Anspruch nach § 45 SGB V besteht oder bestanden hat	bis zu vier Arbeitstagen im Kalenderjahr
	cc) einer Betreuungsperson, wenn der Mitarbeiter deshalb die Betreuung seines Kindes, das das 8. Lebensjahr noch nicht vollendet hat oder wegen körperlicher, geistiger oder seelischer Behinderung dauernd pflegebedürftig ist, übernehmen muss.	bis zu vier Arbeitstagen im Kalenderjahr
	Eine Freistellung erfolgt nur, soweit eine andere Person zur Pflege oder Betreuung nicht sofort zur Verfügung steht und der Arzt in den Fällen der Doppelbuchstaben aa und bb die Notwendigkeit der Anwesenheit des Mitarbeiters zur vorläufigen Pflege bescheinigt. Die Freistellung darf insgesamt fünf Arbeitstage im Kalenderjahr nicht überschreiten.	
h)	Ärztliche Behandlung des Mitarbeiters, wenn diese nach ärztlicher Bescheinigung während der Arbeitszeit erfolgen muss.	erforderliche nachgewiesene Abwesenheitszeit einschließlich erforderlicher Wegezeiten

(3) [1]Bei Erfüllung allgemeiner staatsbürgerlicher Pflichten nach deutschem Recht, soweit die Arbeitsbefreiung gesetzlich vorgeschrieben ist und soweit die Pflichten nicht außerhalb der Arbeitszeit, gegebenenfalls nach ihrer Verlegung, wahrgenommen werden können, besteht der Anspruch auf Fortzahlung der Dienstbezüge (§ 27) und der in Monatsbeträgen festgelegten Zulagen nur insoweit, als der Mitarbeiter nicht Ansprüche auf Ersatz dieser Bezüge geltend machen kann. [2]Die fortgezahlten Bezüge gelten in Höhe des Ersatzanspruchs als Vorschuss auf die Leistungen der Kostenträger. [3]Der Mitarbeiter hat den Ersatzanspruch geltend zu machen und die erhaltenen Beträge an den Dienstgeber abzuführen.

staatsbürgerliche Pflichten

(4) Der Dienstgeber kann aus anderen besonderen Anlässen als den in Absatz 2 Buchst. a bis h genannten Arbeitsbefreiung unter Fortzahlung der Dienstbezüge (§ 27) und der in Monatsbeträgen festgelegten Zulagen bis zu drei Tagen gewähren, sofern die dienstlichen und betrieblichen Verhältnisse es zulassen.

besondere Anlässe

(5) Der Mitarbeiter, der im Einverständnis mit dem Dienstgeber an Exerzitien teilnimmt, erhält hierfür im Kalenderjahr bis zu drei Arbeitstage Arbeitsbefreiung unter Fortzahlung der Dienstbezüge (§ 27) und der in Monatsbeträgen festgelegten Zulagen.

Exerzitien

(6) [1]Der Mitarbeiter, der im Einverständnis mit dem Dienstgeber an fachlichen Fortbildungskursen teilnimmt, erhält hierfür im Kalenderjahr bis zu fünf Arbeitstage und, wenn er regelmäßig mehr als fünf Arbeitstage in der Woche arbeitet, bis zu sechs Arbeitstage Arbeitsbefreiung unter Fortzahlung der Dienstbezüge (§ 27) und der in Monatsbeträgen festgelegten Zulagen. [2]Diese ist auf einen gesetzlichen Anspruch auf Bildungsurlaub anzurechnen.

Fortbildungen

(7) [1]Die Mitglieder der Arbeitsrechtlichen Kommission erhalten für ihre Tätigkeit Arbeitsbefreiung unter Fortzahlung der Dienstbezüge (§ 27) und der in Monatsbeträgen festgelegten Zulagen. [2]Die Mitglieder von Schlichtungsstellen (§ 56) erhalten für die Teilnahme an deren Verhandlungen und die Mitglieder von Organen der Versorgungseinrichtungen der Mitarbeiter erhalten für die notwendige Dauer der Abwesenheit Arbeitsbefreiung unter Fortzahlung der Dienstbezüge und der in Monatsbeträgen festgelegten Zulagen. [3]Zur Teilnahme an Sitzungen von Prüfungs- und von Berufsbildungsausschüssen nach dem Berufsbildungsgesetz sowie für eine Tätigkeit in Organen von Sozialversicherungsträgern kann den Mitgliedern Arbeitsbefreiung unter Fortzahlung der Dienstbezüge und der in Monatsbeträgen festgelegten Zulagen gewährt werden, sofern nicht dringende dienstliche oder betriebliche Interessen entgegenstehen.

Mitglieder der AK

Teilnahme an Prüfungsgremien und Organen der SV

(8) Soweit in einer diözesanen KODA-Regelung eine Arbeitsbefreiung für die Teilnahme an Tagungen von Vereinigungen im Sinne des Artikel 10 der Grundordnung des kirchlichen Dienstes besteht, hat der Mitarbeiter in einer Einrichtung mit Sitz in dieser Diözese einen Anspruch auf entsprechende Freistellung in demselben Umfang.

(9) In begründeten Fällen kann bei Verzicht auf die Dienstbezüge (§ 27) kurzfristige Arbeitsbefreiung gewährt werden, wenn es die dienstlichen und betrieblichen Verhältnisse gestatten.

Arbeitsbefreiung ohne Dienstbezüge

befristete Führungsposition auf Probe

Abschnitt V Befristung und Beendigung des Dienstverhältnisses

§ 50 Führung auf Probe

Vgl. dazu Beschluss der BK vom 20. Juni 2024 i.V.m. Ersetzende Entscheidung des Vermittlungsausschusses ZAK vom 22. Januar 2024 „Gesamtregelung zur Befristung" Nr. 8.

(1) [1]Führungspositionen können als befristetes Dienstverhältnis bis zur Gesamtdauer von zwei Jahren vereinbart werden. [2]Innerhalb dieser Gesamtdauer ist eine höchstens zweimalige Verlängerung des Dienstvertrages zulässig. [3]Die beiderseitigen Kündigungsrechte bleiben unberührt.

Führungsposition

(2) Führungspositionen sind die ab Entgeltgruppe 10 zugewiesenen Tätigkeiten mit Weisungsbefugnis, die vor Übertragung vom Dienstgeber ausdrücklich als Führungspositionen auf Probe bezeichnet worden sind.

vorübergehende Führungsposition auf Probe

(3) [1]Besteht bereits ein Dienstverhältnis mit demselben Dienstgeber, kann dem Mitarbeiter vorübergehend eine Führungsposition bis zu der in Absatz 1 genannten Gesamtdauer übertragen werden. [2]Dem Mitarbeiter wird für die Dauer der Übertragung eine Zulage in Höhe des Unterschiedsbetrags zwischen den Tabellenentgelten nach der bisherigen Entgeltgruppe und dem sich bei Höhergruppierung nach § 30 Abs. 4 Satz 1 und 2 ergebenden Tabellenentgelt gewährt. [3]Nach Fristablauf endet die Erprobung. [4]Bei Bewährung wird die Führungsfunktion auf Dauer übertragen; ansonsten erhält der Mitarbeiter eine der bisherigen Eingruppierung entsprechende Tätigkeit.

§ 51 Führung auf Zeit

befristete Führungsposition auf Zeit

(1) [1]Führungspositionen können als befristetes Dienstverhältnis bis zur Dauer von vier Jahren vereinbart werden. [2]Folgende Verlängerungen des Dienstvertrages sind zulässig:

Vgl. dazu Beschluss der BK vom 20. Juni 2024 i.V.m. Ersetzende Entscheidung des Vermittlungsausschusses ZAK vom 22. Januar 2024 „Gesamtregelung zur Befristung" Nr. 8.

a) in den Entgeltgruppen 10 bis 12 eine höchstens zweimalige Verlängerung bis zu einer Gesamtdauer von acht Jahren,

b) ab Entgeltgruppe 13 eine höchstens dreimalige Verlängerung bis zu einer Gesamtdauer von zwölf Jahren.

[3]Zeiten in einer Führungsposition nach Buchstabe a bei demselben Dienstgeber können auf die Gesamtdauer nach Buchstabe b zur Hälfte angerechnet werden. [4]Die allgemeinen Vorschriften über die Probezeit (§ 6 Abs. 4) und die beiderseitigen Kündigungsrechte bleiben unberührt.

Führungsposition

(2) Führungspositionen sind die ab Entgeltgruppe 10 zugewiesenen Tätigkeiten mit Weisungsbefugnis, die vor Übertragung vom Dienstgeber ausdrücklich als Führungspositionen auf Zeit bezeichnet worden sind.

vorübergehende Führungsposition auf Zeit

(3) [1]Besteht bereits ein Dienstverhältnis mit demselben Dienstgeber, kann dem Mitarbeiter vorübergehend eine Führungsposition bis zu den in Absatz 1 genannten Fristen übertragen werden. [2]Dem Mitarbeiter wird für die Dauer der Übertragung eine Zulage gewährt in Höhe des Unterschiedsbetrags zwischen den Tabellenentgelten nach der bisherigen Entgeltgruppe und dem sich bei Höhergruppierung nach § 30 Abs. 4 Satz 1 und 2 ergebenden Tabellenentgelt, zuzüglich eines Zuschlags von 75 v.H. des Unterschiedsbetrags zwischen den Tabellenentgelten der Entgeltgruppe, die der übertragenen Funktion entspricht, zur nächsthöheren Entgeltgruppe nach § 30 Abs. 4 Satz 1 und 2. [3]Nach Fristablauf erhält der Mitarbeiter eine der bisherigen Eingruppierung entsprechende Tätigkeit; der Zuschlag entfällt.

§ 52 Kündigung des Dienstverhältnisses

(1) Befristete und unbefristete Dienstverhältnisse können von beiden Vertragsparteien ordentlich gekündigt werden.

ordentliche Kündigung

(2) [1]Bis zum Ende der Probezeit beträgt die Kündigungsfrist zwei Wochen zum Monatsschluss. [2]Im Übrigen beträgt die Kündigungsfrist bei einer Beschäftigungszeit

Kündigungsfristen; vgl. Beschäftigungszeit Abs. 4

bis zu einem Jahr	ein Monat zum Monatsschluss,
von mehr als einem Jahr	6 Wochen,
von mindestens 5 Jahren	3 Monate,
von mindestens 8 Jahren	4 Monate,
von mindestens 10 Jahren	5 Monate,
von mindestens 12 Jahren	6 Monate,

zum Schluss eines Kalendervierteljahres.

(3) Dienstverhältnisse von Mitarbeitern, die das 40. Lebensjahr vollendet haben, können nach einer Beschäftigungszeit (Absatz 4 Satz 1 und 2) von mehr als 15 Jahren durch den Dienstgeber nur aus einem wichtigen Grund gekündigt werden.

Unkündbarkeit (Voraussetzungen)

(4) [1]Beschäftigungszeit im Sinne der Absätze 2 und 3 ist abweichend von § 10 die bei demselben Dienstgeber im Dienstverhältnis zurückgelegte Zeit, auch wenn sie unterbrochen ist. [2]Unberücksichtigt bleibt die Zeit eines Sonderurlaubs (§ 48), es sei denn, der Dienstgeber hat vor Antritt des Sonderurlaubs schriftlich ein dienstliches oder betriebliches Interesse anerkannt. [3]Wechseln Mitarbeiter zwischen Dienstgebern, die vom Geltungsbereich dieser AVR erfasst werden, werden die Zeiten bei dem anderen Dienstgeber als Beschäftigungszeit anerkannt. [4]Satz 3 gilt entsprechend bei einem Wechsel von einem anderen Dienstgeber im sonstigen Tätigkeitsbereich der katholischen Kirche, der evangelischen Kirche, in einem Diakonischen Werk oder in einer Einrichtung, die dem Diakonischen Werk angeschlossen ist.

Beschäftigungszeit

(5) [1]Kündigungen bedürfen zu ihrer Wirksamkeit der Schriftform (§ 623 BGB). [2]Kündigt der Dienstgeber das Dienstverhältnis nach Ablauf der Probezeit (§ 6 Abs. 4), soll er in dem Kündigungsschreiben den Kündigungsgrund angeben.

Schriftform

§ 53 Beendigung des Dienstverhältnisses wegen verminderter Erwerbsfähigkeit

(1) [1]Das Dienstverhältnis endet mit Ablauf des Monats, in dem der Bescheid eines Trägers der gesetzlichen Rentenversicherung (Rentenbescheid) zugestellt wird, wonach der Mitarbeiter voll oder teilweise erwerbsgemindert ist. [2]Der Mitarbeiter hat den Dienstgeber von der Zustellung des Rentenbescheids unverzüglich zu unterrichten.[3]Beginnt die Rente erst nach der Zustellung des Rentenbescheids, endet das Dienstverhältnis mit Ablauf des dem Rentenbeginn vorangehenden Tages. [4]Liegt im Zeitpunkt der Beendigung des Dienstverhältnisses eine nach § 175 SGB IX erforderliche Zustimmung des Integrationsamtes noch nicht vor, endet das Dienstverhältnis mit Ablauf des Tages der Zustellung des Zustimmungsbescheids des Integrationsamtes. [5]Das Dienstverhältnis endet nicht, wenn nach

volle Erwerbsminderung

dem Bescheid des Rentenversicherungsträgers eine Rente auf Zeit gewährt wird. [6]In diesem Fall ruht das Dienstverhältnis für den Zeitraum, für den eine Rente auf Zeit gewährt wird; beginnt die Rente rückwirkend, ruht das Dienstverhältnis ab dem ersten Tag des Monats, der auf den Monat der Zustellung des Rentenbescheids folgt. [7]Der Dienstgeber teilt dem Mitarbeiter schriftlich mit, ob und zu welchem Zeitpunkt das Dienstverhältnis endet oder ruht. [8]Bei einer Beendigung des Dienstverhältnisses hat die schriftliche Mitteilung mindestens zwei Wochen vor dem Beendigungszeitpunkt zu erfolgen.

teilweise Erwerbsminderung

(2) Im Falle teilweiser Erwerbsminderung endet bzw. ruht das Dienstverhältnis nicht, wenn der Mitarbeiter nach seinem vom Rentenversicherungsträger festgestellten Leistungsvermögen auf seinem bisherigen oder einem anderen geeigneten und freien Arbeitsplatz weiterbeschäftigt werden könnte, soweit dringende dienstliche bzw. betriebliche Gründe nicht entgegenstehen, und der Mitarbeiter innerhalb von zwei Wochen nach Zugang der Mitteilung des Dienstgebers nach Absatz 1 Satz 7 seine Weiterbeschäftigung schriftlich beantragt.

Bescheid einer Versorgungseinrichtung einer Berufsgruppe

(3) Die Absätze 1 und 2 finden entsprechende Anwendung, wenn eine Erwerbsminderung oder eine Berufsunfähigkeit durch Bescheid einer öffentlich-rechtlichen Versicherungseinrichtung oder Versorgungseinrichtung einer Berufsgruppe festgestellt wird, deren Mitgliedschaft bei einem angenommenen Vorliegen der persönlichen Voraussetzungen die Voraussetzungen der Befreiung von der Versicherungspflicht nach §§ 6 Abs. 1 Nr. 1 und 231 SGB VI erfüllen würde oder eine solche Befreiung erfolgt ist.

§ 54 Sonstige Beendigung des Dienstverhältnisses

Befristung

(1) Befristete Dienstverhältnisse enden ohne Kündigung mit Ablauf des Zeitraumes, für den sie eingegangen sind, sofern nicht vorher eine Vertragsverlängerung schriftlich vereinbart worden ist.

Auflösungsvertrag

(2) Das Dienstverhältnis kann im gegenseitigen Einverständnis jederzeit durch einen Auflösungsvertrag beendigt werden.

Altersrente vor Erreichen der Regelaltersgrenze

(2a) [1]Der Mitarbeiter, der beabsichtigt, eine Altersrente im Sinne des § 33 Abs. 2 SGB VI für einen Zeitpunkt zu beantragen, in dem er die Regelaltersgrenze (§ 35 Satz 2 SGB VI i.V.m. § 235 SGB VI) noch nicht erreicht, und deswegen sein Dienstverhältnis beenden will, kann von seinem Dienstgeber verlangen, dass er mit dem Mitarbeiter die Inhalte eines Auflösungsvertrages, insbesondere den Beendigungszeitpunkt, erörtert mit dem Ziel, dass ein Auflösungsvertrag abgeschlossen wird. [2]Macht der Mitarbeiter hierzu einen Vorschlag, hat der Dienstgeber zu diesem Vorschlag zeitnah Stellung zu nehmen.

Erreichen der Regelaltersrente

(3) Das Dienstverhältnis endet, ohne dass es einer Kündigung bedarf, mit Ablauf des Monats, in dem der Mitarbeiter das Alter der Regelaltersgrenze (§ 35 Satz 2 SGB VI i.V.m. § 235 SGB VI) vollendet.

Beendigung bei Versicherung in einer Versorgungseinrichtung einer Berufsgruppe

(4) [1]Erfolgt während des laufenden Dienstverhältnisses für den Mitarbeiter anstatt der Versicherung bei der gesetzlichen Rentenversicherung die Versicherung bei einer öffentlich-rechtlichen Versicherungseinrichtung oder Versorgungseinrichtung einer Berufsgruppe, deren Mitgliedschaft bei einem angenommenen Vorliegen der persönlichen Voraussetzungen die Voraussetzungen der Befreiung von der Versicherungspflicht nach §§ 6 Abs. 1 Nr. 1 und 231 SGB VI erfüllen würde oder für die eine solche Befreiung erfolgt ist, finden Absatz 3 und Absatz 5 mit der Maßgabe Anwendung, dass an die Stelle der Regelaltersgrenze diejenige Alters-

grenze tritt, mit der der Mitarbeiter nach der Satzung oder den sonstigen Versicherungsbestimmungen dieser Versorgungseinrichtung ein nicht vorgezogenes Altersruhegeld (Altersrente) beanspruchen kann. [2]Der Mitarbeiter ist verpflichtet, dem Dienstgeber die diese Bestimmung enthaltende jeweils gültige Satzung oder sonstige Versicherungsbestimmung in der jeweils geltenden Fassung in Textform zur Verfügung zu stellen. [3]Besteht für den Mitarbeiter gleichzeitig eine Versicherung bei der gesetzlichen Rentenversicherung z.B. aus einer Vorbeschäftigung, verbleibt es bei der Regelaltersgrenze, sofern der Mitarbeiter dies innerhalb der letzten drei Jahre vor deren Erreichen in Textform unter Nachweis der Versicherung beantragt hat. [4]Ist der Mitarbeiter während des laufenden Dienstverhältnisses zwar in der gesetzlichen Rentenversicherung mit laufenden Beiträgen versichert und es besteht gleichzeitig eine Anwartschaft bei einer in Satz 1 genannten Versorgungseinrichtung, so gilt die in Satz 1 genannte Altersgrenze dieser Versorgungseinrichtung, sofern der Mitarbeiter dies innerhalb der letzten drei Jahre vor Erreichen der Regelaltersgrenze in Textform unter Nachweis der Anwartschaft beantragt hat. [5]Der Dienstgeber bestätigt in Textform Anträge nach den Sätzen 3 und 4. [6]Liegt in den Fällen des Satzes 1 oder des Satzes 4 die in Satz 1 genannte Altersgrenze der Versorgungseinrichtung höher als die Regelaltersgrenze, so gilt bei Anwendung dieser höheren Altersgrenze der Beendigungszeitpunkt als auf die höhere Altersgrenze hinausgeschoben im Sinne des § 41 Satz 3 SGB VI.

Weiterbeschäftigung nach Erreichen der Regelaltersgrenze

Vgl. dazu Beschluss der BK vom 20. Juni 2024 i.V.m. Ersetzende Entscheidung des Vermittlungsausschusses ZAK vom 22. Januar 2024 „Gesamtregelung zur Befristung" Nr. 8.

(5) [1]Endet das Dienstverhältnis nach Absatz 3 mit Erreichen der Regelaltersgrenze, so können Dienstgeber und Mitarbeiter während des Dienstverhältnisses durch schriftliche Vereinbarung den Beendigungszeitpunkt, ggf. auch mehrfach, hinausschieben. [2]Erfolgt die erstmalige Vereinbarung über die Fortsetzung des Dienstverhältnisses erst nach Erreichen der Regelaltersgrenze des Mitarbeiters, soll das Dienstverhältnis verändert fortgesetzt werden oder erfolgt die Einstellung des Mitarbeiters erst nach dessen Erreichen der Regelaltersgrenze, kann auf schriftlichen Antrag des Mitarbeiters das Dienstverhältnis befristet werden. [3]Sofern die Befristung wegen der Personal- und Nachwuchsplanungen des Dienstgebers erfolgt, werden diese dem Mitarbeiter in angemessener Form schriftlich mitgeteilt. [4]Eine Befristung im Sinn der Sätze 2 und 3 setzt den Bezug einer Altersrente als Vollrente oder den Anspruch des Mitarbeiters auf eine solche Rente voraus.

§ 55 Zeugnis

Endzeugnis

(1) Bei Beendigung des Dienstverhältnisses haben die Mitarbeiter Anspruch auf ein schriftliches Zeugnis über Art und Dauer ihrer Tätigkeit, das sich auch auf Führung und Leistung erstrecken muss (Endzeugnis).

Zwischenzeugnis

(2) Aus triftigen Gründen können Mitarbeiter auch während des Dienstverhältnisses ein Zeugnis verlangen (Zwischenzeugnis).

vorläufiges Zeugnis

(3) Bei bevorstehender Beendigung des Dienstverhältnisses können die Mitarbeiter ein Zeugnis über Art und Dauer ihrer Tätigkeit verlangen (vorläufiges Zeugnis).

(4) Die Zeugnisse gemäß den Absätzen 1 bis 3 sind unverzüglich auszustellen.

Abschnitt VI Übergangs- und Schlussvorschriften

§ 56 Schlichtungsverfahren

diözesane Schlichtungsstelle

(1) Dienstgeber und Mitarbeiter sind verpflichtet, bei Meinungsverschiedenheiten, die sich bei der Anwendung der AVR oder aus dem Dienstverhältnis ergeben, zunächst die bei dem zuständigen Diözesancaritasverband errichtete Schlichtungsstelle anzurufen, der es obliegt, aufgetretene Streitfälle zu schlichten.

Zentrale Schlichtungsstelle

(2) [1]Die Schlichtungsstelle kann Fragen von grundsätzlicher Bedeutung der beim Deutschen Caritasverband errichteten Zentralen Schlichtungsstelle zur Begutachtung vorlegen. [2]Die Zentrale Schlichtungsstelle ist unmittelbar zuständig für solche Meinungsverschiedenheiten, an denen ein Diözesancaritasverband beteiligt ist.

(3) Bei Meinungsverschiedenheiten zwischen Dienstgeber und einem Mitarbeiter der Zentrale des Deutschen Caritasverbandes wird unter Vermittlung des Erzbischofs von Freiburg eine besondere Schlichtungsstelle gebildet.

Einbeziehung der AVR

(3a) [1]Die Schlichtungsstellen nach den Absätzen 1 bis 3 sind auch für die Entscheidungen bei Streitigkeiten über die ordnungsgemäße Einbeziehung der AVR nach Art. 9 Abs. 5 Satz 1 Alternative 2 GrO zuständig. [2]Die Mitgliedschaft in der Arbeitsrechtlichen Kommission kann keinen Ausschlussgrund für die Wahrnehmung einer Aufgabe in einer Schlichtungsstelle darstellen. [3]Der Erlass oder die Änderung einer Schlichtungsordnung bedarf der Zustimmung der Bundeskommission mit der Mehrheit ihrer Mitglieder gemäß § 16 Abs. 2 Satz 1 AK-O.

Arbeitsgericht

(4) Die Behandlung eines Falles vor der Schlichtungsstelle schließt die fristgerechte Anrufung des Arbeitsgerichtes nicht aus.

Anmerkungen:

Zustimmung der Bundeskommission

1. Die Bundeskommission kann die Entscheidung nach Absatz 3a auf einen beschließenden Ausschuss übertragen, der mit der Mehrheit der Mitglieder des Ausschusses Beschlüsse fasst.
2. [1]Absätze 1 bis 3 wirken für Meinungsverschiedenheiten zwischen Dienstgebern und Mitarbeitern, wenn die Zustimmung zu ab dem 1. Januar 2023 erlassenen oder geänderten Schlichtungsordnungen nach Absatz 3a Satz 3 erfolgt ist. [2]Für bis zum 19. Oktober 2023 erlassene oder geänderte Schlichtungsordnungen finden diese bis zu einer Beschlussfassung über die Zustimmung nach Absatz 3a Satz 3 Anwendung.
3. Das in Absatz 3a beschriebene Verfahren wird von der Bundeskommission bis spätestens zum 31. Oktober 2026 evaluiert.

§ 57 Ausschlussfrist

Ausschlussfrist

(1) [1]Ansprüche aus dem Dienstverhältnis verfallen, wenn sie nicht innerhalb einer Ausschlussfrist von sechs Monaten nach Fälligkeit vom Mitarbeiter oder vom Dienstgeber in Textform geltend gemacht werden, soweit die AVR nichts anderes bestimmen. [2]Diese Ausschlussfrist gilt nicht für die Haftung aufgrund Vorsatzes, für Schäden aus der Verletzung des Lebens, des Körpers oder der Gesundheit oder für Ansprüche des Mitarbeiters, die kraft Gesetzes dieser Ausschlussfrist entzogen sind.

(2) Für denselben Sachverhalt reicht die einmalige Geltendmachung des Anspruches aus, um die Ausschlussfrist auch für später fällig werdende Leistungen unwirksam zu machen.

Geltendmachung des Anspruchs

§ 58 Einsatz von Leiharbeitnehmern

Leiharbeit

[1]Mitarbeiter, die an Einrichtungen und Dienststellen innerhalb des Geltungsbereiches nach dem Arbeitnehmerüberlassungsgesetz überlassen werden, dürfen abweichend von § 1 Abs. 1b Satz 1 AÜG bis zu fünf Jahren überlassen werden, wenn für sie mindestens die Vergütungsregelungen der AVR in ihrer jeweils gültigen Fassung zur Anwendung kommen. [2]Die betreffenden Mitarbeiter dürfen dabei gleichzeitig nicht schlechter gestellt werden als für die Einrichtung und Dienststelle des Entleihers vergleichbare Mitarbeiter des Entleihers geltenden wesentlichen Arbeitsbedingungen einschließlich des Arbeitsentgeltes, § 8 Abs. 1 AÜG.

§ 59 Inkrafttreten und Geltung

Geltung

(1) [1]Diese Fassung der AVR tritt einschließlich ihrer Anhänge am 1. Januar 2027 in Kraft und ersetzt die bis dahin geltende Fassung der AVR und ihrer Anlagen. [2]Sie findet ab dem 1. Januar 2027 Anwendung auf alle Dienstverhältnisse im Geltungsbereich gemäß § 2.

Anwendung vor dem 01.01.2027

(2) Die Bestimmungen des Anhangs Überleitung sind unter Berücksichtigung der Regelungen dieser Fassung der AVR zur Bestimmung der Überleitung von Mitarbeitern, die am 31. Dezember 2026 nach den Regelungen der Anlage 2, 2d oder 2e der am 31. Dezember 2026 geltenden Fassung der AVR eingruppiert sind, bereits vor dem 1. Januar 2027 anzuwenden.

Mitarbeiter ohne Überleitung

(3) [1]Für andere als die in § 1 Teil I. Anhang Überleitung benannten Mitarbeiter gilt der Anhang Überleitung nicht. [2]Die Neufassung der AVR zum 1. Januar 2027 hat keinen Einfluss auf die Eingruppierung der zuvor genannten Mitarbeiter und auf die jeweils erreichte Stufe und die Stufenlaufzeit. [3]Die bisherigen Eingruppierungen finden sich ab dem 1. Januar 2027 in:

AVR in der am 31. Dezember 2026 geltenden Fassung	**AVR ab 1. Januar 2027**
Anlage 21	Anhang Lehrkräfte, Teil I.
Anlage 21a	Anhang Lehrkräfte, Teil II.
Anlage 30	Anhang Ärztlicher Dienst
Anlage 31, Anhang D Abschnitt I	Anhang Entgeltordnung, Teil B Abschnitt XI Nr. 1
Anlage 31, Anhang D Abschnitt II	Anhang Entgeltordnung, Teil B Abschnitt XI Nr. 2a
Anlage 32, Anhang D Abschnitt I	Anhang Entgeltordnung, Teil B Abschnitt XI Nr. 1
Anlage 32, Anhang D Abschnitt II	Anhang Entgeltordnung, Teil B Abschnitt XI Nr. 2b

AVR in der am 31. Dezember 2026 geltenden Fassung	AVR ab 1. Januar 2027
Anlage 32, Anhang E Abschnitt I	Anhang Entgeltordnung, Teil B Abschnitt XI Nr. 1
Anlage 32, Anhang E Abschnitt II	Anhang Entgeltordnung, Teil B Abschnitt XI Nr. 2c
Anlage 33, Anhang B	Anhang Entgeltordnung, Teil B Abschnitt XXIV

Ansprüche bis zum 31.12.2026; Altersteilzeitdienstverhältnis

(4) [1]Auf Ansprüche, die bis zum 31. Dezember 2026 entstanden sind, ist unabhängig von einem späteren Abrechnungs- oder Auszahlungstermin die am 31. Dezember 2026 geltende Fassung der AVR anzuwenden. [2]Die in den Anlagen 2e, 21, 21a und 30 bis 33 der am 31. Dezember 2026 geltenden Fassung der AVR enthaltenen Überleitungs- und Besitzstandsregelungen finden auch weiterhin Anwendung. [3]Auf vor dem 1. Juli 2024 begonnene Altersteilzeitdienstverhältnisse oder flexible Altersarbeitszeit finden die Regelungen der Anlage 17a der am 31. Dezember 2026 geltenden Fassung der AVR weiterhin Anwendung.

AVR Fassung 31.12.2026

(5) Die am 31. Dezember 2026 geltende Fassung der AVR wird vom Deutschen Caritasverband e.V. in Textform in geeigneter Weise öffentlich bereitgestellt.

Anhänge

Inhalt

Anhang Entgeltordnung (EGO)

Inhalt

Grundsätzliche Eingruppierungsregelungen (Vorbemerkungen)

1. Vorrang spezieller Tätigkeitsmerkmale

[1]Für Mitarbeiter, deren Tätigkeit in einem speziellen Tätigkeitsmerkmal aufgeführt ist, gelten die allgemeinen Tätigkeitsmerkmale (Teil A Abschnitt I) weder in der Entgeltgruppe, in der sie aufgeführt sind, noch in einer höheren Entgeltgruppe.

[2]Die Allgemeinen Tätigkeitsmerkmale der Entgeltgruppen 2 bis 12 für Mitarbeiter im Büro-, Buchhalterei-, sonstigen Innendienst und Außendienst (Teil A Abschnitt I Ziffer 3) gelten, sofern die auszuübende Tätigkeit einen unmittelbaren Bezug zu den eigentlichen Aufgaben der betreffenden Einrichtungen und Dienste hat.

[3]Für Mitarbeiter mit handwerklichen Tätigkeiten, deren Tätigkeit nicht in einem speziellen Tätigkeitsmerkmal aufgeführt ist, gelten die allgemeinen Tätigkeitsmerkmale für Mitarbeiter mit handwerklichen Tätigkeiten (Teil A Abschnitt I Ziffer 2); die allgemeinen Tätigkeitsmerkmale für Mitarbeiter im Büro-, Buchhalterei-, sonstigen Innendienst und Außendienst (Teil A Abschnitt I Ziffer 3) gelten nicht.

[4]Für Mitarbeiter mit abgeschlossener wissenschaftlicher Hochschulbildung und entsprechender Tätigkeit sowie für sonstige Mitarbeiter, die aufgrund gleichwertiger Fähigkeiten und ihrer Erfahrungen entsprechende Tätigkeiten ausüben, gelten die allgemeinen Tätig-

keitsmerkmale der Entgeltgruppen 13 bis 17 (Teil A Abschnitt I Ziffer 4), es sei denn, dass ihre Tätigkeit in einem speziellen Tätigkeitsmerkmal aufgeführt ist.

[5]Wird ein Arbeitsvorgang von einem speziellen Tätigkeitsmerkmal erfasst, findet dieses auch dann Anwendung, wenn der Mitarbeiter außerhalb des Geltungsbereichs des Besonderen Teils bzw. der Besonderen Teile der AVR beschäftigt ist, zu dem bzw. denen dieses Tätigkeitsmerkmal vereinbart ist.

Anmerkung zu Nr. 1 Satz 2:

Die allgemeinen Tätigkeitsmerkmale für Mitarbeiter im Büro-, Buchhalterei-, sonstigen Innendienst und im Außendienst (Teil A Abschnitt I Ziffer 3) besitzen eine Auffangfunktion in dem gleichen Umfang wie – bestätigt durch die bisherige ständige Rechtsprechung des BAG – die bisherigen ersten Fallgruppen des Allgemeinen Teils der Anlage 1a zum BAT.

2. Tätigkeitsmerkmale mit Anforderungen in der Person

[1]Ist in einem Tätigkeitsmerkmal eine Vorbildung oder Ausbildung als Anforderung bestimmt, sind Mitarbeiter, die die geforderte Vorbildung oder Ausbildung nicht besitzen,

- wenn nicht auch „sonstige Mitarbeiter“ von diesem Tätigkeitsmerkmal erfasst werden oder
- wenn auch „sonstige Mitarbeiter“ von diesem Tätigkeitsmerkmal erfasst werden, diese Mitarbeiter jedoch nicht die Voraussetzungen des „sonstigen Mitarbeiter“ erfüllen,

bei Erfüllung der sonstigen Anforderungen dieses Tätigkeitsmerkmals in der nächst niedrigeren Entgeltgruppe eingruppiert. [2]Satz 1 gilt entsprechend für Tätigkeitsmerkmale, die bei Erfüllung qualifizierter Anforderungen eine höhere Eingruppierung vorsehen. [3]Satz 1 gilt nicht, wenn die Entgeltordnung für diesen Fall ein Tätigkeitsmerkmal (z.B. „in der Tätigkeit von …“) enthält.

3. Wissenschaftliche Hochschulbildung

[1]Eine abgeschlossene wissenschaftliche Hochschulbildung liegt vor, wenn das Studium an einer staatlichen Hochschule im Sinne des § 1 HRG oder einer nach § 70 HRG staatlich anerkannten Hochschule

a) mit einer nicht an einer Fachhochschule abgelegten ersten Staatsprüfung, Magisterprüfung oder Diplomprüfung oder
b) mit einer Masterprüfung

beendet worden ist. [2]Diesen Prüfungen steht eine Promotion oder die Akademische Abschlussprüfung (Magisterprüfung) einer Philosophischen Fakultät nur in den Fällen gleich, in denen die Ablegung einer ersten Staatsprüfung, einer Masterprüfung oder einer Diplomprüfung nach den einschlägigen Ausbildungsvorschriften nicht vorgesehen ist. [3]Eine abgeschlossene wissenschaftliche Hochschulbildung im Sinne des Satzes 1 Buchst. a setzt voraus, dass die Abschlussprüfung in einem Studiengang abgelegt wurde, der seinerseits mindestens das Zeugnis der Hochschulreife (allgemeine Hochschulreife oder einschlägige fachgebundene Hochschulreife) oder eine andere landesrechtliche Hochschulzugangsberechtigung als Zugangsvoraussetzung erfordert, und für den Abschluss eine Regelstudienzeit von mindestens acht Semestern – ohne etwaige Praxissemester, Prüfungssemester o.Ä. – vorschreibt.

[4]Ein Bachelorstudiengang erfüllt diese Voraussetzung auch dann nicht, wenn mehr als sechs Semester für den Abschluss vorgeschrieben sind. [5]Der Masterstudiengang muss nach den Regelungen des Akkreditierungsrats akkreditiert sein. [6]Ein Abschluss an einer ausländischen Hochschule gilt als abgeschlossene wissenschaftliche Hochschulbildung, wenn er von der zuständigen staatlichen Stelle als dem deutschen Hochschulabschluss vergleichbar bewertet wurde.

Anmerkung zu Satz 5:

Das Akkreditierungserfordernis ist bis zum 31. Dezember 2029 ausgesetzt.

4. Hochschulbildung

[1]Eine abgeschlossene Hochschulbildung liegt vor, wenn von einer staatlichen Hochschule im Sinne des § 1 HRG oder einer nach § 70 HRG staatlich anerkannten Hochschule ein Diplomgrad mit dem Zusatz "Fachhochschule" ("FH"), ein anderer nach § 18 HRG gleichwertiger Abschlussgrad oder ein Bachelorgrad verliehen wurde. [2]Die Abschlussprüfung muss in einem Studiengang abgelegt worden sein, der seinerseits mindestens das Zeugnisder Hochschulreife (allgemeine Hochschulreife oder einschlägige fachgebundene Hochschulreife) oder eine andere landesrechtliche Hochschulzugangsberechtigung als Zugangsvoraussetzung erfordert, und für den Abschluss eine Regelstudienzeit von mindestens sechs Semestern – ohne etwaige Praxissemester, Prüfungssemester o.Ä. – vorschreibt. [3]Der Bachelorstudiengang muss nach den Regelungen des Akkreditierungsrats akkreditiert sein. [4]Dem gleichgestellt sind Abschlüsse in akkreditierten Bachelorausbildungsgängen an Berufsakademien. [5]Nr. 3 Satz 6 gilt entsprechend.

Anmerkung zu Satz 3 und 4:

Das Akkreditierungserfordernis ist bis zum 31. Dezember 2029 ausgesetzt.

5. Anerkannte Ausbildungsberufe

[1]Anerkannte Ausbildungsberufe sind nur solche, die auf der Grundlage des Berufsbildungsgesetzes bzw. der Handwerksordnung geregelt sind.

[2]In Tätigkeitsmerkmalen genannte Ausbildungsberufe umfassen auch die entsprechenden früheren Ausbildungsberufe vor Inkrafttreten des Anhangs Entgeltordnung.

6. Übergangsregelungen zu in der DDR erworbenen Abschlüssen

(1) [1]Aufgrund des Artikels 37 des Einigungsvertrages und der Vorschriften hierzu als gleichwertig festgestellte Abschlüsse, Prüfungen und Befähigungsnachweise stehen ab dem Zeitpunkt ihres Erwerbs den in den Tätigkeitsmerkmalen geforderten entsprechenden Anforderungen gleich. [2]Ist die Gleichwertigkeit erst nach Erfüllung zusätzlicher Erfordernisse festgestellt worden, gilt die Gleichstellung ab der Feststellung.

(2) Facharbeiterinnen und Facharbeiter mit einem im Beitrittsgebiet erworbenen Facharbeiterzeugnis, das nach Artikel 37 des Einigungsvertrages und der Vorschriften hierzu dem Prüfungszeugnis in einem anerkannten Ausbildungsberuf mit einer Ausbildungsdauer von mindestens drei Jahren bzw. mit einer kürzeren Ausbildungsdauer gleichgestellt ist, werden bei entsprechender Tätigkeit wie Mitarbeiter mit erfolgreich abgeschlossener Ausbildung in einem solchen Ausbildungsberuf eingruppiert.

7. [nicht besetzt]

8. Geltungsausschluss für Lehrkräfte

Die Entgeltordnung gilt nicht für Mitarbeiter, die als Lehrkräfte beschäftigt sind, soweit nicht ein besonderes Tätigkeitsmerkmal vereinbart ist.

9. Unterstellungsverhältnisse

[1]Bei der Zahl der unterstellten oder in der Regel unterstellten bzw. beaufsichtigten oder der in dem betreffenden Bereich beschäftigten Personen zählen Teilzeitmitarbeiter entsprechend dem Verhältnis der mit ihnen im Dienstvertrag vereinbarten Arbeitszeit zur regelmäßigen Arbeitszeit einer/eines Vollzeitmitarbeiter. [2]Für die Eingruppierung ist es unschädlich, wenn im Organisations- und Stellenplan zur Besetzung ausgewiesene Stellen nicht besetzt sind.

10. Ständige Vertreter

Ständige Vertreter sind nicht die Vertreter in Urlaubs- und sonstigen Abwesenheitsfällen.

Teil A
Allgemeiner Teil

I.
Allgemeine Tätigkeitsmerkmale

1. Entgeltgruppe 1 (einfachste Tätigkeiten)

Entgeltgruppe 1

Mitarbeiter mit einfachsten Tätigkeiten, zum Beispiel
- Essens- und Getränkeausgeber,
- Garderobenpersonal,
- Spülen und Gemüseputzen und sonstige Tätigkeiten im Haus- und Küchenbereich,
- Reiniger in Außenbereichen wie Höfe, Wege, Grünanlagen, Parks,
- Wärter von Bedürfnisanstalten,
- Servierer,
- Hausarbeiter,
- Hausgehilfe,
- Bote (ohne Aufsichtsfunktion).

> *Anmerkung:*
>
> Hier sind auch Mitarbeiter eingruppiert, deren Beschäftigung nach § 2 Abs. 2 Buchst. a und b erfolgt, wenn die Anwendung der AVR mit ihnen nicht ausdrücklich durch schriftlichen Vertrag ausgeschlossen wurde.

2. Entgeltgruppen 2 bis 9a (handwerkliche Tätigkeiten)

Entgeltgruppe 2

Mitarbeiter mit einfachen Tätigkeiten.

([1]Einfache Tätigkeiten sind Tätigkeiten, die keine Vor- oder Ausbildung, aber eine fachliche Einarbeitung erfordern, die über eine sehr kurze Einweisung oder Anlernphase hinausgeht. [2]Einarbeitung dient dem Erwerb derjenigen Kenntnisse und Fertigkeiten, die für die Beherrschung der Arbeitsabläufe als solche erforderlich sind.)

> *Anmerkung:*
>
> Diese Mitarbeiter erhalten bis zum 31. Dezember 2035 in den Stufen 5 und 6 das Tabellenentgelt der Stufe 4.

Entgeltgruppe 3

Mitarbeiter, deren Tätigkeit sich dadurch aus der Entgeltgruppe 2 heraushebt, dass sie eine eingehende fachliche Einarbeitung erfordert.

Entgeltgruppe 4

1. Mitarbeiter mit erfolgreich abgeschlossener Ausbildung in einem anerkannten Ausbildungsberuf mit einer Ausbildungsdauer von weniger als drei Jahren, die in ihrem oder einem diesem verwandten Beruf beschäftigt werden.
2. Mitarbeiter mit schwierigen Tätigkeiten.

   ([1]Schwierige Tätigkeiten sind Tätigkeiten, die mehr als eine eingehende fachliche Einarbeitung im Sinne der Entgeltgruppe 3 erfordern. [2]Danach müssen Tätigkeiten anfallen, die an das Überlegungsvermögen oder das fachliche Geschick Anforderungen stellen, die über das Maß dessen hinausgehen, was üblicherweise von Mitarbeitern der Entgeltgruppe 3 verlangt werden kann.)

Entgeltgruppe 5

Mitarbeiter mit erfolgreich abgeschlossener Ausbildung in einem anerkannten Ausbildungsberuf mit einer Ausbildungsdauer von mindestens drei Jahren, die in ihrem oder einem diesem verwandten Beruf beschäftigt werden.

Entgeltgruppe 6

Mitarbeiter der Entgeltgruppe 5, die hochwertige Arbeiten verrichten.

(Hochwertige Arbeiten sind Arbeiten, die an das Überlegungsvermögen und das fachliche Geschick des Mitarbeiters Anforderungen stellen, die über das Maß dessen hinausgehen, was üblicherweise von Mitarbeitern der Entgeltgruppe 5 verlangt werden kann.)

Entgeltgruppe 7

Mitarbeiter der Entgeltgruppe 5, die besonders hochwertige Arbeiten verrichten.

(Besonders hochwertige Arbeiten sind Arbeiten, die neben vielseitigem, hochwertigem fachlichen Können besondere Umsicht und Zuverlässigkeit erfordern.)

Entgeltgruppe 8 [nicht besetzt]

Entgeltgruppe 9a [nicht besetzt]

3. Entgeltgruppen 2 bis 12 (Büro-, Buchhalterei-, sonstiger Innendienst und Außendienst)

Vorbemerkung

Buchhaltereidienst bezieht sich nur auf Tätigkeiten von Mitarbeitern, die mit kaufmännischer Buchführung beschäftigt sind.

Entgeltgruppe 2

Mitarbeiter mit einfachen Tätigkeiten.

([1]Einfache Tätigkeiten sind Tätigkeiten, die keine Vor- oder Ausbildung, aber eine fachliche Einarbeitung erfordern, die über eine sehr kurze Einweisung oder Anlernphase hinausgeht. [2]Einarbeitung dient dem Erwerb derjenigen Kenntnisse und Fertigkeiten, die für die Beherrschung der Arbeitsabläufe als solche erforderlich sind.)

> *Anmerkung:*
>
> Diese Mitarbeiter erhalten bis zum 31. Dezember 2035 in den Stufen 5 und 6 das Tabellenentgelt der Stufe 4.

Entgeltgruppe 3

Mitarbeiter, deren Tätigkeit sich dadurch aus der Entgeltgruppe 2 heraushebt, dass sie eine eingehende fachliche Einarbeitung erfordert.

Entgeltgruppe 4

1. Mitarbeiter, deren Tätigkeit sich dadurch aus der Entgeltgruppe 3 heraushebt, dass sie mindestens zu einem Viertel gründliche Fachkenntnisse erfordert.

   (Gründliche Fachkenntnisse erfordern nähere Kenntnisse von Rechtsvorschriften oder näheres kaufmännisches oder technisches Fachwissen usw. des Aufgabenkreises.)

2. Mitarbeiter mit schwierigen Tätigkeiten.

   ([1]Schwierige Tätigkeiten sind Tätigkeiten, die mehr als eine eingehende fachliche Einarbeitung im Sinne der Entgeltgruppe 3 erfordern. [2]Danach müssen Tätigkeiten anfallen, die an das Überlegungsvermögen oder das fachliche Geschick Anforderungen stellen, die über das Maß dessen hinausgehen, was üblicherweise von Mitarbeitern der Entgeltgruppe 3 verlangt werden kann.)

Entgeltgruppe 5

1. Mitarbeiter mit erfolgreich abgeschlossener Ausbildung in einem anerkannten Ausbildungsberuf mit einer Ausbildungsdauer von mindestens drei Jahren und entsprechender Tätigkeit.

3. Mitarbeiter, deren Tätigkeit gründliche Fachkenntnisse erfordert.

   (Gründliche Fachkenntnisse erfordern nähere Kenntnisse von Rechtsvorschriften oder näheres kaufmännisches oder technisches Fachwissen usw. des Aufgabenkreises.)

Entgeltgruppe 6

Mitarbeiter der Entgeltgruppe 5 Fallgruppe 1, deren Tätigkeit gründliche und vielseitige Fachkenntnisse erfordert, sowie Mitarbeiter der Entgeltgruppe 5 Fallgruppe 2, deren Tätigkeit vielseitige Fachkenntnisse erfordert.

([1]Die gründlichen und vielseitigen Fachkenntnisse brauchen sich nicht auf das gesamte Gebiet der Verwaltung (des Betriebes), bei der der Mitarbeiter tätig ist, zu beziehen. [2]Der Aufgabenkreis des Mitarbeiters muss aber so gestaltet sein, dass er nur beim Vorhandensein gründlicher und vielseitiger Fachkenntnisse ordnungsgemäß bearbeitet werden kann.)

Entgeltgruppe 7

Mitarbeiter der Entgeltgruppe 6, deren Tätigkeit mindestens zu einem Fünftel selbstständige Leistungen erfordert.

(Selbstständige Leistungen erfordern ein den vorausgesetzten Fachkenntnissen entsprechendes selbstständiges Erarbeiten eines Ergebnisses unter Entwicklung einer eigenen geistigen Initiative; eine leichte geistige Arbeit kann diese Anforderung nicht erfüllen.)

Entgeltgruppe 8

Mitarbeiter der Entgeltgruppe 6, deren Tätigkeit mindestens zu einem Drittel selbstständige Leistungen erfordert.

(Selbstständige Leistungen erfordern ein den vorausgesetzten Fachkenntnissen entsprechendes selbstständiges Erarbeiten eines Ergebnisses unter Entwicklung einer eigenen geistigen Initiative; eine leichte geistige Arbeit kann diese Anforderung nicht erfüllen.)

Entgeltgruppe 9a

Mitarbeiter der Entgeltgruppe 6, deren Tätigkeit selbstständige Leistungen erfordert.

(Selbstständige Leistungen erfordern ein den vorausgesetzten Fachkenntnissen entsprechendes selbstständiges Erarbeiten eines Ergebnisses unter Entwicklung einer eigenen geistigen Initiative; eine leichte geistige Arbeit kann diese Anforderung nicht erfüllen.)

Entgeltgruppe 9b

1. Mitarbeiter mit abgeschlossener Hochschulbildung und entsprechender Tätigkeit sowie sonstige Mitarbeiter, die aufgrund gleichwertiger Fähigkeiten und ihrer Erfahrungen entsprechende Tätigkeiten ausüben.
2. Mitarbeiter, deren Tätigkeit gründliche, umfassende Fachkenntnisse und selbstständige Leistungen erfordert.

   (Gründliche, umfassende Fachkenntnisse bedeuten gegenüber den in den Entgeltgruppen 6 bis 9a geforderten gründlichen und vielseitigen Fachkenntnissen eine Steigerung der Tiefe und der Breite nach.)

Entgeltgruppe 9c

Mitarbeiter, deren Tätigkeit sich dadurch aus der Entgeltgruppe 9b heraushebt, dass sie besonders verantwortungsvoll ist.

Entgeltgruppe 10

Mitarbeiter, deren Tätigkeit sich mindestens zu einem Drittel durch besondere Schwierigkeit und Bedeutung aus der Entgeltgruppe 9c heraushebt.

Entgeltgruppe 11

Mitarbeiter, deren Tätigkeit sich durch besondere Schwierigkeit und Bedeutung aus der Entgeltgruppe 9c heraushebt.

Entgeltgruppe 12

Mitarbeiter, deren Tätigkeit sich durch das Maß der damit verbundenen Verantwortung erheblich aus der Entgeltgruppe 11 heraushebt.

4. Entgeltgruppen 13 bis 17

Entgeltgruppe 13

1. Mitarbeiter mit abgeschlossener wissenschaftlicher Hochschulbildung und entsprechender Tätigkeit sowie sonstige Mitarbeiter, die aufgrund gleichwertiger Fähigkeiten und ihrer Erfahrungen entsprechende Tätigkeiten ausüben.
2. Mitarbeiter in Einrichtungen und Diensten, deren Tätigkeit wegen der Schwierigkeit der Aufgaben und der Größe ihrer Verantwortung ebenso zu bewerten ist wie Tätigkeiten der Fallgruppe 1.

Entgeltgruppe 14

1. Mitarbeiter der Entgeltgruppe 13 Fallgruppe 1, deren Tätigkeit sich mindestens zu einem Drittel
   - durch besondere Schwierigkeit und Bedeutung oder
   - durch das Erfordernis hochwertiger Leistungen bei besonders schwierigen Aufgaben

   aus der Entgeltgruppe 13 Fallgruppe 1 heraushebt.
2. Mitarbeiter in Einrichtungen und Diensten, deren Tätigkeit wegen der Schwierigkeit der Aufgaben und der Größe ihrer Verantwortung ebenso zu bewerten ist wie Tätigkeiten der Fallgruppe 1.
3. Mitarbeiter mit der Entgeltgruppe 13 Fallgruppe 1, denen mindestens drei Mitarbeiter mindestens der Entgeltgruppe 13 durch ausdrückliche Anordnung ständig unterstellt sind.

   (Hierzu Anmerkung)

Entgeltgruppe 15

1. Mitarbeiter der Entgeltgruppe 13 Fallgruppe 1, deren Tätigkeit sich
   - durch besondere Schwierigkeit und Bedeutung sowie
   - erheblich durch das Maß der damit verbundenen Verantwortung aus der Entgeltgruppe 13 Fallgruppe 1 heraushebt.

2. Mitarbeiter in Einrichtungen und Diensten, deren Tätigkeit wegen der Schwierigkeit der Aufgaben und der Größe ihrer Verantwortung ebenso zu bewerten ist wie Tätigkeiten der Fallgruppe 1.
3. Mitarbeiter mit der Entgeltgruppe 13 Fallgruppe 1, denen mindestens fünf Mitarbeiter mindestens der Entgeltgruppe 13 durch ausdrückliche Anordnung ständig unterstellt sind.

   (Hierzu Anmerkung)

Anmerkung:

Bei der Zahl der Unterstellten zählen nicht Mitarbeiter der Entgeltgruppe 13 nach Abschnitt II Ziffern 2 und 3 mit.

Entgeltgruppe 16

Mitarbeiter der Entgeltgruppe 15, deren Tätigkeit sich durch einen besonders hohen Entscheidungsspielraum oder besonders hohe Anforderungen an die Mitarbeiterführung aus der Tätigkeit der Entgeltgruppe 15 heraushebt.

Entgeltgruppe 17

Mitarbeiter der Entgeltgruppe 15, deren Tätigkeit sich durch einen besonders hohen Entscheidungsspielraum und besonders hohe Anforderungen an die Mitarbeiterführung aus der Tätigkeit der Entgeltgruppe 15 heraushebt.

(Ein besonders hoher Entscheidungsspielraum ist gegeben, wenn neue komplexe Problemstellungen innovatives, konzeptionelles Denken erfordern, Lösungswege methodisch offen und inhaltlich wenig vorgegeben sind, grundlegende längerfristige Entwicklungen mit übergeordneter Bedeutung aufgrund der Tragweite der Entscheidungen zu berücksichtigen sind.)

(Besonders hohe Anforderungen an die Mitarbeiterführung sind gegeben, wenn die Tätigkeit die gemeinsame, auf persönliche Überzeugung der Mitarbeiter ausgerichtete Entwicklung und Ausgestaltung von aufgaben-/bereichsbezogenen sowie individuellen Zielen erfordert, wobei regelmäßig unterschiedliche Interessenlagen zu berücksichtigen sind. Diese sind besonders gegeben, wenn in Netz-, Projekt- oder sonstigen funktions- und/oder bereichsübergreifenden fluiden Teamstrukturen mit erheblicher Schnittstellenkomplexität und lediglich fachlicher Weisungsfunktionen ausgeprägte Management- und Kommunikationskompetenzen erfordern.)

II.
Spezielle Tätigkeitsmerkmale

1. Bezügerechner

Entgeltgruppe 5

Berechner von Dienst- oder Versorgungsbezügen, von Entgelten, einschließlich der Krankenbezüge oder Urlaubsentgelte deren Tätigkeit gründliche Fachkenntnisse erfordert.

(Gründliche Fachkenntnisse erfordern nähere Kenntnisse von Rechtsvorschriften oder näheres kaufmännisches oder technisches Fachwissen usw. des Aufgabenkreises.)

(Hierzu Anmerkung)

Entgeltgruppe 6

1. Mitarbeiter, deren Tätigkeit sich dadurch aus der Entgeltgruppe 5 heraushebt, dass aufgrund der angegebenen Merkmale Dienst- oder Versorgungsbezüge, Entgelte einschließlich der Krankenbezüge und Urlaubsentgelte selbstständig zu errechnen sind.

   (Hierzu Anmerkung)

2. Mitarbeiter, die aufgrund der angegebenen Merkmale die für die Errechnung und Zahlbarmachung der Dienst- oder Versorgungsbezüge, Entgelte einschließlich der Krankenbezüge und Urlaubsentgelte im DV-Verfahren erforderlichen Arbeiten und Kontrollen zur maschinellen Berechnung verantwortlich vornehmen.

   (Hierzu Anmerkung)

Entgeltgruppe 7

1. Mitarbeiter, deren Tätigkeit sich dadurch aus der Entgeltgruppe 5 heraushebt, dass aufgrund der angegebenen Merkmale Entgelte einschließlich der Krankenbezüge und Urlaubsentgelte selbstständig zu errechnen sind und der damit zusammenhängende Schriftwechsel selbstständig zu führen ist.

   (Hierzu Anmerkung)

2. Mitarbeiter, die aufgrund der angegebenen Merkmale die für die Errechnung und Zahlbarmachung der Dienst- oder Versorgungsbezüge, Entgelte einschließlich der Krankenbezüge und Urlaubsentgelte im DV-Verfahren erforderlichen Arbeiten und Kontrollen zur maschinellen Berechnung verantwortlich vornehmen und den damit zusammenhängenden Schriftwechsel selbstständig führen.

   (Hierzu Anmerkung)

Entgeltgruppe 9a

1. Mitarbeiter, deren Tätigkeit sich dadurch aus der Entgeltgruppe 6 Fallgruppe 1 heraushebt, dass aufgrund der angegebenen tatsächlichen Verhältnisse Entgelte einschließlich der Krankenbezüge und Urlaubsentgelte selbständig zu errechnen und die damit zusammenhängenden Arbeiten (z.B. Feststellen der Versicherungspflicht in der Sozialversicherung und der Zusatzversicherung, Bearbeiten von Abtretungen und Pfändungen) selbstständig auszuführen sind sowie der damit zusammenhängende Schriftwechsel selbstständig zu führen ist.

   (Das Tätigkeitsmerkmal ist auch erfüllt, wenn der Mitarbeiter die Beschäftigungszeit sowie das Tabellenentgelt nach §§ 28 und 29 AVR bei der Einstellung nicht festzusetzen und Abtretungen und Pfändungen nicht zu bearbeiten hat.)

   (Hierzu Anmerkung)

2. Mitarbeiter, deren Tätigkeit sich dadurch aus der Entgeltgruppe 6 Fallgruppe 2 heraushebt, dass aufgrund der angegebenen tatsächlichen Verhältnisse die für die Errechnung und Zahlbarmachung der Dienst- oder Versorgungsbezüge, Entgelte, einschließlich der Krankenbezüge und Urlaubsentgelte im DV-Verfahren notwendigen Merkmale und die sonstigen Anspruchsvoraussetzungen festzustellen, die erforderlichen Arbeiten (z.B. Feststellen der Versicherungspflicht in der Sozialversicherung und der Zusatzversicherung, Bearbeiten von Abtretungen und Pfändungen) und Kontrollen zur maschinellen Berechnung verantwortlich vorzunehmen sind sowie der damit zusammenhängende Schriftwechsel selbstständig zu führen ist.

(Das Tätigkeitsmerkmal ist auch erfüllt, wenn der Mitarbeiter das Besoldungsdienstalter nicht erstmals, die ruhegehaltfähigen Dienstbezüge nicht erstmals, die ruhegehaltfähige Dienstzeit, die Beschäftigungszeit sowie das Tabellenentgelt nach §§ 28 und 29 AVR bei der Einstellung nicht festzusetzen, keine Widerspruchsbescheide zu erteilen und Abtretungen und Pfändungen nicht zu bearbeiten hat.)

(Hierzu Anmerkung)

3. Mitarbeiter, denen mindestens drei Mitarbeiter mit Tätigkeiten mindestens der Entgeltgruppe 6 Fallgruppen 1 oder 2 durch ausdrückliche Anordnung ständig unterstellt sind.

Entgeltgruppe 9b

Mitarbeiter, denen mindestens vier Mitarbeiter mit Tätigkeiten mindestens der Entgeltgruppe 9a Fallgruppen 1 oder 2 durch ausdrückliche Anordnung ständig unterstellt sind.

Anmerkung:

Zu den Dienst- oder Versorgungsbezügen, Entgelten im Sinne dieses Tätigkeitsmerkmals gehören gegebenenfalls auch sonstige Leistungen, z.B. Kindergeld, Beitragszuschuss nach § 257 SGB V, vermögenswirksame Leistungen, Beiträge nach Anhang Zusätzliche Altersversorgung.

2. Mitarbeiter in der Informations- und Kommunikationstechnik

Vorbemerkung

[1]Nach dem Abschnitt II Ziffer 2 sind Mitarbeiter eingruppiert, die sich mit Systemen der Informations- und Kommunikationstechnik befassen ohne Rücksicht auf ihre organisatorische Eingliederung. [2]Zu diesen Systemen zählen insbesondere informationstechnische Hard- und Softwaresysteme, Anwendungsprogramme, Datenbanken, Komponenten der Kommunikationstechnik in lokalen IKT-Netzen und IKT-Weitverkehrsnetzen sowie Produkte und Services, die mit diesen Systemen erstellt werden. [3]Dabei werden Tätigkeiten im gesamten Lebenszyklus eines solchen IKT-Systems erfasst, also dessen Planung, Spezifikation, Entwurf, Design, Erstellung, Implementierung, Test, Integration in die operative Umgebung, Produktion, Optimierung und Tuning, Pflege, Fehlerbeseitigung und Qualitätssicherung. [4]Auch Tätigkeiten zur Sicherstellung der Informationssicherheit fallen unter die nachfolgenden Merkmale. [5]Da mit den informationstechnischen Systemen in der Regel Produkte oder Services erstellt werden, gelten die nachfolgenden Tätigkeitsmerkmale auch für die Mitarbeitern in der Produktionssteuerung und im IKT-Servicemanagement.

[6]Nicht unter den Abschnitt II Ziffer 2 fallen Mitarbeiter, die lediglich IKT-Systeme anwenden oder Mitarbeiter, die lediglich die Rahmenbedingungen für die Informations- und Kommunikationstechnik schaffen und sich die informationstechnischen Spezifikationen von den IKT-Fachleuten zuarbeiten lassen.

Entgeltgruppe 6

1. Mitarbeiter mit einschlägiger abgeschlossener Berufsausbildung (z.B. Fachinformatiker der Fachrichtungen Anwendungsentwicklung oder Systemintegration, Technische Systeminformatiker, IT-System-Kaufleute oder IT-Systemelektroniker) und entsprechender Tätigkeit sowie sonstige Mitarbeiter, die aufgrund gleichwertiger Fähigkeiten und ihrer Erfahrungen entsprechende Tätigkeiten ausüben.

2. Mitarbeiter, deren Tätigkeit gründliche und vielseitige Fachkenntnisse erfordert.

   ([1]Gründliche Fachkenntnisse erfordern nähere Kenntnisse von Rechtsvorschriften oder näheres kaufmännisches oder technisches Fachwissen usw. des Aufgabenkreises. [2]Die gründlichen und vielseitigen Fachkenntnisse brauchen sich nicht auf das gesamte Gebiet der Verwaltung [des Betriebes], bei der der Mitarbeiter tätig ist, zu beziehen. [3]Der Aufgabenkreis der Mitarbeiter muss aber so gestaltet sein, dass er nur beim Vorhandensein gründlicher und vielseitiger Fachkenntnisse ordnungsgemäß bearbeitet werden kann.)

Entgeltgruppe 7

Mitarbeiter der Entgeltgruppe 6, die ohne Anleitung tätig sind.

Entgeltgruppe 8

Mitarbeiter der Entgeltgruppe 7, deren Tätigkeit über die Standardfälle hinaus Gestaltungsspielraum erfordert.

Entgeltgruppe 9a

Mitarbeiter der Entgeltgruppe 8, deren Tätigkeit zusätzliche Fachkenntnisse erfordert.

Entgeltgruppe 9b

Mitarbeiter der Entgeltgruppe 9a, deren Tätigkeit umfassende Fachkenntnisse erfordert.

(Umfassende Fachkenntnisse bedeuten gegenüber den in der Entgeltgruppe 9a geforderten Fachkenntnissen eine Steigerung der Tiefe und der Breite nach.)

Entgeltgruppe 10

1. Mitarbeiter mit einschlägiger abgeschlossener Hochschulbildung (z.B. in der Fachrichtung Informatik) und entsprechender Tätigkeit sowie sonstige Mitarbeiter, die aufgrund gleichwertiger Fähigkeiten und ihrer Erfahrungen entsprechende Tätigkeiten ausüben.
2. Mitarbeiter der Entgeltgruppe 9b, deren Tätigkeit einen Gestaltungsspielraum erfordert, der über den Gestaltungsspielraum in Entgeltgruppe 8 hinausgeht.

Entgeltgruppe 11

1. Mitarbeiter der Entgeltgruppe 10, deren Tätigkeit sich mindestens zu einem Drittel durch besondere Leistungen aus der Entgeltgruppe 10 heraushebt.

   (Besondere Leistungen sind Tätigkeiten, deren Bearbeitung besondere Fachkenntnisse und besondere praktische Erfahrung voraussetzt oder die eine fachliche Weisungsbefugnis beinhalten.)

2. Mitarbeiter der Entgeltgruppe 10, deren Tätigkeit sich durch besondere Leistungen aus der Entgeltgruppe 10 heraushebt.

   (Besondere Leistungen sind Tätigkeiten, deren Bearbeitung besondere Fachkenntnisse und besondere praktische Erfahrung voraussetzt oder die eine fachliche Weisungsbefugnis beinhalten.)

Entgeltgruppe 12

1. Mitarbeiter der Entgeltgruppe 11 Fallgruppe 2 mit mindestens dreijähriger praktischer Erfahrung, deren Tätigkeit sich mindestens zu einem Drittel durch besondere Schwierigkeit und Bedeutung oder durch Spezialaufgaben aus der Entgeltgruppe 11 Fallgruppe 2 heraushebt.
2. Mitarbeiter der Entgeltgruppe 11 Fallgruppe 2 mit mindestens dreijähriger praktischer Erfahrung, deren Tätigkeit sich durch besondere Schwierigkeit und Bedeutung oder durch Spezialaufgaben aus der Entgeltgruppe 11 Fallgruppe 2 heraushebt.
3. Mitarbeiter der Entgeltgruppe 10 mit mindestens dreijähriger praktischer Erfahrung, die durch ausdrückliche Anordnung als Leiterin oder Leiter einer IT-Gruppe bestellt sind und denen mindestens

   a) zwei Mitarbeiter dieses Abschnitts mindestens der Entgeltgruppe 11 oder

   b) drei Mitarbeiter dieses Abschnitts mindestens der Entgeltgruppe 10

   durch ausdrückliche Anordnung ständig unterstellt sind.

Entgeltgruppe 13

1. Mitarbeiter der Entgeltgruppe 12 Fallgruppe 2, deren Tätigkeit sich mindestens zu einem Drittel durch das Maß der Verantwortung erheblich aus der Entgeltgruppe 12 Fallgruppe 2 heraushebt.
2. Mitarbeiter der Entgeltgruppe 10 mit mindestens dreijähriger praktischer Erfahrung, die durch ausdrückliche Anordnung als Leiterin oder Leiter einer IT-Gruppe bestellt sind und denen mindestens

   a) zwei Mitarbeiter dieses Abschnitts mindestens der Entgeltgruppe 12 oder

   b) drei Mitarbeiter dieses Abschnitts mindestens der Entgeltgruppe 11

   durch ausdrückliche Anordnung ständig unterstellt sind.

3. Ingenieure

Vorbemerkungen

1. Ingenieure sind Mitarbeiter, die einen erfolgreichen Abschluss eines technisch-ingenieurwissenschaftlichen Studiengangs im Sinne der Nr. 4 der grundsätzlichen Eingruppierungsregelungen (Vorbemerkungen) einschließlich der Fachrichtungen Gartenbau oder der Fachrichtung Forstwirtschaft nachweisen.
2. Die Tätigkeitsmerkmale der Fallgruppen 2 des Abschnitts I Ziffer 4 finden auch auf Ingenieure im Sinne der Nr. 1 Anwendung; Nr. 1 Satz 4 der grundsätzlichen Eingruppierungsregelungen (Vorbemerkungen) bleibt unberührt.

Entgeltgruppe 10

Ingenieure mit entsprechender Tätigkeit sowie sonstige Mitarbeiter, die aufgrund gleichwertiger Fähigkeiten und ihrer Erfahrungen entsprechende Tätigkeiten ausüben.

(Hierzu Anmerkung Nr. 1)

Entgeltgruppe 11

1. Mitarbeiter der Entgeltgruppe 10, deren Tätigkeit sich mindestens zu einem Drittel durch besondere Leistungen aus der Entgeltgruppe 10 heraushebt.

   (Hierzu Anmerkung Nr. 2)

2. Mitarbeiter der Entgeltgruppe 10, deren Tätigkeit sich durch besondere Leistungen aus der Entgeltgruppe 10 heraushebt.

   (Hierzu Anmerkung Nr. 2)

Entgeltgruppe 12

1. Mitarbeiter der Entgeltgruppe 11 Fallgruppe 2 mit langjähriger praktischer Erfahrung, deren Tätigkeit sich mindestens zu einem Drittel durch besondere Schwierigkeit und Bedeutung oder durch künstlerische oder Spezialaufgaben aus der Entgeltgruppe 11 Fallgruppe 2 heraushebt.
2. Mitarbeiter der Entgeltgruppe 11 Fallgruppe 2 mit langjähriger praktischer Erfahrung, deren Tätigkeit sich durch besondere Schwierigkeit und Bedeutung oder durch künstlerische oder Spezialaufgaben aus der Entgeltgruppe 11 Fallgruppe 2 heraushebt.

Entgeltgruppe 13

Mitarbeiter der Entgeltgruppe 12 Fallgruppe 2, deren Tätigkeit sich mindestens zu einem Drittel durch das Maß der Verantwortung erheblich aus der Entgeltgruppe 12 Fallgruppe 2 heraushebt.

Anmerkungen:

1. Entsprechende Tätigkeiten sind z.B.:
   a) Aufstellung oder Prüfung von Entwürfen nicht nur einfacher Art einschließlich Massen-, Kosten- und statischen Berechnungen und Verdingungsunterlagen, Bearbeitung der damit zusammenhängenden laufenden technischen Angelegenheiten – auch im technischen Rechnungswesen –, örtliche Leitung oder Mitwirkung bei der Leitung von Bauten und Bauabschnitten sowie deren Abrechnung.

   b) Im Bereich Garten- und Landschaftsbau: Aufstellung und Prüfung von Entwürfen nicht nur einfacher Art einschließlich Massen- und Kostenberechnung oder von Verdingungsunterlagen, Bearbeiten der damit zusammenhängenden technischen Angelegenheiten – auch im technischen Rechnungswesen; örtliche Leitung oder Mitwirkung bei der Leitung von nicht nur einfachen Gartenbau-, Landschaftsbau-, Obstbau-, Pflanzenbau-, Pflanzenschutz- oder Weinbaumaßnahmen und deren Abrechnung.
2. Besondere Leistungen sind z.B.:
   a) Aufstellung oder Prüfung von Entwürfen, deren Bearbeitung besondere Fachkenntnisse und besondere praktische Erfahrung oder künstlerische Begabung voraussetzt, sowie örtliche Leitung bzw. Mitwirkung bei der Leitung von schwierigen Bauten und Bauabschnitten und deren Abrechnung.

b) Im Bereich Garten- und Landschaftsbau: Aufstellung oder Prüfung von Entwürfen einschließlich Massen- und Kostenberechnungen oder Verdingungsunterlagen, deren Bearbeitung besondere Fachkenntnisse und besondere praktische Erfahrungen oder künstlerische Begabung voraussetzt, örtliche Leitung schwieriger Baumaßnahmen und deren Abrechnung sowie selbstständige Planung und Organisation von Pflanzenschutz- oder Schädlingsbekämpfungsmaßnahmen, die sich auf das Gebiet einer oder mehrerer Gemeinden erstrecken, und das Überwachen ihrer Auswirkungen.

4. Meister

Vorbemerkung

[1]Meister sind Mitarbeiter, die eine Meisterprüfung auf Grundlage der Handwerksordnung oder des Berufsbildungsgesetzes aufbauend auf einer einschlägigen mindestens dreijährigen Ausbildung bestanden haben. [2]Die Voraussetzung der Meisterprüfung ist auch erfüllt, wenn diese auf einer früheren Ausbildung mit einer kürzeren Ausbildungsdauer aufbaut.

Entgeltgruppe 8

Meister mit entsprechender Tätigkeit.

Entgeltgruppe 9a

1. Mitarbeiter der Entgeltgruppe 8,

   die große Arbeitsstätten (Bereiche, Werkstätten, Abteilungen oder Betriebe) zu beaufsichtigen haben, in denen Handwerker oder Facharbeiter beschäftigt sind, oder

   die an einer besonders wichtigen Arbeitsstätte mit einem höheren Maß von Verantwortlichkeit beschäftigt sind.

2. Gärtnermeister der Entgeltgruppe 8,

   die besonders schwierige Arbeitsbereiche zu beaufsichtigen haben, in denen Gärtner mit abgeschlossener Berufsausbildung beschäftigt werden, oder

   deren Tätigkeit sich dadurch aus der Entgeltgruppe 8 heraushebt, dass sie in einem besonders bedeutenden Arbeitsbereich mit einem höheren Maß von Verantwortlichkeit auszuüben ist.

   (Hierzu Anmerkungen Nrn. 1 und 2)

Entgeltgruppe 9b

1. Mitarbeiter der Entgeltgruppe 9a Fallgruppe 1, deren Tätigkeit sich durch den Umfang und die Bedeutung des Aufgabengebietes sowie durch große Selbstständigkeit wesentlich aus der Entgeltgruppe 9a Fallgruppe 1 heraushebt.
2. Mitarbeiter der Entgeltgruppe 9a Fallgruppe 2, deren Tätigkeit sich durch den Umfang und die Bedeutung ihres Aufgabengebietes sowie durch große Selbstständigkeit wesentlich aus der Entgeltgruppe 9a Fallgruppe 2 heraushebt.

Entgeltgruppe 9c

Meister mit besonders verantwortungsvoller Tätigkeit als Leiter von großen und vielschichtig strukturierten Instandsetzungsbereichen oder mit vergleichbarer Tätigkeit, die wegen der Schwierigkeit der Aufgaben und der Größe der Verantwortung ebenso zu bewerten ist.

(Hierzu Anmerkung Nr. 3)

Anmerkungen:

1. Arbeitsbereiche im Sinne dieses Tätigkeitsmerkmals sind z.B. Reviere (Bezirke), Betriebsstätten, Friedhöfe.
2. Besonders schwierige Arbeitsbereiche im Sinne dieses Tätigkeitsmerkmals sind solche, die erheblich über den normalen Schwierigkeitsgrad hinausgehen.
3. [1]Ein vielschichtig strukturierter Bereich liegt vor, wenn in diesem Bereich die Arbeit von mindestens drei Gewerken zu koordinieren ist und mindestens drei Gewerken jeweils Meister vorstehen. [2]Gewerke sind Fachrichtungen im Sinne anerkannter Ausbildungsberufe, in denen die Meisterprüfung abgelegt werden kann. [3]Im Mehrschichtbetrieb ist es unschädlich, wenn in den mindestens drei Gewerken nicht in allen Schichten jeweils Meister eingesetzt sind.

5. Techniker

Vorbemerkung

Staatlich geprüfte Techniker sind Mitarbeiter, die nach dem Berufsordnungsrecht diese Berufsbezeichnung führen.

Entgeltgruppe 8

Staatlich geprüfte Techniker mit entsprechender Tätigkeit sowie sonstige Mitarbeiter, die aufgrund gleichwertiger Fähigkeiten und ihrer Erfahrungen entsprechende Tätigkeiten ausüben.

Entgeltgruppe 9a

Mitarbeiter der Entgeltgruppe 8, die selbstständig tätig sind.

(Hierzu Anmerkung Nr. 1)

Entgeltgruppe 9b

Mitarbeiter der Entgeltgruppe 9a, die schwierige Aufgaben erfüllen.

(Hierzu Anmerkung Nr. 2)

Anmerkungen:

1. [1]Techniker sind selbstständig tätig, wenn sie bei technischen Arbeitsabläufen in Ausführung technischer, mehr routinemäßiger Entwurfs-, Leitungs- und Planungsarbeiten eigene technische Entscheidungen zu treffen haben. [2]Dass das Arbeitsergebnis einer Kontrolle, einer fachlichen Anleitung und Überwachung durch Vorgesetzte unterworfen wird, berührt die Selbstständigkeit der Tätigkeit nicht. [3]Anhand der nach der Ausbildung vorauszusetzenden Kenntnisse sind der zur Erfüllung der Aufgabe einzuschlagende Weg und die anzuwendende Methode zu finden.

2. Schwierige Aufgaben sind Aufgaben, die in dem betreffenden Fachgebiet im oberen Bereich der Schwierigkeitsskala liegen oder die in konkreten Einzelfällen wegen der Besonderheiten Leistungen erfordern, die über das im Regelfall erforderliche Maß an Kenntnissen und Fähigkeiten wesentlich hinausgehen, z.B. durch die Breite des geforderten fachlichen Wissens und Könnens, die geforderten Spezialkenntnisse, außergewöhnliche Erfahrungen oder sonstige Qualifizierungen vergleichbarer Wertigkeit.

6. [nicht besetzt]

Teil B
Besonderer Teil

I.
Apotheker

Entgeltgruppe 14

mit entsprechender Tätigkeit.

Entgeltgruppe 15

Apotheker als Leiter von Apotheken, denen mindestens vier Apotheker durch ausdrückliche Anordnung ständig unterstellt sind.

II. – IX.
[nicht besetzt]

X.
Gartenbau-, landwirtschafts- und weinbautechnische Mitarbeiter

Entgeltgruppe 5

Gartenbau-, landwirtschafts- und weinbautechnische Mitarbeiter aller Fachrichtungen mit einschlägiger abgeschlossener Berufsausbildung und entsprechender Tätigkeit sowie sonstige Mitarbeiter, die aufgrund gleichwertiger Fähigkeiten und ihrer Erfahrungen entsprechende Tätigkeiten ausüben.

Entgeltgruppe 6

1. Gartenbau-, landwirtschafts- und weinbautechnische Mitarbeiter (staatlich geprüfte Landwirte und staatlich geprüfte Weinbauer sowie Mitarbeiter mit abgeschlossener gleichwertiger Ausbildung) mit entsprechender Tätigkeit nach Abschluss der Ausbildung sowie sonstige Mitarbeiter, die aufgrund gleichwertiger Fähigkeiten und ihrer Erfahrungen entsprechende Tätigkeiten ausüben.
2. Mitarbeiter der Entgeltgruppe 5, deren Tätigkeit sich dadurch aus der Entgeltgruppe 5 heraushebt, dass auf dem jeweiligen Fachgebiet technische Beratungen einfacherer Art oder Versuche und sonstige Arbeiten mit entsprechendem Schwierigkeitsgrad durchzuführen sind.

Entgeltgruppe 8

Mitarbeiter der Entgeltgruppe 6 Fallgruppe 1 in Tätigkeiten, die vielseitige Fachkenntnisse und zu mindestens einem Viertel selbstständige Leistungen erfordern.

Entgeltgruppe 9a

1. Mitarbeiter der Entgeltgruppe 6 Fallgruppe 1, deren Tätigkeit sich durch den Umfang und die Bedeutung ihres Aufgabengebietes und große Selbstständigkeit wesentlich aus der Entgeltgruppe 8 heraushebt.
2. Mitarbeiter der Entgeltgruppe 5, deren Tätigkeit sich durch den Umfang und die Bedeutung ihres Aufgabengebietes und große Selbstständigkeit wesentlich aus der Entgeltgruppe 6 Fallgruppe 2 heraushebt.

XI.
Mitarbeiter in Gesundheitsberufen

1. Mitarbeiter in der Pflege

Vorbemerkungen

1. Die Bezeichnung „Pflegehelfer“ umfasst auch Gesundheits- und Krankenpflegehelfer sowie Altenpflegehelfer. Die Bezeichnung „Pfleger“ umfasst Gesundheits- und Krankenpfleger, Gesundheits- und Kinderkrankenpfleger sowie Altenpfleger in allen Fachrichtungen bzw. Spezialisierungen.
2. Gesundheits- und Krankenpfleger, die die Tätigkeiten von Gesundheits- und Kinderkrankenpflegern oder von Altenpflegern ausüben, sind als Gesundheits- und Kinderkrankenpfleger bzw. als Altenpfleger eingruppiert.
3. Gesundheits- und Kinderkrankenpfleger, die die Tätigkeiten von Gesundheits- und Krankenpfleger oder von Altenpfleger ausüben, sind als Gesundheits- und Krankenpfleger bzw. als Altenpfleger eingruppiert.
4. Altenpfleger, die die Tätigkeiten von Gesundheits- und Krankenpfleger ausüben, sind als Gesundheits- und Krankenpfleger eingruppiert.
5. Nach den Tätigkeitsmerkmalen für Pfleger sind auch Hebammen und Entbindungspfleger, die die Tätigkeit von Gesundheits- und Krankenpflegern oder von Gesundheits- und Kinderkrankenpflegern auszuüben haben, eingruppiert.
6. Zu der entsprechenden Tätigkeit von Pflegehelfern bzw. von Pflegern gehört auch die Tätigkeit in Ambulanzen, Blutzentralen und Dialyseeinheiten, soweit es sich nicht überwiegend um eine Verwaltungs- oder Empfangstätigkeit handelt.
7. Die Bezeichnungen
   - Gesundheits- und Krankenpflegehelfer umfassen auch Krankenpflegehelfer,
   - Gesundheits- und Krankenpfleger umfassen auch Krankenschwestern und Krankenpfleger,
   - Gesundheits- und Kinderkrankenpfleger umfassen auch Kinderkrankenschwestern und Kinderkrankenpfleger.

Entgeltgruppe P 4

Pflegehelfer mit entsprechender Tätigkeit.

(Hierzu Anmerkungen Nrn. 1 bis 3)

Entgeltgruppe P 6

Pflegehelfer mit mindestens einjähriger Ausbildung und entsprechender Tätigkeit.

(Hierzu Anmerkungen Nrn. 1 bis 3)

Entgeltgruppe P 7

1. Pfleger mit mindestens dreijähriger Ausbildung und entsprechender Tätigkeit.

   (Hierzu Anmerkungen Nrn. 1 bis 3 und 7)

2. Operationstechnische Assistenten sowie Anästhesietechnische Assistenten mit abgeschlossener Ausbildung nach der DKG-Empfehlung vom 17. September 2013 in der jeweiligen Fassung oder nach gleichwertiger landesrechtlicher Regelung und jeweils entsprechender Tätigkeit.

   (Hierzu Anmerkungen Nrn. 1 bis 3)

Entgeltgruppe P 8

1. Mitarbeiter der Entgeltgruppe P 7 Fallgruppe 1, deren Tätigkeit sich aufgrund besonderer Schwierigkeit erheblich aus der Entgeltgruppe P 7 Fallgruppe 1 heraushebt.

   (Hierzu Anmerkungen Nrn. 1 bis 6)

2. Praxisanleiter in der Pflege mit berufspädagogischer Zusatzqualifikation nach bundesrechtlicher Regelung und entsprechender Tätigkeit.

   (Hierzu Anmerkungen Nrn. 1 bis 3)

3. Hebammen und Entbindungspfleger mit mindestens dreijähriger Ausbildung und entsprechender Tätigkeit.

4. Mitarbeiter der Entgeltgruppe P 7 Fallgruppe 2, deren Tätigkeit sich aufgrund besonderer Schwierigkeit erheblich aus der Entgeltgruppe P 7 Fallgruppe 2 heraushebt.

   (Hierzu Anmerkungen Nrn. 1 bis 6)

Entgeltgruppe P 9

1. Mitarbeiter der Entgeltgruppe P 7 Fallgruppe 1 mit abgeschlossener Fachweiterbildung und entsprechender Tätigkeit.

   (Hierzu Anmerkungen Nrn. 1 bis 3 und 6)

2. Mitarbeiter der Entgeltgruppe P 7 Fallgruppe 1 mit erfolgreich abgeschlossener Fachweiterbildung zur Hygienefachkraft und entsprechender Tätigkeit.

Entgeltgruppe P 11

1. Hebammen mit abgeschlossener Hochschulbildung und entsprechender Tätigkeit.
2. Hebammen und Entbindungspfleger der Entgeltgruppe P 8 Fallgruppe 3, die aufgrund gleichwertiger Fähigkeiten und ihrer Erfahrungen entsprechende Tätigkeiten der Fallgruppe 1 ausüben.

Anmerkung zu Fallgruppe 1:

[1]Hebammen, denen am 1. Januar 2025 oder danach Tätigkeiten übertragen sind, die eines der Tätigkeitsmerkmale der Entgeltgruppe P 11 Fallgruppe 1 in der seit dem 1. Januar 2025 geltenden Fassung erfüllen, werden rechtlich so gestellt, als ob sie seit der Übertragung der Tätigkeit, frühestens seit dem 1. Januar 2025, in die entsprechende Entgeltgruppe eingruppiert gewesen wären. [2]Satz 1 findet so lange Anwendung, wie die Voraussetzungen eines dieser Tätigkeitsmerkmale weiterhin vorliegen, längstens jedoch, bis diese Hebammen oder Entbindungspfleger in der Entgeltgruppe P 11 Fallgruppe 1 eingruppiert sind.

Anmerkung zu Fallgruppe 2:

[1]Hebammen, denen am 1. Juli 2025 oder danach Tätigkeiten übertragen sind, die eines der Tätigkeitsmerkmale der Entgeltgruppe P 11 Fallgruppe 2 in der seit dem 1. Juli 2025 geltenden Fassung erfüllen, werden rechtlich so gestellt, als ob sie seit der Übertragung der Tätigkeit, frühestens seit dem 1. Juli 2025, in die entsprechende Entgeltgruppe eingruppiert gewesen wären. [2]Satz 1 findet so lange Anwendung, wie die Voraussetzungen eines dieser Tätigkeitsmerkmale weiterhin vorliegen, längstens jedoch, bis diese Hebammen oder Entbindungspfleger in der Entgeltgruppe P 11 Fallgruppe 2 eingruppiert sind.

Entgeltgruppe 9b

Mitarbeiter mit abgeschlossener Hochschulbildung und einer den Anforderungen der Anmerkung Nr. 7 entsprechenden Tätigkeit sowie sonstige Mitarbeiter, die aufgrund gleichwertiger Fähigkeiten und ihrer Erfahrungen entsprechende Tätigkeiten ausüben.

(Hierzu Anmerkung Nr. 7)

Entgeltgruppe 9c

Mitarbeiter, deren Tätigkeit sich dadurch aus der Entgeltgruppe 9b heraushebt, dass sie besonders verantwortungsvoll ist.

Entgeltgruppe 10

Mitarbeiter, deren Tätigkeit sich mindestens zu einem Drittel durch besondere Schwierigkeit und Bedeutung aus der Entgeltgruppe 9c heraushebt.

Entgeltgruppe 11

Mitarbeiter, deren Tätigkeit sich durch besondere Schwierigkeit und Bedeutung aus der Entgeltgruppe 9c heraushebt.

Entgeltgruppe 12

Mitarbeiter, deren Tätigkeit sich durch das Maß der damit verbundenen Verantwortung erheblich aus der Entgeltgruppe 11 heraushebt.

Anmerkungen:

1. [1]Mitarbeiter der Entgeltgruppen P 4 bis P 9, die die Grund- und Behandlungspflege zeitlich überwiegend bei
   a) an schweren Infektionskrankheiten erkrankten Patienten (z.B. Tuberkulose-Patientinnen oder -Patienten), die wegen der Ansteckungsgefahr in besonderen Infektionsabteilungen oder Infektionsstationen untergebracht sind,
   b) Kranken in geschlossenen oder halbgeschlossenen (Open-door-system) psychiatrischen Abteilungen oder Stationen,
   c) Kranken in geriatrischen Abteilungen und Stationen,
   d) Gelähmten oder an multipler Sklerose erkrankten Patienten,
   e) Patienten nach Transplantationen innerer Organe oder von Knochenmark,
   f) an AIDS (Vollbild) erkrankten Patienten,
   g) Patienten, bei denen Chemotherapien durchgeführt oder die mit Strahlen oder mit inkorporierten radioaktiven Stoffen behandelt werden,

   ausüben, erhalten für die Dauer dieser Tätigkeit eine monatliche Zulage in Höhe von 46,02 Euro. [2]Gleiches gilt für Mitarbeiter der Entgeltgruppen P 4 bis P 9, die die Grund- und Behandlungspflege zeitlich überwiegend in der häuslichen Pflege ausüben, für die Dauer dieser Tätigkeit.
2. Mitarbeiter der Entgeltgruppen P 4 bis P 9, die zeitlich überwiegend in Einheiten für Intensivmedizin (Stationen für Intensivbehandlungen und Intensivüberwachung sowie Wachstationen, die für Intensivüberwachung eingerichtet sind) Patienten pflegen, erhalten für die Dauer dieser Tätigkeit eine monatliche Zulage von 100 Euro.
3. [1]Mitarbeiter der Entgeltgruppen P 4 bis P 9, die die Grund- und Behandlungspflege bei schwerbrandverletzten Patienten in Einheiten für Schwerbrandverletzte, denen durch die Einsatzzentrale/Rettungsleitstelle der Feuerwehr Hamburg Schwerbrandverletzte vermittelt werden, ausüben, erhalten eine Zulage in Höhe von 1,80 Euro für jede volle Arbeitsstunde dieser Pflegetätigkeit. [2]Eine nach den Anmerkungen Nrn. 1 und 2 zustehende Zulage vermindert sich um den Betrag, der in demselben Kalendermonat nach Satz 1 zusteht.
4. Tätigkeiten, die sich aufgrund besonderer Schwierigkeit erheblich aus der Entgeltgruppe P 7 herausheben, sind
   a) Tätigkeiten in Spezialbereichen, in denen eine Fachweiterbildung nach den DKG-Empfehlungen zur Weiterbildung von Gesundheits- und (Kinder-) Krankenpflegekräften (siehe Anmerkung Nr. 6) vorgesehen ist, oder
   b) die Wahrnehmung einer der folgenden besonderen pflegerischen Aufgaben außerhalb von Spezialbereichen nach Buchstabe a:
      - Wundmanager,
      - Gefäßassistent,
      - Breast Nurse/Lactation,
      - Painnurse,

- auf einer Stroke-Unit-Station,
- auf einer Intermediate-Care-Station,
- bei den Begleitenden Psychiatrischen Diensten (BPD) oder

c) die Tätigkeit im Case- oder Caremanagement.

Für Mitarbeiter in Pflege- und Betreuungseinrichtungen gilt abweichend:

[1]Tätigkeiten, die sich aufgrund besonderer Schwierigkeit erheblich aus der Entgeltgruppe P 7 herausheben, sind solche, die besondere, durch eine Weiterbildung erworbene Kenntnisse oder Fähigkeiten erfordern. [2]Die schwierige Tätigkeit muss überwiegend ausgeübt werden. [3]Die Weiterbildung muss einen Gesamtumfang von mindestens 220 Stunden (Theorie und Praxis) haben.

5. Auf Pfleger in Psychiatrien und psychiatrischen Krankenhäusern oder Einrichtungen, die aufgrund Erfüllung der Anforderung des Buchstaben a der Anmerkung Nr. 4 in Entgeltgruppe P 8 eingruppiert sind, finden
   a) Buchstabe b der Anmerkung Nr. 1 und
   b) § 32 Abs. 5 Satz 4 Nr. 4 erster Spiegelstrich AVR

   keine Anwendung.
6. Bei den Fachweiterbildungen muss es sich um eine Fachweiterbildung nach § 1 der DKG-Empfehlung zur pflegerischen Fachweiterbildung in der jeweils aktuellen Fassung bzw. um eine gleichwertige Weiterbildung nach § 24 dieser DKG-Empfehlungen handeln.
7. Die hochschulische Ausbildung befähigt darüber hinaus insbesondere
   a) zur Steuerung und Gestaltung hochkomplexer Pflegeprozesse auf der Grundlage wissenschaftsbasierter oder wissenschaftsorientierter Entscheidungen,
   b) vertieftes Wissen über Grundlagen der Pflegewissenschaft, des gesellschaftlich institutionellen Rahmens des pflegerischen Handelns sowie des normativ-institutionellen Systems der Versorgung anzuwenden und die Weiterentwicklung der gesundheitlichen und pflegerischen Versorgung dadurch maßgeblich mitzugestalten,
   c) sich Forschungsgebiete der professionellen Pflege auf dem neuesten Stand der gesicherten Erkenntnisse erschließen und forschungsgestützte Problemlösungen wie auch neue Technologien in das berufliche Handeln übertragen zu können sowie berufsbezogene Fort- und Weiterbildungsbedarfe zu erkennen,
   d) sich kritisch reflexiv und analytisch sowohl mit theoretischem als auch praktischem Wissen auseinandersetzen und wissenschaftsbasiert innovative Lösungsansätze zur Verbesserung im eigenen beruflichen Handlungsfeld entwickeln und implementieren zu können und
   e) an der Entwicklung von Qualitätsmanagementkonzepten, Leitlinien und Expertenstandards mitzuwirken.

2a. Leitende Mitarbeiter in der Pflege (Krankenhaus – § 2 Abs. 3 AVR)

Vorbemerkungen

1. [1]Dem Aufbau der Tätigkeitsmerkmale für Leitungskräfte in der Pflege wird folgende regelmäßige Organisationsstruktur zu Grunde gelegt:
   a) Die Gruppen- bzw. Teamleitung stellt die unterste Leitungsebene dar. Einer Gruppen- bzw. einer Teamleitung sind in der Regel nicht mehr als neun Mitarbeiter unterstellt.
   b) Die Station ist die kleinste organisatorische Einheit. Einer Stationsleitung sind in der Regel nicht mehr als zwölf Mitarbeiter unterstellt.
   c) Ein Bereich bzw. eine Abteilung umfasst in der Regel mehrere Stationen. Einer Bereichs- bzw. Abteilungsleitung sind in der Regel nicht mehr als 48 Mitarbeiter unterstellt.

   [2]Die Mitarbeiter müssen fachlich unterstellt sein.
2. Soweit für vergleichbare organisatorische Einheiten von den vorstehenden Bezeichnungen abweichende Bezeichnungen verwandt werden, ist dies unbeachtlich.
3. Diese Regelungen gelten auch für Leitungskräfte in der Entbindungspflege.

Entgeltgruppe P 9

Mitarbeiter als ständige Vertreter von Gruppenleitern oder Teamleitern.

(Hierzu Anmerkung)

Entgeltgruppe P 10

1. Mitarbeiter als Gruppenleiter oder Teamleiter.
2. Mitarbeiter als ständige Vertreter von Gruppenleitern oder Teamleitern der Entgeltgruppe P 11 Fallgruppe 1.

Entgeltgruppe P 11

1. Mitarbeiter als Gruppenleiter bzw. Teamleiter mit einem höheren Maß von Verantwortlichkeit oder von großen Gruppen oder Teams.
2. Mitarbeiter als ständige Vertreter von Stationsleitern.

Entgeltgruppe P 12

1. Mitarbeiter als Stationsleiter.
2. Mitarbeiter als ständige Vertreter von Stationsleitern der Entgeltgruppe P 13 oder von Bereichsleitern oder Abteilungsleitern.

Entgeltgruppe P 13

Mitarbeiter als Stationsleiter mit einem höheren Maß von Verantwortlichkeit oder von großen Stationen.

Entgeltgruppe P 14

1. Mitarbeiter als Bereichsleiter oder als Abteilungsleiter.
2. Mitarbeiter als ständige Vertreter von Bereichsleitern der Entgeltgruppe P 15.

Entgeltgruppe P 15

Mitarbeiter als Bereichsleiter oder als Abteilungsleiter, deren Tätigkeit sich durch den Umfang und die Bedeutung ihres Aufgabengebietes sowie durch große Selbständigkeit erheblich aus der Entgeltgruppe P 14 heraushebt oder von großen Bereichen bzw. Abteilungen.

Entgeltgruppe P 16

Mitarbeiter der Entgeltgruppe P 15, deren Tätigkeit sich durch das Maß der damit verbundenen Verantwortung erheblich aus der Entgeltgruppe P 15 heraushebt.

Entgeltgruppe 13

1. Mitarbeiter mit abgeschlossener wissenschaftlicher Hochschulbildung und entsprechender Tätigkeit sowie sonstige Mitarbeiter, die aufgrund gleichwertiger Fähigkeiten und ihrer Erfahrungen entsprechende Tätigkeiten ausüben.
2. Mitarbeiter in Krankenhäusern und Pflegeeinrichtungen, deren Tätigkeit wegen der Schwierigkeit der Aufgaben und der Größe ihrer Verantwortung ebenso zu bewerten ist wie Tätigkeiten nach Fallgruppe 1.

Entgeltgruppe 14

1. Mitarbeiter der Entgeltgruppe 13 Fallgruppe 1, deren Tätigkeit sich mindestens zu einem Drittel
   - durch besondere Schwierigkeit und Bedeutung oder
   - durch das Erfordernis hochwertiger Leistungen bei besonders schwierigen Aufgaben aus der Entgeltgruppe 13 Fallgruppe 1 heraushebt.
2. Mitarbeiter in Krankenhäusern und Pflegeeinrichtungen, deren Tätigkeit wegen der Schwierigkeit der Aufgaben und der Größe ihrer Verantwortung ebenso zu bewerten ist wie Tätigkeiten nach Fallgruppe 1.

Entgeltgruppe 15

1. Mitarbeiter der Entgeltgruppe 13 Fallgruppe 1, deren Tätigkeit sich
   - durch besondere Schwierigkeit und Bedeutung sowie
   - erheblich durch das Maß der damit verbundenen Verantwortung aus der Entgeltgruppe 13 Fallgruppe 1 heraushebt.
2. Mitarbeiter in Krankenhäusern und Pflegeeinrichtungen, deren Tätigkeit wegen der Schwierigkeit der Aufgaben und der Größe ihrer Verantwortung ebenso zu bewerten ist wie Tätigkeiten nach Fallgruppe 1.

Anmerkung:

Diese Mitarbeiter erhalten die Zulage nach den Anmerkungen Nrn. 1 und 2 zu Abschnitt XI, 1. (Mitarbeiter in der Pflege) ebenfalls, wenn alle dem Gruppenleiter bzw. dem Teamleiter durch ausdrückliche Anordnung ständig unterstellten Pflegekräfte Anspruch auf die jeweilige Zulage haben.

2b. Leitende Mitarbeiter in der Pflege (stationär – § 2 Abs. 4 Buchst. a bis d AVR)

Vorbemerkungen

1. Die Mitarbeiter müssen fachlich unterstellt sein.
2. Soweit für vergleichbare organisatorische Einheiten von den nachfolgenden Bezeichnungen abweichende Bezeichnungen verwandt werden, ist dies unbeachtlich.

Entgeltgruppe P 9

Mitarbeiter als ständige Vertreter von Wohnbereichs-, Wohngruppen- bzw. Teamleitern der Entgeltgruppe P 10 Fallgruppe 1.

(Hierzu Anmerkung)

Entgeltgruppe P 10

1. Mitarbeiter als Wohnbereichs-, Wohngruppen- bzw. Teamleiter.
2. Mitarbeiter als ständige Vertreter von Wohnbereichs-, Wohngruppen- bzw. Teamleitern der Entgeltgruppe P 11 Fallgruppe 1.

Entgeltgruppe P 11

1. Mitarbeiter als Wohnbereichs-, Wohngruppen- bzw. Teamleiter, denen mindestens 12 Mitarbeiter durch ausdrückliche Anordnung ständig unterstellt sind.
2. Mitarbeiter als ständige Vertreter von Pflegedienstleitungen der Entgeltgruppe P 12 Fallgruppe 1.
3. Mitarbeiter als ständige Vertreter von Wohnbereichs-, Wohngruppen- bzw. Teamleitern der Entgeltgruppe P 12 Fallgruppe 2.

Entgeltgruppe P 12

1. Mitarbeiter als Pflegedienstleitungen
2. Mitarbeiter als Wohnbereichs-, Wohngruppen- bzw. Teamleiter, denen mindestens 25 Mitarbeiter durch ausdrückliche Anordnung ständig unterstellt sind.
3. Mitarbeiter als ständige Vertreter von Pflegedienstleitungen der Entgeltgruppe P 13 Fallgruppe 1.

Entgeltgruppe P 13

1. Mitarbeiter als Pflegedienstleitungen, denen mindestens 50 Mitarbeiter durch ausdrückliche Anordnung ständig unterstellt sind.
2 Mitarbeiter als ständige Vertreter von Pflegedienstleitungen der Entgeltgruppe P 14 Fallgruppe 1.

Entgeltgruppe P 14

1. Mitarbeiter als Pflegedienstleitungen, denen mindestens 80 Mitarbeiter durch ausdrückliche Anordnung ständig unterstellt sind.
2. Mitarbeiter als ständige Vertreter von Pflegedienstleitungen der Entgeltgruppe P 15.

Entgeltgruppe P 15

Mitarbeiter als Pflegedienstleitung, deren Tätigkeit sich durch den Umfang und die Bedeutung ihres Aufgabengebietes sowie durch große Selbständigkeit erheblich aus der Entgeltgruppe P 14 Fallgruppe 1 heraushebt.

Entgeltgruppe P 16

Mitarbeiter der Entgeltgruppe P 15, deren Tätigkeit sich durch das Maß der damit verbundenen Verantwortung erheblich aus der Entgeltgruppe P 15 heraushebt.

Entgeltgruppe 13

1. Mitarbeiter mit abgeschlossener wissenschaftlicher Hochschulbildung und entsprechender Tätigkeit sowie sonstige Mitarbeiter, die aufgrund gleichwertiger Fähigkeiten und ihrer Erfahrungen entsprechende Tätigkeiten ausüben.
2. Mitarbeiter in Krankenhäusern und Pflegeeinrichtungen, deren Tätigkeit wegen der Schwierigkeit der Aufgaben und der Größe ihrer Verantwortung ebenso zu bewerten ist wie Tätigkeiten nach Fallgruppe 1.

Entgeltgruppe 14

1. Mitarbeiter der Entgeltgruppe 13 Fallgruppe 1, deren Tätigkeit sich mindestens zu einem Drittel
   - durch besondere Schwierigkeit und Bedeutung oder
   - durch das Erfordernis hochwertiger Leistungen bei besonders schwierigen Aufgaben aus der Entgeltgruppe 13 Fallgruppe 1 heraushebt.
2. Mitarbeiter in Krankenhäusern und Pflegeeinrichtungen, deren Tätigkeit wegen der Schwierigkeit der Aufgaben und der Größe ihrer Verantwortung ebenso zu bewerten ist wie Tätigkeiten nach Fallgruppe 1.

Entgeltgruppe 15

1. Mitarbeiter der Entgeltgruppe 13 Fallgruppe 1, deren Tätigkeit sich
   - durch besondere Schwierigkeit und Bedeutung sowie
   - erheblich durch das Maß der damit verbundenen Verantwortung aus der Entgeltgruppe 13 Fallgruppe 1 heraushebt.

2. Mitarbeiter in Krankenhäusern und Pflegeeinrichtungen, deren Tätigkeit wegen der Schwierigkeit der Aufgaben und der Größe ihrer Verantwortung ebenso zu bewerten ist wie Tätigkeiten nach Fallgruppe 1.

   Anmerkung:

   Diese Mitarbeiter erhalten die Zulage nach den Anmerkungen Nrn. 1 und 2 zu Abschnitt XI, 1. (Mitarbeiter in der Pflege) ebenfalls, wenn alle dem Gruppenleiter bzw. dem Teamleiter durch ausdrückliche Anordnung ständig unterstellten Pflegekräfte Anspruch auf die jeweilige Zulage haben.

2c. Leitende Mitarbeiter in der Pflege (ambulant und teilstationär – § 2 Abs. 4 Buchst. e AVR)

Vorbemerkungen

1. Die Mitarbeiter müssen fachlich unterstellt sein.
2. Soweit für vergleichbare organisatorische Einheiten von den nachfolgenden Bezeichnungen abweichende Bezeichnungen verwandt werden, ist dies unbeachtlich.

Entgeltgruppe P 8

Mitarbeiter als ständige Vertreter von Gruppenleitern bzw. Teamleitern der Entgeltgruppe P 9 Fallgruppe 1.

(Hierzu Anmerkung)

Entgeltgruppe P 9

1. Mitarbeiter als Gruppenleiter bzw. Teamleiter.

   (Hierzu Anmerkung)
2. Mitarbeiter als ständige Vertreter von Pflegedienstleitungen der Entgeltgruppe P 10 Fallgruppe 1.

   (Hierzu Anmerkung)
3. Mitarbeiter als ständige Vertreter von Gruppenleitern bzw. Teamleitern der Entgeltgruppe P 10 Fallgruppe 3.

   (Hierzu Anmerkung)

Entgeltgruppe P 10

1. Mitarbeiter als Pflegedienstleitung.

   (Hierzu Anmerkung)
2. Mitarbeiter als ständige Vertreter von Pflegedienstleitungen der Entgeltgruppe P 11 Fallgruppe 1.

   (Hierzu Anmerkung)
3. Mitarbeiter als Gruppenleiter bzw. Teamleiter, denen mindestens 6 Mitarbeiter oder 4 Pflegefachkräfte durch ausdrückliche Anordnung ständig unterstellt sind.

   (Hierzu Anmerkung)

4. Mitarbeiter als ständige Vertreter von Gruppenleitern bzw. Teamleitern der Entgeltgruppe P 11 Fallgruppe 3.

   (Hierzu Anmerkung)

Entgeltgruppe P 11

1. Mitarbeiter als Pflegedienstleitung, denen mindestens 10 Mitarbeiter oder 6 Pflegefachkräfte durch ausdrückliche Anordnung ständig unterstellt sind.

   (Hierzu Anmerkung)
2. Mitarbeiter als ständige Vertreter von Pflegedienstleitungen der Entgeltgruppe P 12 Fallgruppe 1.

   (Hierzu Anmerkung)
3. Mitarbeiter als Gruppenleiter bzw. Teamleiter, denen mindestens 12 Mitarbeiter oder 8 Pflegefachkräfte durch ausdrückliche Anordnung ständig unterstellt sind.

   (Hierzu Anmerkung)

Entgeltgruppe P 12

1. Mitarbeiter als Pflegedienstleitung, denen mindestens 25 Mitarbeiter oder 10 Pflegefachkräfte durch ausdrückliche Anordnung ständig unterstellt sind.

   (Hierzu Anmerkung)
2. Mitarbeiter als ständige Vertreter von Pflegedienstleitungen der Entgeltgruppe P 13 Fallgruppe 1.

   (Hierzu Anmerkung)

Entgeltgruppe P 13

1. Mitarbeiter als Pflegedienstleitung, denen mindestens 50 Mitarbeiter oder 23 Pflegefachkräfte durch ausdrückliche Anordnung ständig unterstellt sind.
2. Mitarbeiter als ständige Vertreter von Pflegedienstleitungen der Entgeltgruppe P 14 Fallgruppe 1

Entgeltgruppe P 14

1. Mitarbeiter als Pflegedienstleitung, denen mindestens 75 Mitarbeiter oder 39 Pflegefachkräfte durch ausdrückliche Anordnung ständig unterstellt sind.
2. Mitarbeiter als ständige Vertreter von Pflegedienstleitungen der Entgeltgruppe P 15.

Entgeltgruppe P 15

Mitarbeiter als Pflegedienstleitung, deren Tätigkeit sich durch den Umfang und die Bedeutung ihres Aufgabengebietes sowie durch große Selbständigkeit erheblich aus der Entgeltgruppe P 14 Fallgruppe 1 heraushebt.

Entgeltgruppe P 16

Mitarbeiter der Entgeltgruppe P 15, deren Tätigkeit sich durch das Maß der damit verbundenen Verantwortung erheblich aus der Entgeltgruppe P 15 heraushebt.

> *Anmerkung:*
>
> Mitarbeiter der Entgeltgruppen P 8 bis P 12, die die Grund- und Behandlungspflege zeitlich überwiegend in der häuslichen Pflege ausüben, erhalten für die Dauer dieser Tätigkeit eine monatliche Zulage von 46,02 Euro.

Entgeltgruppe 13

1. Mitarbeiter mit abgeschlossener wissenschaftlicher Hochschulbildung und entsprechender Tätigkeit sowie sonstige Mitarbeiter, die aufgrund gleichwertiger Fähigkeiten und ihrer Erfahrungen entsprechende Tätigkeiten ausüben.
2. Mitarbeiter in Krankenhäusern und Pflegeeinrichtungen, deren Tätigkeit wegen der Schwierigkeit der Aufgaben und der Größe ihrer Verantwortung ebenso zu bewerten ist wie Tätigkeiten nach Fallgruppe 1.

Entgeltgruppe 14

1. Mitarbeiter der Entgeltgruppe 13 Fallgruppe 1, deren Tätigkeit sich mindestens zu einem Drittel
   - durch besondere Schwierigkeit und Bedeutung oder
   - durch das Erfordernis hochwertiger Leistungen bei besonders schwierigen Aufgaben aus der Entgeltgruppe 13 Fallgruppe 1 heraushebt.
2. Mitarbeiter in Krankenhäusern und Pflegeeinrichtungen, deren Tätigkeit wegen der Schwierigkeit der Aufgaben und der Größe ihrer Verantwortung ebenso zu bewerten ist wie Tätigkeiten nach Fallgruppe 1.

Entgeltgruppe 15

1. Mitarbeiter der Entgeltgruppe 13 Fallgruppe 1, deren Tätigkeit sich
   - durch besondere Schwierigkeit und Bedeutung sowie
   - erheblich durch das Maß der damit verbundenen Verantwortung aus der Entgeltgruppe 13 Fallgruppe 1 heraushebt.
2. Mitarbeiter in Krankenhäusern und Pflegeeinrichtungen, deren Tätigkeit wegen der Schwierigkeit der Aufgaben und der Größe ihrer Verantwortung ebenso zu bewerten ist wie Tätigkeiten nach Fallgruppe 1.

3. [nicht besetzt]

4. Kardiotechniker

Es finden die Tätigkeitsmerkmale des Teils A Abschnitt II Ziffer 5 entsprechende Anwendung.

4a. Alltagsbegleiter, Betreuungskräfte sowie Präsenzkräfte

Es finden die allgemeinen Tätigkeitsmerkmale des Teils A Abschnitt I Ziffer 3 Anwendung.

Anmerkung:

Abweichend gilt bis zum 31. Dezember 2035 folgendes:

Entgeltgruppe 2

1. Betreuungskräfte in der ambulanten Pflege mit Tätigkeiten zur Unterstützung im Alltag, soweit sie im Rahmen der von ihnen auszuübenden Tätigkeiten in einem Umfang von mindestens 25 v.H. ihrer vereinbarten Arbeitszeit gemeinsam mit Bezieherinnen und Beziehern von Pflegeleistungen tagesstrukturierend, aktivierend, betreuend oder pflegend tätig werden.
2. Betreuungskräfte mit Tätigkeiten in der Betreuung und Aktivierung in stationären Pflegeeinrichtungen, soweit sie im Rahmen der von ihnen auszuübenden Tätigkeiten in einem Umfang von mindestens 25 v.H. ihrer vereinbarten Arbeitszeit gemeinsam mit Bezieherinnen und Beziehern von Pflegeleistungen tagesstrukturierend, aktivierend, betreuend oder pflegend tätig werden.

Pflegefachliche Tätigkeiten und Pflegehilfstätigkeiten werden von dieser Anmerkung nicht erfasst.

Diese Mitarbeiter erhalten bis zum 31. Dezember 2035 in der Stufe 6 das Tabellenentgelt der Stufe 5.

5. Diätassistenten

Entgeltgruppe 5

Mitarbeiter in der Tätigkeit von Diätassistenten.

Entgeltgruppe 7

Staatlich anerkannte Diätassistenten mit entsprechender Tätigkeit.

Entgeltgruppe 8

Mitarbeiter der Entgeltgruppe 7, die mindestens zu einem Viertel schwierige Aufgaben erfüllen.

(Hierzu Anmerkung)

Entgeltgruppe 9a

Mitarbeiter der Entgeltgruppe 7, die schwierige Aufgaben erfüllen.

(Hierzu Anmerkung)

Entgeltgruppe 9b

Mitarbeiter der Entgeltgruppe 7 mit Fortbildung zum Ernährungsberater oder mit vergleichbarer Fortbildung (z.B. Diabetesberater) und entsprechender Tätigkeit.

Anmerkung:

Schwierige Aufgaben sind z.B. Diätberatung von einzelnen Patienten, selbstständige Durchführung von Ernährungserhebungen, Mitarbeit bei Grundlagenforschung im Fachbereich klinische Ernährungslehre, Herstellung und Berechnung spezifischer Diätformen bei dekompensierten Leberzirrhosen, Niereninsuffizienz, Hyperlipidämien, Stoffwechsel-Bilanz-Studien, Maldigestion und Malabsorption, nach Shuntoperationen, Kalzium-Test-Diäten, spezielle Anfertigung von Sonderernährung für Patienten auf Intensiv- und Wachstationen.

6. Ergotherapeuten

Entgeltgruppe 5

Mitarbeiter in der Tätigkeit von Ergotherapeuten.

Entgeltgruppe 7

Ergotherapeuten mit staatlicher Anerkennung und entsprechender Tätigkeit.

Entgeltgruppe 8

Mitarbeiter der Entgeltgruppe 7, die mindestens zu einem Viertel schwierige Aufgaben erfüllen.

(Hierzu Anmerkung)

Entgeltgruppe 9a

Mitarbeiter der Entgeltgruppe 7, die schwierige Aufgaben erfüllen.

(Hierzu Anmerkung)

Entgeltgruppe 9b

Mitarbeiter der Entgeltgruppe 7, die mindestens zur Hälfte folgende Aufgabe erfüllen: Ergotherapie bei Patienten mit Demenz.

Anmerkung:

Schwierige Aufgaben sind z.B. Ergotherapie bei Querschnittslähmungen, in Kinderlähmungsfällen, bei Schlaganfällen, mit spastisch Gelähmten, in Fällen von Dysmelien, in der Psychiatrie oder Geriatrie oder bei Kleinkindern bis sechs Jahren.

7. HNO-Audiologie-Assistenten

Entgeltgruppe 5

Mitarbeiter in der Tätigkeit von HNO-Audiologie-Assistenten.

Entgeltgruppe 7

HNO-Audiologie-Assistenten mit staatlicher Anerkennung und entsprechender Tätigkeit.

Entgeltgruppe 8

Mitarbeiter der Entgeltgruppe 7, die mindestens zu einem Viertel schwierige Aufgaben erfüllen.

(Hierzu Anmerkung Nr. 1)

Entgeltgruppe 9a

Mitarbeiter der Entgeltgruppe 7, die schwierige Aufgaben erfüllen.

(Hierzu Anmerkung Nr. 1)

Entgeltgruppe 9b

1. Mitarbeiter der Entgeltgruppe 7, die als Hilfskräfte bei wissenschaftlichen Forschungsaufgaben mit einem besonders hohen Maß von Verantwortlichkeit tätig sind.

   (Hierzu Anmerkung Nr. 2)

2. Mitarbeiter der Entgeltgruppe 7, die mindestens zur Hälfte eine oder mehrere der folgenden Aufgaben erfüllen:
   - Gehörprüfungen bei Säuglingen oder schwersterkrankten Patienten,
   - Durchführung des Hörtrainings nach Cochlea-Implantationen,
   - Mitwirkung bei der BAHA- oder Soundbridge-Versorgung, Hörtraining nach der Versorgung mit BAHA- oder Soundbridge-Implantaten,
   - spezifische Diagnostik (z.B. BERA-Untersuchung) während Operationen.

Anmerkungen:

1. Schwierige Aufgaben sind z.B.
   - Fertigung von Sprach-, Spiel- und Reflexaudiogrammen,
   - Gehörprüfung oder Gehörtraining bei Kleinkindern und Menschen mit Einschränkungen oder
   - Gehörgeräteanpassung und Gehörerziehung.
2. Mitarbeiter, die im Rahmen ihrer Tätigkeit als Hilfskräfte bei wissenschaftlichen Forschungsaufgaben mit einem besonders hohen Maß von Verantwortlichkeit tätig sind, sind auch dann als solche eingruppiert, wenn sie im Rahmen dieser Tätigkeit Aufgaben erfüllen, die in der Anmerkung Nr. 1 genannt sind.

8. Logopäden

Entgeltgruppe 5

Mitarbeiter in der Tätigkeit von Logopäden mit staatlicher Anerkennung.

Entgeltgruppe 7

Logopäden mit staatlicher Anerkennung und entsprechender Tätigkeit.

Entgeltgruppe 8

Mitarbeiter der Entgeltgruppe 7, die mindestens zu einem Viertel schwierige Aufgaben erfüllen.

(Hierzu Anmerkung Nr. 1)

Entgeltgruppe 9a

Mitarbeiter der Entgeltgruppe 7, die schwierige Aufgaben erfüllen.

(Hierzu Anmerkung Nr. 1)

Entgeltgruppe 9b

1. Mitarbeiter der Entgeltgruppe 7, die als Hilfskräfte bei wissenschaftlichen Forschungsaufgaben mit einem besonders hohen Maß von Verantwortlichkeit tätig sind.

   (Hierzu Anmerkung Nr. 2)
2. Mitarbeiter der Entgeltgruppe 7, die mindestens zur Hälfte eine oder mehrere der folgenden Aufgaben erfüllen:
   - Behandlung von Dysphagien (Schluckstörungen) oder Sprach- und Sprechstörungen im Zusammenhang mit neurologischen Erkrankungen oder Demenzen oder im geriatrischen Bereich,
   - Behandlung von Dysphagien und Fütterstörungen von Säuglingen,
   - Durchführung des Trachealkanülenmanagements.

Anmerkungen:

1. Schwierige Aufgaben sind z.B. die Erhebung der logopädisch relevanten Anamnese sowie die Auswahl und Durchführung geeigneter Untersuchungsverfahren bei Kindern, die Erstellung patientenbezogener therapeutischer Konzepte unter Berücksichtigung der jeweiligen individuellen Störungsbilder bei Demenzen oder nach Hirnverletzungen, die Behandlung von Kehlkopflosen, von Patienten nach Schlaganfällen oder anderen Hirnverletzungen, die Behandlung von schwer intelligenzgeminderten Patienten oder von Patienten mit frühkindlichen Hirnschäden oder anderen schweren Erkrankungen mit lang anhaltenden und schweren Auswirkungen auf die Sprachentwicklung sowie Durchführung von Therapien bei Kindern mit Sprachentwicklungsstörungen.
2. Mitarbeiter, die im Rahmen ihrer Tätigkeit als Hilfskräfte bei wissenschaftlichen Forschungsaufgaben mit einem besonders hohen Maß von Verantwortlichkeit tätig sind, sind auch dann als solche eingruppiert, wenn sie im Rahmen dieser Tätigkeit Aufgaben erfüllen, die in der Anmerkung Nr. 1 genannt sind.

9. Masseure und medizinische Bademeister

Entgeltgruppe 3

Mitarbeiter in der Tätigkeit von Masseuren und medizinischen Bademeistern.

Entgeltgruppe 5

Masseure und medizinische Bademeister mit entsprechender Tätigkeit.

Entgeltgruppe 6

Mitarbeiter der Entgeltgruppe 5, die mindestens zu einem Viertel schwierige Aufgaben erfüllen.

(Schwierige Aufgaben sind z.B. Verabreichung von Kohlensäure- und Sauerstoffbädern bei Herz- und Kreislaufbeschwerden, Massage- oder Bäderbehandlung nach Schlaganfällen oder bei Kinderlähmung, Massagebehandlung von Frischoperierten).

10. Medizinisch-technische Assistenten

Vorbemerkung

Medizinisch-technische Assistenten im Sinne dieses Abschnitts sind Medizinisch-technische Assistenten für Funktionsdiagnostik, Medizinisch-technische Laboratoriumsassistenten und Medizinisch-technische Radiologieassistenten.

Entgeltgruppe 7

Staatlich geprüfte Medizinisch-technische Assistenten sowie Zytologisch-technische Assistenten mit jeweils entsprechender Tätigkeit.

Entgeltgruppe 8

Mitarbeiter der Entgeltgruppe 7, die mindestens zu einem Viertel schwierige Aufgaben erfüllen.

(Hierzu Anmerkung Nr. 1)

Entgeltgruppe 9a

Mitarbeiter der Entgeltgruppe 7, die schwierige Aufgaben erfüllen.

(Hierzu Anmerkung Nr. 1)

Entgeltgruppe 9b

1. Mitarbeiter der Entgeltgruppe 7, die als Hilfskräfte bei wissenschaftlichen Forschungsaufgaben mit einem besonders hohen Maß von Verantwortlichkeit tätig sind.

   (Hierzu Anmerkung Nr. 2)

2. Mitarbeiter der Entgeltgruppe 7, die mindestens zur Hälfte eine oder mehrere der folgenden Aufgaben erfüllen:
   - Wartung und Kalibrierung von hochwertigen und schwierig zu bedienenden Messgeräten (z.B. Autoanalyzern),
   - Virusisolierungen oder ähnlich schwierige mikrobiologische Verfahren, Gewebezüchtungen, schwierige Antikörperbestimmungen (z.B. Coombs-Test),
   - schwierige intraoperative Röntgenaufnahmen,
   - interoperatives Monitoring, Mitwirkung bei der prächirurgischen Epilepsiediagnostik und -OP, Mitwirkung bei der Implantation von Hirnelektroden, Mitwirkung bei der Komadiagnostik,
   - Vorbereitung und Mitwirkung bei der Protonentherapie.

Anmerkungen:

1. Schwierige Aufgaben sind z.B.
   - der Diagnostik vorausgehende technische Arbeiten bei selbstständiger Verfahrenswahl auf histologischem, mikrobiologischem, hämatologischem, serologischem, molekularbiologischem oder quantitativ klinisch-chemischem Gebiet;
   - die Durchführung von Untersuchungsverfahren zur röntgenologischen Funktionsdiagnostik;
   - messtechnische Aufgaben und Hilfeleistung bei der Verwendung von radioaktiven Stoffen;
   - schwierige medizinisch radiologische Verfahren;
   - Tätigkeiten in der radiologischen Untersuchung von Kindern bis zum sechsten Lebensjahr;
   - Bedienung eines Elektronenmikroskops sowie Vorbereitung der Präparate für Elektronenmikroskopie;
   - Durchführung schwieriger molekularbiologischer Untersuchungsverfahren (z.B. Hybridisierung oder Blot), schwierige Hormonbestimmungen, schwierige Fermentaktivitatsbestimmungen, schwierige gerinnungsphysiologische Untersuchungen);
   - Vorbereitung und Durchführung von röntgenologischen Gefäßuntersuchungen in der Schädel-, Brust- und Bauchhöhle, Mitwirkung bei Herzkatheterisierungen, Schichtaufnahmen in den drei Dimensionen mit Spezialgeräten (CT, MRT, SPECT, etc.), Arbeiten an Linearbeschleunigern, Durchführung von Szintigraphien unter Belastung (z.B. Myokardszintigraphie), szintigraphische Spezialuntersuchungen (z.B. Sentinelszintigraphie);
   - Durchführung von Untersuchungsverfahren, bei denen mehrere Untersuchungsmethoden kombiniert werden, z.B. SPECT-CT;
   - Vorbereitung und Mitwirkung von röntgenologisch gestützten Gewebeentnahmen;
   - Tätigkeiten in der Telemedizin oder Teleradiologie;
   - Mitwirkung bei der Hirntodbestimmung oder
   - invasive Eingriffe mit z.B. kryostatischen Maßnahmen im EPU-Labor.
2. Mitarbeiter, die im Rahmen ihrer Tätigkeit als Hilfskräfte bei wissenschaftlichen Forschungsaufgaben mit einem besonders hohen Maß von Verantwortlichkeit tätig sind, sind auch dann als solche eingruppiert, wenn sie im Rahmen dieser Tätigkeit Aufgaben erfüllen, die in der Anmerkung Nr. 1 genannt sind.

11. Medizinische Dokumentarinnen und Dokumentare

Es finden die allgemeinen Tätigkeitsmerkmale des Teils A Abschnitt I Ziffer 3 Anwendung.

12. Medizinische und Zahnmedizinische Fachangestellte

Es finden die allgemeinen Tätigkeitsmerkmale des Teils A Abschnitt I Ziffer 3 Anwendung.

13. Orthoptistinnen und Orthoptisten

Entgeltgruppe 5

Mitarbeiter in der Tätigkeit von Orthoptistinnen und Orthoptisten.

Entgeltgruppe 7

Orthoptisten mit abgeschlossener Ausbildung und entsprechender Tätigkeit.

Entgeltgruppe 8

Mitarbeiter der Entgeltgruppe 7, die mindestens zu einem Viertel schwierige Aufgaben erfüllen.

(Hierzu Anmerkung Nr. 1)

Entgeltgruppe 9a

Mitarbeiter der Entgeltgruppe 7, die schwierige Aufgaben erfüllen.

(Hierzu Anmerkung Nr. 1)

Entgeltgruppe 9b

1. Mitarbeiter der Entgeltgruppe 7, die als Hilfskräfte bei wissenschaftlichen Forschungsaufgaben mit einem besonders hohen Maß von Verantwortlichkeit tätig sind.

   (Hierzu Anmerkung Nr. 2)
2. Mitarbeiter der Entgeltgruppe 7, die mindestens zur Hälfte eine oder mehrere der folgenden Aufgaben erfüllen:
   - orthoptische Untersuchungen bei Säuglingen, Kleinkindern oder geistig behinderten Patienten mit Schielerkrankungen oder Nystagmus,
   - diagnostische Untersuchungen zur Vorbereitung auf Schieloperationen und Mitwirken bei der Dosierung der Operationsstrecken,
   - Durchführung und Auswertung von VEP-Messungen,
   - Untersuchung von komplizierten infra- und supranukleären Mobilitätsstörungen sowie nystagmusbedingten Kopfzwangshaltungen an z.B. Tangentenskalen oder Synoptometern,
   - neuroophthalmologische Untersuchungen bei Orbitaerkrankungen (z.B. Tumorerkrankungen).

Anmerkungen:

1. Schwierige Aufgaben sind z.B.
   - Behandlung eingefahrener beidäugiger Anomalien, exzentrischer Fixationen oder Kleinstanomalien,
   - Messungen bei Doppelbildern,
   - Anpassung von Prismenbrillen,

- Kontaktlinsenanpassung bei komplizierten Hornhautsituationen (z.B. Ausdünnung der Hornhaut, Hornhautnarben, Zustand nach der operativen Entfernung der Hornhaut),
- Durchführung orthoptistischer oder plebtischer Schulungen.

2. Mitarbeiter, die im Rahmen ihrer Tätigkeit als Hilfskräfte bei wissenschaftlichen Forschungsaufgaben mit einem besonders hohen Maß von Verantwortlichkeit tätig sind, sind auch dann als solche eingruppiert, wenn sie im Rahmen dieser Tätigkeit Aufgaben erfüllen, die in der Anmerkung Nr. 1 genannt sind.

14. Pharmazeutisch-kaufmännische Angestellte

Es finden die allgemeinen Tätigkeitsmerkmale des Teils A Abschnitt I Ziffer 3 Anwendung.

15. Pharmazeutisch-technische Assistenten

Entgeltgruppe 7

Pharmazeutisch-technische Assistenten mit staatlicher Erlaubnis und entsprechender Tätigkeit.

Entgeltgruppe 8

Mitarbeiter der Entgeltgruppe 7, die mindestens zu einem Viertel schwierige Aufgaben erfüllen.

(Hierzu Anmerkung Nr. 1)

Entgeltgruppe 9a

Mitarbeiter der Entgeltgruppe 7, die schwierige Aufgaben erfüllen.

(Hierzu Anmerkung Nr. 1)

Entgeltgruppe 9b

1. Mitarbeiter der Entgeltgruppe 7, die als Hilfskräfte bei wissenschaftlichen Forschungsaufgaben mit einem besonders hohen Maß von Verantwortlichkeit tätig sind.

   (Hierzu Anmerkung Nr. 2)
2. Mitarbeiter der Entgeltgruppe 7 mit Fortbildung als Spezialistin oder Spezialist für Krankenhaus- und krankenhausversorgende Apotheken und entsprechender Tätigkeit.

Anmerkungen:

1. Schwierige Aufgaben sind z.B. Tätigkeiten unter Reinraumluftbedingungen wie die sterile Herstellung von Zytostatikazubereitungen, Mischbeuteln zur parenteralen Anwendung und applikationsfertigen Spritzen, Infusionen und Injektionen oder Augensalben und -tropfen; schwierige Identitäts- und Reinheitsprüfungen nach Deutschem Arzneibuch, gravimetrische, titrimetrische oder fotometrische Bestimmungen, Komplexometrie, Leitfähigkeitsmessungen oder chromatografische Analysen.
2. Mitarbeiter, die im Rahmen ihrer Tätigkeit als Hilfskräfte bei wissenschaftlichen Forschungsaufgaben mit einem besonders hohen Maß von Verantwortlichkeit tätig sind, sind auch dann als solche eingruppiert, wenn sie im Rahmen dieser Tätigkeit Aufgaben erfüllen, die in der Anmerkung Nr. 1 genannt sind.

16. Physiotherapeuten

Entgeltgruppe 5

Mitarbeiter in der Tätigkeit von Physiotherapeuten.

Entgeltgruppe 7

Physiotherapeuten mit staatlicher Anerkennung und entsprechender Tätigkeit.

Entgeltgruppe 8

Mitarbeiter der Entgeltgruppe 7, die mindestens zu einem Viertel schwierige Aufgaben erfüllen.

(Hierzu Anmerkung)

Entgeltgruppe 9a

Mitarbeiter der Entgeltgruppe 7, die schwierige Aufgaben erfüllen.

(Hierzu Anmerkung)

Entgeltgruppe 9b

Mitarbeiter der Entgeltgruppe 7, die mindestens zur Hälfte eine oder mehrere der folgenden Aufgaben erfüllen:

- Physiotherapie bei Patienten mit Demenz oder auf einer Intensivstation nach einem Polytrauma.

Anmerkung:

Schwierige Aufgaben sind z.B. Physiotherapie nach Lungen- oder Herzoperationen, nach Herzinfarkten, bei Querschnittslähmungen, in Kinderlähmungsfällen, mit spastisch Gelähmten, in Fällen von Dysmelien, in der Psychiatrie oder Geriatrie, nach Einsatz von Endoprothesen, nach Verbrennungen zweiten oder dritten Grades oder bei Kleinkindern bis sechs Jahren.

17. [nicht besetzt]

18. Psychologische Psychotherapeuten sowie Kinder- und Jugendlichenpsychotherapeuten

Entgeltgruppe 14

Psychologische Psychotherapeuten sowie Kinder- und Jugendlichenpsychotherapeuten jeweils mit Approbation und entsprechender Tätigkeit.

19. [nicht besetzt]

20. Leitende Mitarbeiter

Vorbemerkungen

1. Diese Tätigkeitsmerkmale finden in den Bereichen der vorstehenden Ziffern 4 bis 10, 13, 15, 16 und 19 Anwendung.
2. Dem Aufbau der Tätigkeitsmerkmale für Abteilungs-, Gruppen- bzw. Teamleitung (organisatorische Einheiten) folgende werden folgende regelmäßige Organisationsstruktur zu Grunde gelegt:
   a) Der Leitung einer kleineren organisatorischen Einheit sind in der Regel nicht mehr als neun Mitarbeiter unterstellt.
   b) Der Leitung einer größeren organisatorischen Einheit sind in der Regel nicht mehr als 16 Mitarbeiter unterstellt.
   c) Der Leitung einer besonders großen organisatorischen Einheit sind in der Regel mehr als 24 Mitarbeiter unterstellt.
3. Soweit für vergleichbare organisatorische Einheiten von den vorstehenden Bezeichnungen abweichende Bezeichnungen verwandt werden, ist dies unbeachtlich.

Entgeltgruppe 9b

Leiter einer kleineren organisatorischen Einheit.

Entgeltgruppe 9c

Ständige Vertreter von Leitern der Entgeltgruppe 10 Fallgruppe 1.

Entgeltgruppe 10

1. Leiter einer größeren organisatorischen Einheit.
2. Ständige Vertreter von Leitern der Entgeltgruppe 11.

Entgeltgruppe 11

Leiter einer besonders großen organisatorischen Einheit.

Entgeltgruppe 12

Mitarbeiter, deren Tätigkeit sich durch das Maß der damit verbundenen Verantwortung erheblich aus der Entgeltgruppe 11 heraushebt.

21. [nicht besetzt]

XII. – XV.
[nicht besetzt]

XVI.
Laboranten

Vorbemerkung

Den Laboranten mit Abschlussprüfung werden milchwirtschaftliche Laboranten mit verwaltungseigener Abschlussprüfung gleichgestellt, wenn die nach der Ausbildungs- und Prüfungsordnung vorgesehene Ausbildungszeit mindestens drei Jahre beträgt.

Entgeltgruppe 3

Mitarbeiter ohne Abschlussprüfung in der Tätigkeit von Laboranten.

Entgeltgruppe 5

1. Laboranten mit Abschlussprüfung und entsprechender Tätigkeit.
2. Mitarbeiter der Entgeltgruppe 3, die sich durch schwierigere Tätigkeiten aus der Entgeltgruppe 3 herausheben.

Entgeltgruppe 6

Mitarbeiter der Entgeltgruppe 5 Fallgruppe 1, deren Tätigkeit sich dadurch aus der Entgeltgruppe 5 heraushebt, dass sie besondere Leistungen erfordert.

Entgeltgruppe 8

Mitarbeiter der Entgeltgruppe 5 Fallgruppe 1, deren Tätigkeit sich dadurch aus der Entgeltgruppe 6 heraushebt, dass sie selbstständige Leistungen erfordert.

XVII.
[nicht besetzt]

XVIII.
Mitarbeiter in Leitstellen

Vorbemerkungen

1. Schichtführer sind Mitarbeiter, denen die Verantwortung in der jeweiligen Schicht einer Leitstelle übertragen ist.
2. Lagedienstleiter sowie Schichtleiter sind Mitarbeiter, denen die Steuerung der Betriebsabläufe in dem gesamten Schichtbetrieb einer Leitstelle übertragen ist.

Entgeltgruppe 9a

Disponenten in Leitstellen mit der nach Landesrecht jeweils geforderten Qualifikation mit entsprechender Tätigkeit.

Entgeltgruppe 9b

1. Schichtführer.
2. Ständige Vertreter von Leitern von Leitstellen.
3. Ständige Vertreter von Lagedienstleitern oder Schichtleitern.

Entgeltgruppe 9c

1. Leiter von Leitstellen.
2. Ständige Vertreter von Leitern von Leitstellen, denen mindestens zwölf Mitarbeiter durch ausdrückliche Anordnung ständig unterstellt sind.
3. Lagedienstleiter sowie Schichtleiter.
4. Ständige Vertreter von Lagedienstleitern oder Schichtleitern, denen mindestens zwölf Mitarbeiter durch ausdrückliche Anordnung ständig unterstellt sind.

Entgeltgruppe 10

1. Leiter von Leitstellen, denen mindestens zwölf Mitarbeiter durch ausdrückliche Anordnung ständig unterstellt sind.
2. Ständige Vertreter von Leitern von Leitstellen, denen mindestens 20 Mitarbeiter durch ausdrückliche Anordnung ständig unterstellt sind.
3. Lagedienstleiter sowie Schichtleiter, denen mindestens zwölf Mitarbeiter durch ausdrückliche Anordnung ständig unterstellt sind.
4. Ständige Vertreter von Lagedienstleitern oder Schichtleitern, denen mindestens 20 Mitarbeiter durch ausdrückliche Anordnung ständig unterstellt sind.

Entgeltgruppe 11

1. Leiter von Leitstellen, denen mindestens 20 Mitarbeiter durch ausdrückliche Anordnung ständig unterstellt sind.
2. Ständige Vertreter von Leitern von Leitstellen, denen mindestens 25 Mitarbeiter durch ausdrückliche Anordnung ständig unterstellt sind.
3. Lagedienstleiter sowie Schichtleiter, denen mindestens 20 Mitarbeiter durch ausdrückliche Anordnung ständig unterstellt sind.
4. Ständige Vertreter von Lagedienstleitern oder Schichtleitern, denen mindestens 25 Mitarbeiter durch ausdrückliche Anordnung ständig unterstellt sind.

Entgeltgruppe 12

1. Leiter von Leitstellen, denen mindestens 25 Mitarbeiter durch ausdrückliche Anordnung ständig unterstellt sind.
2. Ständige Vertreter von Leitern von Leitstellen, denen mindestens 35 Mitarbeiter durch ausdrückliche Anordnung ständig unterstellt sind.
3. Lagedienstleiter sowie Schichtleiter, denen mindestens 25 Mitarbeiter durch ausdrückliche Anordnung ständig unterstellt sind.

Entgeltgruppe 13

Leiter von Leitstellen, denen mindestens 35 Mitarbeiter durch ausdrückliche Anordnung ständig unterstellt sind.

XIX. – XXI.
[nicht besetzt]

XXII.
Mitarbeiter im Rettungsdienst

1. Mitarbeiter im Rettungsdienst

Entgeltgruppe 3

Rettungshelfer mit entsprechenden Tätigkeiten.

(Hierzu Anmerkung Nr. 1)

Entgeltgruppe 4

Rettungssanitäter mit entsprechenden Tätigkeiten.

(Hierzu Anmerkungen Nrn. 1 und 3)

Entgeltgruppe 6

Rettungsassistenten mit entsprechenden Tätigkeiten.

(Hierzu Anmerkung Nr. 1)

Entgeltgruppe N

Notfallsanitäter mit entsprechenden Tätigkeiten.

(Hierzu Anmerkungen Nrn. 1, 2 und 4)

Entgeltgruppe 9a

Ständige Vertreter von Leitern von Rettungswachen.

(Hierzu Anmerkungen Nrn. 1 und 2)

Entgeltgruppe 9b

1. Leiter von Rettungswachen.

   (Hierzu Anmerkungen Nrn. 1 und 2)

2. Ständige Vertreter von Leitern von Rettungswachen, denen mindestens 20 Mitarbeiter durch ausdrückliche Anordnung ständig unterstellt sind.

   (Hierzu Anmerkungen Nrn. 1 und 2)

Entgeltgruppe 9c

1. Leiter von Rettungswachen, denen mindestens 20 Mitarbeiter durch ausdrückliche Anordnung ständig unterstellt sind.

   (Hierzu Anmerkungen Nrn. 1 und 2)

2. Ständige Vertreter von Leitern von Rettungswachen, denen mindestens 40 Mitarbeiter durch ausdrückliche Anordnung ständig unterstellt sind.

   (Hierzu Anmerkungen Nrn. 1 und 2)

Entgeltgruppe 10

Leiter von Rettungswachen, denen mindestens 40 Mitarbeiter durch ausdrückliche Anordnung ständig unterstellt sind.

(Hierzu Anmerkungen Nrn. 1 und 2)

Anmerkungen:

1. [1]Mitarbeiter, die durch ausdrückliche Anordnung zu einer der in Satz 2 beispielhaft aufgeführten Tätigkeiten schriftlich bestellt sind, erhalten für die Dauer dieser Tätigkeit eine monatliche Funktionszulage in Höhe von 100,00 Euro. [2]Dies sind insbesondere folgende Tätigkeiten:
   - Qualitätsbeauftragte
   - Medizinproduktebeauftragte (MPG-Beauftragte) bzw. als Beauftragte für Medizinproduktesicherheit
   - Desinfektoren/Hygienebeauftragte
   - Arzneimittelbeauftragte
   - Lagerverantwortliche
   - Fuhrparkverantwortliche
   - *(nur RK Bayern):* Beauftragte der elektronischen Einsatzdokumentation.

   [3]Die Funktionszulage ist eine dynamische Zulage und nimmt an allgemeinen Entgelterhöhungen teil.

2. Mitarbeiter, die schriftlich als Praxisanleiter bestellt sind, erhalten für die Dauer der Tätigkeit eine nach dem Anteil der für die Tätigkeit erteilten Freistellung gestaffelte monatliche Zulage:

Anteil der Praxisanleitertätigkeit	Höhe der Zulage
bis 25 Prozent	100,00 Euro
bis 50 Prozent	150,00 Euro
bis 75 Prozent	200,00 Euro
bis 100 Prozent	250,00 Euro

3. Mitarbeiter in der Entgeltgruppe 4 erhalten eine Entgeltgruppenzulage in Höhe von 2,3 Prozent ihres jeweiligen Tabellenentgelts.

4.

(1) [1]Abweichend von § 28 Abs. 2 gelten für diese Mitarbeiter folgende Tabellenwerte der Entgeltgruppe N:

	Stufe 2	Stufe 3	Stufe 4	Stufe 5	Stufe 6
gültig ab 1. Februar 2026	3.701,21	3.862,80	4.075,58	4.247,92	4.488,98

[2]Diese Tabellenwerte verändern sich bei allgemeinen Entgeltanpassungen um denselben Prozentsatz bzw. in demselben Umfang wie die Tabellenwerte der Entgeltgruppe P 8. [3]Soweit in den AVR auf bestimmte Entgeltgruppen Bezug genommen wird, entspricht die Entgeltgruppe N der Entgeltgruppe 8.

(2) Abweichend von § 29 Abs. 5 wird bei Notfallsanitätern in der Entgeltgruppe N die Stufe 3 nach drei Jahren in Stufe 2 erreicht.

(3) Mitarbeiter in der Entgeltgruppe N erhalten ab dem 1. Januar 2028 zuzüglich zur Regelvergütung eine Zulage gemäß Absatz 4.

(4) [1]Die Höhe der Zulage beträgt unter Anrechnung bisheriger Tätigkeiten beim selben Dienstgeber monatlich:

ab dem 3. Tätigkeitsjahr 150,00 Euro

ab dem 5. Tätigkeitsjahr 250,00 Euro

ab dem 7. Tätigkeitsjahr 400,00 Euro

[2]Für die Berechnung der für die Zulage relevanten Tätigkeitsjahre werden alle ununterbrochen zurückgelegten Zeiten in der Tätigkeit als Rettungsassistent und Notfallsanitäter beim selben Dienstgeber sowie die Zeiten der Ausbildung zum Notfallsanitäter berücksichtigt. [3]Den Zeiten einer ununterbrochenen Tätigkeit stehen gleich:

a) Zeiten von Beschäftigungsverboten nach dem Mutterschutzgesetz sowie Elternzeiten bis zu drei Jahren nach dem Bundeselterngeld- und Elternzeitgesetz,

b) Zeiten einer Arbeitsunfähigkeit nach § 37 AVR bis zu 26 Wochen,

c) Zeiten einer sonstigen Unterbrechung der Tätigkeit von weniger als einem Monat im Kalenderjahr.

[4]Soweit es zur Deckung des Personalbedarfs erforderlich ist, sind bei Neueinstellung Zeiten in der Tätigkeit als Notfallsanitäter und Rettungsassistent auch bei anderen Dienst- oder Dienstgebern anzurechnen. [5]Soweit es zur Bindung von Mitarbeitern erforderlich ist, sind im bestehenden Dienstverhältnis Zeiten in der Tätigkeit als Notfallsanitäter und Rettungsassistent auch bei anderen Dienst- oder Dienstgebern anzurechnen. [6]Zeiten der Tätigkeit als Notfallsanitäter und Rettungsassistent bei anderen Dienst- oder Dienstgebern müssen zur Anrechnung nachgewiesen werden.

(5) [1]Abweichend von der Regelung in Absatz 3 ist die Zulage gemäß Absatz 4 bei Neuausschreibungen schon ab dem Zeitpunkt des Auftragsbeginns zu zahlen. [2]Satz 1 gilt entsprechend für den Fall, dass ein vertraglicher Anspruch auf Anpassung der Vergütung für die rettungsdienstliche Leistung gegenüber dem Auftraggeber vorliegt, in deren Bereich der Notfallsanitäter eingesetzt ist, oder wenn unabhängig davon eine neue Vergütung vereinbart wird.

(6) Abweichend von der Regelung in Absatz 3 kann die Zulage gem. Absatz 4 zur Deckung des Personalbedarfs in einer Rettungswache allen Mitarbeitern in Entgeltgruppe N auch vor dem 1. Januar 2028 gezahlt werden.

2. Mitarbeiter in Rettungsdienstschulen

(nicht besetzt)

Anmerkung:

In Teil II. Anhang Lehrkräfte AVR geregelt.

XXIII.
Schulhausmeister

Vorbemerkungen

1. Schulhausmeister sind Hausmeister in Schulen außer Akademien, Kunsthochschulen, Musikhochschulen, Musikschulen und verwaltungseigenen Schulen.
2. [1]Eine einschlägige Berufsausbildung liegt dann vor, wenn die in der Berufsausbildung vermittelten Kenntnisse und Fertigkeiten einen unmittelbaren sachlichen Zusammenhang mit den wesentlichen Tätigkeitsschwerpunkten von Schulhausmeistern aufweisen. [2]Dies ist insbesondere bei Berufsausbildungen in den Berufsfeldern Metallbau, Anlagenbau, Installation, Montierer, Elektroberufe, Bauberufe und Holzverarbeitung der Fall.

Entgeltgruppe 5

Schulhausmeister, die eine einschlägige mindestens dreijährige Berufsausbildung abgeschlossen haben.

Entgeltgruppe 6

1. Mitarbeiter der Entgeltgruppe 5 in Tagesschulen für gehörgeschädigte, sprachgeschädigte, sehbehinderte oder anderweitig körperbehinderte oder für entwicklungsgestörte oder geistig behinderte Schüler.
2. Mitarbeiter der Entgeltgruppe 5, denen mindestens ein Schulhausmeister durch ausdrückliche Anordnung ständig unterstellt ist.

Entgeltgruppe 7

Mitarbeiter der Entgeltgruppe 5, deren Tätigkeit sich aufgrund erhöhter technischer Anforderungen erheblich aus der Entgeltgruppe 5 heraushebt.

(Eine erhebliche Heraushebung aufgrund erhöhter technischer Anforderungen liegt vor, wenn der Schulhausmeister elektronische Schließ-, Alarm-, Brandmeldeanlagen oder Anlagen der Gebäudeleittechnik mit erheblich erweiterten Möglichkeiten zur Steuerung eigenverantwortlich zu bedienen, zu überwachen und zu konfigurieren hat.)

Entgeltgruppe 8

Mitarbeiter der Entgeltgruppe 7, deren Tätigkeit sich dadurch erheblich aus der Entgeltgruppe 7 heraushebt, dass ihnen die eigenverantwortliche Entscheidung über die Verwendung der Mittel eines Bau- und Bewirtschaftungsbudgets in einer Größenordnung von mindestens 30.000 Euro je Kalenderjahr übertragen ist.

XXIV.
Mitarbeiter im Sozial- und Erziehungsdienst

Entgeltgruppe S 2

Mitarbeiter in der Tätigkeit von Kinderpflegern, Sozialassistenten und Heilerziehungs(pflege)helfern mit staatlicher Anerkennung oder mit staatlicher Prüfung.

(Hierzu Anmerkungen Nrn. 1 und 3b)

Entgeltgruppe S 3

Kinderpfleger, Sozialassistenten und Heilerziehungs(pflege)helfer mit staatlicher Anerkennung oder mit staatlicher Prüfung und entsprechender Tätigkeit sowie sonstige Mitarbeiter, die aufgrund gleichwertiger Fähigkeiten und ihrer Erfahrungen entsprechende Tätigkeiten ausüben.

(Hierzu Anmerkungen Nrn. 1 und 3b)

Entgeltgruppe S 4

1. Kinderpfleger, Sozialassistenten und Heilerziehungs(pflege)helfer mit staatlicher Anerkennung oder mit staatlicher Prüfung und entsprechender Tätigkeit sowie sonstige Mitarbeiter, die aufgrund gleichwertiger Fähigkeiten und ihrer Erfahrungen entsprechende Tätigkeiten ausüben, mit schwierigen fachlichen Tätigkeiten.

   (Hierzu Anmerkungen Nrn. 1, 2 und 3b)
2. Mitarbeiter in der Tätigkeit von Erziehern, Heilerziehungspflegern, Heilerziehern mit staatlicher Anerkennung.

   (Hierzu Anmerkungen Nrn. 1 und 3a)
3. Mitarbeiter mit abgeschlossener Berufsausbildung in der beruflichen Ausbildung/Anleitung in Einrichtungen der Erziehungs-, Behinderten-, Suchtkranken-, Wohnungslosen- oder Straffälligenhilfe.

   (Hierzu Anmerkungen Nrn. 1 und 21)
4. Mitarbeiter mit abgeschlossener Berufsausbildung als Handwerker oder Facharbeiter oder entsprechender abgeschlossener Berufsausbildung als Gruppenleiter in einer Werkstatt für behinderte Menschen.

Entgeltgruppe S 5

[nicht besetzt]

Entgeltgruppe S 6

[nicht besetzt]

Entgeltgruppe S 7

1. (weggefallen)
2. (weggefallen)
3. Mitarbeiter mit abgeschlossener Berufsausbildung in der beruflichen Ausbildung/Anleitung in Einrichtungen der Erziehungs-, Behinderten-, Suchtkranken-, Wohnungslosen- oder Straffälligenhilfe.

   (Hierzu Anmerkungen Nrn. 1, 1a, 21, 26 und 27)
4. Mitarbeiter mit abgeschlossener Berufsausbildung als Handwerker oder Facharbeiter oder entsprechender abgeschlossener Berufsausbildung und mit sonderpädagogischer Zusatzqualifikation als Gruppenleiter in einer Werkstatt für behinderte Menschen.

   (Hierzu Anmerkungen Nrn. 1, 1a und 14)
5. (weggefallen)
6. (weggefallen)
7. (weggefallen)

Entgeltgruppe S 8a

1. Erzieher, Heilerziehungspfleger, Heilerzieher mit staatlicher Anerkennung und entsprechender Tätigkeit sowie sonstige Mitarbeiter, die aufgrund gleichwertiger Fähigkeiten und ihrer Erfahrungen entsprechende Tätigkeiten ausüben.

   (Hierzu Anmerkungen Nrn. 1, 1a, 3a und 5)
2. Mitarbeiter mit abgeschlossener Berufsausbildung und einer abgeschlossenen Weiterbildung als geprüfte Fachkraft für Arbeits- und Berufsförderung als Gruppenleiterin/Gruppenleiter in Ausbildungs- oder Berufsförderungswerkstätten oder in Werkstätten für behinderte Menschen.

   (Hierzu Anmerkungen Nrn. 1 und 1a)
3. Arbeitserzieher mit staatlicher Anerkennung und entsprechender Tätigkeit.

   (Hierzu Anmerkungen Nrn. 1 und 1a)
4. Mitarbeiter mit Meisterprüfung in der beruflichen Ausbildung/Anleitung in Einrichtungen der Erziehungs-, Behinderten-, Suchtkranken-, Wohnungslosen- oder Straffälligenhilfe.

   (Hierzu Anmerkungen Nrn. 1, 21 und 22)
5. Mitarbeiter mit Meisterprüfung/Techniker als Gruppenleiter in einer Werkstatt für behinderte Menschen.

   (Hierzu Anmerkungen Nrn. 1 und 20)

Entgeltgruppe S 8b

1. Erzieher, Heilerziehungspfleger, Heilerzieher mit staatlicher Anerkennung und entsprechender Tätigkeit sowie sonstige Mitarbeiter, die aufgrund gleichwertiger Fähigkeiten und ihrer Erfahrungen entsprechende Tätigkeiten ausüben, mit besonders schwierigen fachlichen Tätigkeiten.

   (Hierzu Anmerkungen Nrn. 1, 1a, 3a, 5 und 6)

2. Mitarbeiter in der Tätigkeit von Sozialarbeitern bzw. Sozialpädagogen mit staatlicher Anerkennung.

   (Hierzu Anmerkungen Nrn. 1 und 1a)

3. Mitarbeiter mit Meisterprüfung/Techniker und mit sonderpädagogischer Zusatzqualifikation oder Arbeitserzieher mit staatlicher Anerkennung als Gruppenleiter in einer Werkstatt für behinderte Menschen.

   (Hierzu Anmerkungen Nrn. 1, 1a, 14 und 20)

4. Mitarbeiter mit Meisterprüfung/Erzieher am Arbeitsplatz in der beruflichen Ausbildung/Anleitung in Einrichtungen der Erziehungs-, Behinderten-, Suchtkranken, Wohnungslosen- oder Straffälligenhilfe.

   (Hierzu Anmerkungen Nrn. 1, 1a, 21, 22, 26 und 27)

5. Arbeitserzieher mit staatlicher Anerkennung und entsprechender Tätigkeit als verantwortlicher Leiter eines Arbeitsbereiches, wenn ihnen mindestens zwei Mitarbeiter durch ausdrückliche Anordnung ständig unterstellt sind.

   (Hierzu Anmerkungen Nrn. 1 und 1a)

Entgeltgruppe S 9

1. Erzieher/Heilerziehungspfleger/Heilerzieher mit staatlicher Anerkennung und entsprechender Tätigkeit mit besonders schwierigen fachlichen Tätigkeiten und mit fachlichen koordinierenden Aufgaben für mindestens zwei Mitarbeiter im Erziehungsdienst.

   (Hierzu Anmerkungen Nrn. 1, 1a, 3a, 5, 6 und 30)

2. (weggefallen)

3. Mitarbeiter als Leiter von Kindertagesstätten.

   (Hierzu Anmerkungen Nrn. 1, 1a und 8)

4. Mitarbeiter, die durch ausdrückliche Anordnung als ständige Vertreter von Leitern von Kindertagesstätten mit einer Durchschnittsbelegung von mindestens 40 Plätzen bestellt sind.

   (Hierzu Anmerkungen Nrn. 1, 1a, 4, 8 und 9)

5. Heilpädagogen mit staatlicher Anerkennung und entsprechender Tätigkeit.

   (Hierzu Anmerkungen Nrn. 1, 1a und 7)

Entgeltgruppe S 10

1. (weggefallen)

2. (weggefallen)

3. Handwerksmeister, Industriemeister oder Gärtnermeister im handwerklichen Erziehungsdienst als Leiter von großen Ausbildungs- oder Berufsförderungswerkstätten oder Werkstätten für behinderte Menschen

   (Hierzu Anmerkungen Nrn. 1 und 1a)

4. Mitarbeiter als technische Leiter einer Werkstatt für behinderte Menschen.

   (Hierzu Anmerkungen Nrn. 1, 1a und 16)

5. Mitarbeiter mit Meisterprüfung/Techniker und mit sonderpädagogischer Zusatzqualifikation oder Arbeitserzieher mit staatlicher Anerkennung in einer Werkstatt für behinderte Menschen als Leiter einer Abteilung.

   (Hierzu Anmerkungen Nrn. 1, 1a, 14, 19 und 20)
6. Mitarbeiter als Leiter eines Teilbereiches in der beruflichen Ausbildung/Anleitung in Einrichtungen der Erziehungs-, Behinderten-, Suchtkranken-, Wohnungslosen- oder Straffälligenhilfe.

   (Hierzu Anmerkungen Nrn. 1, 1a, 21 und 23)
7. Heilpädagogen mit staatlicher Anerkennung/Erzieher mit staatlicher Anerkennung und mit sonderpädagogischer Zusatzausbildung mit entsprechender Tätigkeit in Sonderschulen und Einrichtungen, die der Vorbereitung auf den Sonderschulbesuch dienen.

   (Hierzu Anmerkungen Nrn. 1, 1a, 7 und 18)
8. Heilpädagogen mit staatlicher Anerkennung und entsprechender Tätigkeit
   a) in der Erziehungsberatung, der psychosozialen Beratung, der Frühförderung, der Pflegeelternberatung

      (Hierzu Anmerkungen Nrn. 1, 1a und 7)
   b) in gruppenergänzenden Diensten in Einrichtungen der Erziehungs-, Behinderten- oder Gefährdetenhilfe

      (Hierzu Anmerkungen Nrn. 1, 1a und 7)
   c) als Leiter einer Gruppe in Einrichtungen der Erziehungs-, Behinderten- oder Gefährdetenhilfe

      (Hierzu Anmerkungen Nrn. 1, 1a und 7)
   d) in entsprechenden eigenverantwortlichen Tätigkeiten

      (Hierzu Anmerkungen Nrn. 1, 1a und 7)

Entgeltgruppe S 11a

Mitarbeiter, die durch ausdrückliche Anordnung als ständige Vertreter von Leitern von Kindertagesstätten für Menschen mit Behinderung im Sinne von § 2 SGB IX oder für Kinder und Jugendliche mit wesentlichen Erziehungsschwierigkeiten oder von Tagesstätten für erwachsene Menschen mit Behinderung im Sinne von § 2 SGB IX bestellt sind.

(Hierzu Anmerkungen Nrn. 1, 1a, 4 und 8)

Entgeltgruppe S 11b

Sozialarbeiter und Sozialpädagogen mit staatlicher Anerkennung sowie Heilpädagogen mit abgeschlossener Hochschulbildung und – soweit nach dem jeweiligen Landesrecht vorgesehen – mit staatlicher Anerkennung mit jeweils entsprechender Tätigkeit sowie sonstige Mitarbeiter, die aufgrund gleichwertiger Fähigkeiten und ihrer Erfahrungen entsprechende Tätigkeiten ausüben.

(Hierzu Anmerkungen Nrn. 1 und 13)

Entgeltgruppe S 12

1. Sozialarbeiter und Sozialpädagogen mit staatlicher Anerkennung sowie Heilpädagogen mit abgeschlossener Hochschulbildung und – soweit nach dem jeweiligen Landesrecht vorgesehen – mit staatlicher Anerkennung mit jeweils entsprechender Tätigkeit sowie sonstige Mitarbeiter, die aufgrund gleichwertiger Fähigkeiten und ihrer Erfahrungen entsprechende Tätigkeiten ausüben, mit schwierigen Tätigkeiten.

   (Hierzu Anmerkungen Nrn. 1, 11, 13 und 28)
2. Mitarbeiter als Leiter einer Werkstatt für behinderte Menschen.

   (Hierzu Anmerkungen Nrn. 1, 15 und 32)
3. Mitarbeiter als technische Leiter einer Werkstatt für behinderte Menschen mit einer Durchschnittsbelegung von mindestens 180 Plätzen.

   (Hierzu Anmerkungen Nrn. 1, 17 und 32)
4. Mitarbeiter als Leiter des Bereiches der beruflichen Ausbildung/Anleitung mit einer Durchschnittsbelegung von mindestens 60 Plätzen oder mindestens sechs Gruppen in Einrichtungen der Erziehungs-, Behinderten-, Suchtkranken-, Wohnungslosen- oder Straffälligenhilfe.

   (Hierzu Anmerkungen Nrn. 1, 21, 24, 25 und 32)
5. Mitarbeiter als Leiter von mindestens drei Teilbereichen in der beruflichen Ausbildung/Anleitung in Einrichtungen der Erziehungs-, Behinderten-, Suchtkranken-, Wohnungslosen- oder Straffälligenhilfe.

   (Hierzu Anmerkungen Nrn. 1, 21, 23 und 32)

Entgeltgruppe S 13

1. (weggefallen)
2. (weggefallen)
3. (weggefallen)
4. (weggefallen)
5. (weggefallen)
6. Handwerksmeister, Industriemeister oder Gärtnermeister im handwerklichen Erziehungsdienst als Leiter von Ausbildungs- oder Berufsförderungswerkstätten oder Werkstätten für behinderte Menschen, die sich durch den Umfang und die Bedeutung ihres Aufgabengebietes wesentlich aus der Entgeltgruppe S 10 Fallgruppe 3 herausheben

   (Hierzu Anmerkungen Nrn. 1, 1a und 32)
7. Mitarbeiter als Leiter von Kindertagesstätten mit einer Durchschnittsbelegung von mindestens 40 Plätzen

   (Hierzu Anmerkungen Nrn. 1, 1a, 8, 9 und 32)
8. Mitarbeiter, die durch ausdrückliche Anordnung als ständige Vertreter von Leitern von Kindertagesstätten mit einer Durchschnittsbelegung von mindestens 70 Plätzen bestellt sind

   (Hierzu Anmerkungen Nrn. 1, 1a, 4, 8, 9 und 32)

Entgeltgruppe S 14

Sozialarbeiter und Sozialpädagogen mit staatlicher Anerkennung sowie Heilpädagogen mit abgeschlossener Hochschulbildung und – soweit nach dem jeweiligen Landesrecht vorgesehen – mit staatlicher Anerkennung mit jeweils entsprechender Tätigkeit sowie sonstige Mitarbeiter, die aufgrund gleichwertiger Fähigkeiten und ihrer Erfahrungen entsprechende Tätigkeiten ausüben, die Entscheidungen zur Vermeidung der Gefährdung des Kindeswohls treffen und in Zusammenarbeit mit dem Familiengericht bzw. Betreuungsgericht Maßnahmen einleiten, welche zur Gefahrenabwehr erforderlich sind, oder mit gleichwertigen Tätigkeiten, die für die Entscheidung zur zwangsweisen Unterbringung von Menschen mit psychischen Krankheiten erforderlich sind (z.B. Sozialpsychiatrischer Dienst der örtlichen Stellen der Städte, Gemeinden und Landkreise).

(Hierzu Anmerkungen Nrn. 1, 12 und 13)

Entgeltgruppe S 15

1. (weggefallen)
2. (weggefallen)
3. (weggefallen)
4. (weggefallen)
5. (weggefallen)
6. (weggefallen)
7. Sozialarbeiter und Sozialpädagogen mit staatlicher Anerkennung sowie Heilpädagogen mit abgeschlossener Hochschulbildung und – soweit nach dem jeweiligen Landesrecht vorgesehen – mit staatlicher Anerkennung mit jeweils entsprechender Tätigkeit sowie sonstige Mitarbeiter, die aufgrund gleichwertiger Fähigkeiten und ihrer Erfahrungen entsprechende Tätigkeiten ausüben, deren Tätigkeit sich mindestens zu einem Drittel durch besondere Schwierigkeit und Bedeutung aus der Entgeltgruppe S 12 heraushebt.

   (Hierzu Anmerkung Nr. 13)
8. Mitarbeiter als Leiter von Kindertagesstätten mit einer Durchschnittsbelegung von mindestens 70 Plätzen.

   (Hierzu Anmerkungen Nrn. 1, 1a, 8, 9 und 32)
9. Mitarbeiter, die durch ausdrückliche Anordnung als ständige Vertreter von Leitern von Kindertagesstätten mit einer Durchschnittsbelegung von mindestens 100 Plätzen bestellt sind.

   (Hierzu Anmerkungen Nrn. 1, 1a, 4, 8, 9 und 32)
10. Mitarbeiter als Leiter von Kindertagesstätten für Menschen mit Behinderung im Sinne von § 2 SGB IX oder für Kinder und Jugendliche mit wesentlichen Erziehungsschwierigkeiten oder von Tagesstätten für erwachsene Menschen mit Behinderung im Sinne von § 2 SGB IX.

    (Hierzu Anmerkungen Nrn. 1, 1a, 8 und 32)
11. Mitarbeiter, die durch ausdrückliche Anordnung als ständige Vertreter von Leitern von Kindertagesstätten für Menschen mit Behinderung im Sinne von § 2 SGB IX oder für Kinder und Jugendliche mit wesentlichen Erziehungsschwierigkeiten oder von Tagesstätten für erwachsene Menschen mit Behinderung im Sinne von § 2 SGB IX mit einer Durchschnittsbelegung von mindestens 40 Plätzen bestellt sind.

    (Hierzu Anmerkungen Nrn. 1, 1a, 4, 8, 9 und 32)

12. Mitarbeiter, die durch ausdrückliche Anordnung als ständige Vertreter von Leitern von Heimen der Erziehungs-, Behinderten- oder Gefährdetenhilfe bestellt sind.

    (Hierzu Anmerkungen Nrn. 1, 1a, 4, 10 und 32)

Entgeltgruppe S 16

1. (weggefallen)
2. (weggefallen)
3. (weggefallen)
4. (weggefallen)
5. Mitarbeiter als Leiter von Kindertagesstätten mit einer Durchschnittsbelegung von mindestens 100 Plätzen.

   (Hierzu Anmerkungen Nrn. 1, 1a, 8, 9 und 32)
6. Mitarbeiter, die durch ausdrückliche Anordnung als ständige Vertreter von Leitern von Kindertagesstätten mit einer Durchschnittsbelegung von mindestens 130 Plätzen bestellt sind.

   (Hierzu Anmerkungen Nrn. 1, 1a, 4, 8, 9 und 32)
7. Mitarbeiter als Leiter von Kindertagesstätten für Menschen mit Behinderung im Sinne von § 2 SGB IX oder für Kinder und Jugendliche mit wesentlichen Erziehungsschwierigkeiten oder von Tagesstätten für erwachsene Menschen mit Behinderung im Sinne von § 2 SGB IX mit einer Durchschnittsbelegung von mindestens 40 Plätzen.

   (Hierzu Anmerkungen Nrn. 1, 1a, 8, 9 und 32)
8. Mitarbeiter, die durch ausdrückliche Anordnung als ständige Vertreter von Leitern von Kindertagesstätten für Menschen mit Behinderung im Sinne von § 2 SGB IX oder für Kinder- und Jugendliche mit wesentlichen Erziehungsschwierigkeiten oder von Tagesstätten für erwachsene Menschen mit Behinderung im Sinne von § 2 SGB IX mit einer Durchschnittsbelegung von mindestens 70 Plätzen bestellt sind.

   (Hierzu Anmerkungen Nrn. 1, 1a, 4, 8, 9 und 32)
9. Mitarbeiter als Leiter von Heimen der Erziehungs-, Behinderten- oder Gefährdetenhilfe.

   (Hierzu Anmerkungen Nrn. 1, 1a, 10 und 32)
10. Mitarbeiter, die durch ausdrückliche Anordnung als ständige Vertreter von Leitern von Heimen der Erziehungs-, Behinderten- oder Gefährdetenhilfe mit einer Durchschnittsbelegung von mindestens 50 Plätzen bestellt sind.

    (Hierzu Anmerkungen Nrn. 1, 1a, 4, 9, 10 und 32)

Entgeltgruppe S 17

1. (weggefallen)
2. (weggefallen)
3. (weggefallen)
4. Mitarbeiter, die durch ausdrückliche Anordnung als ständige Vertreter von Leitern von Heimen der Erziehungs-, Behinderten- oder Gefährdetenhilfe mit einer Durchschnittsbelegung von mindestens 90 Plätzen bestellt sind.

   (Hierzu Anmerkungen Nrn. 1, 1a, 4, 9, 10 und 32)

5. Sozialarbeiter und Sozialpädagogen mit staatlicher Anerkennung sowie Heilpädagogen mit abgeschlossener Hochschulbildung und – soweit nach dem jeweiligen Landesrecht vorgesehen – mit staatlicher Anerkennung mit jeweils entsprechender Tätigkeit sowie sonstige Mitarbeiter, die aufgrund gleichwertiger Fähigkeiten und ihrer Erfahrungen entsprechende Tätigkeiten ausüben, deren Tätigkeit sich durch besondere Schwierigkeit und Bedeutung aus der Entgeltgruppe S 12 heraushebt.

   (Hierzu Anmerkungen Nrn. 1 und 13)

6. Kinder- und Jugendlichenpsychotherapeuten und Psychagogen mit staatlicher Anerkennung oder staatlich anerkannter Prüfung und entsprechender Tätigkeit.

   (Hierzu Anmerkungen Nrn. 1 und 29)

7. Mitarbeiter als Leiter des Bereiches der beruflichen Ausbildung/Anleitung mit einer Durchschnittsbelegung von mindestens 120 Plätzen oder mindestens zwölf Gruppen in Einrichtungen der Erziehungs-, Behinderten-, Suchtkranken-, Wohnungslosen- oder Straffälligenhilfe.

   (Hierzu Anmerkungen Nrn. 1, 9, 21, 24, 25 und 32)

8. Mitarbeiter als technischer Leiter einer Werkstatt für behinderte Menschen mit einer Durchschnittsbelegung von mindestens 300 Plätzen.

   (Hierzu Anmerkungen Nrn. 1, 16, 17 und 32)

9. Mitarbeiter als Leiter einer Werkstatt für behinderte Menschen mit einer Durchschnittsbelegung von mindestens 120 Plätzen.

   (Hierzu Anmerkungen Nrn. 1, 15, 17 und 32)

10. Mitarbeiter als Leiter von Kindertagesstätten mit einer Durchschnittsbelegung von mindestens 130 Plätzen.

    (Hierzu Anmerkungen Nrn. 1, 1a, 8, 9 und 32)

11. Mitarbeiter, die durch ausdrückliche Anordnung als ständige Vertreter von Leitern von Kindertagesstätten mit einer Durchschnittsbelegung von mindestens 180 Plätzen bestellt sind.

    (Hierzu Anmerkungen Nrn. 1, 1a, 4, 8, 9 und 32)

12. Mitarbeiter als Leiter von Kindertagesstätten für Menschen mit Behinderung im Sinne von § 2 SGB IX oder für Kinder- und Jugendliche mit wesentlichen Erziehungsschwierigkeiten oder von Tagesstätten für erwachsene Menschen mit Behinderung im Sinne von § 2 SGB IX mit einer Durchschnittsbelegung von mindestens 70 Plätzen.

    (Hierzu Anmerkungen Nrn. 1, 1a, 8, 9 und 32)

13. Mitarbeiter, die durch ausdrückliche Anordnung als ständige Vertreter von Leitern von Kindertagesstätten für Menschen mit Behinderung im Sinne von § 2 SGB IX oder für Kinder- und Jugendliche mit wesentlichen Erziehungsschwierigkeiten oder von Tagesstätten für erwachsene Menschen mit Behinderung im Sinne von § 2 SGB IX mit einer Durchschnittsbelegung von mindestens 90 Plätzen bestellt sind.

    (Hierzu Anmerkungen Nrn. 1, 1a, 4, 8, 9 und 32)

Entgeltgruppe S 18

1. (weggefallen)
2. Sozialarbeiter und Sozialpädagogen mit staatlicher Anerkennung sowie Heilpädagogen mit abgeschlossener Hochschulbildung und – soweit nach dem jeweiligen Landesrecht vorgesehen – mit staatlicher Anerkennung mit jeweils entsprechender Tätigkeit sowie

sonstige Mitarbeiter, die aufgrund gleichwertiger Fähigkeiten und ihrer Erfahrungen entsprechende Tätigkeiten ausüben, deren Tätigkeit sich durch das Maß der damit verbundenen Verantwortung erheblich aus der Entgeltgruppe S 17 Fallgruppe 5 heraushebt.

(Hierzu Anmerkungen Nrn. 1 und 13)

3. Mitarbeiter als Leiter des Bereiches der beruflichen Ausbildung mit einer Durchschnittsbelegung von mindestens 180 Plätzen in Einrichtungen der Erziehungs-, Behinderten-, Suchtkranken-, Wohnungslosen- oder Straffälligenhilfe.

   (Hierzu Anmerkungen Nrn. 1, 9, 24 und 32)

4. Mitarbeiter mit abgeschlossener Fachhochschulausbildung in der Tätigkeit als Leiter/innen einer Werkstatt für behinderte Menschen mit einer Durchschnittsbelegung von mindestens 180 Plätzen.

   (Hierzu Anmerkungen Nrn. 1, 15, 17 und 32)

5. Mitarbeiter als Leiter von Kindertagesstätten mit einer Durchschnittsbelegung von mindestens 180 Plätzen.

   (Hierzu Anmerkungen Nrn. 1, 1a, 8, 9 und 32)

6. Mitarbeiter als Leiter von Kindertagesstätten für Menschen mit Behinderung im Sinne von § 2 SGB IX oder für Kinder- und Jugendliche mit wesentlichen Erziehungsschwierigkeiten oder von Tagesstätten für erwachsene Menschen mit Behinderung im Sinne von § 2 SGB IX mit einer Durchschnittsbelegung von mindestens 90 Plätzen.

   (Hierzu Anmerkungen Nrn. 1, 1a, 8, 9 und 32)

7. Mitarbeiter als Leiter von Heimen der Erziehungs-, Behinderten- oder Gefährdetenhilfe mit einer Durchschnittsbelegung von mindestens 50 Plätzen.

   (Hierzu Anmerkungen Nrn. 1, 1a, 9, 10 und 32)

Anmerkungen:

1.

a) [1]Mitarbeiter erhalten für die Dauer der Tätigkeit in einer besonderen Wohnform (insbesondere stationäre Einrichtungen, Wohngruppen für Menschen mit Behinderung im Sinne von SGB IX, Kinder- und Jugendwohnheimen oder vergleichbaren Einrichtungen [Heim]) oder in der ambulant unterstützten Einzel- oder Gruppenbetreuung, wenn diese als Präsenzleistung durchgängig für 24 Stunden täglich erfolgt, oder in der Heimerziehung nach § 34 SGB VIII eine Zulage in Höhe von 100,00 Euro monatlich, wenn dort ein überwiegender Teil der Menschen mit durchgängigem Unterstützungs- oder Betreuungsbedarf untergebracht ist bzw. betreut wird. [2]Voraussetzung ist, dass die Mitarbeiter in der Pflege, Betreuung, Erziehung oder heilpädagogisch-therapeutischen Behandlung tätig sind. [3]Überwiegt der Teil der Menschen mit durchgängigem Unterstützungs- oder Betreuungsbedarf nicht, beträgt die Zulage 50,00 Euro monatlich.

b) [1]Mitarbeiter in Ausbildungs- oder Berufsbildungsstätten, Berufsförderungswerkstätten oder Werkstätten für Menschen mit Behinderung erhalten für die Dauer ihrer Tätigkeit in der beruflichen Anleitung/Ausbildung oder im begleitenden sozialen Dienst eine monatliche Zulage von 65,00 Euro. [2]Die Zulage erhalten auch Mitarbeiter in Versorgungsbetrieben für die Dauer ihrer Tätigkeit, wenn sie in der beruflichen Anleitung/Ausbildung von Menschen mit Behinderungen tätig sind.

c) [1]Die Zulage wird nur für Zeiträume gezahlt, für die Entgelt, Urlaubsvergütung oder Krankenbezüge zustehen. [2]Sie ist bei der Bemessung der Zuwendungen im Todesfall (§ 41 AVR) zu berücksichtigen.

1a. [1]Mitarbeiter, denen entsprechende Tätigkeiten als Praxisanleiter in der Ausbildung von Erziehern, von Kinderpflegern, von Sozialassistenten, von Heilerziehungspflegern oder von Heilerziehungspflegehelfern übertragen sind und die die übertragene Tätigkeit mit einem zeitlichen Anteil von mindestens 15 v.H. an ihrer Gesamttätigkeit ausüben, erhalten ab dem 1. Januar 2023 für die Dauer dieser Tätigkeit eine Zulage in Höhe von 70,00 Euro monatlich. [2]Die Zulage wird nur für Zeiträume gezahlt, in denen Mitarbeiter einen Anspruch auf Dienstbezüge (§ 27 AVR) oder Fortzahlung der Dienstbezüge (§§ 15 Abs. 4 Satz 1, 36, 37 Abs. 1 und 2, 47 und 49 AVR) haben.

2. Schwierige fachliche Tätigkeiten sind z.B.

   a) Tätigkeiten in Einrichtungen für behinderte Menschen im Sinne des § 2 SGB IX, in Einrichtungen für Personen, die Hilfen nach § 67 SGB XII erhalten und in psychiatrischen Kliniken,

   b) alleinverantwortliche Betreuung von Gruppen z.B. in Randzeiten,

   c) Tätigkeiten in Integrationsgruppen (Erziehungsgruppen, denen besondere Aufgaben in der gemeinsamen Förderung behinderter und nicht behinderter Kinder zugewiesen sind) mit einem Anteil von mindestens einem Drittel von behinderten Menschen im Sinne des § 2 SGB IX in Einrichtungen der Kindertagesbetreuung,

   d) Tätigkeiten in Gruppen von behinderten Menschen im Sinne des § 2 SGB IX, in Gruppen von Personen, die Hilfen nach § 67 SGB XII erhalten oder in Gruppen von Kindern und Jugendlichen mit wesentlichen Erziehungsschwierigkeiten,

   e) Tätigkeiten in geschlossenen (gesicherten) Gruppen.

3a. [1]Als entsprechende Tätigkeit von Erziehern gilt auch die Tätigkeit in Schulkindergärten, Ganztagsangeboten für Schulkinder, Vorklassen oder Vermittlungsgruppen für nicht schulpflichtige Kinder und die Betreuung von über 18jährigen Personen (z.B. in Einrichtungen für behinderte Menschen im Sinne des § 2 SGB IX oder in Einrichtungen der Gefährdetenhilfe).

(RK Bayern): [2]Dies gilt im Geltungsbereich der AVR 2027 in Bayern befristet bis zum 31. Dezember 2029 auch für die Tätigkeit als Pädagogische Fachkraft für Grundschulkindbetreuung. [3]Satz 2 gilt für am 31. Dezember 2029 bestehende Dienstverhältnisse fort, solange die Tätigkeit als Pädagogische Fachkraft für Grundschulkindbetreuung ausgeübt wird.

3b. Als entsprechende Tätigkeit von Kinderpflegern gilt auch die Tätigkeit in Schulkindergärten, Ganztagsangeboten für Schulkinder, Vorklassen oder Vermittlungsgruppen für nicht schulpflichtige Kinder und die Betreuung von über 18jährigen Personen (z.B. in Einrichtungen für behinderte Menschen im Sinne des § 2 SGB IX oder in Einrichtungen der Gefährdetenhilfe).

4. [1]Ständige Vertreter sind nicht Vertreter in Urlaubs- und sonstigen Abwesenheitsfällen. [2]Je Kindertagesstätte soll ein ständiger Vertreter des Leiters bestellt werden.

5. Nach diesem Tätigkeitsmerkmal sind auch
   a) Kindergärtner und Hortner mit staatlicher Anerkennung oder staatlicher Prüfung,
   b) Kinderkrankenschwester/-pfleger, die in Kinderkrippen tätig sind,
   c) Krankenschwestern/-pfleger, Kinderkrankenschwestern/-pfleger, Altenpfleger mit staatlicher Anerkennung in Einrichtungen der Behindertenhilfe,
   d) Arbeitserzieher, sofern ihnen die im Tätigkeitsmerkmal beschriebenen Aufgaben übertragen sind und keine speziellere Eingruppierungsziffer zutrifft, eingruppiert.
6. Besonders schwierige fachliche Tätigkeiten sind z.B. die
   a) Tätigkeiten in Integrationsgruppen (Erziehungsgruppen, denen besondere Aufgaben in der gemeinsamen Förderung behinderter und nicht behinderter Kinder zugewiesen sind) mit einem Anteil von mindestens einem Drittel von behinderten Menschen im Sinne des § 2 SGB IX in Einrichtungen der Kindertagesbetreuung,
   b) Tätigkeiten in Gruppen von behinderten Menschen im Sinne des § 2 SGB IX, von Personen, die Hilfen nach § 67 SGB XII erhalten oder von Kindern und Jugendlichen mit wesentlichen Erziehungsschwierigkeiten,
   c) Tätigkeiten in Jugendzentren/Häusern der offenen Tür,
   d) Tätigkeiten in geschlossenen (gesicherten) Gruppen,
   e) fachlichen Koordinierungstätigkeiten für mindestens vier Mitarbeiter mindestens der Entgeltgruppe S 6,
   f) Tätigkeiten einer Facherzieherin/eines Facherziehers mit entsprechender abgeschlossener Fort- bzw. Weiterbildung im Umfang von mindestens 160 Stunden,
   g) Tätigkeiten in Gruppen mit einem Anteil von mindestens 15 Prozent von Kindern und Jugendlichen mit einem erhöhten Förderbedarf,
   h) Tätigkeiten von Mitarbeitern, die vom Dienstgeber zur insoweit erfahrenen Fachkraft nach § 8a SGB VIII (Kinderschutzfachkraft) bestellt worden sind,
   i) Tätigkeiten in Abteilungen oder Stationen psychiatrischer Kliniken.
7. Unter Heilpädagogen mit staatlicher Anerkennung sind Mitarbeiter zu verstehen, die einen nach Maßgabe der Rahmenvereinbarung über die Ausbildung und Prüfung an Fachschulen (Beschluss der Kultusministerkonferenz vom 7. November 2002) gestalteten Ausbildungsgang für Heilpädagogen mit der vorgeschriebenen Prüfung erfolgreich abgeschlossen und die Berechtigung zur Führung der Berufsbezeichnung „staatlich anerkannter Heilpädagoge“ erworben haben.
8. Kindertagesstätten im Sinne dieses Tarifmerkmals sind Krippen, Kindergärten, Horte, Kinderbetreuungsstuben, Kinderhäuser und Kindertageseinrichtungen der örtlichen Kindererholungsfürsorge.
9. [1]Der Ermittlung der Durchschnittsbelegung ist für das jeweilige Kalenderjahr grundsätzlich die Zahl der vom 1. Januar bis 31. Dezember des vorangegangenen Kalenderjahres vergebenen, je Tag gleichzeitig belegbaren Plätze zugrunde zu legen. [2]Eine Unterschreitung der maßgeblichen je Tag gleichzeitig belegbaren Plätze von nicht mehr als 7,5 v.H. führt nicht zur Herabgruppierung. [3]Eine Unterschreitung um mehr als 7,5 v.H. führt erst dann zur Herabgruppierung, wenn die maßgebliche Platzzahl drei Jahre hintereinander unterschritten wird. [4]Die

Unterschreitung der maßgeblich je Tag gleichzeitig belegbaren Plätze führt auch dann nicht zu einer Herabgruppierung, wenn aufgrund von zu betreuenden Kindern mit erhöhtem oder wesentlich erhöhtem Förderungsbedarf entsprechende Betreuungsanforderungen festgestellt werden. [5]Eine Unterschreitung auf Grund vom Dienstgeber verantworteter Maßnahmen (z.B. Qualitätsverbesserungen) führt ebenfalls nicht zur Herabgruppierung. [6]Hiervon bleiben organisatorische Maßnahmen infolge demografischer Handlungsnotwendigkeiten unberührt.

10. Heime der Erziehungs-, Behinderten- oder Jugendhilfe sind Heime, in denen überwiegend Personen ständig leben, die Hilfen nach den §§ 53ff. SGB XII oder § 67 SGB XII erhalten, oder in denen überwiegend Kinder oder Jugendliche oder junge Erwachsene mit wesentlichen Erziehungsschwierigkeiten ständig leben.

11. Schwierige Tätigkeiten sind z.B. die
    a) Beratung von Suchtmittel-Abhängigen,
    b) begleitende Fürsorge für Heimbewohner und nachgehende Fürsorge für ehemalige Heimbewohner,
    c) begleitende Fürsorge für Strafgefangene und nachgehende Fürsorge für ehemalige Strafgefangene,
    d) Koordinierung der Arbeiten mehrerer Mitarbeiter mindestens der Entgeltgruppe S 9,
    e) Tätigkeiten in der Unterstützung/Assistenz von behinderten Menschen im Sinne des § 2 SGB IX, bei denen in mindestens vier der neun Lebensbereiche im Sinne von § 118 SGB IX nicht nur vorübergehende Beeinträchtigungen der Aktivität und Teilhabe vorliegen,
    f) Tätigkeiten in der Schulsozialarbeit,
    g) Tätigkeiten in der Unterstützung/Assistenz von Menschen mit multiplen psychosozialen Beeinträchtigungen,
    h) Tätigkeit in gruppenergänzenden Diensten oder als Leiter einer Gruppe in Einrichtungen der Erziehungs-, Behinderten- oder Gefährdetenhilfe oder eine dem entsprechende eigenverantwortliche Tätigkeit,
    i) schwierige Fachberatung,
    j) schwierige fachlich koordinierende Tätigkeit,
    k) Beratung von HIV-Infizierten oder an AIDS erkrankten Personen.

12. Unter die Entgeltgruppe S 14 fallen auch Mitarbeiter mit dem Abschluss Diplompädagoge, Erziehungswissenschaftler (Bachelor/Master) oder Kindheitspädagoge (Bachelor/Master), die aufgrund gleichwertiger Fähigkeiten und ihrer Erfahrungen entsprechende Tätigkeiten von Sozialarbeitern bzw. Sozialpädagogen mit staatlicher Anerkennung ausüben, denen Tätigkeiten der Entgeltgruppe S 14 übertragen sind.

13. [1]Eine abgeschlossene Hochschulbildung liegt vor, wenn von einer staatlichen Hochschule im Sinne des § 1 HRG oder einer nach § 70 HRG staatlich anerkannten Hochschule ein Diplomgrad mit dem Zusatz „Fachhochschule" („FH"), ein anderer nach § 18 HRG gleichwertiger Abschlussgrad oder ein Bachelorgrad verliehen wurde. [2]Die Abschlussprüfung muss in einem Studiengang abgelegt worden sein, der seinerseits mindestens das Zeugnis der Hochschulreife (allgemeine Hochschulreife oder einschlägige fachgebundene Hochschulreife) oder eine andere landesrechtliche Hochschulzugangsberechtigung als Zugangsvoraussetzung erfordert,

und für den Abschluss eine Regelstudienzeit von mindestens sechs Semestern – ohne etwaige Praxissemester, Prüfungssemester o.Ä. – vorschreibt. [3]Der Bachelorstudiengang muss nach den Regelungen des Akkreditierungsrats akkreditiert sein. [4]Dem gleichgestellt sind Abschlüsse in akkreditierten Bachelorausbildungsgängen an Berufsakademien. [5]Ein Abschluss an einer ausländischen Hochschule gilt als abgeschlossene Hochschulbildung, wenn er von der zuständigen staatlichen Stelle als dem deutschen Hochschulabschluss vergleichbar bewertet wurde.

Anmerkung zu Satz 3 und 4:

Das Akkreditierungserfordernis ist bis zum 31. Dezember 2029 ausgesetzt.

14. Voraussetzung für die Eingruppierung ist, dass der Mitarbeiter über eine sonderpädagogische Zusatzqualifikation im Sinne der Werkstättenverordnung nach dem Neunten Buch des Sozialgesetzbuches oder über eine der sonderpädagogischen Zusatzqualifikation gleichgestellte Qualifikation verfügt.
15. [1]Der Werkstattleiter soll in der Regel über einen Fachhochschulabschluss im kaufmännischen oder technischen Bereich oder einen gleichwertigen Bildungsstand, über ausreichende Berufserfahrung und eine sonderpädagogische Zusatzqualifikation verfügen. [2]Entsprechende Berufsqualifikationen aus dem sozialen Bereich reichen aus, wenn die zur Leitung einer Werkstatt erforderlichen Kenntnisse und Fähigkeiten im kaufmännischen und technischen Bereich anderweitig erworben worden sind. [3]Ihm muss die technische, kaufmännische, verwaltungs- und personalmäßige Leitung der Werkstatt obliegen.
16. Nach diesem Tätigkeitsmerkmal ist nur der Mitarbeiter eingruppiert, dem die Verantwortung für den technischen Bereich der Werkstatt nach Weisung des Leiters der Werkstatt für behinderte Menschen obliegt.
17. [1]Der Ermittlung der Durchschnittsbelegung ist die Zahl der tatsächlich belegten, nicht jedoch die Zahl der vorhandenen Plätze zugrunde zu legen. [2]Vorübergehend oder für kurze Zeit, z.B. wegen Erkrankung, nicht belegte Plätze sind mitzurechnen. [3]Der Ermittlung der Durchschnittsbelegung ist ein längerer Zeitraum zugrunde zu legen. Zeiten, in denen die Einrichtung vorübergehend nicht oder nur gering belegt ist, sind außer Betracht zu lassen. [4]Bei der Feststellung der Durchschnittsbelegung ist von der täglichen Höchstbelegung auszugehen.
18. Die sonderpädagogische Zusatzqualifikation verlangt, dass sie durch einen mindestens einjährigen Lehrgang oder in einer mindestens zweijährigen berufsbegleitenden Ausbildung vermittelt worden ist; die Ausbildung muss mit einer staatlichen oder staatlich anerkannten Prüfung abgeschlossen werden.
19. Nach diesem Tätigkeitsmerkmal ist der Gruppenleiter eingruppiert, dem die Leitung eines Arbeitsbereichs (z.B. Holz, Metall) übertragen ist und dem zusätzlich mindestens zwei weitere Gruppen zugeordnet sind.
20. Unter Techniker im Sinne dieses Tätigkeitsmerkmals sind Mitarbeiter zu verstehen, die
    a) einen nach Maßgabe der Rahmenordnung für die Ausbildung von Technikern (Beschluss der Kultusministerkonferenz vom 27. April 1964 bzw. vom 18. Januar 1973) gestalteten Ausbildungsgang mit der vorgeschriebenen Prüfung erfolgreich abgeschlossen und die Berechtigung zur Führung der Berufsbezeichnung „Staatlich geprüfter Techniker“ bzw. „Techniker mit staatlicher Abschlussprüfung“ mit einem die Fachrichtung bezeichnenden Zusatz erworben haben, oder

b) einem nach Maßgabe über Fachschulen mit zweijähriger Ausbildungsdauer (Beschluss der Kultusministerkonferenz vom 27. Oktober 1980) gestalteten Ausbildungsgang mit der vorgeschriebenen Prüfung erfolgreich abgeschlossen und die Berechtigung zur Führung der ihrer Fachrichtung/Schwerpunkt zugeordneten Berufsbezeichnung „Staatlich geprüfter Techniker" erworben haben.

21. Berufliche Anleitung umfasst im Wesentlichen Arbeitstraining, Arbeitsanleitung und Arbeitstherapie im Rahmen der medizinischen, beruflichen und sozialen Rehabilitation sowie der Resozialisierung.

22. Dem Mitarbeiter mit Meisterprüfung sind gleichgestellt Techniker im Sinne der Anmerkung 20 sowie Mitarbeiter, die einen vergleichbaren Ausbildungsgang mit vorgeschriebener Prüfung erfolgreich abgeschlossen haben (z.B. staatlich geprüfte Betriebswirte, staatlich geprüfte Ökotrophologen).

23. [1]Ein Teilbereich ist die Zusammenfassung von mehreren Ausbildungs- oder Anleitungsgruppen. [2]Eine Gruppe ist eine Organisationseinheit, in der mehrere auszubildende oder anzuleitende Personen zusammengefasst sind und für die ein Ausbilder/Anleiter verantwortlich ist.

24. Die Leitung des Bereiches der beruflichen Ausbildung/Anleitung umfasst im Wesentlichen die Verantwortung für Organisation, Koordination, Überwachung und Planung der beruflichen Ausbildung/Anleitung in einer Einrichtung.

25. Eine Gruppe ist eine Organisationseinheit, in der mehrere auszubildende oder anzuleitende Personen zusammengefasst sind und für die ein Ausbilder/Anleiter verantwortlich ist.

26. Voraussetzung für die Eingruppierung von Mitarbeitern mit abgeschlossener Berufsausbildung/Meisterprüfung ist

a) in Einrichtungen der Suchtkranken-, Wohnungslosen- oder Straffälligenhilfe, dass der Mitarbeiter über eine sonderpädagogische Zusatzqualifikation verfügt, die der sonderpädagogischen Zusatzqualifikation im Sinne der Werkstättenverordnung nach dem Neunten Sozialgesetzbuch entspricht,

b) in Einrichtungen der Erziehungshilfe, dass der Mitarbeiter über eine sonderpädagogische Zusatzqualifikation verfügt, die den Richtlinien über die Ausbilder-Fortbildung des Bundesverbandes katholischer Einrichtungen und Dienste der Erziehungshilfe (BVkE) entspricht.

27. Voraussetzung für die Eingruppierung ist in Einrichtungen der Behindertenhilfe, dass der Mitarbeiter anstelle der sonderpädagogischen Zusatzqualifikation über die Ausbildereignungsprüfung verfügt.

28. [1]Für Mitarbeiter, die am Tag vor dem Inkrafttreten der Anlage 33 AVR durch Beschluss der jeweiligen Regionalkommission in einem Dienstverhältnis gestanden haben, das am Tag des Inkrafttretens der Anlage 33 AVR durch Beschluss der jeweiligen Regionalkommission im Geltungsbereich der AVR fortbesteht und die bis zum Tag vor dem Inkrafttreten der Anlage 33 AVR durch Beschluss der jeweiligen Regionalkommission in Vergütungsgruppe 4b der Anlage 2d eingruppiert waren, ohne dass der Bewährungsaufstieg von Vergütungsgruppe 4b in 4a der Anlage 2d vollzogen wurde, wird innerhalb eines Zeitraumes von längstens 4 Jahren ab dem Tag des Inkrafttretens der Anlage 33 AVR durch Beschluss der jeweiligen Regionalkommission zum Zeitpunkt des fiktiven Bewährungsaufstiegs eine entsprechende Neuberechnung des Besitzstandes vorgenommen.

[2]Hierbei ist der Mitarbeiter so zu stellen, als hätte er den Bewährungsaufstieg erreicht. [3]Die Sätze 1 und 2 beziehen sich auf die AVR in der am 31. Dezember 2026 geltenden Fassung.

29. Unter dieses Tätigkeitsmerkmal fallen nicht Mitarbeiter mit abgeschlossener wissenschaftlicher Hochschulbildung und entsprechender Tätigkeit.

30. [1]Der Dienstgeber kann zur Deckung des Personalbedarfs eine monatliche Zulage an den Mitarbeiter zahlen, deren Höhe mindestens 180,00 Euro betragen soll. [2]Hat der Dienstgeber bereits vor dem 1. April 2020 eine solche Zulage an den Mitarbeiter gezahlt, kann er an diesen Mitarbeiter weiterhin eine monatliche Zulage zahlen, deren Höhe mindestens 80,00 Euro betragen soll.

31. Der Dienstgeber kann zur Deckung des Personalbedarfs an Mitarbeiter mit koordinierender Tätigkeit (Anmerkung 11, Buchstabe e oder als Leiter einer Gruppe (Anmerkung 11, Buchstabe h, 2. Alternative) eine monatliche Zulage zahlen, deren Höhe mindestens 180,00 Euro betragen soll.

32. [1]Der Dienstgeber kann zur Deckung des Personalbedarfs eine monatliche Zulage an den Mitarbeiter zahlen, deren Höhe mindestens 180,00 Euro betragen soll. [2]Die Regelung ist befristet bis zum 31. Dezember 2027.

XXV. – XXXII.
[nicht besetzt]

Anhang Tabellen

Inhalt

Tabellen Regionalkommission BW, Bayern, Mitte, Nord, NRW, gültig ab 1. Februar 2026

Tabellenentgelt für Mitarbeiter in den Entgeltgruppen (in Euro)

Entgelt-gruppe	Grundentgelt		Entwicklungsstufen			
	Stufe 1	Stufe 2	Stufe 3	Stufe 4	Stufe 5	Stufe 6
EG 17	6.585,48	7.016,12	7.496,48	8.152,27	8.826,85	9.270,64
EG 16	6.119,25	6.519,40	6.965,76	7.575,12	8.201,94	8.614,31
EG 15	5.827,86	6.208,96	6.634,05	7.214,39	7.811,37	8.204,11
EG 14	5.298,27	5.643,35	6.094,01	6.594,12	7.151,57	7.551,78
EG 13	4.901,11	5.279,32	5.709,87	6.177,31	6.727,38	7.025,87
EG 12	4.415,70	4.850,91	5.359,50	5.923,82	6.586,00	6.900,18
EG 11	4.269,64	4.669,92	5.046,03	5.454,10	6.012,56	6.326,77
EG 10	4.124,53	4.438,16	4.794,69	5.181,37	5.611,95	5.753,35
EG 9c	4.010,72	4.290,50	4.594,76	4.922,61	5.275,05	5.527,70
EG 9b	3.779,84	4.039,01	4.203,56	4.690,55	4.979,11	5.313,37
EG 9a	3.658,61	3.877,94	4.097,67	4.586,77	4.697,43	4.979,97

Entgelt-gruppe	Grundentgelt		Entwicklungsstufen			
	Stufe 1	Stufe 2	Stufe 3	Stufe 4	Stufe 5	Stufe 6
EG 8	3.486,40	3.697,29	3.843,36	3.992,40	4.153,50	4.230,97
EG 7	3.294,98	3.537,94	3.682,69	3.828,76	3.969,05	4.045,24
EG 6	3.240,30	3.440,25	3.580,46	3.719,22	3.855,50	3.926,20
EG 5	3.124,08	3.318,04	3.449,05	3.587,78	3.716,70	3.783,33
EG 4	2.994,17	3.190,45	3.355,14	3.457,66	3.560,17	3.620,20
EG 3	2.953,13	3.164,20	3.215,57	3.332,99	3.421,10	3.501,81
EG 2	2.767,54	2.975,32	3.027,12	3.101,04	3.263,52	3.433,49
EG 1		2.534,55	2.568,83	2.611,69	2.651,64	2.754,50

Tabellenentgelt für Mitarbeiter in den S-Gruppen (in Euro)

Entgelt-gruppe	Grundentgelt		Entwicklungsstufen			
	Stufe 1	Stufe 2	Stufe 3	Stufe 4	Stufe 5	Stufe 6
S 18	4.720,52	4.840,79	5.436,63	5.883,46	6.553,73	6.963,31
S 17	4.352,39	4.654,62	5.138,69	5.436,63	6.032,40	6.382,42
S 16	4.263,29	4.557,82	4.885,49	5.287,64	5.734,48	6.002,61
S 15	4.112,68	4.393,93	4.691,87	5.034,44	5.585,57	5.823,86
S 14	4.073,39	4.351,17	4.682,24	5.019,00	5.391,41	5.652,06
S 13	3.978,03	4.248,70	4.617,39	4.915,26	5.287,64	5.473,83
S 12	3.967,57	4.237,49	4.590,75	4.903,53	5.290,81	5.454,65
S 11b	3.915,12	4.181,19	4.368,13	4.844,78	5.217,14	5.440,57
S 11a	3.846,25	4.106,12	4.291,48	4.766,33	5.138,69	5.362,12
S 10	3.602,94	3.937,02	4.108,27	4.619,86	5.037,17	5.379,92
S 9	3.648,68	3.887,42	4.166,69	4.580,02	4.970,99	5.272,60
S 8b	3.578,87	3.812,64	4.091,94	4.503,48	4.892,59	5.190,90
S 8a	3.509,44	3.738,13	3.976,82	4.207,08	4.432,16	4.668,84
S 7	3.426,93	3.649,60	3.871,14	4.098,95	4.270,11	4.528,02
S 6	nicht besetzt					
S 5	nicht besetzt					
S 4	3.291,46	3.504,21	3.698,06	3.829,61	3.956,37	4.156,33
S 3	3.119,87	3.320,05	3.506,28	3.677,28	3.755,52	3.848,98
S 2	2.908,36	3.030,97	3.121,67	3.220,16	3.330,92	3.441,69

Tabellenentgelt für Mitarbeiter in P-Gruppen (in Euro)

Entgelt-gruppe	Grundentgelt		Entwicklungsstufen			
	Stufe 1	Stufe 2	Stufe 3	Stufe 4	Stufe 5	Stufe 6
P 16		5.240,04	5.415,90	5.983,76	6.645,71	6.937,70
P 15		5.132,29	5.293,23	5.695,60	6.177,16	6.361,06
P 14		5.013,53	5.170,59	5.563,22	6.096,68	6.194,02
P 13		4.894,78	5.047,94	5.430,82	5.707,28	5.778,68
P 12		4.657,22	4.802,61	5.166,04	5.389,29	5.493,13
P 11		4.419,71	4.557,30	4.901,27	5.129,69	5.233,54
P 10		4.184,40	4.312,38	4.675,42	4.850,63	4.960,96
P 9		3.992,39	4.184,40	4.312,38	4.558,59	4.662,42
P 8		3.701,21	3.862,80	4.075,58	4.247,92	4.488,98
P 7		3.510,30	3.701,21	3.998,33	4.149,59	4.305,40
P 6	3.012,49	3.187,41	3.363,47	3.737,95	3.833,41	4.013,41
P 4	2.941,25	3.003,12	3.048,99	3.083,60	3.111,77	3.154,01

Bereitschaftsdienstentgelt (§ 17 AVR)

Entgeltgruppe	Stundenentgelte in Euro
EG 17	49,14
EG 16	45,66
EG 15	43,49
EG 14	40,14
EG 13	36,80
EG 12	36,08
EG 11	35,60
EG 10	32,33
EG 9c	28,36
EG 9b	27,68
EG 9a	26,99
EG 8	25,76
EG 7	24,80
EG 6	23,94
EG 5	22,47

Entgeltgruppe	Stundenentgelte in Euro
EG 4	21,76
EG 3	21,14
EG 2	20,49
EG 1	16,55

Entgeltgruppe	Stundenentgelte in Euro
P 16	38,77
P 15	35,90
P 14	33,84
P 13	31,84
P 12	30,31
P 11	29,49
P 10	27,98
P 9	27,37
P 8	26,82
P 7	25,81
P 6	23,60
P 4	19,95

Bereitschaftsdienstentgelt für Mitarbeiter in Krankenhäusern (§ 17a AVR)

Entgeltgruppe	Stundenentgelte in Euro
EG 17	42,09
EG 16	39,12
EG 15	37,24
EG 14	34,35
EG 13	32,85
EG 12	31,07
EG 11	28,42
EG 10	26,18
EG 9c	26,10

Entgeltgruppe	Stundenentgelte in Euro
EG 9b	24,74
EG 9a	23,93
EG 8	23,45
EG 7	22,46
EG 6	21,52
EG 5	20,67
EG 4	19,70
EG 3	18,93
EG 2	17,79
EG 1	14,77

Entgeltgruppe	Stundenentgelte in Euro
P 16	33,77
P 15	31,54
P 14	29,80
P 13	27,93
P 12	26,89
P 11	25,93
P 10	24,75
P 9	24,36
P 8	23,29
P 7	22,31
P 6	20,67
P 4	17,47

Tabellenentgelt für Mitarbeiter in Vergütungsgruppen (in Euro)

Anzuwenden für Mitarbeiter, die vor dem 1. Januar 2027 nach Anlage 2 Teil III. Anhang Überleitung eingruppiert und nicht auf Antrag übergeleitet wurden.

Verg. Gr.	Grundvergütungssätze in Stufe											
	1	2	3	4	5	6	7	8	9	10	11	12
1	5.916,55	6.415,13	6.913,74	7.175,34	7.436,86	7.698,32	7.959,90	8.221,41	8.482,90	8.744,48	9.006,00	9.245,45
1a	5.493,73	5.923,93	6.354,09	6.593,60	6.833,12	7.072,63	7.312,23	7.551,68	7.791,28	8.030,73	8.270,27	8.377,80
1b	5.110,04	5.479,08	5.848,16	6.082,76	6.317,44	6.552,05	6.786,68	7.021,31	7.255,91	7.490,61	7.588,37	
2	4.874,15	5.189,39	5.504,69	5.700,20	5.895,73	6.091,32	6.286,88	6.482,41	6.677,87	6.873,40	6.998,13	
3	4.456,57	4.727,84	4.999,11	5.177,60	5.356,00	5.534,46	5.712,81	5.891,23	6.069,70	6.248,14	6.275,00	
4a	4.175,73	4.400,28	4.632,52	4.789,00	4.945,42	5.101,80	5.258,20	5.414,70	5.571,10	5.720,21		
4b	3.925,28	4.112,53	4.299,74	4.434,56	4.571,40	4.708,28	4.845,19	4.982,07	5.118,97	5.226,44		
5b	3.708,16	3.855,96	4.014,29	4.131,26	4.243,60	4.356,39	4.473,67	4.590,97	4.708,28	4.786,49		
5c	3.481,11	3.595,84	3.714,53	3.813,75	3.919,33	4.026,95	4.134,64	4.242,25	4.338,17			
6b	3.323,15	3.418,70	3.514,25	3.581,51	3.651,06	3.720,71	3.793,30	3.870,50	3.949,77	4.008,25		
7	3.180,81	3.260,80	3.340,72	3.397,23	3.453,75	3.510,28	3.567,17	3.626,51	3.685,90	3.722,79		
8	3.050,24	3.116,53	3.182,83	3.225,71	3.264,70	3.303,65	3.342,64	3.381,65	3.420,62	3.459,63	3.496,65	
9a	2.965,48	3.015,50	3.065,51	3.104,35	3.143,17	3.182,07	3.220,95	3.259,84	3.298,66			
9	2.907,06	2.961,60	3.016,21	3.057,16	3.094,19	3.131,27	3.168,27	3.205,33				
10	2.733,77	2.776,28	2.818,82	2.857,60	2.893,73	2.930,75	2.967,81	3.004,85	3.030,22			
11	2.593,99	2.646,90	2.680,18	2.706,08	2.731,91	2.757,83	2.783,65	2.809,57	2.835,42			
12	2.506,51	2.539,75	2.573,04	2.598,87	2.624,78	2.650,63	2.676,52	2.702,37	2.728,23			

Tabellen Regionalkommission Ost, gültig ab 1. Januar 2027 bis 31. Dezember 2027

entspricht jeweils 102,50 % der mittleren Werte der Bundeskommission vom 1. Juli 2026

Tabellenentgelt für Mitarbeiter in den Entgeltgruppen (in Euro)

Entgelt-gruppe	Grundentgelt		Entwicklungsstufen			
	Stufe 1	Stufe 2	Stufe 3	Stufe 4	Stufe 5	Stufe 6
EG 17	6.750,12	7.191,52	7.683,89	8.356,08	9.047,52	9.502,41
EG 16	6.272,23	6.682,39	7.139,90	7.764,50	8.406,99	8.829,67
EG 15	5.973,56	6.364,18	6.799,90	7.394,75	8.006,65	8.409,21
EG 14	5.430,73	5.784,43	6.246,36	6.758,97	7.330,36	7.740,57
EG 13	5.023,64	5.411,30	5.852,62	6.331,74	6.895,56	7.201,52
EG 12	4.526,09	4.972,18	5.493,49	6.071,92	6.750,65	7.072,68
EG 11	4.376,38	4.786,67	5.172,18	5.590,45	6.162,87	6.484,94
EG 10	4.227,64	4.549,11	4.914,56	5.310,90	5.752,25	5.897,18
EG 9c	4.110,99	4.397,76	4.709,63	5.045,68	5.406,93	5.665,89
EG 9b	3.874,34	4.139,99	4.308,65	4.807,81	5.103,59	5.446,20
EG 9a	3.750,08	3.974,89	4.200,11	4.701,44	4.814,87	5.104,47
EG 8	3.573,56	3.789,72	3.939,44	4.092,21	4.257,34	4.336,74
EG 7	3.377,35	3.626,39	3.774,76	3.924,48	4.068,28	4.146,37
EG 6	3.321,31	3.526,26	3.669,97	3.812,20	3.951,89	4.024,36
EG 5	3.202,18	3.400,99	3.535,28	3.677,47	3.809,62	3.877,91
EG 4	3.069,02	3.270,21	3.439,02	3.544,10	3.649,17	3.710,71
EG 3	3.026,96	3.243,31	3.295,96	3.416,31	3.506,63	3.589,36
EG 2	2.836,73	3.049,70	3.102,80	3.178,57	3.345,11	3.519,33
EG 1		2.597,91	2.633,05	2.676,98	2.717,93	2.823,36

Tabellenentgelt für Mitarbeiter in den S-Gruppen (in Euro)

Entgelt-gruppe	Grundentgelt		Entwicklungsstufen			
	Stufe 1	Stufe 2	Stufe 3	Stufe 4	Stufe 5	Stufe 6
S 18	4.838,53	4.961,81	5.572,55	6.030,55	6.717,57	7.137,39
S 17	4.461,20	4.770,99	5.267,16	5.572,55	6.183,21	6.541,98
S 16	4.369,87	4.671,77	5.007,63	5.419,83	5.877,84	6.152,68
S 15	4.215,50	4.503,78	4.809,17	5.160,30	5.725,21	5.969,46
S 14	4.175,22	4.459,95	4.799,30	5.144,48	5.526,20	5.793,36
S 13	4.077,48	4.354,92	4.732,82	5.038,14	5.419,83	5.610,68
S 12	4.066,76	4.343,43	4.705,52	5.026,12	5.423,08	5.591,02
S 11b	4.013,00	4.285,72	4.477,33	4.965,90	5.347,57	5.576,58
S 11a	3.942,41	4.208,77	4.398,77	4.885,49	5.267,16	5.496,17
S 10	3.693,01	4.035,45	4.210,98	4.735,36	5.163,10	5.514,42
S 9	3.739,90	3.984,61	4.270,86	4.694,52	5.095,26	5.404,42
S 8b	3.668,34	3.907,96	4.194,24	4.616,07	5.014,90	5.320,67
S 8a	3.597,18	3.831,58	4.076,24	4.312,26	4.542,96	4.785,56
S 7	3.512,60	3.740,84	3.967,92	4.201,42	4.376,86	4.641,22
S 6	nicht besetzt					
S 5	nicht besetzt					
S 4	3.373,75	3.591,82	3.790,51	3.925,35	4.055,28	4.260,24
S 3	3.197,87	3.403,05	3.593,94	3.769,21	3.849,41	3.945,20
S 2	2.981,07	3.106,74	3.199,71	3.300,66	3.414,19	3.527,73

Tabellenentgelt für Mitarbeiter in P-Gruppen (in Euro)

Entgelt-gruppe	Grundentgelt		Entwicklungsstufen			
	Stufe 1	Stufe 2	Stufe 3	Stufe 4	Stufe 5	Stufe 6
P 16		5.371,04	5.551,30	6.133,35	6.811,85	7.111,14
P 15		5.260,60	5.425,56	5.837,99	6.331,59	6.520,09
P 14		5.138,87	5.299,85	5.702,30	6.249,10	6.348,87
P 13		5.017,15	5.174,14	5.566,59	5.849,96	5.923,15
P 12		4.773,65	4.922,68	5.295,19	5.524,02	5.630,46
P 11		4.530,20	4.671,23	5.023,80	5.257,93	5.364,38

Entgelt-gruppe	Grundentgelt		Entwicklungsstufen			
	Stufe 1	Stufe 2	Stufe 3	Stufe 4	Stufe 5	Stufe 6
P 10		4.289,01	4.420,19	4.792,31	4.971,90	5.084,98
P 9		4.092,20	4.289,01	4.420,19	4.672,55	4.778,98
P 8		3.793,74	3.959,37	4.177,47	4.354,12	4.601,20
P 7		3.598,06	3.793,74	4.098,29	4.253,33	4.413,04
P 6	3.087,80	3.267,10	3.447,56	3.831,40	3.929,25	4.113,75
P 4	3.014,78	3.078,20	3.125,21	3.160,69	3.189,56	3.232,86

Bereitschaftsdienstentgelt (§ 17 AVR)

Entgeltgruppe	Stundenentgelte in Euro
EG 17	50,37
EG 16	46,80
EG 15	44,58
EG 14	41,14
EG 13	37,72
EG 12	36,98
EG 11	36,49
EG 10	33,14
EG 9c	29,07
EG 9b	28,37
EG 9a	27,66
EG 8	26,40
EG 7	25,42
EG 6	24,54
EG 5	23,03
EG 4	22,30
EG 3	21,67
EG 2	21,00
EG 1	16,96

Bereitschaftsdienstentgelt für Mitarbeiter in Krankenhäusern (§ 17a AVR)

Entgeltgruppe	Stundenentgelte in Euro
EG 17	43,14
EG 16	40,10
EG 15	38,17
EG 14	35,21
EG 13	33,67
EG 12	31,85
EG 11	29,13
EG 10	26,83
EG 9c	26,75
EG 9b	25,36
EG 9a	24,53
EG 8	24,04
EG 7	23,02
EG 6	22,06
EG 5	21,19
EG 4	20,19
EG 3	19,40
EG 2	18,23
EG 1	15,14

Entgeltgruppe	Stundenentgelte in Euro
P 16	34,61
P 15	32,33
P 14	30,55
P 13	28,63
P 12	27,56
P 11	26,58
P 10	25,37
P 9	24,97
P 8	23,87
P 7	22,87
P 6	21,19
P 4	17,91

Tabellenentgelt für Mitarbeiter in Vergütungsgruppen (in Euro)

Anzuwenden für Mitarbeiter, die vor dem 1. Januar 2027 nach Anlage 2 Teil III. Anhang Überleitung eingruppiert und nicht auf Antrag übergeleitet wurden.

Verg. Gr.	Grundvergütungssätze in Stufe 1	2	3	4	5	6	7	8	9	10	11	12
1	6.064,46	6.575,51	7.086,58	7.354,72	7.622,78	7.890,78	8.158,90	8.426,95	8.694,97	8.963,09	9.231,15	9.476,59
1a	5.631,07	6.072,03	6.512,94	6.758,44	7.003,95	7.249,45	7.495,04	7.740,47	7.986,06	8.231,50	8.477,03	8.587,25
1b	5.237,79	5.616,06	5.994,36	6.234,83	6.475,38	6.715,85	6.956,35	7.196,84	7.437,31	7.677,88	7.778,08	
2	4.996,00	5.319,12	5.642,31	5.842,71	6.043,12	6.243,60	6.444,05	6.644,47	6.844,82	7.045,24	7.173,08	
3	4.567,98	4.846,04	5.124,09	5.307,04	5.489,90	5.672,82	5.855,63	6.038,51	6.221,44	6.404,34	6.431,88	
4a	4.280,12	4.510,29	4.748,33	4.908,73	5.069,06	5.229,35	5.389,66	5.550,07	5.710,38	5.863,22		
4b	4.023,41	4.215,34	4.407,23	4.545,42	4.685,69	4.825,99	4.966,32	5.106,62	5.246,94	5.357,10		
5b	3.800,86	3.952,36	4.114,65	4.234,54	4.349,69	4.465,30	4.585,51	4.705,74	4.825,99	4.906,15		
5c	3.568,14	3.685,74	3.807,39	3.909,09	4.017,31	4.127,62	4.238,01	4.348,31	4.446,62			
6b	3.406,23	3.504,17	3.602,11	3.671,05	3.742,34	3.813,73	3.888,13	3.967,26	4.048,51	4.108,46		
7	3.260,33	3.342,32	3.424,24	3.482,16	3.540,09	3.598,04	3.656,35	3.717,17	3.778,05	3.815,86		
8	3.126,50	3.194,44	3.262,40	3.306,35	3.346,32	3.386,24	3.426,21	3.466,19	3.506,14	3.546,12	3.584,07	
9a	3.039,62	3.090,89	3.142,15	3.181,96	3.221,75	3.261,62	3.301,47	3.341,34	3.381,13			
9	2.979,74	3.035,64	3.091,62	3.133,59	3.171,54	3.209,55	3.247,48	3.285,46				
10	2.802,11	2.845,69	2.889,29	2.929,04	2.966,07	3.004,02	3.042,01	3.079,97	3.105,98			
11	2.658,84	2.713,07	2.747,18	2.773,73	2.800,21	2.826,78	2.853,24	2.879,81	2.906,31			
12	2.569,17	2.603,24	2.637,37	2.663,84	2.690,40	2.716,90	2.743,43	2.769,93	2.796,44			

Anhang Zusätzliche Altersversorgung (Zusatzversorgung)

Inhalt

Grundsatz der Versorgung für Alter und Invalidität

Grundsatz

(1) [1]Der Dienstgeber ist verpflichtet, die Versorgung der Mitarbeiter für Alter und Invalidität gemäß dieser Bestimmungen (Versorgungsordnung A/Versorgungsordnung B) zu veranlassen. [2]Grundsätzlich findet Versorgungsordnung A Anwendung. [3]Versorgungsordnung C ist anzuwenden, sofern der Dienstgeber nicht Beteiligter einer öffentlich-rechtlichen Zusatzversorgungseinrichtung ist; für Versicherungsverhältnisse die vor dem 31. Dezember 2018 begründet wurden, gilt die Versorgungsordnung B.

Abtretungsverbot

(2) [1]Die aus der Anwendung dieser Anlage und dem Beschluss der Zentral-KODA zur Entgeltumwandlung vom 15. April 2002 in der jeweils geltenden Fassung entstehenden Versorgungsansprüche gegen die die Versorgung durchführenden Versorgungsträger und den Dienstgeber können nicht abgetreten werden. [2]Sehen die Regelungen nach Satz 1 oder die den Versorgungsverhältnissen durch die Versorgungsträger zugrunde gelegten Vertragsbedingungen ausdrücklich eine Abtretbarkeit der Versorgungsansprüche vor, gelten für die Abtretbarkeit die dort getroffenen Regelungen.

Versorgungsordnung A (VersO A)

§ 1 Versorgungszusage

siehe Anlage 1 Abschnitt XIII Versorgungsanspruch

(1) Mitarbeiter und die zu ihrer Ausbildung Beschäftigten (Anhang Auszubildende), für die nach der Satzung der Kirchlichen Zusatzversorgungskasse des Verbandes der Diözesen Deutschlands (im Folgenden Zusatzversorgungskasse genannt) Versicherungspflicht besteht, sind durch ihren Dienstgeber bei der Zusatzversorgungskasse zum Zwecke der Alters-, Berufsunfähigkeits- und Erwerbsunfähigkeitsversorgung sowie der Versorgung ihrer Hinterbliebenen zu versichern.

Zusatzversorgungskasse

(2) Der Versorgungsanspruch des Mitarbeiters und des zu seiner Ausbildung Beschäftigten sowie der Versorgungsanspruch eines ihrer Hinterbliebenen richten sich ausschließlich nach der Satzung der Zusatzversorgungskasse und ihrer Ausführungsbestimmungen und können nur gegenüber der Zusatzversorgungskasse geltend gemacht werden.

§ 1a Beitragssatz

Beitragssatz

(1) [1]Der Dienstgeber trägt die von der Zusatzversorgungskasse nach § 62 der Satzung der Zusatzversorgungskasse festgesetzten Beiträge bis zu einer Höhe von 5,2 v.H. des zusatzversorgungspflichtigen Entgelts des Mitarbeiters allein. [2]An dem darüber hinausgehenden Beitrag des Dienstgebers zur Pflichtversicherung beteiligt sich der Mitarbeiter zur Hälfte mit einem Eigenbeitrag im Sinne des § 61 Abs. 2 der Satzung der Zusatzversorgungskasse.

Abführen der Beiträge

(2) [1]Der Dienstgeber führt die Beiträge als Schuldner nach § 61 Abs. 1 Buchst. a der Satzung der Zusatzversorgungskasse ab. [2]Dies umfasst auch die Eigenbeiträge der Beschäftigten. [3]Der Dienstgeber behält den Eigenbeitrag des Beschäftigten vom Arbeitsentgelt des Beschäftigten ein. [4]Die Beteiligung erfolgt für jeden Kalendermonat, für den der Beschäftigte einen Anspruch auf Bezüge (Entgelt, sonstige Zuwendungen, Krankenbezüge) oder einen Anspruch auf Krankengeldzuschuss

hat, auch wenn dieser wegen der Höhe der Barleistungen des Sozialversicherungsträgers nicht gezahlt wird.

(3) [1]Dem Beschäftigten wird unter Bezug auf § 30e Abs. 2 BetrAVG das Recht, nach § 1b Abs. 5 Nr. 2 BetrAVG die Pflichtversicherung nach Ausscheiden aus dem Beschäftigungsverhältnis mit eigenen Beiträgen fortzusetzen, nicht eingeräumt, sofern die Satzung der Zusatzversorgungskasse dies nicht ausdrücklich vorsieht. [2]Ist die persönliche Beteiligung des Beschäftigten und die Übernahme der Pflichtbeitragsschuld nach der Satzung der Zusatzversorgungskasse vorgesehen, richten sich alle weiteren Ansprüche, die aus diesen Beiträgen entstehen, ausschließlich nach deren Satzung, ohne dass Ansprüche gegenüber dem Dienstgeber entstehen.

Ausscheiden aus dem Dienstverhältnis

(4) Der Anspruch des Beschäftigten nach § 1 Abs. 2 Nr. 4 zweiter Halbsatz BetrAVG in Verbindung mit § 1a Abs. 3 BetrAVG, zu verlangen, dass die Voraussetzungen für eine Förderung nach den §§ 10a, 82 Abs. 2 EStG erfüllt werden, ist ausgeschlossen, wenn die Satzung der Zusatzversorgungskasse diese Förderungsmöglichkeit nicht ausdrücklich vorsieht.

(5) [1]Der Anspruch des Beschäftigten nach § 1 Abs. 2 Nr. 4 zweiter Halbsatz BetrAVG in Verbindung mit § 1a Abs. 4 BetrAVG auf Fortführung der Versicherung mit eigenen Beiträgen in entgeltlosen Zeiten während des Beschäftigungsverhältnisses ist für die Pflichtversicherung ausgeschlossen, sofern die Satzung der Zusatzversorgungskasse dies nicht ausdrücklich vorsieht. [2]Absatz 3 Satz 2 gilt entsprechend.

entgeltlose Zeiten

(6) [1]Soweit die Zusatzversorgungskasse einen Beitrag im Sinne von Absatz 1 ab dem 1. Januar 2024 von mehr als 7,1 v.H. erhebt, ist der Eigenbeitrag des Mitarbeiters nach Absatz 1 Satz 2 auf die jeweilige Hälfte der Differenz zwischen 5,2 v.H. und 7,1 v.H. des zusatzversorgungspflichtigen Entgelts beschränkt. [2]Erhebt die Zusatzversorgungskasse einen geringeren Beitrag als 7,1 v.H., verbleibt es bei der Anwendung von Absatz 1 Satz 2.

Höhe Eigenbeteiligung des Mitarbeiters

A ZusAV

(7) [1]Die Regelungen des Absatz 1 Satz 2, Absatz 2 Sätze 2 bis 4 und Absatz 6 treten mit Ablauf des Tages vor dem Tag außer Kraft, an dem ein Leistungsrecht der Zusatzversorgungskasse im Sinne des § 1 Abs. 2 wirksam wird, das nicht dem in dem Tarifvertrag über die zusätzliche Altersvorsorge der Beschäftigten des öffentlichen Dienstes – Altersvorsorge-TV-Kommunal (ATV-K), abgeschlossen zwischen der Vereinigung kommunaler Arbeitgeberverbände und u.a. ver.di – Vereinigte Dienstleistungsgewerkschaft, in der jeweils geltenden Fassung festgelegten Versorgungsanspruch entspricht. [2]Sie treten außerdem mit dem Ablauf des Tages vor dem Tag außer Kraft, an dem eine Satzungsbestimmung der Zusatzversorgungskasse wirksam wird, nach der nicht mindestens 50 Prozent der Mitglieder der Organe der Zusatzversorgungskasse ausgenommen deren Vorstand Versicherte oder ihre Vertreter sein sollen. [3]Bei der Zahl der Organmitglieder im Sinne des Satzes 2 bleiben neutrale Vorsitzende unberücksichtigt.

§ 2 Ausnahmeregelung

(1) [1]Die Versicherung bei der Zusatzversorgungskasse entfällt für die Mitarbeiter, die bei einem Dienstgeber beschäftigt sind, der Beteiligter ist bei einer Zusatzversorgungseinrichtung, mit der die Zusatzversorgungskasse ein Überleitungsabkommen abgeschlossen hat oder ein solches abschließen kann, für die Dauer der Versicherung bei dieser Zusatzversorgungseinrichtung. [2]Die Ansprüche dieser

öffentlichrechtliche Kassen als Ausnahme

Mitarbeiter bestimmen sich ausschließlich nach der Satzung der jeweiligen Zusatzversorgungseinrichtung.

(2) [1]Soweit ein Dienstgeber die Versorgung der Mitarbeiter für Alter und Invalidität abweichend von § 1 über eine kommunale oder andere Zusatzversorgungseinrichtung im Sinne des Absatzes 1 veranlasst, findet § 1a mit Ausnahme von dessen Absätzen 6 und 7 entsprechende Anwendung. [2]Dies gilt auch, wenn diese Zusatzversorgungseinrichtung durch Umlagen oder im Kombinationsmodell dazu zusätzlich kapitalgedeckt durch Zusatzbeiträge finanziert ist. [3]Die Höhe und Art des Eigenbetrages richten sich nach der Satzung und den dazu ergangenen Ausführungsbestimmungen der jeweiligen Zusatzversorgungseinrichtung sowie den ihnen jeweils zugrunde liegenden Regelungen des Tarifvertrages über die betriebliche Altersversorgung der Beschäftigten des öffentlichen Dienstes (Tarifvertrag Altersversorgung – ATV), des Tarifvertrages über die zusätzliche Altersvorsorge der Beschäftigten des öffentlichen Dienstes – Altersvorsorge-TV-Kommunal (ATV-K) – und entsprechender arbeitsrechtlicher Regelungen und Tarifverträge nach dem Arbeitsrechtsregelungsgrundsätzegesetz – ARGG-EKD.

§ 3 Versteuerung der Umlage

Lohnsteuer Umlage

Die auf die Umlage (§ 62 Abs. 1 Satzung der Zusatzversorgungskasse) entfallende Lohnsteuer trägt der Dienstgeber, solange die rechtliche Möglichkeit der Pauschalierung der Lohnsteuer gegeben ist.

§ 4 Freiwillige Versicherung in der gesetzlichen Rentenversicherung

freiwillig versicherte Mitarbeiter in der gesetzlichen Rentenversicherung

(1) [1]Der bei der Zusatzversorgungskasse pflichtversicherte Mitarbeiter, der in der Rentenversicherung der Angestellten aufgrund des Artikels 2 § 1 AnVNG von der Versicherungspflicht befreit ist, aber die Möglichkeit der freiwilligen Versicherung nach § 10 AVG, § 1233 RVO oder der Fortsetzung der Selbstversicherung oder Weiterversicherung nach Artikel 2 § 5 Abs. 1 AnVNG oder Artikel 2 § 4 Abs. 1 AnVNG (freiwillige Versicherung) hat, hat sich für jeden Kalendermonat, für den ihm Dienstbezüge (§ 27 AVR), Urlaubsvergütung (§ 36 AVR) oder Krankenbezüge (§ 37 AVR) zustehen, freiwillig zu versichern. [2]Als Beitrag zur freiwilligen Versicherung ist der Betrag zu entrichten, der als Beitrag zur gesetzlichen Rentenversicherung zu zahlen wäre, wenn der Mitarbeiter dort pflichtversichert wäre, mindestens jedoch der Betrag, der als Mindestbeitrag für die freiwillige Versicherung in der gesetzlichen Rentenversicherung jeweils festgelegt ist. [3]§ 2 Abs. 3 der Verordnung über das Entrichten von Beiträgen zu den Rentenversicherungen der Arbeiter und Angestellten ist anzuwenden. [4]Für die Bestimmung der Beitragsklasse gilt § 114 AVG sinngemäß. [5]Der Dienstgeber trägt die Hälfte des Beitrages zu dieser Versicherung.

Pflicht des Dienstgebers

(2) Der Dienstgeber behält den vom Mitarbeiter zu tragenden Teil des Beitrages von dessen Bezügen ein und führt den Beitrag nach der Verordnung über das Entrichten von Beiträgen zu den Rentenversicherungen der Arbeiter und Angestellten ab.

Zuschuss

(3) Absatz 1 gilt nicht, solange der Mitarbeiter einen Zuschuss nach § 5 oder § 6 erhält.

§ 5 Lebensversicherung anstelle der Versicherung in der gesetzlichen Rentenversicherung

(1) [1]Der bei der Versorgungskasse pflichtversicherte Mitarbeiter, der in der Rentenversicherung der Angestellten aufgrund des Artikels 2 § 1 AnVNG von der Versicherungspflicht befreit ist und der für sich und seine Hinterbliebenen einen Lebensversicherungsvertrag abgeschlossen hat, erhält auf seinen Antrag für die Zeit, für die ihm Dienstbezüge (§ 27 AVR), Urlaubsvergütung (§ 36 AVR) oder Krankenbezüge (§ 37 AVR) zustehen, einen Zuschuss in Höhe der Hälfte des Beitrages zu dieser Versicherung: [2]Er erhält jedoch nicht mehr als den Betrag, den der Dienstgeber bei einer freiwilligen Versicherung des Mitarbeiters nach § 4 zu tragen hätte.

Zuschuss für befreit versicherte Mitarbeiter zur Lebensversicherung

(2) Der Zuschuss nach Absatz 1 wird nicht gewährt, wenn der Mitarbeiter über die Lebensversicherung ohne vorherige Zustimmung des Dienstgebers durch Abtretung oder Verpfändung verfügt.

kein Zuschuss bei Abtretung oder Pfändung

§ 6 Versicherungs- oder Versorgungseinrichtungen im Sinne des § 7 Abs. 2 AVG

(1) Der bei der Zusatzversorgungskasse pflichtversicherte Mitarbeiter, der Mitglied einer Versicherungs- oder Versorgungseinrichtung im Sinne des § 7 Abs. 2 AVG ist und

Befreiung von der Versicherungspflicht

a) nach § 7 Abs. 2 AVG von der Versicherungspflicht in der Rentenversicherung der Angestellten befreit ist oder

b) in der Rentenversicherung der Angestellten aufgrund des Artikels 2 § 1 AnVNG von der Versicherungspflicht befreit ist,

erhält auf seinen Antrag für die Zeit, für die ihm Dienstbezüge (§ 27 AVR), Urlaubsvergütung (§ 36 AVR) oder Krankenbezüge (§ 37 AVR) zustehen, einen Zuschuss zu den Beiträgen zu dieser Versicherungs- oder Versorgungseinrichtung.

(2) Der Zuschuss beträgt die Hälfte des monatlichen Beitrages, jedoch nicht mehr als den Betrag, den der Dienstgeber bei einer freiwilligen Versicherung des Mitarbeiters nach § 4 zu tragen hätte.

Zuschuss

(3) Solange ein Zuschuss nach Absatz 1 Satz 1 gewährt wird, ist § 5 nicht anzuwenden.

keine Anwendung von § 5 bei Zuschuss

§ 7 Ergänzende freiwillige Versicherung in der gesetzlichen Rentenversicherung

[1]Erreicht der Zuschuss des Dienstgebers nach § 5 oder § 6 nicht den Betrag, den der Dienstgeber bei einer freiwilligen Versicherung nach § 4 zu entrichten hätte, erhält der Mitarbeiter auf Antrag einen Zuschuss zu dem Beitrag zu einer freiwilligen Versicherung in der gesetzlichen Rentenversicherung in Höhe des Differenzbetrages, höchstens jedoch in Höhe der Hälfte des Beitrages. [2]§ 4 Abs. 2 gilt entsprechend.

Zuschuss zur freiwilligen Versicherung in der gesetzlichen Rentenversicherung

§ 8 Versicherungs- oder Versorgungseinrichtungen im Sinne des § 7 Abs. 2 AVG

Befreiung von der Versicherungspflicht

(1) Der nach § 17 Abs. 1 Satzung der Zusatzversorgungskasse bei der Zusatzversorgungskasse nicht zu versichernde Mitarbeiter, der

a) nach § 7 Abs. 2 AVG von der Versicherungspflicht in der Rentenversicherung der Angestellten befreit ist oder

b) in der Rentenversicherung der Angestellten aufgrund des Artikels 2 § 1 AnVNG von der Versicherungspflicht befreit ist,

erhält auf seinen Antrag für die Zeit, für die ihm Dienstbezüge (§ 27 AVR), Urlaubsvergütung (§ 36 AVR) oder Krankenbezüge (§ 37 AVR) zustehen, einen Zuschuss zu den Beiträgen zu der Versicherungs- oder Versorgungseinrichtung im Sinne des § 7 Abs. 2 AVG.

Zuschuss

(2) Der Zuschuss beträgt die Hälfte des monatlichen Beitrages, jedoch nicht mehr als den Betrag, den der Dienstgeber bei einer freiwilligen Versicherung des Mitarbeiters nach § 4 zu tragen hätte.

§ 9 Berufsständische Versicherungs- oder Versorgungseinrichtungen

Versorgungswerk

(1) Der nach § 17 Abs. 5 Satzung der Zusatzversorgungskasse bei der Zusatzversorgungskasse nicht zu versichernde Mitarbeiter, der in der Rentenversicherung der Angestellten aufgrund des Artikels 2 § 1 AnVNG von der Versicherungspflicht befreit ist, kann auf seinen Antrag für die Zeit, für die er ohne Befreiung bei der Zusatzversorgungskasse zu versichern wäre und für die ihm Dienstbezüge (§ 27 AVR), Urlaubsvergütung (§ 36 AVR) oder Krankenbezüge (§ 37 AVR) zustehen, einen Zuschuss zu den Beiträgen zu dieser Versicherungs- oder Versorgungseinrichtung erhalten.

Zuschuss

(2) Der Zuschuss beträgt die Hälfte des monatlichen Beitrages, jedoch nicht mehr als den Betrag, den der Dienstgeber bei einer freiwilligen Versicherung des Mitarbeiters nach § 4 zu tragen hätte.

§ 10 Weitere Regelungen

neue Bundesländer

Diese Bestimmungen finden im Gebiet der Bundesländer Mecklenburg-Vorpommern, Brandenburg, Sachsen-Anhalt, Thüringen und Sachsen sowie in dem Teil des Landes Berlin, für den das Grundgesetz bis einschließlich 2. Oktober 1990 nicht galt, ab 1. Januar 1997 Anwendung.

Versorgungsordnung B (VersO B)

siehe Anlage 1 Abschnitt XIII

[1]Die „Ständige Arbeitsrechtliche Kommission" hat am 15. Oktober 1965 die nachstehende Versorgungsordnung für die Mitarbeiter im Geltungsbereich der AVR beschlossen und mit Wirkung vom 1. April 1966 in Kraft gesetzt. [2]Diese bezweckt eine Alters-, Invaliden- und Hinterbliebenenversorgung für Mitarbeiter durch Entrichtung von Versicherungsbeiträgen.

§ 1 Geltungsbereich

Versicherte

(1) Der Versicherungspflicht unterliegt vom Beginn des Dienst- und Ausbildungsverhältnisses an der Mitarbeiter bzw. der gemäß Buchstabe A, B und E der Anlage 7 zu seiner Ausbildung Beschäftigte,

a) der das 17. Lebensjahr vollendet hat und

b) auf dessen Dienst- bzw. Ausbildungsverhältnis die AVR Anwendung finden (§ 2 AVR).

> *Anmerkung zu Absatz 1:*
>
> [1]Der Verweis auf die Buchstaben A, B und E der Anlage 7 bezieht sich auf die am 20. September 2018 geltende Fassung der Anlage 7 AVR. [2]Die genannten Regelungen der Versorgungsordnung B gelten auch, soweit auf ein solches Ausbildungsverhältnis nach dem 1. April 2022 die Regelungen der ab 1. August 2021 geltenden Fassung der Anlage 7 AVR Anwendung finden.

Ausnahme

(2) Ausgenommen von der Versicherungspflicht ist ein Mitarbeiter,

a) der aus der gesetzlichen Rentenversicherung Altersruhegeld oder Renten wegen verminderter Erwerbsfähigkeit erhält,

b) der für nicht mehr als sechs Monate eingestellt wird, es sei denn, dass er bis zum Beginn des Dienstverhältnisses bei der Selbsthilfe zusatzversichert gewesen ist,

c) der nicht in der gesetzlichen Rentenversicherung zu versichern ist.

A ZusAV

§ 2 Versicherung

Versicherung

[1]Die Zusatzversorgung erfolgt durch Abschluss einer Zusatzrentenversicherung bei der „Pensionskasse der Caritas VVaG" nach Maßgabe dieser Versorgungsordnung. [2]Die Ansprüche der Versicherten bestimmen sich nach der Satzung der Pensionskasse der Caritas.

§ 3 Anmeldung und Abmeldung

Beginn

(1) [1]Der Dienstgeber meldet den Mitarbeiter mit Beginn des versicherungspflichtigen Dienst- bzw. Ausbildungsverhältnisses bei der Pensionskasse der Caritas an. [2]Die Aufnahme des Mitarbeiters in die Pensionskasse der Caritas wird diesem durch Zustellung eines Mitgliedsausweises, dem Dienstgeber durch eine entsprechende Bestätigung nachgewiesen.

Ende

(2) [1]Der Dienstgeber meldet den Mitarbeiter mit Ende des versicherungspflichtigen Dienst- bzw. Ausbildungsverhältnisses bei der Pensionskasse der Caritas ab. [2]Die vollzogene Abmeldung wird dem Versicherten von der Pensionskasse der Caritas bestätigt; gleichzeitig wird der Versicherte unter Angabe der erreichten Rentenanwartschaft davon in Kenntnis gesetzt, welche Möglichkeiten zur Fortsetzung des Versicherungsverhältnisses durch Beitragsfreistellung (§ 5) oder durch Begründung einer freiwilligen Mitgliedschaft (§ 6) bestehen.

§ 4 Beiträge

Beiträge

(1) [1]Die Beiträge zur Zusatzversicherung trägt der Dienstgeber. [2]Er trägt des Weiteren die auf die Beiträge entfallende Lohnsteuer, solange die rechtliche Möglichkeit der Pauschalierung der Lohnsteuer gegeben ist. [3]Beitragspflicht besteht für den Zeitraum, für den dem Mitarbeiter ein Anspruch auf Dienstbezüge (§ 27 AVR), Urlaubsvergütung (§ 36 AVR) oder Krankenbezüge (§ 37 AVR) oder auf Sozialbezüge nach §§ 15 bis 49 AVR zusteht.

Beitragsgrundlage

(2) [1]Der Beitrag der Zusatzversicherung (Pflichtversicherung) ist vom versicherungspflichtigen Beschäftigungsentgelt mit einem Beitragssatz von 7,5 v.H. zu berechnen. [2]Als versicherungspflichtiges Beschäftigungsentgelt ist zu berücksichtigen:

a) Dienstbezüge (§ 27 AVR), Urlaubsvergütung (§ 36 AVR) oder Krankenbezüge (§ 37 AVR),

b) tarifliche monatliche Zulagen für besondere Tätigkeiten (z. B. Wechselschicht- und Schichtzulage, Wohn- und Werkstattzulage, Pflegezulage),

c) Vergütung für Bereitschafts- und Rufbereitschaftsdienste sowie Zuschläge für Überstunden.

Zusatzbeitrag

(3) Überschreitet das versicherungspflichtige Beschäftigungsentgelt die jeweils gültige Beitragsbemessungsgrenze in der gesetzlichen Rentenversicherung, ist für den übersteigenden Anteil des Beschäftigungsentgelts ein zusätzlicher Beitrag in Höhe von 9 v.H. zu entrichten.

Versicherungsverhältnisse vor dem 01.01.1997

(3a) Für Versicherungsverhältnisse, die vor dem 1. Januar 1997 begründet wurden, seither ununterbrochen bestehen und in denen bereits vor diesem Zeitpunkt das versicherungspflichtige Beschäftigungsentgelt die jeweils gültige Beitragsbemessungsgrenze in der gesetzlichen Rentenversicherung überschritten hat oder bis zum 31. Dezember 2006 noch überschreiten wird, ist für den übersteigenden Anteil des Beschäftigungsentgelts ein zusätzlicher Beitrag in der Höhe zu entrichten, der sich aus der Multiplikation dieses Anteils mit dem jeweils gültigen Beitragssatz in der gesetzlichen Rentenversicherung ergibt.

freiwillige Zusatzversicherung

(4) [1]Dem Mitarbeiter steht es frei, eine höhere Rentenanwartschaft durch zusätzliche Beiträge oder einen zweiten Rentenvertrag (freiwillige Versicherung) sicherzustellen. [2]Die hierfür erforderlichen Beiträge hat er selbst zu tragen.

Nachweis

(5) Die Pflichtbeiträge sind der Pensionskasse der Caritas monatlich durch den Dienstgeber für jeden einzelnen Versicherten nachzuweisen; die Beiträge sind unverzüglich nach Erstellung der monatlichen Gehaltsabrechnung in einer Summe an die Pensionskasse der Caritas abzuführen.

§ 5 Beitragsfreie Zeiten

Beitragsfreiheit

(1) Beitragspflicht besteht nicht für Zeiten, für die der Mitarbeiter keinen Anspruch auf Dienstbezüge (§ 27 AVR) oder auf Sozialbezüge nach §§ 15 bis 49 AVR hat.

(2) [1]Entfällt wegen Beendigung des Dienst- bzw. Ausbildungsverhältnisses die Beitragspflicht des Dienstgebers für ein bestehendes Versicherungsverhältnis, ohne dass der Versicherte von der Möglichkeit der freiwilligen Beitragsentrichtung gemäß § 6 Gebrauch macht, wird das Versicherungsverhältnis beitragsfrei fortge-

setzt. [2]In diesem Fall wird eine Rentenanwartschaft nach Maßgabe des zum Zeitpunkt der Beitragsfreistellung vorhandenen Deckungskapitals berechnet. [3]Der Anspruch des Versicherten auf Teilnahme an künftigen Leistungserhöhungen aus der satzungsmäßigen Überschussverwendung bleibt von der Beitragsfreistellung unberührt.

(3) Wird die versicherungspflichtige Tätigkeit wegen des Eintritts einer verminderten Erwerbsfähigkeit beendet, so wird das Versicherungsverhältnis bis zur Vorlage des Rentenbescheides der gesetzlichen Rentenversicherung, höchstens jedoch für die Dauer von drei Monaten, ohne Beitragsleistung fortgesetzt; das Versicherungsverhältnis wird beitragsfrei gestellt, wenn der Rentenbescheid binnen der vorgenannten Frist nicht vorgelegt wird.

§ 6 Freiwillige Versicherung

freiwillige Versicherung in Zeiten der Beitragsfreiheit

[1]Entfällt die Beitragspflicht des Dienstgebers für eine bestehende Versicherung, so kann der Versicherte die bisherige Pflichtversicherung nach Maßgabe der Satzung der Pensionskasse der Caritas mit eigener Beitragsleistung als freiwillige Versicherung fortführen. [2]Hinsichtlich der Beitragshöhe kann der Versicherte jeden Beitrag wählen zwischen dem tariflichen Mindestbeitrag und dem vom Dienstgeber für den letzten vollen Beschäftigungsmonat abgeführten Pflichtbeitrag.

§ 7 Arbeitsplatzwechsel

Stellenwechsel

Scheidet ein bei der Pensionskasse der Caritas pflichtversicherter Mitarbeiter aus dem Dienst- bzw. Ausbildungsverhältnis aus und nimmt er eine Tätigkeit bei einem Dienstgeber auf, der die Versorgungsordnung B anwendet, so ist die begonnene Pflichtversicherung fortzusetzen.

§ 8 Schlussbestimmungen

Anerkennung durch die Arbeitsrechtliche Kommission

[1]Soweit Dienstgeber vor Inkrafttreten dieser Versorgungsordnung B für ihre Mitarbeiter gleichwertige Maßnahmen zur Alterssicherung getroffen haben, werden diese als Ersatzregelung durch die „Arbeitsrechtliche Kommission“ auf Antrag dann anerkannt, wenn die Gleichwertigkeit nachgewiesen wird. [2]Sofern Gleichwertigkeit nicht vorliegt, ist der Differenzanspruch zu ermitteln und durch eine Zusatzrente nach Maßgabe der Versorgungsordnung B zu decken. [3]Die vorstehende Versorgungsordnung ist unter Wahrung des Grundsatzes von Treu und Glauben auszulegen und veränderten Verhältnissen in diesem Sinn anzupassen.

§ 8a Versicherung bei anderer Versorgungseinrichtung

Zusatzrentenversicherung bei der Pensionskasse der Caritas VVaG

(1) [1]Ist abweichend von § 2 der Abschluss einer Zusatzrentenversicherung bei der „Pensionskasse der Caritas VVaG“ aus auf deren Seite liegenden rechtlichen Gründen ausgeschlossen, erfolgt statt dessen die Zusatzversorgung durch Abschluss einer Zusatzrentenversicherung bei der „Kölner Pensionskasse VVaG“, sofern diese für die Versicherung einen identischen Tarif anbietet, wie er mit Stand vom 30. April 2018 von der Pensionskasse der Caritas VVaG für das Versicherungsverhältnis angeboten worden wäre. [2]Soweit die Voraussetzungen vorliegen, kann eine solche Zusatzrentenversicherung durch den Dienstgeber auf die „Pensionskasse der Caritas VVaG“ ohne Änderung der Anwartschaft übergeleitet werden.

(2) [1]Die übrigen Bestimmungen dieser Versorgungsordnung finden für eine Versorgung nach dem Absatz 1 entsprechende Anwendung. [2]§ 9 findet mit der Maßgabe Anwendung, dass dessen Absatz 6 im Falle einer Versorgung nach Absatz 2 entsprechend auch für den Fall gilt, dass das Versicherungsunternehmen keine Eigenbeiträge zulässt. [3]Die entsprechende Anwendung des § 9 Abs. 6 erfolgt auch für am 30. April 2018 bestehende Zusatzversicherungen, solange eine Höherversicherung bei der Pensionskasse der Caritas VVaG aus rechtlichen Gründen, die auch den Abschluss einer Zusatzversicherung im Sinne des Absatzes 1 hindern, ausgeschlossen ist. [4]Wendet der Mitarbeiter im Fall des Satzes 3 zu den in § 9 Abs. 6 Satz 1 genannten Terminen zusätzlich die dort genannten Mindest-Entgeltumwandlungen auf, wird der Dienstgeber diese im Rahmen der Steuerfreiheit nach § 3 Nr. 63 EStG, der Möglichkeit der pauschalen Versteuerung nach § 40b EStG in der am 31. Dezember 2004 geltenden Fassung und der Sozialversicherungsfreiheit § 1 Abs. 1 Nr. 4 bzw. Nr. 6 SvEV mit demselben Vomhundertsatz des versicherungspflichtigen Beschäftigungsentgelts abzüglich 15 v.H. des sich aus der Entgeltumwandlung ergebenden Beitrags bezuschussen.

(3) § 8a ist befristet bis zum 30. Juni 2019.

§ 9 Weitere Regelungen

neue Bundesländer

(1) Die Bestimmungen dieser Versorgungsordnung finden im Gebiet der Bundesländer Mecklenburg-Vorpommern, Brandenburg, Sachsen-Anhalt, Thüringen und Sachsen sowie in dem Teil des Landes Berlin, für den das Grundgesetz bis einschließlich 2. Oktober 1990 nicht galt, ab 1. Januar 1997 Anwendung.

Beitragssatz

(2) Abweichend von § 4 Abs. 2 Satz 1 und ergänzend zu § 4 Abs. 1 Satz 1 wird der Beitragssatz nach § 4 Abs. 2 Satz 1 für Einrichtungen in dem in Absatz 1 genannten Gebiet mit 1,5 v.H., ab dem 1. April 2018 mit 2,5 v.H., ab dem 1. April 2019 mit 4,5 v.H. und ab dem 1. April 2020 mit 5,5 v.H. gerechnet.

Eigenbeitrag

(3) [1]In diesem Gebiet beteiligen sich die Mitarbeiter an diesen Beiträgen mit einem Eigenbeitrag im Sinne von § 1 Abs. 2 Nr. 4 BetrAVG ab dem 1. April 2019 mit 1 v.H. und ab dem 1. April 2020 mit 1,5 v.H. des versicherungspflichtigen Beschäftigungsentgelts. [2]§ 1a Abs. 2 bis 5 der Versorgungsordnung A finden entsprechende Anwendung.

Abführen der Beiträge

(4) [1]Der Dienstgeber führt die Beiträge als Schuldner nach § 4 Abs. 5 an die Kasse ab. [2]Dies umfasst auch die Eigenbeiträge der Beschäftigten. [3]Der Dienstgeber behält den Eigenbeitrag des Beschäftigten vom Arbeitsentgelt des Beschäftigten ein. [4]Die Beteiligung erfolgt für jeden Kalendermonat des Zeitraums der Beitragspflicht, für den der Beschäftigte einen Anspruch auf Bezüge (Entgelt, sonstige Zuwendungen, Krankenbezüge) oder einen Anspruch auf Krankengeldzuschuss hat, auch wenn dieser wegen der Höhe der Barleistungen des Sozialversicherungsträgers nicht gezahlt wird.

Ausschluss Förderung

(5) Der Anspruch des Beschäftigten nach § 1 Abs. 2 Nr. 4 zweiter Halbsatz BetrAVG in Verbindung mit § 1a Abs. 3 BetrAVG, zu verlangen, dass die Voraussetzungen für eine Förderung nach den §§ 10a, 82 Abs. 2 EStG erfüllt werden, ist für die Pflichtversicherung ausgeschlossen, wenn die Versicherungsbedingungen der Kasse diese Förderungsmöglichkeit nicht ausdrücklich vorsehen.

(6) [1]Der Eigenbeitrag nach Absatz 3 entfällt, wenn der Mitarbeiter für eine Entgeltumwandlung im Sinne des Beschlusses der Zentral-KODA vom 15. April 2002 in seiner jeweiligen Fassung ab dem 1. April 2019 von mindestens 1 v.H., ab dem 1. April 2020 von mindestens 1,5 v.H. des versicherungspflichtigen Beschäftigungsentgelts im Kalenderjahr aufwendet. [2]In diesem Fall vermindert sich der dem vom Dienstgeber abzuführenden Beitrag zugrunde liegende Beitragssatz um den jeweils geltenden Beitragssatz des Eigenbeitrags des Mitarbeiters.

Entgeltumwandlung

§ 10 Geltung der Versorgungsordnung B

Abweichend von § 1 besteht eine Versicherungspflicht nur, wenn das Dienst- und Ausbildungsverhältnis des Mitarbeiters bzw. des gemäß Buchstabe A, B und E der Anlage 7 AVR zu seiner Ausbildung Beschäftigten vor dem 20. September 2018 begonnen wurde und die Zusatzrentenversicherung des betreffenden Mitarbeiters bei der Pensionskasse der Caritas VVaG (§ 2) oder der Kölner Pensionskasse VVaG (§ 8a) vor dem 20. September 2018 wirksam abgeschlossen war.

Geltungsbereich

> *Anmerkung:*
>
> Der Verweis auf die Buchstaben A, B und E der Anlage 7 bezieht sich auf die am 20. September 2018 geltende Fassung der Anlage 7 AVR. Die genannten Regelungen der Versorgungsordnung B gelten auch, soweit auf ein solches Ausbildungsverhältnis nach dem 1. April 2022 die Regelungen der ab 1. August 2021 geltenden Fassung der Anlage 7 AVR Anwendung finden.

A ZusAV

Versorgungsordnung C (VersO C)

[1]Die „Ständige Arbeitsrechtliche Kommission“ hat am 15. Oktober 1965 die Versorgungsordnung B für die Mitarbeiter im Geltungsbereich der AVR beschlossen und mit Wirkung vom 1. April 1966 in Kraft gesetzt. [2]Diese bezweckt eine Alters- und Hinterbliebenenversorgung für Mitarbeiter durch Entrichtung von Versicherungsbeiträgen. [3]Die Bundeskommission der Arbeitsrechtlichen Kommission hat mit der nachstehenden Versorgungsordnung C die Versorgungsordnung B mit Wirkung vom 1. Juli 2019 für ab dem 1. Januar 2019 erfolgende neue Zusagen zur Zusatzversorgung angepasst.

§ 1 Geltungsbereich

(1) Der Versicherungspflicht unterliegt vom Beginn des Dienst- und Ausbildungsverhältnisses an der Mitarbeiter bzw. der gemäß Anhang Auszubildende zu seiner Ausbildung Beschäftigte,

Versicherte

a) der das 15. Lebensjahr vollendet hat und

b) auf dessen Dienst- bzw. Ausbildungsverhältnis die AVR Anwendung finden (§ 2 AVR).

Ausnahme

(2) [1]Ausgenommen von der Versicherungspflicht ist ein Mitarbeiter oder zu seiner Ausbildung Beschäftigter,

a) der aus der gesetzlichen Rentenversicherung Altersruhegeld oder Renten wegen verminderter Erwerbsfähigkeit erhält,

b) der für nicht mehr als sechs Monate eingestellt wird und wegen dieser Befristung eine Wartezeit oder Aufschubzeit des Versicherungsvertrages nach § 2 nicht erfüllen kann oder

c) der nicht in der gesetzlichen Rentenversicherung zu versichern ist.

[2]Erfolgt im Falle des Satzes 1 Buchst. b eine Weiterbeschäftigung nach Ablauf der ursprünglichen Beschäftigung, besteht ab dem Weiterbeschäftigungsbeginn eine Versicherungspflicht mit einer Beitragspflicht auch für den Zeitraum der ursprünglich vorgesehenen Beschäftigung.

§ 2 Versicherung

Versicherung

(1) [1]Die Zusatzversorgung erfolgt durch den Abschluss eines Versicherungsvertrages durch den Dienstgeber nach Maßgabe einer zwischen dem Versicherungsunternehmen (Versicherer) und dem Deutschen Caritasverband e.V. mit Zustimmung der Bundeskommission der Arbeitsrechtlichen Kommission abgeschlossenen Rahmenvereinbarung. [2]Die Auswahl des Versicherers zu einer solchen Rahmenvereinbarung erfolgt durch die Arbeitsrechtliche Kommission unter Beteiligung des Deutschen Caritasverbandes e.V.

Rahmenvereinbarung

(2) [1]Die Rahmenvereinbarung kann nach Bestimmung durch die Arbeitsrechtliche Kommission einen oder mehrere Angebotsverträge enthalten. [2]Mindestens ein Angebotsvertrag muss zu einer beitragsorientierten Leistungszusage (§ 1 Abs. 2 Nr. 1 BetrAVG) führen. [3]Soweit mehr als ein Angebotsvertrag enthalten ist, können in der Rahmenvereinbarung der oder die weiteren Angebotsverträge auf die Nutzung für die Sicherstellung zusätzlicher Anwartschaften durch Entgeltumwandlung nach § 4 Abs. 3 beschränkt oder Altersgrenzen zur Bestimmung des für den Mitarbeiter geltenden Angebotsvertrages vorgesehen werden. [4]Erfolgt keine solche Bestimmung, erfolgt die Auswahl durch den Mitarbeiter zu Beginn des versicherungspflichtigen Dienst- bzw. Ausbildungsverhältnisses.

§ 3 Anmeldung und Abmeldung

Anmeldung

(1) [1]Der Dienstgeber meldet den Mitarbeiter mit Beginn des versicherungspflichtigen Dienst- bzw. Ausbildungsverhältnisses bei dem Versicherer an und teilt dem Mitarbeiter dieses in geeigneter Weise mit. [2]Das Versicherungsverhältnis wird vom Dienstgeber nach seinem Zustandekommen dem Mitarbeiter in geeigneter Weise in Textform unverzüglich, spätestens mit der darauf folgenden Entgeltabrechnung, nachgewiesen. [3]Der Dienstgeber wird Versicherungsnehmer, der Mitarbeiter Versicherter.

Abmeldung

(2) [1]Der Dienstgeber meldet den Mitarbeiter mit Ende des versicherungspflichtigen Dienst- bzw. Ausbildungsverhältnisses bei dem Versicherer ab. [2]Die vollzogene Abmeldung wird dem Versicherten durch den Dienstgeber unverzüglich in geeigneter Weise in Textform nachgewiesen; gleichzeitig wird der Versicherte unter Angabe der erreichten Rentenanwartschaft davon in Kenntnis gesetzt, welche Möglichkeiten zur Fortsetzung des Versicherungsverhältnisses bestehen.

§ 4 Beiträge

(1) [1]Die Beiträge zur Zusatzversicherung (Pflichtversicherung) trägt der Dienstgeber. [2]Beitragspflicht besteht für den Zeitraum, für den dem Mitarbeiter ein Anspruch auf Dienstbezüge (§ 27 AVR) oder auf Sozialbezüge nach §§ 15 bis 49 AVR zusteht.

Beiträge zur Pflichtversicherung

(2) [1]Der Beitrag der Zusatzversicherung ist vom versicherungspflichtigen Beschäftigungsentgelt mit einem Beitragssatz von 7,5 v.H. zu berechnen. [2]Als versicherungspflichtiges Beschäftigungsentgelt ist zu berücksichtigen

Beitragssatz

a) Dienstbezüge (§ 27 AVR),

b) tarifliche monatliche Zulagen für besondere Tätigkeiten (z.B. Wechselschicht- und Schichtzulage, Wohn- und Werkstattzulage, Pflegezulage),

c) Vergütung für Bereitschafts- und Rufbereitschaftsdienste sowie Zuschläge für Überstunden.

(3) Dem Mitarbeiter steht es frei, eine zusätzliche Anwartschaft durch eine Entgeltumwandlung (§ 1 Abs. 2 Nr. 3 BetrAVG) in einem weiteren Versicherungsvertrag sicherzustellen.

Anwartschaft

(4) [1]Der Dienstgeber erbringt die Beiträge an den Versicherer monatlich nach Maßgabe des sich aus der jeweiligen monatlichen Entgeltabrechnung ergebenden versicherungspflichtigen Beschäftigungsentgelts. [2]Unregelmäßig oder einmalig anfallende Entgeltbestandteile werden auch bei einem zwischenzeitlich erfolgenden Jahreswechsel in dem Kalendermonat berücksichtigt, in dem sie endgültig in der Entgeltabrechnung berechnet werden. [3]Soweit sich durch steuer- und sozialversicherungsrechtlich zulässige Rückrechnung eine Änderung des kalenderjährlichen versicherungspflichtigen Beschäftigungsentgelts ergibt, wird die sich daraus ergebende Änderung des Beitrags bei der Beitragshöhe des Kalenderjahres berücksichtigt, in dem die Rückrechnung erfolgt.

Pflicht des Dienstgebers

A ZusAV

(5) [1]Die Steuer- und Sozialversicherungspflicht für die Beiträge richtet sich nach den gesetzlichen Vorschriften. [2]Der Dienstgeber trägt eine auf die Beiträge entfallende pauschalierte Lohnsteuer, solange die rechtliche Möglichkeit der Pauschalierung gegeben ist.

Steuer- und Sozialversicherungspflicht

§ 5 Beitragsfreie Zeiten

(1) Beitragspflicht besteht nicht für Zeiten, für die der Mitarbeiter keinen Anspruch auf Dienstbezüge (§ 27 AVR) oder auf Sozialbezüge nach §§ 15 bis 49 AVR hat.

keine Beitragspflicht

(2) [1]Sofern die Versicherungsbedingungen des Versicherungsvertrages dies zulassen, kann der Mitarbeiter in den Zeiten, in denen nach Absatz 1 keine Beitragspflicht besteht, diesen mit eigenen Beiträgen fortführen. [2]Die hieraus entstehenden Anwartschaften und Ansprüche des Mitarbeiters sind keine solchen nach § 1 Abs. 1 S. 3 BetrAVG, soweit die eigenen Beiträge nicht durch eine Entgeltumwandlung im Anschluss an diese Zeiten erbracht wurden.

Fortführen mit eigenen Beiträgen

(3) [1]Entfällt wegen Beendigung des Dienst- bzw. Ausbildungsverhältnisses die Beitragspflicht des Dienstgebers für ein bestehendes Versicherungsverhältnis, ohne dass der Versicherte von der Möglichkeit der Fortführung der Versicherung gemäß § 6 Gebrauch macht, wird das Versicherungsverhältnis beitragsfrei fortgesetzt. [2]In

beitragsfreie Fortsetzung des Versicherungsverhältnisses

diesem Fall wird eine Anwartschaft nach Maßgabe des zum Zeitpunkt der Beitragsfreistellung vorhandenen Deckungskapitals berechnet. [3]Der Anspruch des Versicherten auf Teilnahme an künftigen Leistungserhöhungen aus der satzungsmäßigen Überschussverwendung bleibt von der Beitragsfreistellung unberührt.

§ 6 Fortführung durch den Versicherten

Fortführen der Versicherung bei Ende des Dienstverhältnisses

[1]Entfällt die Beitragspflicht des Dienstgebers für eine bestehende Versicherung wegen des Endes des Dienstverhältnisses, so kann der Versicherte nach Maßgabe des Versicherungsvertrages die Versicherung als eigene Versicherung mit eigenen Beiträgen fortführen. [2]Diejenigen Anwartschaften, die nach dem Ausscheiden in einer so fortgeführten Versicherung entstehen, führen nicht zu einer betriebsrentenrechtlichen Verpflichtung des Dienstgebers, soweit sie nicht die aus den Pflichtbeiträgen entstehenden Überschussanteile betreffen. [3]Bei Fortführung als eigene Versicherung ist eine Kündigung der Versicherung oder deren mit dem Versicherer einvernehmliche Aufhebung ohne Zustimmung des Dienstgebers ausgeschlossen.

§ 7 Dienstgeberwechsel

Fortführen der Versicherung bei Dienstgeberwechsel

Scheidet ein bei dem Versicherer pflichtversicherter Mitarbeiter aus dem Dienst- bzw. Ausbildungsverhältnis aus und nimmt er eine Tätigkeit bei einem Dienstgeber auf, der ebenfalls die Pflichtversicherung bei diesem Versicherer nach der Versorgungsordnung C anwendet, so ist die begonnene Pflichtversicherung durch diesen Dienstgeber fortzusetzen, soweit die Versicherungsbedingungen dies zulassen.

§ 8 Weitere Regelungen

neue Bundesländer

(1) Die Bestimmungen dieser Versorgungsordnung finden im Gebiet der Bundesländer Mecklenburg-Vorpommern, Brandenburg, Sachsen-Anhalt, Thüringen und Sachsen sowie in dem Teil des Landes Berlin, für den das Grundgesetz bis einschließlich 2. Oktober 1990 nicht galt, mit den folgenden Maßgaben Anwendung.

Beitragssatz

(2) Abweichend von § 4 Abs. 2 Satz 1 und ergänzend zu § 4 Abs. 1 Satz 1 wird der Beitragssatz nach § 4 Abs. 2 Satz 1 für Einrichtungen in dem in Absatz 1 genannten Gebiet mit 2,5 v.H., ab dem 1. April 2019 mit 4,5 v.H. und ab dem 1. April 2020 mit 5,5 v.H. gerechnet.

Eigenbeitrag

(3) [1]In diesem Gebiet beteiligen sich die Mitarbeiter an diesen Beiträgen mit einem Eigenbeitrag im Sinne von § 1 Abs. 2 Nr. 4 BetrAVG ab dem 1. April 2019 mit 1 v.H. und ab dem 1. April 2020 mit 1,5 v.H. des versicherungspflichtigen Beschäftigungsentgelts. [2]§ 1a Absätze 2 bis 5 der Versorgungsordnung A finden entsprechende Anwendung.

Abführen der Beiträge

(4) [1]Der Dienstgeber führt die Beiträge als Schuldner nach § 4 Abs. 4 an die Versicherung ab. [2]Dies umfasst auch die Eigenbeiträge der Beschäftigten. [3]Der Dienstgeber behält den Eigenbeitrag des Beschäftigten vom Arbeitsentgelt des Beschäftigten ein. [4]Die Beteiligung erfolgt für jeden Kalendermonat des Zeitraums der Beitragspflicht, für den der Beschäftigte einen Anspruch auf Bezüge (Entgelt, sonstige Zuwendungen, Krankenbezüge) oder einen Anspruch auf Krankengeld-

zuschuss hat, auch wenn dieser wegen der Höhe der Barleistungen des Sozialversicherungsträgers nicht gezahlt wird.

(5) Der Anspruch des Beschäftigten nach § 1 Abs. 2 Nr. 4 zweiter Halbsatz BetrAVG in Verbindung mit § 1a Abs. 3 BetrAVG, zu verlangen, dass die Voraussetzungen für eine Förderung nach den §§ 10a, 82 Abs. 2 EStG erfüllt werden, ist für die Pflichtversicherung ausgeschlossen, wenn die Versicherungsbedingungen der Versicherung diese Förderungsmöglichkeit nicht ausdrücklich vorsehen.

Ausschluss Förderung

(6) [1]Der Eigenbeitrag nach Absatz 3 entfällt, wenn der Mitarbeiter für eine Entgeltumwandlung im Sinne des Beschlusses der Zentral-KODA vom 15. April 2002 in seiner jeweiligen Fassung ab dem 1. April 2019 von mindestens 1 v.H. ab dem 1. April 2020 von mindestens 1,5 v.H. des versicherungspflichtigen Beschäftigungsentgelts im Kalenderjahr aufwendet. [2]In diesem Fall vermindert sich der dem vom Dienstgeber abzuführenden Beitrag zugrunde liegende Beitragssatz um den jeweils geltenden Beitragssatz des Eigenbeitrags des Mitarbeiters.

Entgelt-umwandlung

§ 9 Inkrafttreten und Übergangsregelung

(1) Diese Regelung tritt am 1. Juli 2019 in Kraft.

Inkrafttreten

(2) [1]Soweit bei Inkrafttreten dieser Versorgungsordnung C bestehende Dienstverhältnisse bereits am 1. Januar 2019 bestanden haben und für diese keine Zusatzversorgung bei der Pensionskasse der Caritas VVaG oder der Kölner Pensionskasse bewirkt wurde, entrichtet der Dienstgeber auch Beiträge für die Beschäftigungszeiten des Jahres 2019, die vor dem Versicherungsbeginn lagen. [2]Für im Laufe des Kalenderjahres 2019 begonnene, bei Inkrafttreten dieser Versorgungsordnung C noch bestehende Dienstverhältnisse gilt dies entsprechend für Beiträge ab dem Beginn des Dienstverhältnisses.

Geltungsbereich

(3) Im Jahr 2019 reicht es aus, wenn die Anmeldung zu der Versicherung und die Beitragszahlung unter Beibehaltung des in dieser Ordnung vorgesehenen jeweiligen Beginns der Versicherung erst zum Ende des Kalenderjahres mit Wirkung für das Jahr 2019 erfolgt.

Anmeldung

(4) [1]Die Verzinsung der nach Absatz 2 für vor Versicherungsbeginn entrichtete Beiträge und für nach Absatz 3 bis zum Ende des Kalenderjahres 2019 erbrachte Beiträge richtet sich nach den Bedingungen des Versicherungsvertrages. [2]Ein darüber hinausgehender Anspruch auf eine Verzinsung für den Zeitraum vor der Beitragszahlung besteht insoweit nicht.

Verzinsung

(5) [1]Versorgungsordnung B findet weiterhin auf solche Mitarbeiter Anwendung, für die die Zusatzversorgung bei der Pensionskasse der Caritas VVaG oder der Kölner Pensionskasse VVaG bewirkt wird. [2]Dies gilt auch für solche Mitarbeiter, für die eine Maßnahme nach § 8 der Versorgungsordnung B Anwendung findet.

Anwendung

(6) [1]Der Dienstgeber kann bis zum 1. Januar 2021 die Versicherungsverträge der Mitarbeiter nach Absatz 5 per 1. Januar 2020 oder 1. Januar 2021 beitragsfrei stellen, soweit dies die Versicherungsbedingungen der in Absatz 5 genannten Pensionskassen zulassen. [2]Voraussetzung für die Anwendung des Satzes 1 ist, dass der Dienstgeber zum selben Termin in entsprechender Anwendung des § 3 Abs. 1 eine Anmeldung des Mitarbeiters vornimmt und der Mitarbeiter der Beitragsfreistellung zugestimmt hatte. [3]Auf die Beitragsfreistellung findet § 5 Abs. 3 entsprechende Anwendung.

Freistellung

Entgelt-umwandlung

(7) [1]Soweit nach Absatz 5 die Versorgungsordnung B Anwendung findet, kann für die Durchführung der Entgeltumwandlung nach dem Beschluss der Zentral-KODA vom 15. April 2002 in der jeweils geltenden Fassung die Versicherung nach § 4 Abs. 3 genutzt werden, soweit der Versicherer dies in seinen Bedingungen zulässt. [2]In diesem Fall gilt ein sachlicher Grund im Sinne des Absatz 1 Satz 3 des Beschlusses der Zentral-KODA als gegeben.

Anhang Beihilfen

Inhalt

Teil I. Ordnung über die Gewährung von Beihilfen in Krankheits-, Geburts- und Todesfällen

Anspruch

(1) [1]Der Mitarbeiter hat nach Maßgabe der nachstehenden Bestimmungen der Absätze 2 bis 7 Anspruch auf Beihilfe.

[2]Abweichend von Satz 1 hat keinen Anspruch auf Beihilfe:

a) der Mitarbeiter, der aufgrund seiner Tätigkeit im öffentlichen Dienst eine Beihilfeberechtigung hat,

b) der krankenversicherungspflichtige Mitarbeiter, der aufgrund der Tätigkeit seines Ehegatten im öffentlichen Dienst im Beihilfefalle eine berücksichtigungsfähige oder selbst beihilfeberechtigte Person darstellt.

[3]Aufwendungen im Sinne des § 9 der Beihilfevorschriften (Bund) sind nicht beihilfefähig. [4]Innerhalb eines über den 31. Dezember 1991 hinaus fortbestehenden Dienstverhältnisses bleiben solche Aufwendungen jedoch bis zum 31. Dezember 1992 weiter beihilfefähig, wenn für solche Aufwendungen für dieselbe Person vor dem 1. Januar 1992 Beihilfe zu gewähren war. [5]Diese Regelung gilt, soweit eine diözesane Regelung nichts anderes bestimmt.

A Beih.

Diözese

(2) In Dienststellen und Einrichtungen, die in einer Diözese ihren Sitz haben, in der eine Beihilfeordnung (Beihilfevorschriften) rechtsverbindlich durch eine entsprechende Veröffentlichung im Amtsblatt erlassen wurde, regelt sich der Anspruch des Mitarbeiters auf Beihilfe nach dieser Ordnung.

Bundesland

(3) Soweit in einer Diözese keine Beihilfeordnung im Sinne des Absatz 2 erlassen wurde, regelt sich bis zum Inkrafttreten einer solchen der Anspruch des Mitarbeiters auf Beihilfe nach den Beihilfevorschriften, die jeweils für die Angestellten des Bundeslandes Anwendung finden, in dem die Dienststelle oder Einrichtung ihren Sitz hat.

kirchliche Grundsätze

(4) Beihilfen werden nicht gewährt zu Aufwendungen aus Anlass medizinischer Eingriffe (z.B. Schwangerschaftsabbrüche und Sterilisationen), die gegen kirchliche Grundsätze verstoßen.

Antrag

(5) [1]Die Beihilfen werden nur auf Antrag gewährt. [2]Der Antrag ist beim Dienstgeber zu stellen. [3]Die Beihilfe ist vom Dienstgeber zu zahlen.

(6) Beihilfen sind nicht zusatzversorgungspflichtig.

(7) Dieser Teil findet keine Anwendung im Gebiet der Bundesländer Mecklenburg-Vorpommern, Brandenburg, Sachsen-Anhalt, Thüringen und Sachsen sowie in dem Teil des Bundeslandes Berlin, für den das Grundgesetz bis einschließlich 2. Oktober 1990 nicht galt.

Teil II. Geburtsbeihilfe

Antrag

mehrere Dienstverhältnisse

[1]Der Mitarbeiter erhält bei der Geburt eines Kindes auf Antrag eine Geburtsbeihilfe von 358 Euro je Kind. [2]Die Geburtsbeihilfe erhält auch der Mitarbeiter, der ein Kind, das das zweite Lebensjahr noch nicht vollendet hat, als Kind annimmt oder mit dem Ziel der Annahme in seinen Haushalt aufnimmt und die zur Annahme erforderliche Einwilligung der Eltern (§§ 1747 und 1748 BGB) erteilt ist. [3]Die Geburtsbeihilfe ist nicht zusatzversorgungspflichtig. [4]Hat ein Mitarbeiter aus mehreren Dienstverhältnissen im Geltungsbereich der AVR Anspruch auf Geburtsbeihilfe, erhält er diese von den Dienstgebern zu gleichen Anteilen. [5]Haben beide Elternteile aus einem Dienstverhältnis im Geltungsbereich der AVR Anspruch auf Geburtsbeihilfe, erhält diese die Mutter. [6]Wird einem Elternteil in Geburtsfällen nach Teil I. oder aus einem Beschäftigungsverhältnis im kirchlichen oder öffentlichen Dienst oder aus einer Beihilfeversicherung eine Beihilfe oder ähnliche Leistung gewährt, so ist diese auf den Anspruch auf Geburtsbeihilfe für den Mitarbeiter anzurechnen.

Teil III. Bestimmungen über Umzugskostenvergütung und Trennungsgeld

Anspruch

(1) Der Mitarbeiter hat nach Maßgabe der nachstehenden Bestimmungen Anspruch auf Umzugskostenvergütung und Trennungsgeld.

Diözese

(2) In Dienststellen und Einrichtungen, die in einer Diözese ihren Sitz haben, in der Bestimmungen über Umzugskostenvergütung und Trennungsgeld rechtsverbindlich durch eine entsprechende Veröffentlichung im Amtsblatt erlassen wurden, regelt sich der Anspruch des Mitarbeiters auf Umzugskostenvergütung und Trennungsgeld nach dieser Ordnung.

Bundesland

(3) Soweit in einer Diözese keine Bestimmungen über Umzugskostenvergütung und Trennungsgeld im Sinne des Absatz 2 erlassen wurden, regelt sich bis zum Inkrafttreten solcher Bestimmungen der Anspruch des Mitarbeiters auf Umzugskostenvergütung und Trennungsgeld nach dem Umzugskostenrecht, das jeweils für die Angestellten des Bundeslandes Anwendung findet, in dem die Dienststelle oder Einrichtung ihren Sitz hat.

Antrag

(4) [1]Die Umzugskostenvergütung und das Trennungsgeld werden nur auf Antrag gewährt. [2]Der Antrag ist beim Dienstgeber zu stellen. [3]Umzugskostenvergütung und Trennungsgeld ist vom Dienstgeber zu zahlen.

Anhang Auszubildende (Azubis)

Inhalt

Teil I. Allgemeiner Teil

§ 1 Geltungsbereich

(1) [1]Dieser Anhang gilt für Schüler, Auszubildende, Praktikanten nach abgelegtem Examen und Studenten*. [2]Für die besonderen Regelungen finden die einschlägigen Abschnitte des Teils II. ergänzend Anwendung.

Geltungsbereich

(2) Soweit in den AVR nichts anderes geregelt ist, gelten die jeweils einschlägigen gesetzlichen Vorschriften.

AVR; gesetzliche Vorschriften

§ 2 Ausbildungsvertrag

(1) [1]Die Einrichtung als Träger der praktischen Ausbildung schließt mit dem Auszubildenden vor Beginn der Ausbildung einen schriftlichen Ausbildungsvertrag. [2]Zum Ausbildungsvertrag wird von der Einrichtung der mit der Schule abgestimmte Ausbildungsplan nachgewiesen. [3]Der Ausbildungsvertrag muss neben der Bezeichnung des Ausbildungsberufs mindestens enthalten Angaben über

Ausbildungsvertrag und Mindestangaben

a) die maßgebliche Ausbildungs- und Prüfungsordnung in der jeweils geltenden Fassung sowie Art, sachliche und zeitliche Gliederung der Ausbildung,
b) Beginn und Dauer der Ausbildung,
c) Dauer der regelmäßigen täglichen oder wöchentlichen Ausbildungszeit,
d) Dauer der Probezeit,
e) Verpflichtung des Auszubildenden zur Teilnahme an der theoretischen Ausbildung,
f) Zahlung und Höhe des Ausbildungsentgelts,
g) Dauer des Urlaubs,
h) Voraussetzungen, unter denen der Ausbildungsvertrag gekündigt werden kann,
i) die Geltung der AVR sowie einen in allgemeiner Form gehaltenen Hinweis auf die auf das Ausbildungsverhältnis anzuwendenden Dienstvereinbarungen.

(2) [1]Nebenabreden sind nur wirksam, wenn sie schriftlich vereinbart werden. [2]Sie können gesondert gekündigt werden, soweit dies einzelvertraglich vereinbart ist.

Nebenabreden

* Nachfolgend einheitlich als Auszubildende bezeichnet.

A Azubis

§ 3 Ausbildungsvergütung

Ausbildungsvergütung

(1) Der Auszubildende erhält eine monatliche Ausbildungsvergütung nach dem jeweiligen Abschnitt in Teil II.

Berechnung/Auszahlung Bezüge Abschnitt X Anlage 1

(2) [1]Für die Berechnung und Auszahlung der Bezüge gilt § 42 AVR entsprechend. [2]Soweit nicht besonders geregelt gelten für die Zulagen und Zuschläge sowie Bereitschaftsdienst- und Rufbereitschaftsentgelte die Regelungen, die bei dem Träger der praktischen Ausbildung für den Mitarbeiter in dem Beruf gelten, zu dem die Ausbildung erfolgt, entsprechend. [3]Der Zeitzuschlag für Überstunden beträgt 30 v.H. des Stundenentgelts.

Jahresonderzahlung § 35 AVR

(3) Auszubildende erhalten eine Jahressonderzahlung nach § 35 AVR.

Stundenentgelt

(4) [1]Bei der Anwendung dieses Anhangs oder anderer Anhänge auf der Grundlage gilt als Stundenentgelt der auf die Stunde entfallende Anteil der jeweiligen Ausbildungsvergütung. [2]Zur Ermittlung dieses Anteils ist die jeweilige Ausbildungsvergütung durch das 4,348fache der durchschnittlichen regelmäßigen wöchentlichen Ausbildungszeit zu teilen.

§ 4 Wöchentliche und tägliche Ausbildungszeit

Ausbildungszeit

(1) Die regelmäßige durchschnittliche wöchentliche Ausbildungszeit und die tägliche Ausbildungszeit der Auszubildenden, die nicht unter das Jugendarbeitsschutzgesetz fallen, richten sich nach den für die beim Träger der praktischen Ausbildung in dem künftigen Beruf des Auszubildenden beschäftigten Mitarbeiter maßgebenden Vorschriften über die Arbeitszeit.

Ausbildungsnachweis

(2) Wird das Führen von Berichtsheften (Ausbildungsnachweisen) verlangt, ist den Auszubildenden dazu Gelegenheit während der Ausbildungszeit zu geben.

Unterricht

(3) An Tagen, an denen Auszubildende an einem theoretischen betrieblichen Unterricht von mindestens 270 tatsächlichen Unterrichtsminuten teilnehmen, dürfen sie nicht zur praktischen Ausbildung herangezogen werden.

Unterrichtszeiten

(4) [1]Unterrichtszeiten einschließlich der Pausen gelten als Ausbildungszeit. [2]Dies gilt auch für die notwendige Wegezeit zwischen Unterrichtsort und Ausbildungsstätte, sofern die Ausbildung nach dem Unterricht fortgesetzt wird.

Sonn-, Feiertags- und Nachtarbeit

(5) Im Rahmen des Ausbildungszwecks darf der Auszubildende auch an Sonntagen und Wochenfeiertagen sowie in der Nacht ausgebildet werden.

Beschäftigung über Ausbildungszeit

(6) Eine über die durchschnittliche regelmäßige wöchentliche Ausbildungszeit hinausgehende Beschäftigung ist nur ausnahmsweise zulässig.

§ 5 Sonstige Ausbildungsbedingungen

Anwendung Vorschriften, die für Mitarbeiter gelten

(1) Für Belohnungen und Geschenke, Nebentätigkeiten, für die Ausbildung an Samstagen, Sonntagen, Feiertagen und Vorfesttagen, für den Bereitschaftsdienst und die Rufbereitschaft, für die Überstunden und für die Zeitzuschläge gelten die Vorschriften sinngemäß, die jeweils für die beim Träger der Ausbildung in dem künftigen Beruf des Auszubildenden beschäftigten Mitarbeiter maßgebend sind.

(2) Bei Vorliegen der Voraussetzungen erhält der Auszubildende

Zulagen

a) die Zulagen nach § 32 AVR und die Zulagen nach den Anmerkungen Nr. 1 zu den Tätigkeitsmerkmalen der Entgeltgruppen P 4 bis P 9 und 9b bis 12 nach Abschnitt XI, 1. (Mitarbeiter in der Pflege) Anhang Entgeltordnung zur Hälfte,

b) die Wechselschicht- und Schichtzulage nach den für in dem künftigen Beruf des Auszubildenden beschäftigten Mitarbeiter maßgebenden Vorschriften zu drei Vierteln.

Sachbezüge

(3) [1]Sachbezüge sind in Höhe der durch Rechtsverordnung nach § 17 Abs. 1 Nr. 4 SGB IV bestimmten Werte anzurechnen, jedoch nicht über 75 v.H. der Brutto-Ausbildungsvergütung hinaus. [2]Kann der Auszubildende während der Zeit, für die die Ausbildungsvergütung bei Arbeitsunfähigkeit oder bei Erholungsurlaub fortzuzahlen ist, Sachbezüge aus berechtigtem Grund nicht abnehmen, sind diese nach den Sachbezugswerten abzugelten, jedoch nicht über 75 v.H. der Brutto-Ausbildungsvergütung hinaus.

§ 6 Ärztliche Untersuchung

Einstellungs-untersuchung

(1) Auszubildende haben auf Verlangen des Trägers der Ausbildung vor ihrer Einstellung ihre körperliche Eignung (Gesundheits- und Entwicklungsstand, körperliche Beschaffenheit und Arbeitsfähigkeit) durch das Zeugnis einer Betriebsärztin/eines Betriebsarztes, nachzuweisen, soweit sich Träger der praktischen Ausbildung und Auszubildender nicht auf eine andere Ärztin/einen anderen Arzt geeinigt haben.

Betriebsarzt

(2) [1]Der Träger der praktischen Ausbildung ist bei begründeter Veranlassung berechtigt, Auszubildende zu verpflichten, durch ärztliche Bescheinigung nachzuweisen, dass sie in der Lage sind, die nach dem Ausbildungsvertrag übernommenen Verpflichtungen zu erfüllen. [2]Bei der beauftragten Ärztin/dem beauftragten Arzt kann es sich um eine Betriebsärztin/einen Betriebsarzt handeln, soweit sich der Träger der praktischen Ausbildung und Auszubildender nicht auf eine andere Ärztin/einen anderen Arzt geeinigt haben.

ärztliche Untersuchung

(3) Der Träger der praktischen Ausbildung hat den Auszubildenden, der besonderen Ansteckungsgefahren ausgesetzt, mit gesundheitsgefährdenden Tätigkeiten beschäftigt oder mit der Zubereitung von Speisen beauftragt ist, in regelmäßigen Zeitabständen oder auf Antrag des Auszubildenden bei Beendigung des Ausbildungsverhältnisses ärztlich zu untersuchen.

Kosten

(4) [1]Die Kosten der Untersuchung trägt der Träger der praktischen Ausbildung. [2]Das Ergebnis der ärztlichen Untersuchung ist dem Auszubildenden bekanntzugeben.

§ 7 Schweigepflicht

Schweigepflicht

(1) Auszubildende haben in demselben Umfang Verschwiegenheit zu wahren wie die Mitarbeiter des Trägers der praktischen Ausbildung.

Genehmigung

(2) Ohne Genehmigung des Trägers der praktischen Ausbildung darf der Auszubildende

- von Schriftstücken, Zeichnungen oder bildlichen Darstellungen
- von chemischen Stoffen oder Werkstoffen
- von Herstellungsverfahren oder
- von Maschinenteilen oder anderen geformten Körpern

zu außerdienstlichen Zwecken weder sich noch einem anderen Kenntnis, Abschriften, Ab- oder Nachbildungen verschaffen.

Herausgabe

(3) Der Auszubildende hat auf Verlangen des Trägers der praktischen Ausbildung Schriftstücke, Zeichnungen, bildliche Darstellungen usw. sowie Aufzeichnungen über Vorgänge der Einrichtung herauszugeben.

Schweigepflicht

(4) Der Auszubildende hat auch nach Beendigung des Ausbildungsverhältnisses über Angelegenheiten, die der Schweigepflicht unterliegen, Verschwiegenheit zu bewahren.

§ 8 Entschädigung bei Ausbildungsfahrten

Ausbildungsfahrten

[1]Abweichend von der bei Dienstreisen und Abordnungen maßgeblichen Reisekostenregelung (§ 23 AVR) werden bei Reisen zur vorübergehenden Ausbildung an einer anderen Einrichtung außerhalb des Beschäftigungsortes (politische Gemeinde) sowie zur Teilnahme am Unterricht, an Vorträgen, an Arbeitsgemeinschaften oder an Übungen zum Zwecke der Ausbildung die notwendigen Fahrtkosten bis zur Höhe der Kosten für die Fahrkarte der jeweils niedrigsten Klasse des billigsten regelmäßig verkehrenden Beförderungsmittels (im Eisenbahnverkehr ohne Zuschläge) erstattet. [2]Möglichkeiten zur Erlangung von Fahrpreisermäßigungen (z.B. Schülerfahrkarten oder Fahrkarten für Berufstätige) sind auszunutzen.

§ 9 Familienheimfahrten

Familienheimfahrten

[1]Für Familienheimfahrten vom Ort der Ausbildungsanstalt zum Wohnort der Eltern, des Erziehungsberechtigten oder des Ehegatten und zurück werden dem Auszubildenden monatlich einmal die notwendigen Fahrtkosten bis zur Höhe der Kosten der Fahrkarte der jeweils niedrigsten Klasse des billigsten regelmäßig verkehrenden Beförderungsmittels (im Eisenbahnverkehr ohne Zuschläge) – für Familienheimfahrten in das Ausland höchstens die entsprechenden Kosten für die Fahrt bis zum inländischen Grenzort – erstattet, wenn der Wohnort der Eltern, des Erziehungsberechtigten oder des Ehegatten so weit vom Ort der Ausbildungsanstalt entfernt ist, dass der Auszubildende nicht täglich zu diesem Wohnort zurückkehren kann und daher außerhalb wohnen muss. [2]Möglichkeiten zur Erlangung von Fahrpreisermäßigungen (z.B. Schülerfahrkarten oder Fahrkarten für Berufstätige) sind auszunutzen.

§ 10 Krankenbezüge

Arbeitsunfähigkeit

[1]Bei unverschuldeter Arbeitsunfähigkeit erhält der Auszubildende bis zur Dauer von sechs Wochen Krankenbezüge in Höhe des Entgeltes, das ihm während des Erholungsurlaubs zusteht. [2]Bei der jeweils ersten Arbeitsunfähigkeit, die durch einen

bei dem Träger der praktischen Ausbildung erlittenen Arbeitsunfall oder durch eine bei dem Träger der praktischen Ausbildung zugezogene Berufskrankheit verursacht ist, erhält der Auszubildende nach Ablauf des nach Satz 1 maßgebenden Zeitraums bis zum Ende der 26. Woche seit dem Beginn der Arbeitsunfähigkeit als Krankenbezüge einen Krankengeldzuschuss in Höhe des Unterschiedsbetrages zwischen dem Nettoentgelt und der um die gesetzlichen Beitragsanteile des Auszubildenden zur gesetzlichen Renten-, Arbeitslosen- und sozialen Pflegeversicherung verminderten Leistungen des Sozialleistungsträgers gezahlt, wenn der zuständige Unfallversicherungsträger den Arbeitsunfall oder die Berufskrankheit anerkennt. [3]Im Übrigen gelten § 37 Abs. 1 Sätze 2 und 3 AVR (Regelungen zur Maßnahme der medizinischen Vorsorge oder Rehabilitation und Wiederholungserkrankung) und § 38 AVR (Anzeige- und Nachweispflichten).

§ 11 Urlaub

Urlaub

[1]Der Auszubildende erhält Urlaub gemäß AVR, soweit nicht eine für den Auszubildenden günstigere gesetzliche Regelung besteht. [2]Der Erholungsurlaub ist nach Möglichkeit zusammenhängend während der unterrichtsfreien Zeit der beruflichen Schule bzw. Hochschule zu erteilen und in Anspruch zu nehmen.

§ 12 Freistellung vor der Prüfung

Freistellung Prüfungsvorbereitung

[1]Dem Auszubildenden ist vor der in der Ausbildungsordnung vorgeschriebenen Abschlussprüfung an fünf Ausbildungstagen, bei der Sechstagewoche an sechs Ausbildungstagen Gelegenheit zu geben, sich ohne Bindung an die planmäßige Ausbildung auf die Abschlussprüfung vorzubereiten. [2]Der Anspruch nach Satz 1 verkürzt sich um die Zeit, für die Auszubildende zur Vorbereitung auf die Abschlussprüfung besonders zusammengefasst werden; der Auszubildende erhält jedoch mindestens zwei freie Ausbildungstage. [3]Dem Auszubildenden ist für diese Freistellung zur Prüfungsvorbereitung sowie zu der Freistellung zur Teilnahme an der Abschlussprüfung die Ausbildungsvergütung fortzuzahlen.

§ 13 Ausbildungsmittel

Ausbildungsmittel

Der Träger der praktischen Ausbildung hat dem Auszubildenden kostenlos die Ausbildungsmittel, Instrumente und Apparate zur Verfügung zu stellen, die zur Ausbildung und zum Ablegen der in der Ausbildungsordnung vorgeschriebenen Prüfungen (Zwischenprüfungen und Abschlussprüfung) erforderlich sind.

§ 14 Schutzkleidung

Schutzkleidung

Für die Gewährung von Schutzkleidung gelten die für die in dem Beruf beim Träger der praktischen Ausbildung tätigen Mitarbeiter jeweils maßgebenden Bestimmungen, in dem die Auszubildenden ausgebildet werden.

§ 15 Beendigung des Ausbildungsverhältnisses

Ablauf Ausbildungszeit

(1) [1]Das Ausbildungsverhältnis endet mit Ablauf der Ausbildungszeit; abweichende gesetzliche Regelungen bleiben unberührt. [2]Im Falle des Nichtbestehens der Abschlussprüfung verlängert sich das Ausbildungsverhältnis auf Verlangen der

Auszubildenden bis zur nächstmöglichen Wiederholungsprüfung, höchstens um ein Jahr. [3]Während des Zeitraumes der Verlängerung wird das Entgelt des letzten regelmäßigen Ausbildungsabschnittes gezahlt. [4]Das Ausbildungsverhältnis endet im Falle des endgültigen Nichtbestehens spätestens mit der das Ausbildungsverhältnis abschließenden Prüfung.

Abschlussprüfung nach Ausbildungszeit

(2) Können Auszubildende ohne eigenes Verschulden die Abschlussprüfung erst nach beendeter Ausbildungszeit ablegen, gilt Absatz 1 Satz 2 entsprechend.

(3) Nach der Probezeit (§ 6 Abs. 4 AVR) kann das Ausbildungsverhältnis unbeschadet der gesetzlichen Kündigungsgründe nur gekündigt werden

Kündigung

a) aus einem sonstigen wichtigen Grund ohne Einhalten einer Kündigungsfrist,
b) von Auszubildenden mit einer Kündigungsfrist von vier Wochen.

Kündigung aus wichtigem Grund

(4) [1]Eine Kündigung aus einem wichtigen Grund ist unwirksam, wenn die ihr zugrunde liegenden Tatsachen der kündigungsberechtigten Person länger als 14 Tage bekannt sind. [2]Ist ein vorgesehenes Güteverfahren vor einer außergerichtlichen Stelle eingeleitet, so wird bis zu dessen Beendigung der Lauf dieser Frist gehemmt.

§ 16 Mitteilungspflicht und Weiterarbeit

Mitteilungspflicht

(1) [1]Beabsichtigt der Träger der praktischen Ausbildung, den Auszubildenden nach Abschluss der Ausbildung in ein Dienstverhältnis zu übernehmen, hat er dies dem Auszubildenden drei Monate vor dem Ende der Ausbildungszeit schriftlich mitzuteilen. [2]In der Mitteilung kann der Träger der praktischen Ausbildung die Übernahme von dem Ergebnis der in der Ausbildungsordnung vorgeschriebenen Abschlussprüfung abhängig machen. [3]Innerhalb von vier Wochen nach Zugang der Mitteilung hat der Auszubildende schriftlich zu erklären, ob er beabsichtigt, in ein Dienstverhältnis zu dem Träger der praktischen Ausbildung zu treten. [4]Beabsichtigt der Träger der praktischen Ausbildung, den Auszubildenden nicht in ein Dienstverhältnis zu übernehmen, hat er ihm dies drei Monate vor dem Ende der Ausbildungszeit schriftlich mitzuteilen.

Weiterbeschäftigung

(2) Wird der Auszubildende im Anschluss an das Ausbildungsverhältnis beschäftigt, ohne dass hierüber ausdrücklich etwas vereinbart worden ist, so gilt ein Dienstverhältnis auf unbestimmte Zeit als begründet.

§ 17 Sonstige Bestimmungen

AVR-Anwendung

(1) Soweit in diesem Anhang für Auszubildende keine abweichenden Regelungen vorgesehen sind, finden die AVR entsprechend Anwendung.

Nichtanrechnung Ausbildungszeit

(2) Die Ausbildungszeit des Auszubildenden wird auf die Beschäftigungszeit (§ 10 AVR) und die Dienstzeit (§ 11 AVR) nicht angerechnet.

Weihnachtszuwendung/Jahressonderzahlung

(3) Auszubildende, die im unmittelbaren Anschluss an ihre jeweilige Ausbildung von ihrem Träger der praktischen Ausbildung in ein Dienstverhältnis übernommen werden und Anspruch auf eine Jahressonderzahlung oder eine Weihnachtszuwendung haben, erhalten einmalig zusammen mit der anteiligen Jahressonderzahlung oder Weihnachtszuwendung aus dem Dienstverhältnis die anteilige Jahressonderzahlung oder Weihnachtszuwendung aus dem Ausbildungsverhältnis.

Teil II. Besonderer Teil

A. Ausbildung zur Pflegefachfrau oder zum Pflegefachmann

§ 1 Anwendungsbereich

(1) Dieser Abschnitt gilt für Auszubildende, die eine Ausbildung zur Pflegefachfrau oder zum Pflegfachmann im Sinne des Gesetzes über die Pflegeberufe vom 17. Juli 2017 (Pflegeberufegesetz – PflBG) absolvieren.

Pflegefachmann/-frau

(2) [1]Der Auszubildende muss die Voraussetzung für den Zugang zur Ausbildung nach § 11 PflBG erfüllen. [2]Vor Beginn des Ausbildungsverhältnisses ist ein schriftlicher Ausbildungsvertrag zwischen dem Dienstgeber als Träger der praktischen Ausbildung im Sinne des § 8 PflBG und dem Auszubildenden zu schließen. [3]Der Ausbildungsvertrag muss die Angaben nach § 2 des Teils I. sowie den Mindestinhalt nach § 16 Abs. 2 PflBG enthalten.

Voraussetzungen

(3) Soweit in diesem Anhang und in gesetzlichen Regelungen für den Auszubildenden keine besonderen Vorschriften vorgesehen sind, finden die Vorschriften entsprechend Anwendung, die jeweils für die beim Träger der praktischen Ausbildung in dem künftigen Beruf des Auszubildenden beschäftigten Mitarbeiter maßgebend sind.

maßgebliche Vorschriften

§ 2 Ausbildungsdauer

[1]Die Ausbildungsdauer beträgt in Vollzeit drei Jahre. [2]In Teilzeit beträgt die Ausbildungsdauer höchstens fünf Jahre. [3]Sie kann durch Anrechnung gleichwertiger Ausbildungen im Sinne des § 12 PflBG um bis zu zwei Drittel verkürzt werden.

Ausbildungsdauer

§ 3 Ausbildungsvergütung

(1) [1]Der Auszubildende erhält monatlich eine Ausbildungsvergütung. [2]Sie beträgt:

Ausbildungs-vergütung

im ersten Ausbildungsjahr	1.490,69 Euro
im zweiten Ausbildungsjahr	1.552,07 Euro
im dritten Ausbildungsjahr	1.653,38 Euro

[3]Bei einer Ausbildung in Teilzeit über insgesamt vier Jahre beträgt abweichend von Satz 2 das Ausbildungsjahr jeweils 16 Monate. [4]Bei einer Ausbildung in Teilzeit über insgesamt fünf Jahre beträgt abweichend von Satz 2 das Ausbildungsjahr jeweils 20 Monate.

(2) [1]Erfolgt eine Verkürzung der Ausbildungszeit durch Anrechnung nach § 2 Satz 3 des Abschnitts A des Teils II., wird zur Bestimmung des Ausbildungsjahres nach Absatz 1 die angerechnete Ausbildungszeit ebenfalls berücksichtigt. [2]Wird die Ausbildungszeit gemäß § 21 Abs. 2 PflBG verlängert, erhält der Auszubildende während der verlängerten Ausbildungszeit die Ausbildungsvergütung mit der Maßgabe, dass nach dem dritten Jahr der Ausbildung die Ausbildungsvergütung des dritten Ausbildungsjahres anzuwenden ist.

Verkürzung Ausbildungszeit

(3) Für die Berechnung und Auszahlung der Bezüge gilt § 42 AVR entsprechend mit der Maßgabe, dass abhängig davon, unter welchen Geltungsbereich (§ 2 AVR) die Einrichtung des Trägers der praktischen Ausbildung fällt, in der der Auszubildende im maßgeblichen Zeitraum die Ausbildung absolviert, abgesehen der Ausbildungsvergütung nach Absatz 1.

Berechnung/Auszahlung § 42 AVR

Zulage

(4) Der Auszubildende erhält zusätzlich zur Ausbildungsvergütung eine monatliche Zulage in Höhe von 11,11 Euro.

Jahressonderzahlung

(5) Auszubildende erhalten eine Jahressonderzahlung nach § 35 AVR mit einem abweichenden Bemessungssatz von 90 v.H.

§ 4 Beendigung der Ausbildung

Kündigung

(1) [1]Bei einer Kündigung durch den Träger der praktischen Ausbildung ist das Benehmen mit der Pflegeschule herzustellen. [2]In den Fällen des § 15 Abs. 3 Buchst. a des Teils I. sind die Kündigungsgründe anzugeben.

Anschlussbeschäftigung

(2) Werden Auszubildende im Anschluss an das Ausbildungsverhältnis beschäftigt, ohne dass hierüber ausdrücklich etwas vereinbart worden ist, so gilt ein Dienstverhältnis auf unbestimmte Zeit als begründet.

B. Ausbildung zum Anästhesietechnischen, zum Operationstechnischen Assistenten oder zum Notfallsanitäter

§ 1 Anwendungsbereich

ATA/OTA/Notfallsanitäter

(1) [1]Dieser Abschnitt gilt für Auszubildende, die eine Ausbildung zur Anästhesietechnischen Assistentin oder zum Anästhesietechnischen Assistenten oder zur Operationstechnischen Assistentin oder zum Operationstechnischen Assistenten nach dem Gesetz über den Beruf der Anästhesietechnischen Assistentin und des Anästhesietechnischen Assistenten und über den Beruf der Operationstechnischen Assistentin und des Operationstechnischen Assistenten (Anästhesietechnische- und Operationstechnische-Assistenten-Gesetz - ATA-OTA-G) vom 14. Dezember 2019 sowie für Auszubildende, die eine Ausbildung zum Notfallsanitäter nach dem Notfallsanitätergesetz vom 22. Mai 2013 (NotSanG) absolvieren. [2]Hierunter fallen auch Auszubildende, die bis zum 31. Dezember 2021 eine Ausbildung nach der Empfehlung der Deutschen Krankenhausgesellschaft (DKG) begonnen haben.

Ausbildungsträger

(2) [1]Voraussetzung der Anwendung ist, dass die Einrichtung der praktischen Ausbildung oder die mit ihr in Trägerschaft verbundene Schule Ausbildungsträger ist. [2]Ist die Schule Ausbildungsträger, gilt sie für die Anwendung der Regelungen dieses Anhangs zusammen mit der mit ihr in Trägerschaft verbundene Einrichtung der praktischen Ausbildung als Träger der praktischen Ausbildung im Sinne des § 2 des Teils I.

§ 2 Ausbildungsdauer

Ausbildungsdauer

[1]Die Ausbildungsdauer beträgt in Vollzeit drei Jahre. [2]In Teilzeit beträgt die Ausbildungsdauer höchstens fünf Jahre. [3]Sie kann durch Anrechnung gleichwertiger Ausbildungen um bis zu zwei Drittel verkürzt werden.

§ 3 Ausbildungsvergütung

Ausbildungsvergütung

(1) [1]Der Auszubildende erhält monatlich eine Ausbildungsvergütung. [2]Sie beträgt:

im ersten Ausbildungsjahr	1.490,69 Euro
im zweiten Ausbildungsjahr	1.552,07 Euro
im dritten Ausbildungsjahr	1.653,38 Euro

[3]Bei einer Ausbildung in Teilzeit über insgesamt vier Jahre beträgt abweichend von Satz 2 das Ausbildungsjahr jeweils 16 Monate. [4]Bei einer Ausbildung in Teilzeit über insgesamt fünf Jahre beträgt abweichend von Satz 2 das Ausbildungsjahr jeweils 20 Monate.

Teilzeitausbildung

(2) [1]Erfolgt eine Verkürzung der Ausbildungszeit durch Anrechnung nach § 2 Satz 3, wird zur Bestimmung des Ausbildungsjahres nach Absatz 1 die angerechnete Ausbildungszeit ebenfalls berücksichtigt. [2]Wird die Ausbildungszeit verlängert, erhält der Auszubildende während der verlängerten Ausbildungszeit die Ausbildungsvergütung mit der Maßgabe, dass nach dem dritten Jahr der Ausbildung die Ausbildungsvergütung des dritten Ausbildungsjahres anzuwenden ist.

Verkürzung Ausbildungszeit

(3) Der Auszubildende erhält zusätzlich zur Ausbildungsvergütung eine monatliche Zulage in Höhe von 11,11 Euro.

Zulage

(4) Auszubildende erhalten eine Jahressonderzahlung nach § 35 AVR mit einem abweichenden Bemessungssatz von 90 v.H.

Jahressonderzahlung § 35 AVR

§ 4 Beendigung der Ausbildung

[1]Bei einer Kündigung durch die Einrichtung der praktischen Ausbildung ist das Benehmen mit der Schule herzustellen. [2]In den Fällen des § 15 Abs. 3 Buchst. a des Teils I. sind die Kündigungsgründe anzugeben.

Kündigung

C. Ausbildung zum Pflegehelfer und zum Pflegeassistent

§ 1 Anwendungsbereich

Dieser Abschnitt gilt für Auszubildende, die eine nach Landesrecht geregelte Ausbildung zum Pflegehelfer oder zum Pflegeassistent absolvieren.

Pflegehelfer, Pflegeassistent

§ 2 Ausbildungsdauer

[1]Die Ausbildungsdauer beträgt in Vollzeitform mindestens ein Jahr und höchstens zwei Jahre. [2]In Teilzeitform beträgt die Ausbildungsdauer vorbehaltlich anderer landesrechtlicher Regelung höchstens das Zweifache der Ausbildungsdauer in Vollzeitform. [3]Die landesrechtlich vorgesehene Regeldauer kann durch Anrechnung gleichwertiger Ausbildungen im landesrechtlich zulässigen Rahmen verkürzt werden.

Ausbildungsdauer

§ 3 Ausbildungsvergütung

(1) [1]Der Auszubildende erhält monatlich eine Ausbildungsvergütung. [2]Sie beträgt:

Ausbildungsvergütung

im ersten Ausbildungsjahr	1.414,91 Euro
im zweiten Ausbildungsjahr	1.473,21 Euro

[3]Bei einer Ausbildung in Teilzeit über insgesamt drei Jahre beträgt abweichend von Satz 2 das Ausbildungsjahr 18 Monate, bei insgesamt über vier Jahre 24 Monate.

Teilzeitausbildung

(2) [1]Erfolgt eine Verkürzung der Ausbildungszeit durch Anrechnung nach § 2 Satz 3 des Abschnitts C des Teils II., wird zur Bestimmung des Ausbildungsjahres nach Absatz 1 die angerechnete Ausbildungszeit ebenfalls berücksichtigt. [2]Wird die Ausbildungszeit verlängert, erhält der Auszubildende während der verlänger-

Verkürzung Ausbildungszeit

ten Ausbildungszeit die Ausbildungsvergütung mit der Maßgabe, dass nach dem zweiten Jahr der Ausbildung die Ausbildungsvergütung des zweiten Ausbildungsjahres anzuwenden ist.

Berechnung/Auszahlung § 42 AVR

(3) Für die Berechnung und Auszahlung der Bezüge gilt § 42 AVR entsprechend mit der Maßgabe, dass die Werte für Mitarbeiter in Krankenhäusern (§ 2 Abs. 3 AVR) zugrunde gelegt werden, abgesehen von der Ausbildungsvergütung nach Absatz 1.

Jahressonderzahlung § 35

(4) Auszubildende erhalten eine Jahressonderzahlung nach § 35 AVR mit einem abweichenden Bemessungssatz von 90 v.H.

§ 4 Anzuwendende Regelungen

Abschnitt A Teil II

Im Übrigen finden die Regelungen des Abschnitts A des Teils II. entsprechende Anwendung, soweit hier dazu nichts geregelt ist.

D. Ausbildung in praxisintegrierten Ausbildungsgängen zum Erzieher und in betrieblich-schulischen Gesundheitsberufen

§ 1 Anwendungsbereich

piA Erzieher und betrieblich schulische Gesundheitsberufe

(1) Dieser Abschnitt gilt für Auszubildende, die in praxisintegrierten Ausbildungsgängen zum Erzieher nach landesrechtlichen Regelungen ausgebildet werden sowie für Auszubildende in den Gesundheitsberufen Diätassistent, Ergotherapeut, Logopäde, Medizinisch-technischer Laboratoriumsassistent, Medizinisch-technischer Radiologieassistent, Medizinisch-technischer Assistent für Funktionsdiagnostik, Orthoptist oder Physiotherapeut, für ab dem 1. Januar 2023 begonnene Ausbildungsgänge: Medizinischer Technologe für Laboratoriumsanalytik, Medizinischer Technologe für Radiologie, Medizinischer Technologe für Funktionsdiagnostik, deren praktische Ausbildung bei einer Einrichtung im Geltungsbereich der AVR (§ 2 Abs. 1 AVR) erfolgt, die entweder vom selben Träger wie die die theoretische Ausbildung erbringende Schule getragen ist oder die eine Kooperationsvereinbarung mit dieser Schule getroffen hat.

Gesundheitsberufe § 1 Abs. 1

(2) Den Gesundheitsberufen im Sinne des Absatzes 1 liegen folgende Vorschriften zu Grunde:

Ausbildungen

1.	Orthoptisten	Orthoptistengesetz vom 28. November 1989 (BGBl. I S. 2061) Ausbildungs- und Prüfungsverordnung für Orthoptistinnen und Orthoptisten vom 21. März 1990 (BGBl. I S. 563)
2.	Logopäden	Gesetz über den Beruf des Logopäden vom 7. Mai 1980 (BGBl. I S. 529) Ausbildungs- und Prüfungsordnung für Logopäden vom 1. Oktober 1980 (BGBl. I S. 1892)

3a.	a) Medizinisch-technische Laboratoriumsassistenten b) Medizinisch-technische Radiologieassistenten c) Medizinisch-technische Assistenten für Funktionsdiagnostik	MTA-Gesetz vom 2. August 1993 (BGBl. I S. 1402) Ausbildungs- und Prüfungsverordnung für technische Assistenten in der Medizin vom 25. April 1994 (BGBl. I S. 922)
3b.	Für ab dem 1. Januar 2023 begonnene Ausbildungsgänge: a) Medizinischer Technologe für Laboratoriumsanalytik b) Medizinischer Technologe für Radiologie c) Medizinischer Technologe für Funktionsdiagnostik	MT-Berufe-Gesetz vom 1. Februar 2021 (BGBl. I S. 274) Ausbildungs- und Prüfungsverordnung für Medizinische Technologinnen und Medizinische Technologen (MT-Ausbildungs- und Prüfungsverordnung – MTAPrV) vom 24. September 2021 (BGBl. I. S. 4467)
4.	Ergotherapeuten	Ergotherapeutengesetz vom 25. Mai 1976 (BGBl. I S. 1246) Ergotherapeuten-Ausbildungs- und Prüfungsverordnung vom 2. August 1999 (BGBl. I S. 1731)
5.	Physiotherapeuten	Masseur- und Physiotherapeutengesetz vom 26. Mai 1994 (BGBl. I S. 1084) Ausbildungs- und Prüfungsverordnung für Physiotherapeuten vom 6. Dezember 1994 (BGBl. I S. 3786)
6.	Diätassistenten	Diätassistentengesetz vom 8. März 1994 (BGBl. I S. 446) Ausbildungs- und Prüfungsverordnung für Diätassistentinnen und Diätassistenten vom 1. August 1994 (BGBl. I S. 2088)

A Azubis

§ 2 Ausbildungsvergütung

(1) [1]Der Auszubildende erhält monatlich eine Ausbildungsvergütung. [2]Sie beträgt für Auszubildende in den Gesundheitsberufen im Sinne dieses Abschnittes

im ersten Ausbildungsjahr	1.365,24 Euro
im zweiten Ausbildungsjahr	1.425,30 Euro
im dritten Ausbildungsjahr	1.522,03 Euro

Ausbildungsvergütung in den praxisintegrierten Ausbildungsgängen

[3]Für Auszubildende in praxisintegrierten Ausbildungsgängen im Sinne dieses Abschnittes finden die Ausbildungsvergütungshöhen nach § 3 Abs. 1 des Abschnittes A des Teils II. Anwendung.

Zulage

(2) Der Auszubildende erhält zusätzlich zur Ausbildungsvergütung eine monatliche Zulage in Höhe von 11,11 Euro.

(3) Auszubildende erhalten eine Jahressonderzahlung nach § 35 AVR mit einem abweichenden Bemessungssatz von 90 v.H.

§ 3 Anzuwendende Regelungen

Abschnitt A Teil II

Im Übrigen finden die Regelungen des Abschnitts A des Teils II. entsprechende Anwendung, soweit hier dazu nichts geregelt ist.

E. Auszubildende in der dualen Berufsausbildung

§ 1 Anwendungsbereich

betriebliche Auszubildende

Dieser Abschnitt gilt für betrieblich Auszubildende in den Einrichtungen im Geltungsbereich der AVR (§ 2 Abs. 1 AVR) für die Dauer der Ausbildungszeit.

§ 2 Ausbildungsvergütung

Ausbildungsvergütung

(1) [1]Der Auszubildende erhält monatlich eine Ausbildungsvergütung. [2]Sie beträgt:

im ersten Ausbildungsjahr	1.368,26 Euro
im zweiten Ausbildungsjahr	1.418,20 Euro
im dritten Ausbildungsjahr	1.464,02 Euro
im vierten Ausbildungsjahr	1.527,59 Euro

Verkürzung der Ausbildungszeit

(2) Wird aufgrund der Ausbildungsbestimmungen (Berufsbild usw.) ein erfolgreicher Handelsschulabschluss oder eine andere Vorbildung auf die Ausbildungszeit angerechnet, so gilt für die Höhe des Entgeltes der Zeitraum, um den die Ausbildungszeit verkürzt wird, als abgeleistete Ausbildungszeit.

Bezüge

(3) Hat der Auszubildende vor der Beendigung der vereinbarten Ausbildungszeit die Abschlussprüfung bestanden, so erhält er, wenn er weiterbeschäftigt wird, von dem Tage an, der auf den Tag der bestandenen Abschlussprüfung folgt, die seiner Tätigkeit entsprechenden Bezüge nach den Bestimmungen der AVR.

Jahressonderzahlung § 35 AVR

(4) Auszubildende erhalten eine Jahressonderzahlung nach § 35 AVR mit einem abweichenden Bemessungssatz von 90 v.H.

F. Studieren in ausbildungsintegrierten dualen Studiengängen

§ 1 Anwendungsbereich

Studierende duale Studiengänge

[1]Dieser Abschnitt gilt für Auszubildende, die mit Einrichtungen einen Vertrag für die Teilnahme an einem ausbildungsintegrierten dualen Studiengang abschließen. [2]Voraussetzung dafür, dass dieser Abschnitt auf Auszubildende Anwendung findet, ist auch, dass die Auszubildenden in einem staatlich anerkannten beziehungsweise als staatlich anerkannt geltenden Ausbildungsberuf nach den Abschnitten A, B, D oder E des Teils II. ausgebildet werden. [3]Das ausbildungsintegrierte Studium verbindet auf der Grundlage des Ausbildungsvertrages die Ausbildung in diesen Berufen mit einem Studium, das in einem vom Träger der praktischen Ausbildung

vorgegebenen Studiengang an einer Hochschule absolviert wird. [4]Es gliedert sich in einen Ausbildungsteil und einen Studienteil, die beide jeweils dem Erreichen der entsprechenden Abschlussqualifikation dienen.

§ 2 Ausbildungsvertrag und Kündigungsfristen

Mindestangaben Ausbildungs- und Studienvertrag

[1]Die Form des Ausbildungsnachweises erfolgt nach dem Berufsbildungsgesetz (BBiG) für Auszubildende mit einem Ausbildungsteil nach Abschnitt E des Teils II. [2]Bei Auszubildenden mit einem Ausbildungsteil nach Abschnitt A des Teils II. mit einer integrierten Ausbildung nach dem Pflegeberufegesetz (PflBG) muss der Ausbildungs- und Studienvertrag darüber hinaus folgende Angaben enthalten:

a) den gewählten Vertiefungseinsatz einschließlich einer Ausrichtung nach § 7 Abs. 4 Satz 2 PflBG,
b) Verpflichtung der Auszubildenden zum Besuch der Ausbildungsveranstaltungen der Pflegeschule,
c) Umfang etwaiger Sachbezüge nach § 19 Abs. 2 PflBG,
d) Hinweis auf die Rechte als Mitarbeiter im Sinne von § 3 MAVO.

[3]Unberührt bleiben weitere zwingende Anforderungen an den Inhalt des Ausbildungsvertrages in gesetzlichen Ausbildungsregelungen.

§ 3 Nachweispflichten

(1) [1]Die Leistungsnachweise aus dem jeweiligen Ausbildungsteil sind Bestandteil der Personalakte der Auszubildenden. [2]Hierzu haben die Auszubildenden die von den Hochschulen auszustellenden Leistungsübersichten nach den jeweiligen Studien- und Prüfungsordnungen sowie eine Abschrift des Abschlusszeugnisses beziehungsweise nach den Berufs- oder Pflegeschulen unverzüglich nach Aushändigung dem Träger der praktischen Ausbildung vorzulegen.

Beurteilungen

(2) [1]Beurteilungen sind Auszubildenden unverzüglich bekannt zu geben. [2]Die Bekanntgabe ist aktenkundig zu machen.

§ 4 Wöchentliche und tägliche Ausbildungs- und Studienzeit

Ausbildungs- und Studienzeit

(1) [1]Die regelmäßige durchschnittliche wöchentliche Ausbildungs- und Studienzeit und tägliche Ausbildungs- und Studienzeit der Auszubildenden richten sich während der fachtheoretischen Abschnitte nach der jeweiligen Ausbildungs-, Studien- und Prüfungsordnung. [2]Die regelmäßige durchschnittliche wöchentliche Ausbildungs- und Studienzeit der Auszubildenden, die nicht unter das Jugendarbeitsschutzgesetz fallen, richtet sich während der berufspraktischen Abschnitte beim Träger der praktischen Ausbildung nach den für die Mitarbeiter des Trägers der praktischen Ausbildung maßgebenden Vorschriften über die Arbeitszeit. [3]Die Sätze 1 und 2 gelten auch bei der Durchführung von berufspraktischen Abschnitten einschließlich der praktischen Ausbildung des Ausbildungsteils bei einem Dritten. [4]In dem Ausbildungs- und Studienvertrag nach § 2 Abschnitt F des Teils II. werden die berufspraktischen Abschnitte verbindlich in einem Ausbildungs- und Studienplan vereinbart.

Studienabschnitte

(2) An Tagen, an denen Auszubildende fachtheoretische Studienabschnitte an der Hochschule absolvieren, gilt die tägliche Ausbildungs- und Studienzeit als erfüllt.

§ 5 Ausbildungsvergütung

Studienentgelte

(1) [1]Auszubildende erhalten bis zum Ablauf des Kalendermonats, in dem die Abschlussprüfung des Ausbildungsteils erfolgreich abgelegt wird, ein Studienentgelt, das sich aus einem monatlichen Entgelt und einer monatlichen Zulage zusammensetzt. [2]Das monatliche Entgelt beträgt für Auszubildende in einem ausbildungsintegrierten dualen Studiengang mit einem Ausbildungsteil nach

piA Erzieher

a) Abschnitt A und Abschnitt B sowie der praxisintegrierten Erzieherausbildung nach Abschnitt D des Teils II.

im ersten Ausbildungsjahr	1.490,69 Euro
im zweiten Ausbildungsjahr	1.552,07 Euro
im dritten Ausbildungsjahr	1.653,38 Euro

b) Abschnitt E des Teils II.

im ersten Ausbildungsjahr	1.368,26 Euro
im zweiten Ausbildungsjahr	1.418,20 Euro
im dritten Ausbildungsjahr	1.464,02 Euro
im vierten Ausbildungsjahr	1.527,59 Euro

betrieblich-schulische Gesundheitsberufe

c) Abschnitt D des Teils II. (betrieblich-schulische Gesundheitsberufe)

im ersten Ausbildungsjahr	1.365,24 Euro
im zweiten Ausbildungsjahr	1.425,30 Euro
im dritten Ausbildungsjahr	1.522,03 Euro

Zulage

[3]Die monatliche Zulage beträgt 150 Euro. [4]Die Zulage erfolgt als monatliche Pauschale und damit unabhängig von der zeitlichen Verteilung der Ausbildungs- und Studienanteile.

Ausbildungsentgelt

(2) Nach dem Ablauf des Kalendermonats, in dem die Abschlussprüfung des Ausbildungsteils erfolgreich abgelegt wurde, erhalten die Auszubildenden anstelle des Studienentgelts nach Absatz 1 bis zur Beendigung des ausbildungsintegrierten dualen Studiums ein monatliches Ausbildungsentgelt in Höhe von für Auszubildende in einem ausbildungsintegrierten dualen Studiengang mit einem Ausbildungsteil

a) nach Absatz 1 Satz 2 Buchst. a	1.815,00 Euro
b) nach Absatz 1 Satz 2 Buchst. b	1.625,00 Euro
c) nach Absatz 1 Satz 2 Buchst. c	1.685,00 Euro

Studiengebühren

(3) Der Träger der praktischen Ausbildung übernimmt die notwendigen Studiengebühren.

Kürzung Ausbildungszeit

(4) Ist wegen des Besuchs einer weiterführenden oder einer berufsbildenden Schule oder wegen einer Berufsausbildung in einer sonstigen Einrichtung die Ausbildungszeit des Ausbildungsteils verkürzt, gilt für die Höhe des Studienentgelts

nach Absatz 1 der Zeitraum, um den die Ausbildungszeit des Ausbildungsteils verkürzt wird, als abgeleistete Ausbildungszeit.

Verlängerung Ausbildungszeit

(5) Wird bei einem ausbildungsintegrierten dualen Studiengang mit einem Ausbildungsteil nach Maßgabe des Abschnitts E des Teils II. die Ausbildungszeit des Ausbildungsteils

a) im Falle des Nichtbestehens der Abschlussprüfung auf Verlangen der Auszubildenden bis zur nächstmöglichen Wiederholungsprüfung, höchstens um ein Jahr, verlängert oder

b) auf Antrag der Auszubildenden nach § 8 Abs. 2 BBiG von der zuständigen Stelle oder nach § 27c Abs. 2 HwO von der Handwerkskammer verlängert,

wird während des Zeitraums der Verlängerung das Studienentgelt nach Absatz 1 Satz 1 in Verbindung mit Satz 2 Buchst. b des letzten regelmäßigen Ausbildungsabschnitts des Ausbildungsteils gezahlt.

Abschlussprüfung

(6) [1]Können Auszubildende bei einem ausbildungsintegrierten dualen Studiengang mit einem Ausbildungsteil nach dem Abschnitt E des Teils II. ohne eigenes Verschulden die Abschlussprüfung des Ausbildungsteils erst nach beendeter Ausbildungszeit ablegen, erhalten die Auszubildenden bis zur Ablegung der Abschlussprüfung des Ausbildungsteils ein Studienentgelt nach Absatz 1 Satz 1 in Verbindung mit Satz 2 Buchst. b für den letzten regelmäßigen Ausbildungsabschnitt. [2]Im Falle des Bestehens der Prüfung erhalten die Auszubildenden darüber hinaus rückwirkend von dem Zeitpunkt an, an dem der Ausbildungsteil geendet hat, den Unterschiedsbetrag zwischen dem ihnen gezahlten Studienentgelt nach Satz 1 und dem für das vierte Ausbildungsjahr maßgebenden Studienentgelt nach Absatz 1 Satz 1 in Verbindung mit Satz 2 Buchst. b.

Zuschlag

(7) [1]Für Auszubildende mit einem Ausbildungsteil nach Abschnitt A oder Abschnitt D des Teils II. beträgt der Zeitzuschlag für Nachtarbeit mindestens 1,28 Euro pro Stunde. [2]Auszubildende mit einem Ausbildungsteil nach Abschnitt A oder Abschnitt D des Teils II. erhalten die Wechselschicht- und Schichtzulage nach den für in dem künftigen Beruf des Auszubildenden beschäftigten Mitarbeiter maßgebenden Vorschriften zu 75 v.H.

Lernmittelzuschuss

(8) [1]Auszubildende mit einem Ausbildungsteil nach Abschnitt E des Teils II. erhalten bis zum Abschluss des Ausbildungsteils einmal jährlich einen Lernmittelzuschuss in Höhe von 50 Euro brutto. [2]§ 13 Teil I. bleibt unberührt. [3]Der Lernmittelzuschuss ist möglichst mit dem Ausbildungsentgelt des ersten Monats des jeweiligen Ausbildungsjahres zu zahlen; er ist spätestens im Zahlungsmonat September des betreffenden Ausbildungsjahres fällig.

Zulage

(9) Der Auszubildende erhält zusätzlich zur Ausbildungsvergütung eine monatliche Zulage in Höhe von 11,11 Euro.

§ 6 Zusatzurlaub

Zusatzurlaub

Auszubildende mit einem Ausbildungsteil nach Abschnitt A oder Abschnitt D des Teils II., die im Ausbildungsteil im Schichtdienst eingesetzt werden, erhalten im zweiten und dritten Jahr des Ausbildungsteils pauschal jeweils einen Tag Zusatzurlaub.

§ 7 Ausbildungs- und Studienmaßnahmen außerhalb der Ausbildungsstätte

Kosten der notwendigen Unterkunft

(1) [1]Die nachgewiesenen notwendigen Kosten einer Unterkunft am auswärtigen Ort (außerhalb der politischen Gemeinde) werden, soweit nicht eine unentgeltliche Unterkunft zur Verfügung steht, erstattet soweit der durch § 2 SvEV festgelegte Rahmen nicht überschritten wird. [2]Zu den Auslagen des bei notwendiger auswärtiger Unterbringung entstehenden Verpflegungsmehraufwands wird für volle Kalendertage der Anwesenheit am auswärtigen Ausbildungsort ein Verpflegungszuschuss in Höhe der nach der Sozialversicherungsentgeltverordnung maßgebenden Sachbezugswerte für Frühstück, Mittagessen und Abendessen gewährt. [3]Bei unentgeltlicher Verpflegung wird der jeweilige Sachbezugswert einbehalten. [4]Bei einer über ein Wochenende oder einen Feiertag hinaus andauernden Ausbildungsmaßnahme werden die dadurch entstandenen Mehrkosten für Unterkunft und Verpflegungsmehraufwand nach Maßgabe der Sätze 1 bis 3 erstattet. [5]Die Sätze 1 bis 4 gelten auch für Reisen im Rahmen der fachtheoretischen Studienabschnitte, die Bestandteil von Studien- und Prüfungsordnungen sind, wenn die Hochschule außerhalb der politischen Gemeindegrenze der Ausbildungsstätte liegt.

Anmerkung zu Absatz 1:

[1]Als „notwendig" sind im Allgemeinen diejenigen Kosten anzusehen, die entstehen, wenn dem Auszubildenden die tägliche Heimkehr nicht möglich bzw. unzumutbar (i.S.v. § 140 Abs. 4 Sätze 1 bis 3 SGB III) ist. [2]Diese notwendigen Kosten werden für die Gesamtdauer der Ausbildung an der auswärtigen Hochschule erstattet.

Fahrtkosten

(2) [1]Bei Reisen von Auszubildenden mit einem Ausbildungsteil nach dem Abschnitt E des Teils II., die im Rahmen des Ausbildungsteils für den Besuch einer auswärtigen Berufsschule erfolgen, werden die notwendigen Fahrtkosten erstattet, soweit sie monatlich 6 v.H. des Studienentgelts nach § 5 Abs. 1 Abschnitt F des Teils II. für das erste Studienjahr übersteigen. [2]Satz 1 gilt nicht, soweit die Fahrtkosten nach landesrechtlichen Vorschriften von einer Körperschaft des öffentlichen Rechts getragen werden. [3]Die notwendigen Auslagen für Unterkunft und Verpflegungsmehraufwand werden bei Besuch der regulären auswärtigen Berufsschule im Blockunterricht entsprechend Absatz 1 Sätze 1 bis 4 erstattet. [4]Leistungen Dritter sind anzurechnen.

(3) Bei Abordnungen und Zuweisungen von Auszubildenden mit einem Ausbildungsteil nach Abschnitt E des Teils II. die im Rahmen des Ausbildungsteils erfolgen, werden die Kosten nach Maßgabe des Absatzes 1 erstattet.

§ 8 Jahressonderzahlung

Auszubildende erhalten eine Jahressonderzahlung nach § 35 AVR mit einem abweichenden Bemessungssatz von 90 v.H.

§ 9 Beendigung, Verkürzung und Verlängerung des Vertragsverhältnisses

Vertragslaufzeit

(1) Das Ausbildungs- und Studienverhältnis endet mit dem Ablauf der im Ausbildungs- und Studienvertrag vereinbarten Vertragslaufzeit.

(2) Das Ausbildungs- und Studienverhältnis endet zudem:

Kündigung, Exmatrikulation, Nichtbestehen der Abschlussprüfung

a) bei wirksamer Kündigung (§ 15 des Teils I.) oder

b) bei Exmatrikulation durch die Hochschule nach der jeweiligen Studien- und Prüfungsordnung oder

c) bei endgültigem Nichtbestehen einer notwendigen Ausbildungsprüfung des Ausbildungsteils; dies gilt nicht, wenn sich im Falle des Nichtbestehens der Abschlussprüfung der Ausbildungsteil auf Verlangen der Auszubildenden bis zur nächstmöglichen Wiederholungsprüfung, höchstens um ein Jahr, verlängert oder die Abschlussprüfung ohne eigenes Verschulden erst nach beendeter Ausbildungszeit des Ausbildungsteils abgelegt wird.

Regelstudienzeit

(3) [1]Eine Verkürzung des Studienteils (Regelstudienzeit) kann in Abstimmung mit dem Träger der praktischen Ausbildung beantragt werden, sofern eine Verkürzung nach der Studien- und Prüfungsordnung für den ausbildungsintegrierten dualen Studiengang zulässig ist und die Vereinbarkeit mit dem gleichzeitig zu absolvierenden Ausbildungsteil gewährleistet ist. [2]Der Ausbildungs- und Studienvertrag ist entsprechend anzupassen.

§ 10 Zeugnis

Zeugnis

[1]Der Träger der praktischen Ausbildung hat den Auszubildenden bei Beendigung des Ausbildungsteils nach § 1 Abs. 1 Satz 2 des Abschnitts F des Teils II. ein Zeugnis gemäß § 16 BBiG auszustellen. [2]Das Zeugnis muss Angaben über Art, Dauer und Ziel der Ausbildung sowie über die erworbenen Fertigkeiten und Kenntnisse der Auszubildenden enthalten. [3]Auf deren Verlangen sind auch Angaben über Führung, Leistung und besondere fachliche Fähigkeiten aufzunehmen.

§ 11 Rückzahlungsgrundsätze

Bindungsdauer

(1) Werden die Auszubildenden oder die ehemals Auszubildenden beim Träger der praktischen Ausbildung nach Beendigung ihres ausbildungsintegrierten dualen Studiums in ein Dienstverhältnis entsprechend ihrer erworbenen Abschlussqualifikation übernommen, sind sie verpflichtet, dort für die Dauer von fünf Jahren beruflich tätig zu sein.

Gesamtbetrag und Rückerstattung

(2) Der vom Träger der praktischen Ausbildung bis zur Beendigung oder zum Abbruch des ausbildungsintegrierten dualen Studiums gezahlte Gesamtbetrag, bestehend aus der monatlichen Zulage nach § 5 Abs. 1 Satz 1 in Verbindung mit Satz 3 Abschnitt F des Teils II., dem Studienentgelt nach § 5 Abs. 2 Abschnitt F des Teils II. und den Studiengebühren (§ 5 Abs. 3 Abschnitt F des Teils II.), ist von den Auszubildenden oder den ehemals Auszubildenden zurückzuerstatten:

a) bei endgültigem Nichtbestehen einer notwendigen Ausbildungs- oder Studienprüfung, wenn die Erfolglosigkeit in den Verantwortungsbereich der Auszubildenden fällt, weil sie es schuldhaft unterlassen haben, den erfolgreichen Abschluss des ausbildungsintegrierten dualen Studiums im Rahmen des ihnen Möglichen zielstrebig zu verfolgen,

b) bei Beendigung des ausbildungsintegrierten dualen Studiums durch Kündigung vom Träger der praktischen Ausbildung aus einem von den Auszubildenden zu vertretenden Grund oder durch eine Eigenkündigung der Auszubildenden nach Ende der Probezeit, die nicht durch einen wichtigen Grund gemäß § 626 BGB gerechtfertigt ist,

c) bei Ablehnung des Angebots, beim Träger der praktischen Ausbildung im Anschluss an das erfolgreich bestandene ausbildungsintegrierte duale Studium entsprechend der erworbenen Abschlussqualifikation ein Dienstverhältnis zu begründen,

d) soweit das Dienstverhältnis, das beim Träger der praktischen Ausbildung im Anschluss an das erfolgreich bestandene ausbildungsintegrierte duale Studium entsprechend der erworbenen Abschlussqualifikation begründet wurde, aus einem von den ehemals Auszubildenden zu vertretenden Grund innerhalb der ersten fünf Jahre seines Bestehens endet.

Rückzahlungsbetrag 75 v.H.

(3) Sofern berufspraktische Studienabschnitte beim Träger der praktischen Ausbildung absolviert wurden, verringert sich der Rückzahlungsbetrag auf 75 v.H. des Gesamtbetrages nach Absatz 2.

Minderung Gesamtbetrag

(4) Der zurückzuerstattende Gesamtbetrag nach Absatz 2 bzw. 3 wird für jeden vollen Monat, in dem nach erfolgreicher Beendigung des ausbildungsintegrierten dualen Studiums ein Dienstverhältnis bestand, um 1/60 vermindert.

keine Rückzahlungspflicht

(5) [1]Die Rückzahlungspflicht in den Fällen des Absatzes 2 Buchst. a oder b entfällt, wenn die Auszubildenden nach endgültigem Nichtbestehen der notwendigen Studienprüfung oder nach Kündigung infolge des Abbruchs des Studiums in ein Dienstverhältnis entsprechend der im Ausbildungsverhältnis erworbenen Qualifikation übernommen werden und dieses für die nach Satz 3 festgelegte Bindungsdauer fortbesteht. [2]Die Rückzahlungspflicht entfällt nicht, wenn das Dienstverhältnis innerhalb der Bindungsdauer gemäß Satz 3 aus einem vom Mitarbeiter zu vertretenden Grunde endet. [3]Abweichend zu Absatz 1 bemisst sich die Bindungsdauer nach der Dauer des Ausbildungs- und Studienverhältnisses, wobei jeder volle Monat des Ausbildungs- und Studienverhältnisses einem Monat Bindungsdauer entspricht. [4]Zur Berechnung der Rückzahlungspflicht gilt Absatz 3; Absatz 4 ist sinngemäß anzuwenden.

Verzicht auf Rückzahlungspflicht

(6) Auf die Rückzahlungspflicht kann ganz oder teilweise verzichtet werden, soweit sie für die Auszubildenden oder die ehemals Auszubildenden eine besondere Härte bedeuten würde.

§ 12 Befristung

Die Regelungen dieses Abschnitts sind befristet bis zum 31. Juli 2026.

G. Studieren in praxisintegrierten dualen Studiengängen

§ 1 Anwendungsbereich

Studierende duale Studiengänge

[1]Dieser Abschnitt gilt für Auszubildende, die mit Einrichtungen einen Vertrag für die Teilnahme an einem praxisintegrierten dualen Studiengang abschließen. [2]Das praxisintegrierte duale Studium verbindet fachtheoretische Studienabschnitte in einem vom Träger der praktischen Ausbildung vorgegebenen Studiengang an einer Hochschule mit berufspraktischen Studienabschnitten beim Träger der praktischen Ausbildung oder einem von dem Träger der praktischen Ausbildung zu bestimmenden Dritten. [3]Die berufspraktischen Studienabschnitte umfassen dabei mindestens ein Drittel der im Studienplan festgelegten Studienzeit. [4]Soweit dies erfüllt ist, gelten Studiengänge, die neben dem Hochschulabschluss ohne zusätzliche berufspraktische Zeit eine staatliche Anerkennung nach den jeweiligen

landes- oder bundesrechtlichen gesetzlichen Ausbildungsordnungen vermitteln, als praxisintegriertes duales Studium.

§ 2 Entsprechende Anwendung des Abschnitts F des Teils II.

Anwendung Abschnitt F

[1]Die Regelungen des Abschnitts F des Teils II. finden entsprechende Anwendung. [2]Dabei gelten für die Auszubildenden in praxisintegrierten Studiengängen des Gesundheits- und Pflegewesens die im Abschnitt F des Teils II. vorgenommenen Verweise auf die Ausbildungsbedingungen des Abschnittes A und des Abschnittes B. des Teils II., für Studiengänge der sozialen Arbeit diejenigen Verweise auf den Abschnitt D des Teils II. und für die übrigen Studiengänge auf den Abschnitt E des Teils II. [3]Keine Anwendung finden diejenigen Regelungen des Abschnittes F des Teils II., die unmittelbar den Ausbildungsteil des ausbildungsintegrierten dualen Studiums regeln oder daraus rechtliche Folgen ableiten.

§ 3 Studienvertrag

Studienvertrag und Angaben

[1]Der Ausbildungsvertrag wird zwischen dem Träger der praktischen Ausbildung und dem Auszubildenden geschlossen. [2]Er muss zusätzlich folgende Angaben enthalten:

a) Beginn, Dauer und Verteilung der Studienzeiten einschließlich der berufspraktischen Studienzeiten sowie der Teilnahmepflicht (Studienplan),
b) Zahlung und Höhe der Ausbildungsvergütung, von Studiengebühren sowie die Bindungs- und Rückzahlungsbedingungen.

§ 4 Ausbildungsvergütung

Ausbildungsvergütung

(1) [1]Auszubildende erhalten eine Ausbildungsvergütung in einem praxisintegrierten dualen Studium

Gesundheits- und Pflegewesen

– im Gesundheits- und Pflegewesen sowie der sozialen Arbeit in Höhe von

im ersten Ausbildungsjahr	1.490,69 Euro
im zweiten Ausbildungsjahr	1.552,07 Euro
im dritten Ausbildungsjahr	1.653,38 Euro
ab dem vierten Ausbildungsjahr	1.815,00 Euro

sonstige Berufe

– in sonstigen Berufen

im ersten Ausbildungsjahr	1.368,26 Euro
im zweiten Ausbildungsjahr	1.418,20 Euro
im dritten Ausbildungsjahr	1.464,02 Euro
ab dem vierten Ausbildungsjahr	1.625,00 Euro

Zulage

[2]Auszubildende erhalten in den ersten drei Ausbildungsjahren zusätzlich eine monatliche Zulage. [3]Die monatliche Zulage beträgt 100 Euro. [4]Die Zulage erfolgt als monatliche Pauschale und damit unabhängig von der zeitlichen Verteilung der Ausbildungs- und Studienanteile.

A Azubis

Zulage

(2) Der Auszubildende erhält zusätzlich zur Ausbildungsvergütung eine monatliche Zulage in Höhe von 11,11 Euro.

§ 5 Akademische Hebammenausbildung

(1) Die akademische Hebammenausbildung nach dem Hebammengesetz (HebG) ist ein praxisintegriertes Studium im Gesundheits- und Pflegewesen im Sinne dieses Abschnittes.

Ausbildungsvertrag

(2) [1]Der Ausbildungsvertrag wird zwischen dem Träger der praktischen Ausbildung als Träger der verantwortlichen Praxiseinrichtung (§ 15 HebG) und dem Auszubildenden in Schriftform für die Dauer des Studiums geschlossen. [2]Er enthält mindestens die nach § 28 Abs. 1 HebG erforderlichen Angaben.

Dauer der Studienzeit

(3) Das Studium dauert in Vollzeit mindestens sechs Semester und höchstens acht Semester (§ 11 Abs. 1 HebG) und richtet sich nach landes- und hochschulrechtlichen Regelungen.

Verlängerung Vetragsverhältnis

(4) [1]Das Vertragsverhältnis endet mit Ablauf des letzten im akkreditierten Konzept des Studiengangs festgelegten Semesters (§ 37 Abs. 1 HebG). [2]Besteht der Auszubildende die staatliche Prüfung nicht oder kann die staatliche Prüfung ohne eigenes Verschulden nicht vor Ablauf des letzten Studiensemesters abgelegt werden, so verlängert sich das Vertragsverhältnis auf schriftlichen Antrag gegenüber der verantwortlichen Praxiseinrichtung bis zur nächstmöglichen Wiederholungsprüfung, höchstens jedoch um ein Jahr (§ 37 Abs. 2 HebG).

Kündigung

(5) Für eine Kündigung durch den Träger der praktischen Ausbildung auch während der Probezeit ist zuvor das Benehmen mit der Hochschule herzustellen.

§ 6 Befristung

Die Regelungen dieses Abschnitts sind befristet bis zum 31. Juli 2026.

H. Praktikum nach abgelegtem Examen oder Praktische Ausbildung nach abgelegter theoretischer schulischer Teilprüfung

§ 1 Anwendungsbereich

staatliche Anerkennung

(1) [1]Soweit nach den Ausbildungsbestimmungen nach abgelegtem Examen ein Praktikum zur Erlangung der staatlichen Anerkennung vorgeschrieben ist, gilt für die zu ihrer Ausbildung Beschäftigten dieser Abschnitt. [2]Dieser Abschnitt gilt auch für die Auszubildenden in solchen Ausbildungen, die im Rahmen einer in einen theoretischen schulischen Teil und einem berufspraktischen Teil für den nach einer den theoretischen Teil abschließenden Prüfung den berufspraktischen Teil bei einem Träger der praktischen Ausbildung absolvieren. [3]Dieser Abschnitt gilt nicht für solche Ausbildungen, die eine staatliche Anerkennung nach einer praxisintegrierten Ausbildung oder einem praxisintegrierten dualen Studium im Sinne des Teils II. erhalten.

Vereinbarung

(2) [1]Mit Auszubildenden, die unter diesen Abschnitt fallen, ist für die Ausbildungszeit eine Vereinbarung nach diesen Bestimmungen zu treffen. [2]Eine hiervon abweichende Vertragsregelung ist grundsätzlich nicht möglich. [3]Wird ein Auszubildender aufgrund der Personalsituation ausnahmsweise während des Praktikums bereits mit der Wahrnehmung der Aufgaben eines entsprechend ausgebildeten

Mitarbeiters betraut, so unterliegt er weiterhin den Vorschriften dieses Abschnitts. [4]Diese Tätigkeit ist daher nicht auf die Dauer der Berufstätigkeit anzurechnen, die nach bestimmten Tätigkeitsmerkmalen für eine Höhergruppierung zurückgelegt sein muss. [5]Für die Dauer der Übertragung der Aufgabe eines entsprechend ausgebildeten Mitarbeiters erhält der Auszubildende zu dem Entgelt gemäß dieses Abschnitts eine Zulage in Höhe des Differenzbetrages zwischen dem Entgelt und den Dienstbezügen (§ 27 AVR) der Eingangsgruppe des Berufes, zu dem der Praktikant ausgebildet wird.

(3) Bis zu einer endgültigen Regelung ist dieser Abschnitt, soweit nicht ein praxisintegriertes duales Studium nach Abschnitt G des Teils II. gegeben ist, für die Absolventen der Fachhochschulen für Sozialarbeit und Sozialpädagogik weiterhin anzuwenden, soweit das Praktikum nach Beendigung des 6. Fachhochschulsemesters abgeleistet wird.

Absolventen FSH Sozialarbeit und Sozialpädagogik

§ 2 Ausbildungsvergütung

(1) [1]Der Auszubildende erhält monatlich eine Ausbildungsvergütung. [2]Sie beträgt:

Ausbildungsvergütung

1.	Pharmazeutisch-technische Assistent(inn)en	1.952,02 Euro
2.	Masseure und med. Bademeister/-innen	1.895,36 Euro
3.	Sozialarbeiter/-innen	2.176,21 Euro
4.	Sozialpädagog(inn)en	2.176,21 Euro
5.	Erzieher/-innen	1.952,02 Euro
6.	Kinderpfleger/-innen	1.895,36 Euro
7.	Altenpfleger/-innen	1.952,02 Euro
8.	Haus- und Familienpfleger/-innen	1.952,02 Euro
9.	Heilerziehungshelfer/-innen	1.895,36 Euro
10.	Heilerziehungspfleger/-innen	2.013,76 Euro
11.	Arbeitserzieher/-innen	2.013,76 Euro

(2) Auf die Entgelte werden alle Zuschüsse und gewährten Stipendien in voller Höhe angerechnet.

Zuschüsse/ Stipendien

(3) Auszubildende im Erziehungsdienst erhalten eine Wohn- und Werkstattzulage in derselben Höhe, wie sie in Anmerkung 1 zu Abschnitt XXIV Anhang Entgeltordnung angegeben ist, unter den dort genannten Bedingungen.

Wohn- und Werkstattzulage

(4) Auszubildende erhalten eine Jahressonderzahlung nach § 35 AVR mit einem abweichenden Bemessungssatz von 90 v.H.

Jahressonderzahlung § 35 AVR

(5) (unbesetzt)

(6) *(RK Bayern):* [1]Im Geltungsbereich der AVR in Bayern finden die Regelungen dieses Abschnittes für Berufe nach § 2 Abs. 1 Nr. 8 Abschnitt H des Teils II. Anwendung auf die Praktika der Berufspraktikanten innerhalb der Ausbildung/ Fortbildung zum Betriebswirt, zur Betriebswirtin für Ernährungs- und Versorgungsmanagement nach § 3 Absatz 4 Satz 2 Nr. 2 in Verbindung mit Anlage 2 der bayerischen Schulordnung für Fachakademien (Fachakademieordnung – FakO) vom 9. Mai 2017 in der jeweils aktuellen Fassung. [2]Die Vergütungen betragen für

Ausbildung/ Fortbildung zum Betriebswirt, zur Betriebswirtin für Ernährungs- und Versorgungsmanagement

diese Berufspraktikanten 100 v.H. der für den jeweils geltenden Zeitraum in § 2 Abs. 1 Nr. 8 des Abschnitts H des Teils II. benannten monatlichen Vergütung. [3]Dieser Absatz tritt zum 1. Januar 2026 in Kraft und ist befristet bis zum 31. Dezember 2029. [4]Er findet auf am 31. Dezember 2029 bereits bestehende Praktikumsverhältnisse nur durch besondere Vereinbarung zwischen dem Praktikanten und dem Dienstgeber Anwendung. [5]Für am 31. Dezember 2029 bestehende Praktikumsverhältnisse gilt er bis zu deren Abschluss fort.

Ausbildung/Fortbildung zur Pädagogischen Fachkraft zur Grundschulkindbetreuung im Rahmen des bayerischen Schulversuchs

(7) *(RK Bayern):* [1]Im Geltungsbereich der AVR in Bayern finden die Regelungen dieses Abschnittes für Berufe nach § 2 Absatz 1 Nr. 5 Abschnitt H des Teils II. Anwendung auf die Praktika der Berufspraktikanten innerhalb der Ausbildung/Fortbildung zur Pädagogischen Fachkraft zur Grundschulkindbetreuung im Rahmen des bayerischen Schulversuchs zu diesem Berufsbild (Bekanntmachung des Bayerischen Staatsministeriums für Unterricht und Kultus über den Schulversuch „Pädagogische Fachkraft für Grundschulkindbetreuung" vom 5. November 2019 (BayMBl. Nr. 496) in der jeweils aktuellen Fassung). [2]Dieser Absatz tritt zum 1. Januar 2022 in Kraft und ist befristet bis zum 31. Dezember 2029. [3]Er findet auf am 31. Dezember 2021 bereits bestehende Praktikumsverhältnisse nur durch besondere Vereinbarung zwischen dem Praktikanten und dem Dienstgeber Anwendung. [4]Für am 31. Dezember 2029 bestehende Praktikumsverhältnisse gilt er bis zu deren Abschluss fort.

I. Ausbildung zum Heilerziehungspfleger

§ 1 Anwendungsbereich

Heilerziehungspfleger

(1) Dieser Abschnitt findet Anwendung auf Auszubildende, die eine Ausbildung zum Heilerziehungspfleger nach landesrechtlichen Regelungen absolvieren.

(2) [1]Die Ausbildung kann in konsekutiver Form mit einem fachpraktischen Teil am Ende der Ausbildung oder in praxisintegrierter Form erfolgen. [2]Bei einer Ausbildung in konsekutiver Form findet Abschnitt H des Teils II. Anwendung, soweit nicht durch die zuständige Regionalkommission eine Vergütung für die gesamte Dauer der Ausbildung festgesetzt ist. [3]Bei einer Ausbildung in der praxisintegrierten Form finden vorbehaltlich der weiteren Regelungen dieses Abschnittes die Regelungen des Abschnittes A des Teils II. entsprechende Anwendung.

§ 2 Ausbildungsdauer

Ausbildungsdauer

[1]Die Ausbildungsdauer beträgt in Vollzeit drei Jahre. [2]In Teilzeit beträgt die Ausbildungsdauer vorbehaltlich einer anderen landesgesetzlichen Regelung höchstens fünf Jahre. [3]Sie kann durch Anrechnung gleichwertiger Ausbildungen um bis zu zwei Drittel verkürzt werden, soweit keine andere landesgesetzliche Regelung besteht.

§ 3 Ausbildungsvergütung

praxisintegrierte Ausbildung RK BW

(1) *(RK BW):* [1]Dieser Abschnitt findet auf die praxisintegrierte Form der Ausbildung Anwendung. [2]Für Auszubildende in praxisintegrierten Ausbildungsgängen im Sinne dieses Abschnittes finden die Ausbildungsvergütungshöhen nach § 3 Abs. 1 des Abschnittes A des Teils II. Anwendung.

(1) *(RK Bayern):* [1]Dieser Abschnitt findet auf die praxisintegrierte Form der Ausbildung zum Heilerziehungspfleger für den Bereich der Regionalkommission Bayern Anwendung. [2]Für Auszubildende in praxisintegrierten Ausbildungsgängen im Sinne dieses Abschnittes finden die Ausbildungsvergütungshöhen nach § 3 Abs. 1 des Abschnittes A des Teils II. Anwendung.

praxisintegrierte Ausbildung RK Bayern

(1) *(RK Mitte):* [1]Dieser Abschnitt findet auf die praxisintegrierte Form der Ausbildung zum Heilerziehungspfleger für den Bereich der Regionalkommission Mitte Anwendung. [2]Für Auszubildende in praxisintegrierten Ausbildungsgängen im Sinne dieses Abschnittes finden die Ausbildungsvergütungshöhen nach § 3 Abs. 1 des Abschnittes A des Teils II. Anwendung.

praxisintegrierte Ausbildung RK Mitte

(1) *(RK Nord):* [1]Dieser Abschnitt findet auf die praxisintegrierte Form der Ausbildung zum Heilerziehungspfleger für den Bereich der Regionalkommission Nord Anwendung. [2]Für Auszubildende in praxisintegrierten Ausbildungsgängen im Sinne dieses Abschnittes finden die Ausbildungsvergütungshöhen nach § 3 Abs. 1 des Abschnittes A des Teils II. Anwendung.

praxisintegrierte Ausbildung RK Nord

(1) *(RK NRW):* [1]Dieser Abschnitt findet auf die praxisintegrierte Form der Ausbildung zum Heilerziehungspfleger für den Bereich der Regionalkommission Nordrhein-Westfalen Anwendung. [2]Für Auszubildende in praxisintegrierten Ausbildungsgängen im Sinne dieses Abschnittes finden die Ausbildungsvergütungshöhen nach § 3 Abs. 1 des Abschnittes A des Teils II. Anwendung.

praxisintegrierte Ausbildung RK NRW

(2) [1]Bei einer Ausbildung in Teilzeit über insgesamt vier Jahre beträgt bei der Anwendung der Regelung der Regionalkommission nach Absatz 1 abweichend das Ausbildungsjahr jeweils 16 Monate. [2]Bei einer Ausbildung in Teilzeit über insgesamt fünf Jahre beträgt es abweichend jeweils 20 Monate.

Teilzeitausbildung

(3) [1]Erfolgt eine Verkürzung der Ausbildungszeit durch Anrechnung nach § 2 Satz 3 Abschnitt I des Teils II., wird zur Bestimmung des anzuwendenden Ausbildungsjahres der Festsetzung nach Absatz 1 die angerechnete Ausbildungszeit ebenfalls berücksichtigt. [2]Wird die Ausbildungszeit gemäß landesgesetzlicher Regelung verlängert, erhält der Auszubildende während der verlängerten Ausbildungszeit die Ausbildungsvergütung mit der Maßgabe, dass nach dem dritten Jahr der Ausbildung die Ausbildungsvergütung des dritten Ausbildungsjahres anzuwenden ist.

Verkürzung der Ausbildungszeit

(4) Für die Berechnung und Auszahlung der Bezüge gilt § 42 AVR entsprechend mit der Maßgabe, dass abhängig davon, unter welchen Geltungsbereich (§ 2 AVR) die Einrichtung des Trägers der praktischen Ausbildung fällt, in der der Auszubildende im maßgeblichen Zeitraum die Ausbildung absolviert, abgesehen von der Ausbildungsvergütung nach Absatz 1.

Berechnung und Auszahlung der Bezüge

(5) Der Auszubildende erhält zusätzlich zur Ausbildungsvergütung eine monatliche Zulage in Höhe von 11,11 Euro.

Zulage

(6) Auszubildende erhalten eine Jahressonderzahlung nach § 35 AVR mit einem abweichenden Bemessungssatz von 90 v.H.

Jahresonderzahlung § 35 AVR

§ 4 Sonstige Ausbildungsbedingungen

[1]Zulagen, Zeitzuschläge, Bereitschaftsdienst- und Rufbereitschaftsentgelt bestimmen sich abhängig davon, unter welchen Geltungsbereich (§ 2 AVR) die Einrichtung des Trägers der praktischen Ausbildung fällt, in der der Auszubildende im maßgeblichen Zeitraum die Ausbildung absolviert. [2]Dabei gilt als Stundenentgelt der auf die Stunde entfallende Anteil der Ausbildungsvergütung (§ 3 Abschnitt I

Vergütungsbestandteile

A Azubis

des Teils II.). [3]Zur Ermittlung dieses Anteils ist die jeweilige Ausbildungsvergütung durch das 4,348fache der durchschnittlichen regelmäßigen wöchentlichen Ausbildungszeit zu teilen. [4]Der Zeitzuschlag für Überstunden beträgt 30 v.H. des Stundenentgelts.

§ 5 Befristung der Regelung und Kompetenzübertragung

Geltungszeitraum

(1) [1]Die Regelungen dieses Abschnitts sind befristet bis zum 31. Juli 2027. [2]Sie gelten für bis dahin begonnene Ausbildungsverhältnisse bis zu deren Beendigung fort.

Kompetenzübertragung

(2) [1]Die Bundeskommission überträgt nach § 13 Abs. 6 AK-O befristet bis zum 31. Juli 2027 den Regionalkommissionen die Kompetenz zur Festsetzung der Anwendung dieses Abschnitts und der Ausbildungsvergütungen im Sinne der § 1 und § 3 Abs. 1 Abschnitt I des Teils II. [2]Die von den Regionalkommissionen vorgenommenen Festsetzungen gelten nach dem 31. Juli 2027 für bis dahin begonnene Ausbildungsverhältnisse bis zu deren Beendigung fort. [3]Soweit am 31. Juli 2021 bereits aufgrund bis dahin bestehender Kompetenzübertragung zur Regelung der Ausbildungsverhältnisse der Ausbildung zum Heilerziehungspfleger Regelungen und Festsetzungen durch einzelne Regionalkommissionen vorgenommen wurden, gelten deren Regelungen bis zu einer neuerlichen Festsetzung fort, auch soweit sie von den Regelungen dieses Abschnittes abweichen.

§ 6 *(RK BW):* Anwendungsbeginn und Übergangsregelung im Bereich der Regionalkommission Baden-Württemberg

Inkrafttreten

[1]Die Anwendung nach § 3 Abs. 1 tritt mit Wirkung vom 1. September 2022 in Kraft. [2]Für Ausbildungsverhältnisse der praxisintegrierten Ausbildung der Heilerziehungspfleger, die bereits am 31. August 2022 bestanden haben, finden die Regelungen des Abschnittes I des Teils II. ab dem 1. September 2022 Anwendung. [3]Dies gilt auch für Ausbildungsverhältnisse in der konsekutiven Ausbildungsform, wenn bis zum 31. August 2022 im Ausbildungsvertrag die Anwendung der Regelung für Auszubildende in der Heilerziehungspflegeausbildung gemäß den Beschlüssen der Regionalkommission Baden-Württemberg vom 19. Oktober 2018 und vom 24. Juli 2019 vom Beginn an auch für den schulischen Teil der Ausbildung erfolgte. [4]Die Regelungen für Auszubildende in der Heilerziehungspflegeausbildung gemäß den Beschlüssen der Regionalkommission Baden-Württemberg vom 19. Oktober 2018 und 24. Juli 2019 treten damit zum 1. September 2022 außer Kraft.

§ 6 *(RK Bayern):* Anwendungsbeginn und Geltung im Bereich der Regionalkommission Bayern

[1]Die Anwendung des § 3 Absatz 1 tritt mit Wirkung vom 1. August 2024 in Kraft. [2]Sie gilt für Auszubildende in Ausbildungen in der praxisintegrierten Ausbildungsform auf der Grundlage der Bestimmungen des mit dem Schuljahr 2024/2025 beginnenden Schulversuches „Modernisierung der Heilerziehungspflegeausbildung“ (Erlass des Bayerischen Staatsministeriums für Unterricht und Kultus vom 29. Juli 2024 -Az. VI.8-BS9641.0-5/45/3-, BayMBl. 2024 Nr. 371 vom 14.08.2024) in der jeweils gültigen Fassung. [3]Erfolgt nach dem in Satz 2 genannten Schulversuch die Ausbildung in gegliederter (konsekutiver) Ausbildungsform, gilt für die Zeitdauer des Berufspraktikums Abschnitt H des Teils II. [4]Für das Heilerziehungspflegerische Einführungsjahr (HEJ), das mit dem in Satz 2 genannten Schulversuch als

Möglichkeit zur Erfüllung der Aufnahmevoraussetzungen der Ausbildung zum Heilerziehungspfleger eingeführt wird, findet Abschnitt C des Anhangs Praktikanten entsprechende Anwendung.

§ 6 *(RK Mitte):* Anwendungsbeginn und Übergangsregelung im Bereich der Regionalkommission Mitte

Inkrafttreten; Ausnahmefälle

[1]Die Anwendung nach § 3 Abs. 1 tritt mit Wirkung vom 1. August 2022 in Kraft. [2]Für Ausbildungsverhältnisse zur praxisintegrierten Ausbildung der Heilerziehungspfleger, die am 31. Juli 2022 bestanden haben, finden die Regelungen des Abschnittes I des Teils II. ab dem 1. August 2022 Anwendung, in begründeten Ausnahmefällen spätestens aber ab dem 1. August 2023. [3]Mit den begründeten Ausnahmefällen sind nur Fälle gemeint, in denen

a) wegen der unterschiedlichen Ausbildungsbedingungen in den Bundesländern im Bereich der Regionalkommission Mitte unterschiedliche Anstellungsbedingungen vereinbart wurden und

b) für das jeweilige Ausbildungsverhältnis als Folge daraus ein Grund für eine spätere Anwendung der Regelungen des Abschnittes I des Teils II. besteht.

§ 6 *(RK Nord):* Anwendungsbeginn und Übergangsregelung im Bereich der Regionalkommission Nord

(1) Die Anwendung nach § 3 Abs. 1 tritt mit Wirkung zum 1. August 2025 in Kraft.

(2) Für Ausbildungsverhältnisse zur praxisintegrierten Ausbildung der Heilerziehungspfleger, die am 30. Juli 2025 bestanden haben, finden die Regelungen des Abschnittes I des Teils II. zum Beginn des jeweiligen nächsten Ausbildungsjahres Anwendung.

(3) Die oberen Absätze finden auch Anwendung, soweit eine Refinanzierung durch die Veränderung in den entsprechenden Landesrahmenverträgen in Niedersachsen bzw. Bremen zu einem früheren Zeitpunkt möglich ist.

§ 6 *(RK NRW):* Anwendungsbeginn und Übergangsregelung im Bereich der Regionalkommission Nordrhein-Westfalen

Inkrafttreten; Abschnitt J

[1]Die Anwendung nach § 3 Abs. 1 tritt mit Wirkung vom 1. August 2022 in Kraft. [2]Der im Bereich der Regionalkommission Nordrhein-Westfalen geltende Abschnitt J tritt mit Ablauf des 31. Juli 2022 außer Kraft. [3]Für Ausbildungsverhältnisse zur praxisintegrierten Ausbildung der Erzieher, die am 31. Juli 2022 bestanden haben und für die bislang der Abschnitt J oder der für den Bereich der Regionalkommission Nordrhein-Westfalen zuvor geltenden Abschnitt F angewendet wurde, gilt Abschnitt J bis zum Abschluss der Ausbildung fort.

J. *(RK NRW):* (kein Abdruck wegen Fristablauf)

K. *(RK NRW):* Praxisintegrierte Ausbildung zum Kinderpfleger

§ 1 Anwendungsbereich

praxisintegrierte Ausbildung Kinderpfleger

Dieser Abschnitt findet Anwendung auf Auszubildene in den Einrichtungen im Geltungsbereich der AVR in NRW, die eine praxisintegrierte Ausbildung zum Kinderpfleger nach landesrechtlichen Regelungen absolvieren.

§ 2 Ausbildungsdauer

Ausbildungsdauer

Die Ausbildungsdauer beträgt zwei Jahre in Vollzeit.

§ 3 Ausbildungsvergütung

Ausbildungsvergütung

(1) [1]Der Auszubildene erhält während der praxisintegrierten Ausbildung eine monatliche Vergütung. [2]Sie beträgt:

im ersten Ausbildungsjahr	1.414,91 Euro
im zweiten Ausbildungsjahr	1.473,21 Euro

[3]Bei einer Ausbildung in Teilzeit über insgesamt drei Jahre beträgt abweichend von Satz 2 das Ausbildungsjahr 18 Monate, bei insgesamt über vier Jahre 24 Monate.

Jahressonderzahlung § 35 AVR

(2) Auszubildende erhalten eine Jahressonderzahlung nach § 35 AVR mit einem abweichenden Bemessungssatz von 90 v.H.

§ 4 Sonstige Ausbildungsbedingungen

[1]Zulagen, Zeitzuschläge, Bereitschaftsdienst- und Rufbereitschaftsentgelt bestimmen sich in entsprechender Anwendung der Regelungen für Mitarbeiter im Sozial- und Erziehungsdienst. [2]Dabei gilt als Stundenentgelt der auf die Stunde entfallende Anteil der Ausbildungsvergütung (§ 3). [3]Zur Ermittlung dieses Anteils ist die jeweilige Ausbildungsvergütung durch das 4,348fache der durchschnittlichen regelmäßigen wöchentlichen Ausbildungszeit zu teilen. [4]Der Zeitzuschlag für Überstunden beträgt 30 v.H. des Stundenentgelts.

§ 5 Beendigung der Ausbildung

Kündigung

(1) [1]Bei einer Kündigung durch den Träger der praktischen Ausbildung ist das Benehmen mit der Schule herzustellen. [2]In den Fällen des § 15 Abs. 3 Buchst. a des Teils I. sind die Kündigungsgründe anzugeben.

Weiterbeschäftigung

(2) Werden Auszubildende im Anschluss an das Ausbildungsverhältnis beschäftigt, ohne dass hierüber ausdrücklich etwas vereinbart worden ist, so gilt ein Dienstverhältnis auf unbestimmte Zeit als begründet.

§ 6 Inkrafttreten und Geltung

Geltungszeitraum

[1]Diese Regelung tritt zum 1. Januar 2025 in Kraft und ist befristet bis zum 31. Dezember 2028. [2]Sie gilt für Ausbildungsverhältnisse zur praxisintegrierten Ausbildung der Kinderpfleger, die im Jahr 2025 begonnen haben. [3]Für die Ausbildungsverhältnisse, die vor dem 1. Januar 2025 bestanden haben, finden die Regelungen zum Beginn des jeweiligen nächsten Ausbildungsjahres Anwendung. [4]Statt der

Anwendung von Satz 3 können der Träger der praktischen Ausbildung und der Auszubildende durch schriftliche Vereinbarung die Weiterführung der zum Ausbildungsbeginn vereinbarten Ausbildungsvergütungen bestimmen.

Teil III. Übergangsregelung

(1) [1]Für alle bis zum 31. Juli 2021 begonnenen Ausbildungsverhältnisse finden vorläufig die Regelungen der Anlage 7 AVR in der Fassung vom 31. Juli 2021 Anwendung. [2]Erst mit Beginn des nächsten Ausbildungsjahres, frühestens jedoch ab dem 1. April 2022, finden für das jeweilige Ausbildungsverhältnis die Regelungen dieses Anhangs in der Fassung ab dem 1. August 2021 Anwendung. Anlage 7 a.F.

(2) Für alle ab dem 1. August 2021 begonnenen Ausbildungsverhältnisse finden die Regelungen dieses Anhangs in der Fassung ab dem 1. August 2021 Anwendung. Anlage 7 n.F.

Anhang Praktikanten

Inhalt

Abschnitt A

§ 1 Geltungsbereich

Praktikanten nach BBiG

(1) [1]Abschnitt A gilt für Praktikanten, die unter den Geltungsbereich des Berufsbildungsgesetzes (BBiG) fallen und deren Rechtsverhältnisse nicht durch Anhang Auszubildende geregelt sind. [2]Praktikanten, die unter den Geltungsbereich des BBiG fallen, sind nach § 26 BBiG Personen, die eingestellt werden um berufliche Fertigkeiten, Kenntnisse, Fähigkeiten oder berufliche Erfahrungen zu erwerben, soweit keine Berufsausbildungsverhältnis im Sinne des BBiG und kein Dienstverhältnis besteht und das Praktikum nicht Bestandteil eines den Schulgesetzen der Länder unterliegenden Schulverhältnisses ist (Praktikanten als Schüler bzw. Studierende von Haupt-, Fach-, Berufsfach-, Fachober-, Fachhoch- und Hochschulen).

(2) [1]Die Regelung dieses Abschnitts gilt für Praktikanten, die in die Einrichtung eingegliedert sind. [2]Das ist nur dann der Fall, wenn der Praktikant während seiner gesamten täglichen Arbeitszeit in der Einrichtung praktisch tätig ist. [3]Die praktische Tätigkeit begleitende Unterrichtsveranstaltungen sind unschädlich.

§ 2 Vergütung

Praktikums-vergütung

(1) Praktikanten, die nach § 22 Abs. 1 Satz 2 MiLoG als Arbeitnehmer gelten, erhalten eine Vergütung in Höhe des Mindestlohns nach § 1 Abs. 2 MiLoG.

(2) [1]Praktikanten, die nach § 22 Abs. 1 Satz 2 MiLoG nicht als Arbeitnehmer gelten, haben Anspruch auf eine angemessene Vergütung. [2]Der Dienstgeber hat bei der Entscheidung der Angemessenheit der Vergütung einen Ermessensspielraum. [3]Bei der Ausübung des Ermessens sind die Vorbildung des Praktikanten sowie die Art und Dauer des Praktikums zu berücksichtigen. [4]Ist die Vergütung nicht für einen ganzen Monat zu zahlen, gilt § 18 Abs. 1 Satz 2 BBiG entsprechend.

§ 3 Wöchentliche und tägliche Arbeitszeit

Arbeitszeit

(1) Die durchschnittliche regelmäßige wöchentliche Ausbildungszeit und die tägliche Ausbildungszeit des Praktikanten, der nicht unter das Jugendarbeitsschutzgesetz fällt, richten sich nach den Bestimmungen, die für die Arbeitszeit der beim Träger des Praktikums in dem Beruf beschäftigten Mitarbeiter gelten, für den er ein Praktikum ableistet.

(2) Im Rahmen des Ausbildungszwecks darf der Praktikant, der nicht unter das Jugendarbeitsschutzgesetz fällt, innerhalb des gesetzlich zulässigen Rahmens auch an Sonntagen und Wochenfeiertagen sowie in der Nacht beschäftigt werden.

(3) Eine über die durchschnittliche regelmäßige wöchentliche Arbeitszeit hinausgehende Beschäftigung ist nur ausnahmsweise zulässig.

§ 4 Erholungsurlaub

Urlaub

Es besteht ein Anspruch auf Gewährung von Erholungsurlaub in entsprechender Anwendung der AVR.

§ 5 Sonstige Fälle der Fortzahlung der Vergütung

Im Übrigen gilt für die Fortzahlung der Vergütung § 19 BBiG entsprechend.

§ 6 Reisekostenerstattung

Entschädigung

(1) Bei Dienstreisen erhalten Praktikanten eine Entschädigung in entsprechender Anwendung des § 23 AVR.

Fahrtkosten

(2) Abweichend von der bei Dienstreisen und Abordnungen maßgeblichen Reisekostenregelung (§ 23 AVR) können bei Reisen zur vorübergehenden Ausbildung an einer anderen Einrichtung außerhalb des Beschäftigungsortes (politische Gemeinde) sowie zur Teilnahme am Unterricht, an Vorträgen, an Arbeitsgemeinschaften oder an Übungen zum Zwecke der Ausbildung die notwendigen Fahrtkosten erstattet werden.

Familien-heimfahrten

(3) Für Familienheimfahrten vom Ort der Ausbildungsstätte zum Wohnort der Eltern, des Erziehungsberechtigten oder des Ehegatten und zurück können monatlich einmal die notwendigen Fahrtkosten erstattet werden.

§ 7 Sonstige Bestimmungen

Anwendung des BBiG

(1) § 49 AVR findet entsprechend Anwendung.

(2) Soweit vorstehend für Praktikanten keine abweichende Regelung vorgesehen ist, gelten die §§ 10 bis 23 und 25 BBiG mit der Maßgabe, dass die gesetzliche Probezeit abgekürzt und bei vorzeitiger Lösung des Vertragsverhältnisses nach Ablauf der Probezeit abweichend von § 23 Abs. 1 Satz 1 BBiG Schadensersatz nicht verlangt werden kann.

(3) Zwischen dem Rechtsträger der Einrichtung oder durch dessen Bevollmächtigten und dem Praktikanten ist vor Beginn des Praktikums eine Praktikumsvereinbarung schriftlich abzuschließen.

Abschnitt B

§ 1 Geltungsbereich

Ausbildungspraktikanten außerhalb des BBiG

(1) [1]Abschnitt B gilt für Praktikanten, die nicht unter den Geltungsbereich des BBiG fallen und deren Rechtsverhältnisse nicht durch Anhang Auszubildende geregelt sind. [2]Praktikanten, die nicht unter den Geltungsbereich des BBiG fallen, sind insbesondere solche, die ein Praktikum ableisten, das Bestandteil einer Schul- oder Hochschulausbildung ist. [3]Dazu gehören z.B. Praktika von Studierenden der Fachhochschulen während der Praxissemester, Praktika von Fachoberschülern, Praktika, die Schüler von Hauptschulen, von Fachschulen oder von Berufsfachschulen (Erzieher, Kinderpfleger usw.) abzuleisten haben, sowie Zwischen- oder Blockpraktika von Studierenden der Fachhochschulen und der Hochschulen, die in Studien- oder Prüfungsordnungen vorgeschrieben sind. [4]Dies gilt auch für die praktische Ausbildung der Studierenden der Medizin in Krankenhäusern.

(2) [1]Die Regelung dieses Abschnitts gilt für Praktikanten, die in die Einrichtung eingegliedert sind. [2]Das ist nur dann der Fall, wenn der Praktikant während seiner gesamten täglichen Arbeitszeit in der Einrichtung praktisch tätig ist. [3]Gelegentliche, die praktische Tätigkeit begleitende Unterrichtsveranstaltungen sind unschädlich.

§ 2 Vergütung

Praktikantenvergütung

[1]Eine Verpflichtung zur Zahlung einer Vergütung besteht nicht. [2]In Anerkennung der Arbeitsleistung kann während des Praktikums eine Vergütung gezahlt werden. [3]Die Höhe der Vergütung kann durch Dienstvereinbarung mit der Mitarbeitervertretung gemäß § 38 Abs. 1 Ziffer 1 MAVO geregelt werden.

§ 3 Sonstige Bestimmungen

Im Übrigen finden die §§ 6 und 7 Abs. 1 und 3 des Abschnitts A Anwendung.

(RK Bayern): Abschnitt C

§ 1 Geltungsbereich

Praktikanten im Sozialpädagogisches Einführungsjahr (SEJ)

[1]Abschnitt C gilt im Geltungsbereich der AVR in Bayern für Praktikanten, die ein Sozialpädagogisches Einführungsjahr (SEJ) nach § 6 Abs. 1 Nr. 2 Buchst. c 2. Alternative in Verbindung mit Anlage 3 der bayerischen Schulordnung für Fachakademien (Fachakademieordnung – FakO) vom 9. Mai 2017 in der jeweils aktuellen Fassung ableisten. [2]Die Anwendung setzt voraus, dass die Praktikanten in die Einrichtung eingegliedert sind. [3]Das ist nur der Fall, wenn die Praktikanten während ihrer gesamten Arbeitszeit in der Einrichtung praktisch tätig sind. [4]Die praktische Tätigkeit begleitende Unterrichtsveranstaltungen sind unschädlich.

§ 2 Vergütung

Praktikantenvergütung

[1]Die Praktikanten erhalten eine Vergütung. [2]Diese beträgt mindestens 50 v.H. der in § 2 Abs. 1 des Abschnittes E des Teils II. Anhang Auszubildende festgelegten Vergütung für das zweite Ausbildungsjahr.

§ 3 Sonstige Bestimmungen

Abschnitt A

Im Übrigen finden die Bestimmungen des Abschnittes A entsprechende Anwendung.

§ 4 Inkrafttreten und Geltung

Geltungszeitraum

[1]Die Regelungen dieses Abschnitts treten zum 1. Januar 2022 in Kraft und sind befristet bis zum 31. Dezember 2029. [2]Sie finden auf am 31. Dezember 2021 bereits bestehende Praktikumsverhältnisse nur durch besondere Vereinbarung zwischen dem Praktikanten und dem Dienstgeber Anwendung. [3]Für am 31. Dezember 2029 bestehende Praktikumsverhältnisse gelten sie bis zu deren Abschluss fort.

Anhang Lehrkräfte

Inhalt

Teil I. Besondere Regelungen für Lehrkräfte

§ 1 Geltungsbereich

Anwendungsbereich

(1) [1]Teil I. findet Anwendung für Lehrkräfte in Schulen und für sonstige pädagogische, therapeutische und pflegerische Mitarbeiter in diesen Schulen, die nach den jeweiligen landesrechtlichen Bestimmungen über die Förderung von Privatschulen refinanziert werden. [2]Davon ausgenommen sind Lehrkräfte und sonstige Mitarbeiter an Altenpflege-, Krankenpflege-, Krankenpflegehilfe-, Kinderkrankenpflege-, und Hebammenschulen.

(2) Die Regelung gilt für Mitarbeiter im Sinne des Absatzes 1, deren Dienstverhältnis nach dem 31. Juli 2007 erstmals bei diesem Dienstgeber neu beginnt oder die am 31. Dezember 2010 nach Anhang C AVR in der Fassung vom 31. Dezember 2010 eingruppiert bzw. vergütet waren.

Anmerkung 1 Absatz 1 Satz 1:

Dies sind Personen, bei denen die Vermittlung von Kenntnissen und Fertigkeiten im Rahmen eines Schulbetriebs der Tätigkeit das Gepräge gibt.

Anmerkung 2 Absatz 2:

[1]Die Verlängerung eines befristeten Dienstverhältnisses ist keine Neueinstellung. [2]Besteht mit einem Mitarbeiter lediglich für die Dauer der Schulferien kein Dienstverhältnis, liegt keine Neueinstellung vor.

§ 2 Eingruppierung

abweichende Eingruppierung

Für die Eingruppierung gelten in Abweichung zu den AVR die für vergleichbare Beschäftigte des jeweiligen Bundeslandes geltenden Regelungen.

§ 3 Vergütung

abweichende Vergütung

(1) [1]Für die Vergütung gelten in Abweichung zu den AVR die für vergleichbare Beschäftigte des jeweiligen Bundeslandes geltenden Regelungen. [2]Für das Leistungsentgelt gelten die für vergleichbare Beschäftigte des jeweiligen Bundeslandes geltenden Regelungen.

(2) Soweit diese Regelungen hinsichtlich der Stufenzuordnung auf die Berufserfahrung abstellen, sind die Zeiten einschlägiger Berufserfahrung bei anderen Dienstgebern im Geltungsbereich der AVR sowie im sonstigen Tätigkeitsbereich der katholischen Kirche, der evangelischen Kirche, in einem Diakonischen Werk oder in einer Einrichtung, die dem Diakonischen Werk angeschlossen ist, der Berufserfahrung beim selben Dienstgeber gleichgestellt.

§ 4 Jahressonderzahlung

abweichende Zuwendung

Für die Jahressonderzahlung gelten in Abweichung zu den AVR die für vergleichbare Beschäftigte des jeweiligen Bundeslandes geltenden Regelungen.

§ 5 Arbeitszeit

abweichende Arbeitszeit

Für die Arbeitszeit, die Kurzarbeit, die Überstundenregelung, die Zeitzuschläge und die Überstundenvergütung gelten in Abweichung zu den AVR die für vergleichbare Beschäftigte des jeweiligen Bundeslandes geltenden Regelungen.

§ 6 Urlaub

abweichender Erholungsurlaub

Für den Urlaub gelten in Abweichung zu § 36 AVR und §§ 44 bis 47 AVR die für vergleichbare Beschäftigte des jeweiligen Bundeslandes geltenden Regelungen.

Teil II. Besondere Regelungen für Lehrkräfte in der Altenpflege sowie im Gesundheits- und Sozialwesen

§ 1 Geltungsbereich

Anwendungsbereich

(1) Teil II. gilt für Lehrkräfte, die in

a) Altenpflege-, Krankenpflege-, Krankenpflegehilfe-, Kinderkrankenpflege- und Hebammenschulen sowie

b) sonstigen Schulen, soweit sie nicht unter Teil I. fallen,

beschäftigt sind.

> *Anmerkung zu Absatz 1:*
>
> Teil II. findet keine Anwendung auf Lehrkräfte an Schulen, die nach den jeweiligen landesrechtlichen Bestimmungen über die Förderung von Privatschulen refinanziert werden und deren Dienstverhältnis bereits vor dem 1. August 2007 bei dem Dienstgeber begonnen hat.

(2) [1]Soweit für diese Mitarbeiter nachfolgend nichts anderes bestimmt ist, finden die Vorschriften der AVR und ihrer Anhänge Anwendung. [2]§ 31 AVR findet keine Anwendung.

§ 2 Eingruppierung

Eingruppierung nach Tätigkeitsmerkmalen der Anlage

Die Eingruppierung der Mitarbeiter im Sinne des § 1 Abs. 1 richtet sich nach den Tätigkeitsmerkmalen der Anlage zu diesem Paragrafen.

§ 3 Tabellenentgelt

Tabellenentgelt

(1) [1]Der Mitarbeiter erhält monatlich ein Tabellenentgelt. [2]Die Höhe bestimmt sich nach der Entgeltgruppe, in die der Mitarbeiter eingruppiert ist, und nach der für ihn geltenden Stufe.

Anlage B TV-L

(2) Für das Tabellenentgelt gelten die jeweils aktuell gültigen Werte des Tabellenentgelts in Anlage B des Tarifvertrags für den öffentlichen Dienst der Länder (TV-L).

§ 4 Stufen der Entgelttabelle

Zahl der Entgeltstufen

(1) Die Entgeltgruppen 9b bis 15 umfassen sechs Stufen.

Allg. Zuordnung zu Entgeltstufen; s. auch Abs. 3, 4 und § 5

(2) [1]Bei Einstellung werden die Mitarbeiter der Stufe 1 zugeordnet, sofern keine einschlägige Berufserfahrung vorliegt. [2]Verfügt der Mitarbeiter über eine einschlägige Berufserfahrung von mindestens einem Jahr, erfolgt die Einstellung in die Stufe 2; verfügt er über eine einschlägige Berufserfahrung von mindestens drei Jahren, erfolgt in der Regel eine Zuordnung zur Stufe 3. [3]Unabhängig davon kann der Dienstgeber bei Neueinstellungen zur Deckung des Personalbedarfs Zeiten einer vorherigen beruflichen Tätigkeit ganz oder teilweise für die Stufenzuordnung berücksichtigen, wenn diese Tätigkeit für die vorgesehene Tätigkeit förderlich ist.

Anmerkung zu Absatz 2:

Einschlägige Berufserfahrung ist eine berufliche Erfahrung in der übertragenen oder einer auf die Aufgabe bezogen entsprechenden Tätigkeit.

Zuordnung zu Entgeltstufen im Anschluss an ein kirchliches Dienstverhältnis

(3) Wird der Mitarbeiter in unmittelbarem Anschluss an ein Dienstverhältnis im Geltungsbereich der AVR oder im sonstigen Tätigkeitsbereich der katholischen Kirche eingestellt, so erhält er

a) wenn sein bisheriges Entgelt nach Teil II. oder einer entsprechenden Regelung bemessen war, das Entgelt der Stufe, das er beim Fortbestehen des Dienstverhältnisses am Einstellungstag vom bisherigen Dienstgeber erhalten hätte,

Zur ununterbrochenen Tätigkeit s. § 5 Abs. 3

b) wenn sein bisheriges Entgelt in Abweichung von den Vorschriften des Teil II. oder einer entsprechenden Reglung bemessen war, das Entgelt der Stufe, das er am Einstellungstag von seinem bisherigen Dienstgeber erhalten würde, wenn sein Entgelt ab dem Zeitpunkt, seitdem er ununterbrochen im Geltungsbereich der AVR oder im sonstigen Tätigkeitsbereich der katholischen Kirche tätig ist, nach Teil II. oder einer entsprechenden Regelung bemessen worden wäre.

Anmerkungen zu Absatz 3:

1. Der Tätigkeit im Bereich der katholischen Kirche steht gleich eine Tätigkeit in der evangelischen Kirche, in einem Diakonischen Werk oder in einer Einrichtung, die dem Diakonischen Werk angeschlossen ist.
2. [1]Ein unmittelbarer Anschluss liegt auch vor bei Verlängerung eines befristeten Dienstvertrages. [2]Unterbrechungen für die Dauer der Schulferien, in denen das Dienstverhältnis nicht bestand, sind unschädlich. [3]Es ist auch unschädlich, wenn der Mitarbeiter in dem gesamten zwischen den Dienstverhältnissen liegenden Zeitraum dienstunfähig erkrankt war oder die Zeit zur Ausführung eines Umzuges an einen anderen Ort benötigt hat. [4]Von der Voraussetzung des unmittelbaren Anschlusses kann abgewichen werden, wenn der Zeitraum zwischen dem Ende des bisherigen Dienstverhältnisses und dem Beginn des neuen Dienstverhältnisses ein Jahr nicht übersteigt.

Stufenlaufzeit

(4) [1]Die Mitarbeiter erreichen die jeweils nächste Stufe – von Stufe 3 an in Abhängigkeit von ihrer Leistung gemäß § 5 Abs. 2 – nach folgenden Zeiten einer ununterbrochenen Tätigkeit innerhalb derselben Entgeltgruppe bei ihrem Dienstgeber (Stufenlaufzeit):

- Stufe 2 nach einem Jahr in Stufe 1,
- Stufe 3 nach zwei Jahren in Stufe 2,
- Stufe 4 nach drei Jahren in Stufe 3,
- Stufe 5 nach vier Jahren in Stufe 4,
- Stufe 6 nach fünf Jahren in Stufe 5.

[2]Die bis zum 31. Dezember 2017 in Stufe 5 verbrachte Zeit wird berücksichtigt.

Anmerkung zu Absatz 4:

[kein Abdruck, es gilt die Regelung der am 31. Dezember 2026 geltenden Fassung der AVR]

§ 5 Allgemeine Regelungen zu den Stufen

Regelungen zu Entgeltstufen

(1) Die Mitarbeiter erhalten vom Beginn des Monats an, in dem die nächste Stufe erreicht wird, das Tabellenentgelt nach der neuen Stufe.

Verkürzung oder Verlängerung der Stufenlaufzeit

(2) [1]Bei Leistungen des Mitarbeiters, die erheblich über dem Durchschnitt liegen, kann die erforderliche Zeit für das Erreichen der Stufen 4 bis 5 jeweils verkürzt werden. [2]Bei Leistungen, die erheblich unter dem Durchschnitt liegen, kann die erforderliche Zeit für das Erreichen der Stufen 4 bis 5 jeweils verlängert werden. [3]Bei einer Verlängerung der Stufenlaufzeit hat der Dienstgeber jährlich zu prüfen, ob die Voraussetzungen für die Verlängerung noch vorliegen. [4]Für die Beratung von schriftlich begründeten Beschwerden von Mitarbeitern gegen eine Verlängerung nach Satz 2 bzw. 3 ist eine betriebliche Kommission zuständig. [5]Die Mitglieder der betrieblichen Kommission werden je zur Hälfte vom Dienstgeber und von der Mitarbeitervertretung benannt; sie müssen der Einrichtung angehören. [6]Der Dienstgeber entscheidet auf Vorschlag der Kommission darüber, ob und in welchem Umfang der Beschwerde abgeholfen werden soll.

Anmerkung zu Absatz 2:

Leistungsbezogene Stufenaufstiege unterstützen insbesondere die Anliegen der Personalentwicklung.

Anmerkung zu Absatz 2 Satz 2:

Bei Leistungsminderungen, die auf einem anerkannten Arbeitsunfall oder einer Berufskrankheit gemäß §§ 8 und 9 SGB VII beruhen, ist diese Ursache in geeigneter Weise zu berücksichtigen.

Anmerkung zu Absatz 2 Satz 6:

Die Mitwirkung der Kommission erfasst nicht die Entscheidung über die leistungsbezogene Stufenzuordnung.

Zeiten einer ununterbrochenen Tätigkeit nach § 4 Abs. 4 S. 1

(3) [1]Den Zeiten einer ununterbrochenen Tätigkeit im Sinne des § 4 Abs. 4 Satz 1 stehen gleich:

a) Zeiten von Beschäftigungsverboten nach dem Mutterschutzgesetz,
b) Zeiten einer Arbeitsunfähigkeit nach § 37 AVR bis zu 26 Wochen,
c) Zeiten eines bezahlten Urlaubs,
d) Zeiten eines Sonderurlaubs, bei denen der Dienstgeber vor dem Antritt schriftlich ein dienstliches bzw. betriebliches Interesse anerkannt hat,
e) Zeiten einer sonstigen Unterbrechung von weniger als einem Monat im Kalenderjahr,
f) Zeiten der vorübergehenden Übertragung einer höherwertigen Tätigkeit.

[2]Zeiten der Unterbrechung bis zu einer Dauer von jeweils drei Jahren, die nicht von Satz 1 erfasst werden, und Elternzeit bis zu jeweils fünf Jahren sind unschädlich, werden aber nicht auf die Stufenlaufzeit angerechnet. [3]Bei einer Unterbrechung von mehr als drei Jahren, bei Elternzeit von mehr als fünf Jahren, erfolgt eine Zuordnung zu der Stufe, die der vor der Unterbrechung erreichten Stufe vorangeht, jedoch nicht niedriger als bei einer Neueinstellung; die Stufenlaufzeit beginnt mit dem Tag der Arbeitsaufnahme. [4]Zeiten, in denen Mitarbeiter mit einer kürzeren

als der regelmäßigen wöchentlichen Arbeitszeit eines entsprechenden vollzeitbeschäftigten Mitarbeiters beschäftigt waren, werden voll angerechnet.

Eingruppierung in eine höhere Entgeltgruppe – Garantiebetrag

(4) [1]Bei Eingruppierung in eine höhere Entgeltgruppe werden die Mitarbeiter derjenigen Stufe zugeordnet, in der sie mindestens ihr bisheriges Tabellenentgelt erhalten, mindestens jedoch der Stufe 2; bei Eingruppierung über mehr als eine Entgeltgruppe wird die Zuordnung zu den Stufen so vorgenommen, als ob faktisch eine Eingruppierung in jede der einzelnen Entgeltgruppen stattgefunden hätte. [2]Beträgt der Unterschiedsbetrag zwischen dem derzeitigen Tabellenentgelt und dem Tabellenentgelt nach Satz 1 weniger als 50 Euro in den Entgeltgruppen 10 bis 15, so erhält der Mitarbeiter während der betreffenden Stufenlaufzeit anstelle des Unterschiedsbetrags einen Garantiebetrag; steht dem Mitarbeiter neben dem bisherigen und/oder neuen Tabellenentgelt eine Entgeltgruppenzulage oder eine Besitzstandszulage nach Anhang B Anlage 21a in der am 31. Dezember 2026 geltenden Fassung der AVR zu, wird für die Anwendung des Halbsatzes 1 die Entgeltgruppenzulage bzw. Besitzstandszulage dem jeweiligen Tabellenentgelt hinzugerechnet und anschließend der Unterschiedsbetrag ermittelt. [3]Die Stufenlaufzeit in der höheren Entgeltgruppe beginnt mit dem Tag der Höhergruppierung. [4]Bei einer Eingruppierung in eine niedrigere Entgeltgruppe ist der Mitarbeiter der in der höheren Entgeltgruppe erreichten Stufe zuzuordnen. [5]Der Mitarbeiter erhält vom Beginn des Monats an, in dem die Veränderung wirksam wird, das entsprechende Tabellenentgelt aus der in Satz 1 oder Satz 4 festgelegten Stufen der betreffenden Entgeltgruppe, ggf. einschließlich des Garantiebetrags.

> *Anmerkung zu Absatz 4 Satz 2:*
>
> [1]Der Garantiebetrag nimmt an allgemeinen Entgeltanpassungen teil. [2]Für den Garantiebetrag gilt der jeweils aktuell gültige Wert des TV-L.

Vorweggewähren der Entgeltstufen

(5) [1]Soweit es zur regionalen Differenzierung, zur Deckung des Personalbedarfs oder zur Bindung von qualifizierten Fachkräften erforderlich ist, kann Mitarbeitern im Einzelfall, abweichend von dem sich aus der nach § 4, § 5 Abs. 4 ergebenden Stufe ihrer jeweiligen Entgeltgruppe zustehenden Entgelt, ein um bis zu zwei Stufen höheres Entgelt ganz oder teilweise vorweggewährt werden. [2]Haben Mitarbeiter bereits die Endstufe ihrer jeweiligen Entgeltgruppe erreicht, kann ihnen unter den Voraussetzungen des Satzes 1 ein bis zu 20 v.H. der Stufe 2 ihrer jeweiligen Entgeltgruppe höheres Entgelt gezahlt werden. [3]Im Übrigen bleibt § 5 unberührt.

§ 6 Jahressonderzahlung

Voraussetzung der Jahressonderzahlung

(1) Mitarbeiter, die am 1. Dezember im Dienstverhältnis stehen, haben Anspruch auf eine Jahressonderzahlung.

Höhe der Jahressonderzahlung

(2) Für die Höhe des Prozentsatzes der Jahressonderzahlung gilt die jeweils aktuell gültige Regelung des TV-L.

Bemessungsgrundlage der Jahressonderzahlung

(3) [1]Bemessungsgrundlage für die Jahressonderzahlung ist das monatliche Entgelt, das den Mitarbeitern in den Kalendermonaten Juli, August und September durchschnittlich gezahlt wird; unberücksichtigt bleiben hierbei das zusätzlich für Überstunden und Mehrarbeit gezahlte Entgelt (mit Ausnahme der im Dienstplan vorgesehenen Mehrarbeits- oder Überstunden), Leistungszulagen, Leistungs- und Erfolgsprämien sowie Besitzstandszulagen nach § 3 Anhang B Anlage 21a in der

am 31. Dezember 2026 geltenden Fassung der AVR. [2]Der Bemessungssatz bestimmt sich nach der Entgeltgruppe am 1. September. [3]Bei Mitarbeitern, deren Dienstverhältnis nach dem 31. August begonnen hat, tritt an die Stelle des Bemessungszeitraums der erste volle Kalendermonat des Dienstverhältnisses; anstelle des Bemessungssatzes der Entgeltgruppe am 1. September tritt die Entgeltgruppe des Einstellungstages. [4]In den Fällen, in denen im Kalenderjahr der Geburt des Kindes während des Bemessungszeitraums eine elterngeldunschädliche Teilzeitbeschäftigung ausgeübt wird, bemisst sich die Jahressonderzahlung nach dem Beschäftigungsumfang am Tag vor dem Beginn der Elternzeit.

> *Anmerkung zu Absatz 3:*
>
> [1]Bei der Berechnung des durchschnittlich gezahlten monatlichen Entgelts werden die gezahlten Entgelte der drei Monate addiert und durch drei geteilt; dies gilt auch bei einer Änderung des Beschäftigungsumfangs. [2]Ist im Bemessungszeitraum nicht für alle Kalendertage Entgelt gezahlt worden, werden die gezahlten Entgelte der drei Monate addiert, durch die Zahl der Kalendertage mit Entgelt geteilt und sodann mit 30,67 multipliziert. [3]Zeiträume, für die Krankengeldzuschuss gezahlt worden ist, bleiben hierbei unberücksichtigt. [4]Besteht während des Bemessungszeitraums an weniger als 30 Kalendertagen Anspruch auf Entgelt, ist der letzte Kalendermonat, in dem für alle Kalendertage Anspruch auf Entgelt bestand, maßgeblich.

Verminderung der Jahressonderzahlung

(4) [1]Der Anspruch nach den Absätzen 1 bis 3 vermindert sich um ein Zwölftel für jeden Kalendermonat, in dem Mitarbeiter keinen Anspruch auf Entgelt oder Fortzahlung des Entgelts haben. [2]Die Verminderung unterbleibt für Kalendermonate,

1. für die Mitarbeiter kein Tabellenentgelt erhalten haben wegen
   a) Beschäftigungsverboten nach dem Mutterschutzgesetz,
   b) Inanspruchnahme der Elternzeit nach dem Bundeselterngeld- und Elternzeitgesetz bis zum Ende des Kalenderjahres, in dem das Kind geboren ist, wenn am Tag vor Antritt der Elternzeit Entgeltanspruch bestanden hat;
2. in denen Mitarbeitern Krankengeldzuschuss gezahlt wurde oder nur wegen der Höhe des zustehenden Krankengelds ein Krankengeldzuschuss oder eine entsprechende gesetzliche Leistung nicht gezahlt worden ist.

Fälligkeit der Jahressonderzahlung

(5) [1]Die Jahressonderzahlung wird mit dem Tabellenentgelt für November ausgezahlt. [2]Ein Teilbetrag der Jahressonderzahlung kann zu einem früheren Zeitpunkt ausgezahlt werden.

Anlage zu § 2 – Entgeltgruppen für Lehrkräfte in der Altenpflege sowie im Gesundheits- und Sozialwesen

Entgelt-gruppen	Tätigkeitsmerkmal
E 9b	Mitarbeiter ohne abgeschlossene Hochschulbildung in der Tätigkeit von Lehrkräften
E 10	Mitarbeiter ohne abgeschlossene Hochschulausbildung mit entsprechender Zusatzqualifikation in der Tätigkeit von Lehrkräften (z.B. Unterrichtspfleger)
E 11	Mitarbeiter mit abgeschlossener Hochschulbildung und entsprechender Qualifikation in der Tätigkeit von Lehrkräften (z.B. hauptamtliche Dozenten an Fachschulen); Mitarbeiter mit abgeschlossener Hochschulbildung (Bachelorabschluss) und entsprechender Tätigkeit
E 12	Mitarbeiter mit abgeschlossener wissenschaftlicher Hochschulbildung (Masterabschluss bzw. Diplompflegepädagogen) und entsprechender Tätigkeit
E13	Mitarbeiter mit abgeschlossener wissenschaftlicher Hochschulausbildung und erfolgreich absolviertem Vorbereitungsdienst (Referendariat) und entsprechender Tätigkeit; Stellvertretende Schulleitung bis 150 Schüler
E 14	Mitarbeiter als Schulleitung bis 150 Schüler; Stellvertretende Schulleitung ab 151 Schüler
E 15	Mitarbeiter als Schulleitung ab 151 Schüler

Anmerkungen zu den Tätigkeitsmerkmalen

Entsprechende Zusatzqualifikation

[1]Eine entsprechende Zusatzqualifikation liegt vor, wenn eine Weiterbildung zum/zur Unterrichtspfleger/in, Lehrhebamme/-entbindungspfleger erfolgreich abgeschlossen wurde. [2]Bei Lehrkräften, die nicht von Satz 1 erfasst sind, liegt eine entsprechende Zusatzqualifikation vor, wenn mindestens 720 Stunden zu mindestens je 45 Unterrichtsminuten theoretischer Unterricht innerhalb von zwei Jahren und bei berufsbegleitender Ausbildung innerhalb von längstens drei Jahren vermittelt worden sind.

Wissenschaftliche Hochschulbildung

[1]Eine abgeschlossene wissenschaftliche Hochschulbildung liegt vor, wenn das Studium an einer staatlichen Hochschule im Sinne des § 1 HRG oder einer nach § 70 HRG staatlich anerkannten Hochschule

a) mit einer nicht an einer Fachhochschule abgelegten ersten Staatsprüfung, Magisterprüfung oder Diplomprüfung oder

b) mit einer Magisterprüfung

beendet worden ist. [2]Diesen Prüfungen steht eine Promotion oder die Akademische Abschlussprüfung (Magisterprüfung) einer Philosophischen Fakultät nur in den Fällen gleich, in denen die Ablegung einer ersten Staatsprüfung, einer Masterprüfung oder einer Diplomprüfung nach den einschlägigen Ausbildungsvorschriften nicht vorgesehen ist. [3]Eine abgeschlossene wissenschaftliche Hochschulbildung im Sinne des Satzes 1 Buchst. a setzt voraus, dass die Abschlussprüfung in einem Studiengang abgelegt wurde, der seinerseits mindestens das Zeugnis der Hochschulreife (allgemeine Hochschulreife oder einschlägige fachgebundene Hochschulreife) oder eine andere landesrechtliche Hochschulzugangsberechtigung als Zugangsvoraussetzung erfordert, und für den Abschluss eine Regelstudienzeit von mindestens acht Semestern – ohne etwaige Praxissemester, Prüfungssemester o.Ä. – vorschreibt. [4]Ein Bachelorstudiengang erfüllt diese Voraussetzung auch dann nicht, wenn mehr als sechs Semester für den Abschluss vorgeschrieben sind. [5]Der Masterstudiengang muss nach den Regelungen des Akkreditierungsrats akkreditiert sein. [6]Ein Abschluss an einer ausländischen Hochschule gilt als abgeschlossene wissenschaftliche Hochschulbildung, wenn er von der zuständigen staatlichen Stelle als dem deutschen Hochschulabschluss vergleichbar bewertet wurde.

> *Anmerkung zu Satz 5:*
>
> Das Akkreditierungserfordernis ist bis zum 31. Dezember 2029 ausgesetzt.

Hochschulbildung

[1]Eine abgeschlossene Hochschulbildung liegt vor, wenn von einer staatlichen Hochschule im Sinne des § 1 HRG oder einer nach § 70 HRG staatlich anerkannten Hochschule ein Diplomgrad mit dem Zusatz „Fachhochschule" („FH"), ein anderer nach § 18 HRG gleichwertiger Abschlussgrad oder ein Bachelorgrad verliehen wurde. [2]Die Abschlussprüfung muss in einem Studiengang abgelegt worden sein, der seinerseits mindestens das Zeugnis der Hochschulreife (allgemeine Hochschulreife oder einschlägige fachgebundene Hochschulreife) oder eine andere landesrechtliche Hochschulzugangsberechtigung als Zugangsvoraussetzung erfordert, und für den Abschluss eine Regelstudienzeit von mindestens sechs Semestern – ohne etwaige Praxissemester, Prüfungssemester o.Ä. – vorschreibt. [3]Der Bachelorstudiengang muss nach den Regelungen des Akkreditierungsrats akkreditiert sein. [4]Dem gleichgestellt sind Abschlüsse in akkreditierten Bachelorausbildungsgängen an Berufsakademien. [5]Ein Abschluss an einer ausländischen Hochschule gilt als abgeschlossene Hochschulbildung, wenn er von der zuständigen staatlichen Stelle als dem deutschen Hochschulabschluss vergleichbar bewertet wurde.

> *Anmerkung zu Satz 3 und 4:*
>
> Das Akkreditierungserfordernis ist bis zum 31. Dezember 2029 ausgesetzt.

Vorbereitungsdienst (Referendariat)

[1]Die konkreten Voraussetzungen sowie der Ablauf und die Dauer des Vorbereitungsdienstes werden von den einzelnen Bundesländern geregelt. [2]In der Regel ist eine bestandene erste Staatsprüfung für ein Lehramt oder ein Lehramt bezogener Masterabschluss (Master of Education) einer Hochschule die wesentliche Voraus-

setzung, um den Vorbereitungsdienst für das entsprechende Lehramt absolvieren zu können. [3]Der Vorbereitungsdienst dauert zwischen 18 und 24 Monaten. [4]Er endet mit der zweiten Staatsprüfung. [5]Nur mit Referendariat werden in der Regel die laufbahnrechtlichen Voraussetzungen für eine Übernahme in das Beamtenverhältnis erfüllt. [6]Man nennt diese Lehrkräfte daher „Erfüller". [7]Lehrkräfte ohne Referendariat sind sogenannte „Nicht-Erfüller". [8]Da sich die Eingruppierung von Lehrkräften stark am Beamtenrecht orientiert hat diese Unterscheidung Auswirkungen auf die Zuordnung der Lehrkräfte zu den Entgeltgruppen.

Anhang Ärztlicher Dienst

Inhalt

§ 1 Geltungsbereich

Geltung

(1) Dieser Anhang gilt für Ärztinnen und Ärzte sowie Zahnärztinnen und Zahnärzte, sofern sie eine ärztliche Tätigkeit ausüben.

Anwendung AVR und Anhänge

(2) [1]Soweit für diese Ärztinnen und Ärzte nachfolgend nichts anderes bestimmt ist, finden die Vorschriften der AVR und ihrer Anhänge Anwendung. [2]Die §§ 19, 20, 35 und 51 AVR finden keine Anwendung.

§ 2 Einsatzzuschlag für Ärztinnen und Ärzte im Rettungsdienst

Rettungsdienst

[1]Zu den aus der Haupttätigkeit obliegenden Pflichten der Ärztinnen und Ärzte gehört es ferner, am Rettungsdienst im Notarztwagen und Hubschraubern teilzunehmen. [2]Für jeden Einsatz in diesem Rettungsdienst erhalten Ärztinnen und Ärzte einen nicht zusatzversorgungspflichtigen Einsatzzuschlag ab 1. März 2026 in Höhe von 33,96 Euro. [3]Dieser Betrag verändert sich zu demselben Zeitpunkt und in dem gleichen Ausmaß wie das Tabellenentgelt der Entgeltgruppe II Stufe 1.

Anmerkungen zu § 2:

keine Heranziehung zum Rettungsdienst

1. Eine Ärztin/ein Arzt, die/der nach der Approbation noch nicht mindestens 1 Jahr klinisch tätig war, ist grundsätzlich nicht zum Einsatz im Rettungsdienst heranzuziehen.
2. Eine Ärztin/ein Arzt, der/dem aus persönlichen oder fachlichen Gründen (z.B.: Vorliegen einer anerkannten Minderung der Erwerbsfähigkeit, die dem Einsatz im Rettungsdienst entgegensteht, Flugunverträglichkeit, langjährige Tätigkeit als Bakteriologin/Bakteriologe) die Teilnahme am Rettungsdienst nicht zumutbar ist, darf grundsätzlich nicht zum Einsatz im Rettungsdienst herangezogen werden.

kein Einsatzzuschlag

3. Ärztinnen und Ärzte, die originär für den Rettungsdienst eingestellt und ausschließlich im Rettungsdienst tätig sind, erhalten keinen Einsatzzuschlag.

§ 3 Regelmäßige Arbeitszeit

regelmäßige Arbeitszeit

(1) [1]Die regelmäßige Arbeitszeit beträgt ausschließlich der Pausen durchschnittlich 40 Stunden wöchentlich. [2]Die regelmäßige Arbeitszeit kann auf 5 Tage, aus notwendigen dienstlichen oder betrieblichen Gründen auch auf sechs Tage, verteilt werden.

Durchschnitt

(2) [1]Für die Berechnung des Durchschnitts der regelmäßigen wöchentlichen Arbeitszeit ist ein Zeitraum von einem Jahr zu Grunde zu legen. [2]Abweichend von Satz 1 kann bei Ärztinnen und Ärzten, die ständig Wechselschicht oder Schichtarbeit zu leisten haben, ein längerer Zeitraum zu Grunde gelegt werden.

24./31. Dezember

(3) [1]Soweit es die dienstlichen oder betrieblichen Verhältnisse zulassen, wird die Ärztin/der Arzt am 24. Dezember und am 31. Dezember unter Fortzahlung des Entgelts von der Arbeit freigestellt. [2]Kann die Freistellung nach Satz 1 aus dienstlichen oder betrieblichen Gründen nicht erfolgen, ist entsprechender Freizeitausgleich innerhalb von drei Monaten zu gewähren. [3]Die regelmäßige Arbeitszeit vermindert sich für den 24. Dezember und 31. Dezember, soweit sie auf einen Werktag fallen, um die dienstplanmäßig ausgefallenen Stunden.

Anmerkung zu Absatz 3 Satz 3:

Die Verminderung der regelmäßigen Arbeitszeit betrifft die Ärztinnen und Ärzte, die wegen des Dienstplanes frei haben und deshalb ohne diese Regelung nacharbeiten müssten.

Abweichung vom ArbZG durch Dienstvereinbarung

(4) Aus dringenden dienstlichen oder betrieblichen Gründen kann auf der Grundlage einer Dienstvereinbarung im Rahmen des § 7 Abs. 1, 2 und des § 12 ArbZG von den Vorschriften des Arbeitszeitgesetzes abgewichen werden.

Zwölf-Stunden-schicht

(5) [1]Die tägliche Arbeitszeit kann im Schichtdienst auf bis zu zwölf Stunden ausschließlich der Pausen ausgedehnt werden. [2]In unmittelbarer Folge dürfen nicht mehr als vier über zehn Stunden dauernde Schichten und in einem Zeitraum von zwei Kalenderwochen nicht mehr als insgesamt acht über zehn Stunden dauernde Schichten geleistet werden. [3]Zwischen der Ableistung von Bereitschaftsdienst und einer Schicht im Sinne des Satz 1 muss jeweils ein Zeitraum von 72 Stunden liegen.

(6) Ärztinnen und Ärzte sind im Rahmen begründeter dienstlicher oder betrieblicher Notwendigkeiten zur Leistung von Sonntags-, Feiertags-, Nacht-, Wechselschicht- und Schichtarbeit sowie – bei Teilzeitbeschäftigung aufgrund dienstvertraglicher Regelungen oder mit ihrer Zustimmung – zu Bereitschaftsdienst, Rufbereitschaft, Überstunden und Mehrarbeit verpflichtet.

Verpflichtung Sonntags-, Feiertags-, Nacht-, Bereitschaftsdienst, Mehrarbeit

(7) [1]Durch Dienstvereinbarung kann ein wöchentlicher Arbeitszeitkorridor von bis zu 45 Stunden eingerichtet werden. [2]Die innerhalb eines Arbeitszeitkorridors geleisteten zusätzlichen Arbeitsstunden werden im Rahmen des nach Absatz 2 Satz 1 festgelegten Zeitraums ausgeglichen.

Arbeitszeitkorridor

(8) [1]Durch Dienstvereinbarung kann in der Zeit von 6 Uhr bis 20 Uhr eine tägliche Rahmenzeit von bis zu zwölf Stunden eingeführt werden. [2]Die innerhalb der täglichen Rahmenzeit geleisteten zusätzlichen Arbeitsstunden werden im Rahmen des nach Absatz 2 Satz 1 festgelegten Zeitraums ausgeglichen.

Rahmenarbeitszeit

Anmerkung zu § 3:

Gleitzeitregelungen sind unter Wahrung der jeweils geltenden Mitbestimmungsrechte unabhängig von den Vorgaben zu Arbeitszeitkorridor und Rahmenzeit (Absätze 7 und 8) möglich.

Gleitzeit

§ 4 Arbeit an Sonn- und Feiertagen sowie an Wochenenden

In Ergänzung zu § 3 Abs. 3 Satz 3 und Abs. 6 gilt für Sonn- und Feiertage Folgendes:

(1) [1]Die Arbeitszeit an einem gesetzlichen Feiertag, der auf einen Werktag fällt, wird durch eine entsprechende Freistellung an einem anderen Werktag bis zum Ende des dritten Kalendermonats – möglichst aber schon bis zum Ende des nächsten Kalendermonats – ausgeglichen, wenn es die betrieblichen Verhältnisse zulassen. [2]Kann ein Freizeitausgleich nicht gewährt werden, erhält die Ärztin/der Arzt je Stunde 100 v.H. des auf eine Stunde entfallenden Anteils des monatlichen Entgelts der jeweiligen Entgeltgruppe und Stufe nach Maßgabe der Entgelttabelle. [3]§ 7 Abs. 1 Satz 2 Buchst. d bleibt unberührt.

Freizeitausgleich/ finanzielle Abgeltung

(2) [1]Für Ärztinnen und Ärzte, die regelmäßig nach einem Dienstplan eingesetzt werden, der Wechselschicht- oder Schichtdienst an sieben Tagen in der Woche vorsieht, vermindert sich die regelmäßige Wochenarbeitszeit um ein Fünftel der dienstvertraglich vereinbarten durchschnittlichen Wochenarbeitszeit, wenn sie an einem gesetzlichen Feiertag, der auf einen Werktag fällt,

Reduzierung Soll-Arbeitszeit

a) Arbeitsleistung zu erbringen haben oder
b) nicht wegen des Feiertags, sondern dienstplanmäßig nicht zur Arbeit eingeteilt sind und deswegen an anderen Tagen der Woche ihre regelmäßige Arbeitszeit erbringen müssen.

[2]Absatz 1 gilt in diesen Fällen nicht. [3]§ 7 Abs. 1 Satz 2 Buchst. d bleibt unberührt.

(3) [1]Ärztinnen und Ärzte, die regelmäßig an Sonn- und Feiertagen arbeiten müssen, erhalten innerhalb von zwei Wochen zwei arbeitsfreie Tage. [2]Hiervon soll ein freier Tag auf einen Sonntag fallen.

regelmäßige Arbeitszeit an Sonn- und Feiertagen

(4) [1]Arbeitsleistungen (regelmäßige Arbeit, Bereitschaftsdienst, Rufbereitschaft) am Wochenende (Freitag ab 21 Uhr bis Montag 5 Uhr) dürfen an höchstens zwei

Arbeitsleistung am Wochendende

Wochenenden im Kalendermonat angeordnet werden. [2]Abweichend davon darf je Kalendervierteljahr für ein weiteres Wochenende Arbeitsleistung angeordnet werden. [3]Die Arbeitsleistung an einem Wochenende wird jeweils dem Kalendermonat zugeordnet, in dem sie begonnen hat. [4]Darüber hinaus dürfen weitere Arbeitsleistungen (regelmäßige Arbeit, Bereitschaftsdienst, Rufbereitschaft) nur angeordnet werden, wenn andernfalls eine Gefährdung der Patientensicherheit droht. [5]Wochenenden, an denen gemäß Satz 4 weitere Arbeitsleistung angeordnet wurde, sind innerhalb der nächsten drei Kalendermonate als zusätzliche Wochenenden ohne Arbeitsleistung zu gewähren. [6]Dies gilt nicht für Arbeitsleistungen, die an dem ersten weiteren Wochenende im Kalendervierteljahr (Satz 2) erbracht worden sind. [7]Sind nach Satz 5 zu gewährende freie Wochenenden nicht innerhalb der Frist nach Satz 5 gewährt worden, erhöht sich für die in dieser Zeit erbrachte Arbeitsleistung bei Vollarbeit das Entgelt je Stunde um 10 Prozent, bei Bereitschaftsdienst die Bewertung des Bereitschaftsdienstes gemäß § 8 Abs. 1 Satz 1 um 10 Prozentpunkte bzw. wird zusätzlich zum Rufbereitschaftsentgelt ein Zuschlag von 10 Prozent des Entgelts gemäß § 7 Abs. 3 gezahlt. [8]Jedenfalls ein freies Wochenende pro Kalendermonat ist zu gewährleisten. [9]Gewährte freie Wochenenden werden jeweils dem Kalendermonat ihres Beginns zugeordnet.

§ 5 Sonderformen der Arbeit

Wechselschicht

(1) [1]Wechselschichtarbeit ist die Arbeit nach einem Schichtplan/Dienstplan, der einen regelmäßigen Wechsel der täglichen Arbeitszeit in Wechselschichten vorsieht, bei denen die Ärztin/der Arzt längstens nach Ablauf eines Monats erneut zu mindestens zwei Nachtschichten herangezogen wird. [2]Wechselschichten sind wechselnde Arbeitsschichten, in denen ununterbrochen bei Tag und Nacht, werktags, sonntags und feiertags gearbeitet wird. [3]Nachtschichten sind Arbeitsschichten, die mindestens zwei Stunden Nachtarbeit umfassen.

Schichtarbeit

(2) Schichtarbeit ist die Arbeit nach einem Schichtplan, der einen regelmäßigen Wechsel des Beginns der täglichen Arbeitszeit um mindestens zwei Stunden in Zeitabschnitten von längstens einem Monat vorsieht, und die innerhalb einer Zeitspanne von mindestens 13 Stunden geleistet wird.

Nachtarbeit

(3) Nachtarbeit ist die Arbeit zwischen 20 Uhr und 6 Uhr.

Mehrarbeit

(4) Mehrarbeit sind die Arbeitsstunden, die teilzeitbeschäftigte Ärztinnen und Ärzte über die vereinbarte regelmäßige Arbeitszeit hinaus bis zur regelmäßigen wöchentlichen Arbeitszeit von vollzeitbeschäftigten Ärztinnen und Ärzten (§ 3 Abs. 1 Satz 1) leisten.

Überstunden

(5) Überstunden sind die auf Anordnung des Dienstgebers geleisteten Arbeitsstunden, die über die im Rahmen der regelmäßigen Arbeitszeit von vollzeitbeschäftigten Ärztinnen und Ärzten (§ 3 Abs. 1 Satz 1) für die Woche dienstplanmäßig bzw. betriebsüblich festgesetzten Arbeitsstunden hinaus gehen und nicht bis zum Ende der folgenden Kalenderwoche ausgeglichen werden.

Überstunden bei

– Arbeitszeitkorridor

– Rahmenarbeitszeit

– Wechselschicht- oder Schichtarbeit

(6) Abweichend von Absatz 5 sind nur die Arbeitsstunden Überstunden, die

a) im Falle der Festlegung eines Arbeitszeitkorridors nach § 3 Abs. 7 über 45 Stunden oder über die vereinbarte Obergrenze hinaus,

b) im Falle der Einführung einer täglichen Rahmenzeit nach § 3 Abs. 8 außerhalb der Rahmenzeit,

c) im Falle von Wechselschicht- oder Schichtarbeit über die im Schichtplan festgelegten täglichen Arbeitsstunden einschließlich der im Schichtplan vorgesehenen Arbeitsstunden, die bezogen auf die regelmäßige wöchentliche Arbeitszeit im Schichtplanturnus nicht ausgeglichen werden,

angeordnet worden sind.

§ 6 Bereitschaftsdienst, Rufbereitschaft, Dienstplanung

(1) [1]Die Ärztin/Der Arzt ist verpflichtet, sich auf Anordnung des Dienstgebers außerhalb der regelmäßigen Arbeitszeit an einer vom Dienstgeber bestimmten Stelle aufzuhalten, um im Bedarfsfall die Arbeit aufzunehmen (Bereitschaftsdienst). [2]Der Dienstgeber darf Bereitschaftsdienst nur anordnen, wenn zu erwarten ist, dass zwar Arbeit anfällt, erfahrungsgemäß aber die Zeit ohne Arbeitsleistung überwiegt.

Bereitschaftsdienst

(2) Wenn in die Arbeitszeit regelmäßig und in erheblichem Umfang Bereitschaftsdienst fällt, kann unter den Voraussetzungen einer

- Prüfung alternativer Arbeitszeitmodelle unter Einbeziehung des Betriebsarztes und
- ggf. daraus resultierender Maßnahmen zur Gewährleistung des Gesundheitsschutzes

im Rahmen des § 7 Abs. 1 Nr. 1 und 4, Abs. 2 Nr. 3 ArbZG die tägliche Arbeitszeit im Sinne des Arbeitszeitgesetzes abweichend von den §§ 3, 5 Abs. 1 und 2 und 6 Abs. 2 ArbZG über acht Stunden hinaus auf bis zu 24 Stunden verlängert werden, wenn mindestens die acht Stunden überschreitende Zeit als Bereitschaftsdienst abgeleistet wird.

24-Stunden-Dienst

(3) [1]Die Verlängerung der werktäglichen Arbeitszeit im Sinne von Absatz 2 ist auf Fälle beschränkt, in denen sich die Leistung von Bereitschaftsdienst an einen maximal acht Stunden dauernden Arbeitsabschnitt im Rahmen der regelmäßigen Arbeitszeit anschließt. [2]Ein sich unmittelbar an den Bereitschaftsdienst anschließender Arbeitsabschnitt im Rahmen der regelmäßigen Arbeitszeit ist beispielsweise zum Zwecke der Übergabe zulässig, sofern dieser nicht länger als 60 Minuten dauert und sich der dem Bereitschaftsdienst vorangegangene Arbeitsabschnitt entsprechend verkürzt.

Fälle der Verlängerung der werktäglichen Arbeitszeit

(4) Die tägliche Arbeitszeit darf bei Ableistung ausschließlich von Bereitschaftsdienst an Samstagen, Sonn- und Feiertagen max. 24 Stunden betragen, wenn dadurch für die einzelne Ärztin/den einzelnen Arzt mehr Wochenenden und Feiertage frei sind.

Grenze 24 Stunden

(5) [1]Wenn in die Arbeitszeit regelmäßig und in erheblichem Umfang Bereitschaftsdienst fällt, kann im Rahmen des § 7 Abs. 2a ArbZG und innerhalb der Grenzwerte nach Absatz 2 eine Verlängerung der täglichen Arbeitszeit über acht Stunden hinaus auch ohne Ausgleich erfolgen. [2]Die wöchentliche Arbeitszeit darf dabei durchschnittlich bis zu 56 Stunden betragen.

Verlängerung ohne Ausgleich

Anmerkung zu den Absätzen 1 bis 5:

Übergaben können auch im Bereitschaftsdienst erfolgen.

Ausgleichszeitraum

(6) Für die Berechnung des Durchschnitts der wöchentlichen Arbeitszeit nach den Absätzen 2 bis 5 ist ein Zeitraum von sechs Monaten zugrunde zu legen.

Teilzeitarbeit und Bereitschftaftsdienst

(7) [1]Soweit Ärztinnen und Ärzte Teilzeitarbeit gemäß § 9 vereinbart haben, verringern sich die Höchstgrenzen der wöchentlichen Arbeitszeit nach den Absätzen 2 bis 5 in demselben Verhältnis, wie die Arbeitszeit dieser Ärztinnen und Ärzte zu der regelmäßigen Arbeitszeit vollzeitbeschäftigter Ärztinnen und Ärzte. [2]Mit Zustimmung der Ärztin/des Arztes oder aufgrund von dringenden dienstlichen oder betrieblichen Belangen kann hiervon abgewichen werden.

Rufbereitschaft

(8) [1]Die Ärztin/Der Arzt hat sich auf Anordnung des Dienstgebers außerhalb der regelmäßigen Arbeitszeit an einer dem Dienstgeber anzuzeigenden Stelle aufzuhalten, um auf Abruf die Arbeit aufzunehmen (Rufbereitschaft). [2]Rufbereitschaft wird nicht dadurch ausgeschlossen, dass die Ärztin/der Arzt vom Dienstgeber mit einem Mobiltelefon oder einem vergleichbaren technischen Hilfsmittel zur Gewährleistung der Erreichbarkeit ausgestattet wird. [3]Der Dienstgeber darf Rufbereitschaft nur anordnen, wenn erfahrungsgemäß lediglich in Ausnahmefällen Arbeit anfällt. [4]Im Kalendermonat sind nicht mehr als 13 Rufbereitschaften zu leisten. [5]Darüber hinausgehende Rufbereitschaften sind nur zu leisten, wenn andernfalls eine Gefährdung der Patientensicherheit droht. [6]Bei teilzeitbeschäftigten Ärztinnen und Ärzten ist die Höchstgrenze nach Satz 4 entsprechend dem Verhältnis ihrer individuell vereinbarten durchschnittlichen regelmäßigen Arbeitszeit zur regelmäßigen Arbeitszeit vergleichbarer vollzeitbeschäftigter Ärztinnen und Ärzte zu kürzen. [7]Verbleibt bei der Berechnung nach Satz 6 ein Bruchteil, der mindestens einen halben Dienst ergibt, wird er auf einen vollen Dienst aufgerundet; Bruchteile von weniger als einem halben Dienst bleiben unberücksichtigt. [8]Durch tatsächliche Arbeitsleistung innerhalb der Rufbereitschaft kann die tägliche Höchstarbeitszeit von zehn Stunden (§ 3 ArbZG) überschritten werden (§ 7 ArbZG).

Abweichung vom ArbZG durch Dienstvereinbarung

Anmerkung zu § 6 Abs. 8 Satz 4:

Eine Rufbereitschaft umfasst maximal die Zeitspanne von 24 Stunden.

(9) § 3 Abs. 4 bleibt im Übrigen unberührt.

Bereitschaftsdienste

(10) [1]Bei der Anordnung von Bereitschaftsdiensten gemäß der Absätze 2 bis 5 hat die Ärztin/der Arzt grundsätzlich innerhalb eines Kalendermonats nur bis zu vier Bereitschaftsdienste zu leisten. [2]Abweichend davon dürfen in einem Kalendermonat pro Kalendervierteljahr fünf Bereitschaftsdienste angeordnet werden, die von der Ärztin/dem Arzt zu leisten sind. [3]Darüber hinausgehende Bereitschaftsdienste sind nur zu leisten, wenn andernfalls eine Gefährdung der Patientensicherheit droht. [4]Bei teilzeitbeschäftigten Ärztinnen und Ärzten ist die Höchstgrenze nach Satz 1 entsprechend dem Verhältnis ihrer individuell vereinbarten durchschnittlichen regelmäßigen Arbeitszeit zur regelmäßigen Arbeitszeit vergleichbarer vollzeitbeschäftigter Ärztinnen und Ärzte zu kürzen. [5]Verbleibt bei der Berechnung nach Satz 4 ein Bruchteil, der mindestens einen halben Dienst ergibt, wird er auf einen vollen Dienst aufgerundet; Bruchteile von weniger als einem halben Dienst bleiben unberücksichtigt.

Bewertung

Anmerkungen zu Absatz 10:

1. [1]Bereitschaftsdienste bis zu vier Stunden von Montag 5 Uhr bis Freitag 21 Uhr werden mit 0,5 eines Dienstes gewertet. [2]Bei der Teilung von Wochenenddiensten werden Bereitschaftsdienste bis zu maximal zwölf Stunden mit 0,5 eines Dienstes gewertet.
2. [1]Der Beginn des Ausgleichszeitraumes nach Satz 1 kann innerhalb des Jahres durch Dienstvereinbarung abweichend festgelegt werden. [2]Der Beginn der sich daran anschließenden Ausgleichszeiträume verändert sich entsprechend.

Dienstplan

(11) [1]Die Lage der Dienste (regelmäßige Arbeit einschließlich Schicht- und Wechselschichtarbeit, Bereitschaftsdienst und Rufbereitschaft) der Ärztinnen und Ärzte wird in einem Dienstplan geregelt, der spätestens einen Monat vor Beginn des jeweiligen Planungszeitraumes aufgestellt wird. [2]Wird die vorstehende Frist nicht eingehalten, so

- wird für die regelmäßige Arbeit (einschließlich Schicht- und Wechselschichtarbeit) ein Zuschlag in Höhe von 10 Prozent des Tabellenentgelts für den zu planenden Folgemonat gezahlt und / oder
- erhöht sich die Bewertung des Bereitschaftsdienstes gemäß § 8 Abs. 1 Satz 1 für jeden Dienst des zu planenden Folgemonats um 17,5 Prozentpunkte bzw.
- wird zusätzlich zum Rufbereitschaftsentgelt ein Zuschlag von 17,5 Prozent des Entgelts gemäß § 7 Abs. 3 auf jeden Dienst des zu planenden Folgemonats gezahlt.

[3]Ergeben sich nach der Aufstellung des Dienstplanes Gründe für eine Änderung des Dienstplanes, die in der Person einer Ärztin / eines Arztes begründet sind oder die auf nicht vorhersehbaren Umständen beruhen, kann der Dienstplan nach Aufstellung geändert werden. [4]Die Mitbestimmung nach der Aufstellung des Dienstplanes bleibt unberührt. [5]Liegen bei einer notwendigen Dienstplanänderung nach Satz 3 zwischen der Dienstplanänderung und dem Antritt des Dienstes weniger als drei Tage,

- wird für regelmäßige Arbeit (einschließlich Schicht- und Wechselschichtarbeit) je Arbeitsstunde ein Zuschlag in Höhe von 10 Prozent des auf eine Stunde entfallenden Anteils des Tabellenentgelts der jeweiligen Entgeltgruppe und -stufe der Ärztin/ des Arztes gezahlt und / oder
- erhöht sich die Bewertung des Bereitschaftsdienstes gemäß § 8 Abs. 1 Satz 1 um 17,5 Prozentpunkte bzw.
- wird zusätzlich zum Rufbereitschaftsentgelt ein Zuschlag von 17,5 Prozent des Entgelts gemäß § 7 Abs. 3 gezahlt.

[6]Eine notwendige Dienstplanänderung im Sinne des Satzes 5 liegt z.B. vor, wenn die Änderung aufgrund Arbeitsunfähigkeit oder Beschäftigungsverbot erfolgt. [7]Satz 5 gilt nicht, wenn die Änderung allein aufgrund persönlichen Wunsches der Ärztin / des Arztes erfolgt.

Verhältnis Bereitschaftsdienst und Rufbereitschaft

(12) [1]Bei vollzeitbeschäftigten Ärztinnen und Ärzten, die sowohl Bereitschaftsdienst als auch Rufbereitschaft leisten, gilt, dass diese im Kalendermonat

- bei einem Bereitschaftsdienst höchstens noch zu zehn Rufbereitschaften,
- bei zwei Bereitschaftsdiensten höchstens noch zu sieben Rufbereitschaften,
- bei drei Bereitschaftsdiensten höchstens noch zu vier Rufbereitschaften und
- bei vier Bereitschaftsdiensten zu keiner Rufbereitschaft

sowie

- bei bis zu vier Rufbereitschaften höchstens noch zu drei Bereitschaftsdiensten,
- bei mehr als vier bis zu sieben Rufbereitschaften höchstens noch zu zwei Bereitschaftsdiensten,
- bei mehr als sieben bis zu zehn Rufbereitschaften höchstens noch zu einem Bereitschaftsdienst und
- bei mehr als zehn Rufbereitschaften zu keinem Bereitschaftsdienst

herangezogen werden dürfen. [2]Bei teilzeitbeschäftigten Ärztinnen und Ärzten ist das Verhältnis ihrer individuell vereinbarten durchschnittlichen regelmäßigen Arbeitszeit zur regelmäßigen Arbeitszeit vergleichbarer vollzeitbeschäftigter Ärztinnen und Ärzten zu berücksichtigen. [3]§ 6 Abs. 10 Sätze 2 und 3 sowie § 6 Abs. 8 Satz 5 gelten entsprechend. [4]Für über die Anzahl nach den Sätzen 1 oder 2 hinaus angeordnete Bereitschaftsdienste oder Rufbereitschaften gelten die jeweils einschlägige Bewertungsregelung (§ 8 Abs. 3 Sätze 4 bis 6) oder Zuschlagsregelung (§ 7 Abs. 3 Sätze 10 bis 12).

Anmerkungen zu Absatz 12 Satz 2:

Teilzeitbeschäftigte Ärzte

1. Bei teilzeitbeschäftigten Ärztinnen und Ärzten, die sowohl Bereitschaftsdienst als auch Rufbereitschaft leisten, wird ein Bereitschaftsdienst mit 13 Punkten und eine Rufbereitschaft mit 4 Punkten gewertet.

zulässige Anzahl

2. [1]Die zulässige Anzahl gemäß § 6 Abs. 8 Satz 4 und § 6 Abs. 10 Satz 1 gilt dann als erreicht, sofern die gegenseitige Anrechnung der Dienste einen Punktwert entsprechend dem Verhältnis ihrer individuell vereinbarten durchschnittlichen regelmäßigen Arbeitszeit zur regelmäßigen Arbeitszeit vergleichbarer vollzeitbeschäftigter Ärztinnen und Ärzten (52 Punkte) erreicht. [2]Ergibt sich bei Berechnungen nach Satz 1 ein Bruchteil von mindestens 0,5, ist er aufzurunden; Bruchteile von weniger als 0,5 werden abgerundet.
3. Ein Rest von bis zu 3 Punkten bleibt hierbei unberücksichtigt.

§ 7 Ausgleich für Sonderformen der Arbeit

Zeitzuschläge

(1) [1]Die Ärztin/Der Arzt erhält neben dem Entgelt für die tatsächliche Arbeitsleistung Zeitzuschläge. [2]Die Zeitzuschläge betragen – auch bei teilzeitbeschäftigten Ärztinnen und Ärzten – je Stunde

a)	für Überstunden	15 v.H.
b)	für Nachtarbeit	20 v.H.
c)	für Sonntagsarbeit	25 v.H.
d)	bei Feiertagsarbeit	
	– ohne Freizeitausgleich	135 v.H.
	– mit Freizeitausgleich	35 v.H.
e)	für Arbeit am 24. Dezember und am 31. Dezember jeweils ab 6 Uhr	35 v.H.

Samstagsarbeit

des auf eine Stunde anfallenden Anteils des Tabellenentgelts der Stufe 3 der jeweiligen Entgeltgruppe; bei Ärztinnen und Ärzten gemäß § 12 Buchst. c und d der höchsten tariflichen Stufe. [3]Für Arbeit an Samstagen von 13 Uhr bis 20 Uhr, soweit diese nicht im Rahmen von Wechselschicht- oder Schichtarbeit anfällt, beträgt der Zeitzuschlag 20 v.H. des auf eine Stunde entfallenden Anteils des Tabellenentgelts der Stufe 3 der jeweiligen Entgeltgruppe, bei Ärztinnen und Ärzten gemäß § 12 Buchst. c und d der höchsten tariflichen Stufe. [4]Beim Zusammentreffen von Zeitzuschlägen nach Satz 2 Buchst. c bis e sowie Satz 3 wird nur der höchste Zeitzuschlag gezahlt.

Überstunden

Anmerkung zu Absatz 1 Satz 1:

Bei Überstunden richtet sich das Entgelt für die tatsächliche Arbeitsleistung nach der individuellen Stufe der jeweiligen Entgeltgruppe, höchstens jedoch nach der Stufe 4.

Freizeitausgleich; Feiertag

Anmerkung zu Absatz 1 Satz 2 Buchst. d:

[1]Der Freizeitausgleich muss im Dienstplan besonders ausgewiesen und bezeichnet werden. [2]Falls kein Freizeitausgleich gewährt wird, werden als Entgelt einschließlich des Zeitzuschlages und des auf den Feiertag entfallenden Tabellenentgelts höchstens 235 v.H. gezahlt.

Abgeltung nicht ausgeglichener Arbeitsstunden

(2) Für Arbeitsstunden, die keine Überstunden sind und die aus dienstlichen oder betrieblichen Gründen nicht innerhalb des nach § 3 Abs. 2 Satz 1 oder 2 festgelegten Zeitraums mit Freizeit ausgeglichen werden, erhält die Ärztin/der Arzt je Stunde 100 v.H. des auf eine Stunde entfallenden Anteils des Tabellenentgelts der jeweiligen Entgeltgruppe und Stufe.

Anmerkung zu Absatz 2 Satz 1:

Mit dem Begriff Arbeitsstunden sind nicht die Stunden gemeint, die im Rahmen von Gleitzeitregelungen im Sinne der Anmerkungen zu § 3 anfallen, es sei denn, sie sind angeordnet worden.

Vergütung Rufbereitschaft

(3) [1]Für die Rufbereitschaft wird eine tägliche Pauschale je Entgeltgruppe bezahlt. [2]Sie beträgt für die Tage Montag bis Freitag das Zweifache, für Samstag, Sonntag sowie für Feiertage das Vierfache des auf eine Stunde entfallenden Anteils des Tabellenentgelts der jeweiligen Entgeltgruppe und Stufe. [3]Maßgebend für die Bemessung der Pauschale nach Satz 2 ist der Tag, an dem die Rufbereitschaft beginnt. [4]Hinsichtlich der Arbeitsleistung wird jede einzelne Inanspruchnahme

innerhalb der Rufbereitschaft mit einem Einsatz im Krankenhaus einschließlich der hierfür erforderlichen Wegezeiten auf eine volle Stunde gerundet. [5]Für die Inanspruchnahme wird das Entgelt für Überstunden sowie etwaige Zeitzuschläge nach Absatz 1 gezahlt. [6]Wird die Arbeitsleistung innerhalb der Rufbereitschaft am Aufenthaltsort im Sinne des § 6 Abs. 8 telefonisch (z.B. in Form einer Auskunft) oder mittels technischer Einrichtungen erbracht, wird abweichend von Satz 4 die Summe dieser Arbeitsleistungen auf die nächste volle Stunde gerundet und mit dem Entgelt für Überstunden sowie mit etwaigen Zeitzuschlägen nach Absatz 1 bezahlt. [7]Satz 1 gilt nicht im Falle einer stundenweisen Rufbereitschaft. [8]Eine Rufbereitschaft im Sinne von Satz 7 liegt bei einer ununterbrochenen Rufbereitschaft von weniger als zwölf Stunden vor. [9]In diesem Fall wird abweichend zu den Sätzen 2 und 3 für jede angefangene Stunde der Rufbereitschaft 12,5 v.H. des auf eine Stunde entfallenden Anteils des Tabellenentgelts der jeweiligen Entgeltgruppe und Stufe gezahlt. [10]Ab der vierzehnten Rufbereitschaft im Kalendermonat erhält die Ärztin/der Arzt zusätzlich zum Rufbereitschaftsentgelt einen Zuschlag von 10 v.H. des Entgelts gemäß § 7 Abs. 3. [11]Der Zuschlag nach Satz 10 erhöht sich nach jeder weiteren dritten Rufbereitschaft um jeweils weitere 10 Prozentpunkte. [12]Teilzeitbeschäftigte Ärztinnen und Ärzte erhalten den Zuschlag nach Satz 10 ab Überschreitung der sich aus § 6 Abs. 8 Sätze 6 und 7 ergebenden Anzahl an Rufbereitschaften.

Anmerkungen zu Absatz 3:

1. Zur Ermittlung der Tage einer Rufbereitschaft, für die eine Pauschale gezahlt wird, ist auf den Tag des Beginns der Rufbereitschaft abzustellen.
2. Die Regelung in Satz 11 führt dazu, dass der Zuschlag für die vierzehnte bis sechzehnte Rufbereitschaft in einem Kalendermonat 10 v.H., die siebzehnte bis neunzehnte Rufbereitschaft 20 v.H. usw. beträgt.

Zuschlag für Inanspruchnahme innerhalb der Rufbereitschaft

(4) [1]Für Inanspruchnahmen innerhalb der Rufbereitschaft in der Zeit zwischen 0 Uhr und 6 Uhr erhält die Ärztin/der Arzt zusätzlich zu dem Entgelt für Überstunden sowie etwaigen Zeitzuschlägen (§ 7 Abs. 1 in Verbindung mit § 7 Abs. 3 Sätze 4 bis 6) einen gesonderten Zuschlag. [2]Dieser beträgt 50 v.H. des Rufbereitschaftsentgelts nach § 7 Abs. 3 Satz 5. [3]Zur Berechnung des Zuschlags nach Satz 1 sind Inanspruchnahmezeiten in der Zeit zwischen 0 Uhr und 6 Uhr von unter einer Stunde auf eine Stunde zu runden; überschreitet die Addition der Inanspruchnahmezeiten in der Zeit zwischen 0 Uhr und 6 Uhr die Zeitspanne von einer Stunde, findet keine Rundung statt. [4]Der Zuschlag nach Satz 1 ist auf die im Folgemonat geäußerte Erklärung der Ärztin/des Arztes hin im Verhältnis 1:1 bis zum Ende des dritten Kalendermonats, der auf seine Entstehung folgt, in Freizeit auszugleichen; Satz 1 der Anmerkung zu § 7 Abs. 1 Satz 2 Buchst. d findet entsprechend Anwendung.

Wechselschichtzulage

(5) Ärztinnen und Ärzte, die Wechselschichtarbeit leisten, erhalten eine Wechselschichtzulage von 315 Euro monatlich.

Schichtzulage

(6) Ärztinnen und Ärzte, die Schichtarbeit leisten, erhalten eine Schichtzulage von 315 Euro monatlich.

§ 8 Bereitschaftsdienstentgelt

Vergütung Bereitschaftsdienst

(1) [1]Zum Zwecke der Entgeltberechnung wird die Zeit des Bereitschaftsdienstes einschließlich der geleisteten Arbeit nach dem Maß der während des Bereitschaftsdienstes erfahrungsgemäß durchschnittlich anfallenden Arbeitsleistungen wie folgt als Arbeitszeit gewertet:

Stufe	Arbeitsleistung innerhalb des Bereitschaftsdienstes	Bewertung als Arbeitszeit
I	bis zu 25 v.H.	70 v.H.
II	mehr als 25 v.H. bis 40 v.H.	85 v.H.
III	mehr als 40 v.H. bis 49 v.H.	100 v.H.

Zuweisung

[2]Die Zuweisung zu den einzelnen Stufen des Bereitschaftsdienstes erfolgt als Nebenabrede zum Dienstvertrag. [3]Die Nebenabrede ist mit einer Frist von drei Monaten jeweils zum Ende eines Kalenderhalbjahres kündbar.

Entgelt

(2) [1]Für die als Arbeitszeit gewertete Zeit des Bereitschaftsdienstes wird das nachstehende Entgelt je Stunde in Euro gezahlt:

ab dem 1. März 2026

EG	Stufe 1	Stufe 2	Stufe 3	Stufe 4	Stufe 5	Stufe 6
I	36,86	36,86	38,26	38,26	39,66	39,66
II	43,83	43,83	45,23	45,23	46,64	46,64
III	47,33	47,33	48,72			
IV	51,50	51,50				

[2]§ 14 Abs. 1 gilt entsprechend. [3]Die Bereitschaftsdienstentgelte nach Satz 1 verändern sich bei nach dem 31. Dezember 2026 wirksam werdenden allgemeinen Entgeltanpassungen um den für die jeweilige Entgeltgruppe vereinbarten Vomhundertsatz.

Zuschlag für Bereitschaftsdienst

(3) [1]Die Ärztin/Der Arzt erhält zusätzlich zum Stundenentgelt gemäß Absatz 2 Satz 1 für die Zeit des Bereitschaftsdienstes je Stunde einen Zuschlag in Höhe von 15 v.H. des Stundenentgelts gemäß Absatz 2 Satz 1. [2]Dieser Zuschlag kann nicht in Freizeit abgegolten werden. [3]Ab mehr als monatlich vier Diensten im Sinne von § 6 Abs. 10 Satz 1 erhöht sich die Bewertung des Bereitschaftsdienstes gemäß Absatz 1 um 10 Prozentpunkte; dieser Zuschlag erhöht sich bei jedem weiteren Bereitschaftsdienst um weitere 10 Prozentpunkte. [4]Ist erstmals in einem Kalendervierteljahr in einem Kalendermonat ein fünfter Bereitschaftsdienst (§ 6 Abs. 10 Satz 2) angeordnet worden, erhöht sich die Bewertung für diesen Bereitschaftsdienst gemäß Absatz 1 Satz 1 um 10 Prozentpunkte; für weitere Bereitschaftsdienste in diesem Kalendermonat gilt Satz 3 2. Halbsatz entsprechend mit der Maßgabe, dass sich die Bewertung gemäß Absatz 1 Satz 1 ab dem sechsten Bereitschaftsdienst um 10 Prozentpunkte erhöht; dieser Zuschlag erhöht sich bei jedem weiteren Bereitschaftsdienst um weitere 10 Prozentpunkte. [5]Bei teilzeitbeschäftigten Ärztinnen und Ärzten verringert sich die Zahl der Bereitschaftsdienste nach den Sätzen 3 und 4 entsprechend dem Verhältnis ihrer individuell

vereinbarten durchschnittlichen regelmäßigen Arbeitszeit zur regelmäßigen Arbeitszeit vergleichbarer vollzeitbeschäftigter Ärztinnen und Ärzte. [6]Verbleibt bei der Berechnung nach Satz 5 ein Bruchteil, der mindestens einen halben Dienst ergibt, wird er auf einen vollen Dienst aufgerundet; Bruchteile von weniger als einem halben Dienst bleiben unberücksichtigt.

Feiertagszuschlag

(4) [1]Die Ärztin/Der Arzt erhält zusätzlich zu dem Entgelt nach Absatz 1 und Absatz 2 Satz 1 für jede nach Absatz 1 als Arbeitszeit gewertete Stunde, die an einem Feiertag geleistet worden ist, einen Zeitzuschlag in Höhe von 25 v.H. des Stundenentgelts nach Absatz 2. [2]Weitergehende Ansprüche auf Zeitzuschläge bestehen nicht.

Nachtzuschlag

(5) [1]Die Ärztin/Der Arzt erhält zusätzlich zu dem Stundenentgelt gemäß der Tabelle in Absatz 2 Satz 1 für die Zeit des Bereitschaftsdienstes in den Nachtstunden (§ 5 Abs. 3) je Stunde einen Zeitzuschlag in Höhe von 15 v.H. des Stundenentgelts gemäß der Tabelle in Absatz 2 Satz 1. [2]Dieser Zeitzuschlag kann nicht in Freizeit abgegolten werden. [3]Absatz 4 Satz 2 gilt entsprechend.

Freizeitausgleich

(6) [1]Für die nach Absatz 1 für einen Dienst errechnete Arbeitszeit kann bei Ärztinnen und Ärzten zum Zweck der Einhaltung des Arbeitszeitgesetzes anstelle der Auszahlung der sich nach den Absätzen 1 und 2 ergebenden Vergütung dieses Dienstes zum Zwecke der Gewährung der gesetzlichen Ruhezeit für diesen Dienst in dem erforderlichen Umfang Freizeit (Freizeitausgleich) gewährt werden. [2]Im Einvernehmen mit der Ärztin/dem Arzt kann weitergehender Freizeitausgleich für Bereitschaftsdienste gewährt werden, soweit dies nicht aufgrund anderer Bestimmungen dieses Anhangs ausgeschlossen ist.

§ 9 Teilzeitbeschäftigung

Anspruch Teilzeitarbeit bei Kind/pflegebedürftigen Angehörigen

(1) [1]Mit Ärztinnen und Ärzten soll auf Antrag eine geringere als die vertraglich festgelegte Arbeitszeit vereinbart werden, wenn sie

a) mindestens ein Kind unter 18 Jahren oder
b) einen nach ärztlichem Gutachten pflegebedürftigen sonstigen Angehörigen

Befristung

Arbeitszeitgestaltung

tatsächlich betreuen oder pflegen und dringende dienstliche bzw. betriebliche Belange nicht entgegenstehen. [2]Die Teilzeitbeschäftigung nach Satz 1 ist auf Antrag auf bis zu fünf Jahre zu befristen. [3]Sie kann verlängert werden; der Antrag ist spätestens sechs Monate vor Ablauf der vereinbarten Teilzeitbeschäftigung zu stellen. [4]Bei der Gestaltung der Arbeitszeit hat der Dienstgeber im Rahmen der dienstlichen Möglichkeiten der besonderen persönlichen Situation der Ärztin/des Arztes nach Satz 1 Rechnung zu tragen.

Erörterungspflicht

(2) Ärztinnen und Ärzte, die in anderen als den in Absatz 1 genannten Fällen eine Teilzeitbeschäftigung vereinbaren wollen, können von ihrem Dienstgeber verlangen, dass er mit ihnen die Möglichkeit einer Teilzeitbeschäftigung mit dem Ziel erörtert, zu einer entsprechenden Vereinbarung zu gelangen.

Anspruch Vollzeitarbeit

(3) Ist mit früher vollzeitbeschäftigten Ärztinnen und Ärzten auf ihren Wunsch eine nicht befristete Teilzeitbeschäftigung vereinbart worden, sollen sie bei späterer Besetzung eines Vollzeitarbeitplatzes bei gleicher Eignung im Rahmen der dienstlichen Möglichkeiten bevorzugt berücksichtigt werden.

§ 10 Arbeitszeitdokumentation

Arbeitszeit-erfassung

[1]Die Arbeitszeiten der Ärztinnen und Ärzte sind durch elektronische Verfahren oder auf andere Art mit gleicher Genauigkeit so zu erfassen, dass die gesamte Anwesenheit am Arbeitsplatz dokumentiert ist. [2]Dabei gilt die gesamte Anwesenheit der Ärztinnen und Ärzte abzüglich der tatsächlich gewährten Pausen als Arbeitszeit. [3]Eine abweichende Bewertung ist nur bei Nebentätigkeiten zulässig, die keine Dienstaufgaben sind, und bei privaten Tätigkeiten der Ärztin und Arzt. [4]Die Ärztin/Der Arzt hat insbesondere zur Überprüfung der dokumentierten Anwesenheitszeiten nach Satz 1 ein persönliches Einsichtsrecht in die Arbeitszeitdokumentation. [5]Die Einsicht ist unverzüglich zu gewähren.

Anmerkungen zu § 10:

außerplanmäßige Überschreitung

1. Bei einer außerplanmäßigen Überschreitung der täglichen Höchstarbeitszeit von zehn Stunden haben die Ärztinnen und Ärzte dem Dienstgeber auf dessen Verlangen den Grund der Überschreitung mitzuteilen.
2. Für die private Veranlassung gemäß Satz 3 trägt der Dienstgeber nach den allgemeinen Regeln des Arbeitsrechts die Darlegungs- und Beweislast.

Anmerkung zu §§ 2 bis 10:

Bei Inkrafttreten dieses Anhangs bestehende Gleitzeitregelungen bleiben unberührt.

§ 11 Allgemeine Eingruppierungsregelungen

Tätigkeits-merkmale; § 12

(1) [1]Die Eingruppierungen der Ärztinnen und Ärzte richtet sich nach den Tätigkeitsmerkmalen des § 12. [2]Die Ärztin/der Arzt erhält das Entgelt nach der Entgeltgruppe, in der sie/er eingruppiert ist.

Eingruppierungsautomatik „gesamte auszuübende Tätigkeit"

(2) [1]Die Ärztin/Der Arzt ist in der Entgeltgruppe eingruppiert, deren Tätigkeitsmerkmalen die gesamte von ihr/ihm nicht nur vorübergehend auszuübende Tätigkeit entspricht. [2]Die gesamte auszuübende Tätigkeit entspricht den Tätigkeitsmerkmalen einer Entgeltgruppe, wenn zeitlich mindestens zur Hälfte Arbeitsvorgänge anfallen, die für sich genommen die Anforderungen eines Tätigkeitsmerkmals oder mehrerer Tätigkeitsmerkmale dieser Entgeltgruppe erfüllen. [3]Kann die Erfüllung einer Anforderung in der Regel erst bei der Betrachtung mehrerer Arbeitsvorgänge festgestellt werden, sind diese Arbeitsvorgänge für die Feststellung, ob diese Anforderung erfüllt ist, insoweit zusammen zu beurteilen. [4]Ist in einem Tätigkeitsmerkmal als Anforderung eine Voraussetzung der Person des Mitarbeiters bestimmt, muss auch diese Anforderung erfüllt sein

Anmerkungen zu Absatz 2:

Arbeitsvorgänge

1. [1]Arbeitsvorgänge sind Arbeitsleistungen (einschließlich Zusammenhangsarbeiten) die, bezogen auf den Aufgabenkreis der Ärztin/des Arztes, zu einem bei natürlicher Betrachtung abgrenzbaren Arbeitsergebnis führen (z.B. Erstellung eines EKG). [2]Jeder einzelne Arbeitsvorgang ist als solcher zu bewerten und darf dabei hinsichtlich der Anforderungen zeitlich nicht aufgespaltet werden.

Anforderung

2. Eine Anforderung im Sinne des Satz 2 ist auch das in einem Tätigkeitsmerkmal geforderte Herausheben der Tätigkeit aus einer niedrigeren Entgeltgruppe.

Dienstvertrag

(3) Die Entgeltgruppe der Ärztin/des Arztes ist im Dienstvertrag anzugeben.

§ 12 Eingruppierung

Ärztinnen und Ärzte sind wie folgt eingruppiert:

Gruppe I

a) **Entgeltgruppe I**

Ärztin/Arzt mit entsprechender Tätigkeit.

Gruppe II

b) **Entgeltgruppe II**

Fachärztin/Facharzt mit entsprechender Tätigkeit.

Anmerkung zu Buchstabe b:

Fachärztin/Facharzt ist diejenige Ärztin/derjenige Arzt, die/der aufgrund abgeschlossener Facharztweiterbildung in ihrem/seinem Fachgebiet tätig ist.

Gruppe III

c) **Entgeltgruppe III**

Oberärztin/Oberarzt

Anmerkung zu Buchstabe c:

Oberärztin/Oberarzt ist diejenige Ärztin/derjenige Arzt, der/dem die medizinische Verantwortung für selbstständige Teil- oder Funktionsbereiche der Klinik bzw. der Abteilung vom Dienstgeber ausdrücklich übertragen worden ist.

d) **Entgeltgruppe IV**

Gruppe IV

Leitende Oberärztin/Leitender Oberarzt ist diejenige Ärztin/derjenige Arzt, der/dem die ständige Vertretung der leitenden Ärztin/des leitenden Arztes (Chefärztin/Chefarzt) vom Dienstgeber ausdrücklich übertragen worden ist.

Anmerkung zu Buchstabe d:

[1]Leitende Oberärztin/Leitender Oberarzt ist nur diejenige Ärztin/derjenige Arzt, die/der die leitende Ärztin/den leitenden Arzt in der Gesamtheit ihrer/seiner Dienstaufgaben vertritt. [2]Das Tätigkeitsmerkmal kann daher innerhalb einer Klinik in der Regel nur von einer Ärztin/einem Arzt erfüllt werden.

§ 13 Tabellenentgelt

(1) [1]Die Ärztin/Der Arzt erhält monatlich ein Tabellenentgelt nach der Anlage. [2]Die Höhe bestimmt sich nach der Entgeltgruppe, in der sie/er eingruppiert ist, und nach der für sie/ihn geltenden Stufe.

Eingruppierungsautomatik

(2) Für Ärztinnen und Ärzte gemäß § 12 Buchst. c und d ist die Vereinbarung eines außertariflichen Entgelts jeweils nach Ablauf einer angemessenen, in der letzten tariflich ausgewiesenen Stufe verbrachten Zeit zulässig.

außertarifliches Entgelt

§ 13a Berechnung und Auszahlung des Entgelts

Teilzeitbeschäftigte Ärztinnen und Ärzte erhalten das Tabellenentgelt und alle sonstigen Entgeltbestandteile in dem Umfang, der dem Anteil ihrer individuell vereinbarten durchschnittlichen Arbeitszeit an der regelmäßigen Arbeitszeit vergleichbarer vollzeitbeschäftigter Ärztinnen und Ärzte entspricht.

Teilzeitentgelt

§ 14 Stufen der Entgelttabelle

(1) Ärztinnen und Ärzte erreichen die jeweils nächste Stufe – in Abhängigkeit von ihrer Leistung gemäß § 15 Abs. 2 – nach den Zeiten einer Tätigkeit innerhalb derselben Entgeltgruppe bei ihrem Dienstgeber (Stufenlaufzeit) und zwar in

Entgeltstufen/Stufenlaufzeit

a) **Entgeltgruppe I**

Gruppe I

Stufe 2: nach einjähriger ärztlicher Tätigkeit,
Stufe 3: nach zweijähriger ärztlicher Tätigkeit,
Stufe 4: nach dreijähriger ärztlicher Tätigkeit,
Stufe 5: nach vierjähriger ärztlicher Tätigkeit,
Stufe 6: nach fünfjähriger ärztlicher Tätigkeit.

b) **Entgeltgruppe II**

Gruppe II

Stufe 2: nach dreijähriger fachärztlicher Tätigkeit,
Stufe 3: nach sechsjähriger fachärztlicher Tätigkeit,
Stufe 4: nach achtjähriger fachärztlicher Tätigkeit,
Stufe 5: nach zehnjähriger fachärztlicher Tätigkeit,
Stufe 6: nach zwölfjähriger fachärztlicher Tätigkeit,

c) **Entgeltgruppe III**

Gruppe III

Stufe 2: nach dreijähriger oberärztlicher Tätigkeit.
Stufe 3: nach sechsjähriger oberärztlicher Tätigkeit.

d) **Entgeltgruppe IV**

Gruppe IV

Stufe 2: nach dreijähriger Tätigkeit als leitende Oberärztin/leitender Oberarzt.

(2) [1]Bei der Anrechnung von Vorbeschäftigungen werden in der Entgeltgruppe I Zeiten ärztlicher Tätigkeit angerechnet. [2]Eine Tätigkeit als Ärztin/Arzt im Praktikum gilt als ärztliche Tätigkeit. [3]In der Entgeltgruppe II werden Zeiten fachärztlicher Tätigkeit in der Regel angerechnet. [4]Zeiten einer vorhergehenden beruflichen

Vorbeschäftigungen ärztliche Tätigkeit

Tätigkeit können angerechnet werden, wenn sie für die vorgesehene Tätigkeit förderlich sind.

Zeiten ärztlicher Tätigkeit im Ausland

<u>*Anmerkung zu Absatz 2:*</u>

Zeiten ärztlicher Tätigkeit im Sinne der Sätze 1 bis 3, die im Ausland abgeleistet worden sind, sind nur solche, die von einer Ärztekammer im Gebiet der Bundesrepublik Deutschland als der inländischen ärztlichen Tätigkeit gleichwertig anerkannt werden.

§ 15 Allgemeine Regelungen zu den Stufen

Monatsbeginn

(1) Ärztinnen und Ärzte erhalten von Beginn des Monats an, in dem die nächste Stufe erreicht wird, das Tabellenentgelt nach der neuen Stufe.

Verkürzung und Verlängerung der Stufenlaufzeit, vgl. § 14 Abs. 1

betriebliche Kommission

(2) [1]Bei Leistungen der Ärztin/des Arztes, die erheblich über dem Durchschnitt liegen, kann die erforderliche Zeit für das Erreichen der Stufen 2 bis 5 jeweils verkürzt werden. [2]Bei Leistungen, die erheblich unter dem Durchschnitt liegen, kann die erforderliche Zeit für das Erreichen der Stufe 2 bis 5 jeweils verlängert werden. [3]Bei einer Verlängerung der Stufenlaufzeit hat der Dienstgeber jährlich zu prüfen, ob die Voraussetzungen für die Verlängerung noch vorliegen. [4]Für die Beratung von schriftlich begründeten Beschwerden von Ärztinnen und Ärzten gegen eine Verlängerung nach Satz 2 bzw. 3 ist eine betriebliche Kommission zuständig. [5]Die Mitglieder der betrieblichen Kommission werden je zur Hälfte vom Dienstgeber und von der Mitarbeitervertretung benannt; sie müssen der Einrichtung angehören und, soweit sie von der Mitarbeitervertretung benannt werden, unter diese Regelung fallen. [6]Der Dienstgeber entscheidet auf Vorlage der Kommission darüber, ob und in welchem Umfang der Beschwerde abgeholfen werden soll.

<u>*Anmerkung zu Absatz 2:*</u>

Leistungsbezogene Stufenaufstiege unterstützen insbesondere die Anliegen der Personalentwicklung.

<u>*Anmerkung zu Absatz 2 Satz 2:*</u>

Bei Leistungsminderungen, die auf einem anerkannten Arbeitsunfall oder einer Berufskrankheit gemäß § 8 und § 9 SGB VII beruhen, ist diese Ursache in geeigneter Weise zu berücksichtigen.

<u>*Anmerkung zu Absatz 2 Satz 6:*</u>

Die Mitwirkung der Kommission erfasst nicht die Entscheidung über die leistungsbezogene Stufenzuordnung.

Zeiten ärztlicher Tätigkeit, vgl. § 14 Abs. 1, 2

(3) [1]Den Zeiten in einer ärztlichen Tätigkeit im Sinne des § 14 Abs. 1 stehen gleich:

a) Zeiten von Beschäftigungsverboten nach dem Mutterschutzgesetz,
b) Zeiten einer Arbeitsunfähigkeit nach § 37 AVR bis zu 26 Wochen,
c) Zeiten eines bezahlten Urlaubs,
d) Zeiten eines Sonderurlaubs, bei denen der Dienstgeber vor dem Antritt schriftlich ein dienstliches bzw. betriebliches Interesse anerkannt hat,
e) Zeiten der vorübergehenden Übertragung einer höherwertigen Tätigkeit.

[2]Zeiten, in denen Ärztinnen und Ärzte mit einer kürzeren als der regelmäßigen wöchentlichen Arbeitszeit eines entsprechenden Vollzeitbeschäftigten beschäftigt waren, werden voll angerechnet.

Höhergruppierung, Herabgruppierung

(4) [1]Bei einer Eingruppierung in eine höhere oder eine niedrigere Entgeltgruppe erhält die Ärztin/der Arzt vom Beginn des Monats an, in dem die Veränderung wirksam wird, das Tabellenentgelt der sich aus § 14 Abs. 1 ergebenden Stufe. [2]Ist eine Ärztin/ein Arzt, die/der in der Entgeltgruppe II eingruppiert und der Stufe 6 zugeordnet ist (§ 14 Abs. 1 Buchst. b), in die Entgeltgruppe III höhergruppiert und dort der Stufe 1 zugeordnet (§ 12 Buchst. c, § 14 Abs. 1) worden, erhält die Ärztin/der Arzt so lange das Tabellenentgelt der Entgeltgruppe II Stufe 6, bis sie/er Anspruch auf ein Entgelt hat, das das Tabellenentgelt der Entgeltgruppe II Stufe 6 übersteigt.

abweichende höhere Stufenzuordnung

(5) [1]Soweit es zur regionalen Differenzierung, zur Deckung des Personalbedarfs oder zur Bindung von qualifizierten Fachkräften erforderlich ist, kann Ärztinnen und Ärzten im Einzelfall, abweichend von dem sich aus der nach § 14 und § 15 Abs. 4 ergebenden Stufe ihrer/seiner jeweiligen Entgeltgruppe zustehenden Entgelts, ein um bis zu zwei Stufen höheres Entgelt ganz oder teilweise vorweg gewährt werden. [2]Haben Ärztinnen und Ärzte bereits die Endstufe ihrer jeweiligen Entgeltgruppe erreicht, kann ihnen unter den Voraussetzungen des Satzes 1 ein bis zu 20 v.H. der Stufe 2 ihrer jeweiligen Entgeltgruppe höheres Entgelt gezahlt werden.

§ 16 Leistungsentgelt bzw. Sozialkomponente

Zwecke

(1) Das Leistungsentgelt bzw. die Sozialkomponente sollen dazu beitragen, die caritativen Dienstleistungen zu verbessern.

Dienstvereinbarung Kann-Regelung

(2) [1]Ein Leistungsentgelt bzw. eine Sozialkomponente können nur durch eine ergänzende Dienstvereinbarung mit der Mitarbeitervertretung nach § 38 MAVO eingeführt werden. [2]Der persönliche Geltungsbereich einer solchen ergänzenden Dienstvereinbarung ist auf Mitarbeiter im Sinne von § 3 MAVO beschränkt. [3]Für Mitarbeiter in leitender Stellung im Sinne von § 3 Abs. 2 Nr. 2 bis 4 MAVO kann ein Leistungsentgelt bzw. eine Sozialkomponente durch individuelle Vereinbarung mit dem Dienstgeber eingeführt werden. [4]Der Abschluss einer Dienstvereinbarung bzw. einer individuellen Vereinbarung ist freiwillig. [5]Die Ärztin/Der Arzt hat hierauf auch nach mehrmaliger Gewährung eines Leistungsentgeltes bzw. einer Sozialkomponente keinen Rechtsanspruch für die Zukunft.

§ 17 Zusatzurlaub

ständige Wechselschicht-/Schichtarbeit

(1) Ärztinnen und Ärzte, die Wechselschicht nach § 5 Abs. 1 oder Schichtarbeit nach § 5 Abs. 2 leisten und denen die Zulage nach § 7 Abs. 5 oder 6 zusteht, erhalten

a) bei Wechselschichtarbeit für je zwei Monate und

b) bei Schichtarbeit für je vier Monate

einen Arbeitstag Zusatzurlaub.

Nachtarbeit

(3) [1]Ärztinnen und Ärzte erhalten bei einer Leistung im Kalenderjahr von mindestens

- 150 Nachtarbeitsstunden 1 Arbeitstag
- 300 Nachtarbeitsstunden 2 Arbeitstage
- 450 Nachtarbeitsstunden 3 Arbeitstage
- 600 Nachtarbeitsstunden 4 Arbeitstage

Zusatzurlaub im Kalenderjahr. [2]Nachtarbeitsstunden, die in Zeiträumen geleistet werden, für die Zusatzurlaub für Wechselschicht- oder Schichtarbeit zusteht, bleiben unberücksichtigt.

Gilt rückwirkend ab 1. Januar 2022

(4) [1]Die Ärztin/Der Arzt erhält für die Zeit der Bereitschaftsdienste in den Nachtstunden (§ 5 Abs. 3) einen Zusatzurlaub in Höhe von einem Arbeitstag pro Kalenderjahr, sofern mindestens 144 Stunden der Bereitschaftsdienste kalenderjährlich in die Zeit zwischen 20 Uhr bis 6 Uhr fallen, sowie von zwei Arbeitstagen pro Kalenderjahr, sofern mindestens 288 Stunden der Bereitschaftsdienste kalenderjährlich in die Zeit zwischen 20 Uhr bis 6 Uhr fallen. [2]Absatz 3 Satz 2 gilt entsprechend. [3]Bei Teilzeitkräften ist die Zahl der nach Satz 1 geforderten Bereitschaftsdienststunden entsprechend dem Verhältnis ihrer individuell vereinbarten durchschnittlichen regelmäßigen Arbeitszeit zur regelmäßigen Arbeitszeit vergleichbarer vollzeitbeschäftigter Ärztinnen und Ärzte zu kürzen. [4]Ist die vereinbarte Arbeitszeit im Durchschnitt des Urlaubsjahres auf weniger als fünf Arbeitstage in der Kalenderwoche verteilt, ist der Zusatzurlaub in entsprechender Anwendung des § 45 Abs. 5 Sätze 3, 4 und 6 AVR zu ermitteln.

(5) [1]Vollzeitbeschäftigte Ärztinnen und Ärzte, die mehr als 29 Bereitschaftsdienste im Kalenderhalbjahr geleistet haben, erhalten einen Arbeitstag Zusatzurlaub. [2]Absatz 4 Sätze 3 und 4 gelten entsprechend.

Höchsturlaubstage

(6) [1]Zusatzurlaub nach dieser Regelung und sonstigen Bestimmungen mit Ausnahme des gesetzlichen zusätzlichen Urlaubs für schwerbehinderte Menschen wird nur bis zu insgesamt acht Arbeitstagen im Kalenderjahr gewährt. [2]Erholungsurlaub und Zusatzurlaub (Gesamturlaub) dürfen im Kalenderjahr zusammen 38 Arbeitstage, bei Zusatzurlaub wegen Wechselschichtarbeit 39 Arbeitstage nicht überschreiten. [3]Bei Ärztinnen und Ärzten, die das 50. Lebensjahr vollendet haben, gilt abweichend von Satz 2 eine Höchstgrenze von 39 Arbeitstagen; maßgebend für die Berechnung der Urlaubsdauer ist das Lebensjahr, das im Laufe des Kalenderjahres vollendet wird.

§§ 36, 44 und 45 AVR

(7) Im Übrigen gelten die §§ 36, 44 und 45 AVR mit Ausnahme von § 44 Abs. 7 Satz 1 AVR entsprechend.

Anmerkung zu Absatz 1:

Der Anspruch auf Zusatzurlaub bemisst sich nach der abgeleisteten Schicht- oder Wechselschichtarbeit und entsteht im laufenden Jahr, sobald die Voraussetzungen nach Absatz 1 erfüllt sind.

§ 18 Führung auf Probe

Vgl. dazu Beschluss der BK vom 20. Juni 2024 i.V.m. Ersetzende Entscheidung des Vermittlungsausschusses ZAK vom 22. Januar 2024 „Gesamtregelung zur Befristung" Nr. 8.

(1) [1]Führungspositionen können als befristetes Dienstverhältnis bis zur Gesamtdauer von zwei Jahren vereinbart werden. [2]Innerhalb dieser Gesamtdauer ist eine höchstens zweimalige Verlängerung des Dienstvertrages zulässig. [3]Die beiderseitigen Kündigungsrechte bleiben unberührt.

Führungsposition

(2) Führungspositionen sind die zugewiesenen Tätigkeiten mit Weisungsbefugnis.

vorübergehende Führungsposition

(3) [1]Besteht bereits ein Dienstverhältnis mit demselben Dienstgeber, kann der Ärztin/dem Arzt vorübergehend eine Führungsposition bis zu der in Absatz 1 genannten Gesamtdauer übertragen werden. [2]Der Ärztin/dem Arzt wird für die Dauer der Übertragung eine Zulage in Höhe des Unterschiedsbetrags zwischen den Tabellenentgelten nach der bisherigen Entgeltgruppe und dem sich bei Höhergruppierung nach § 15 Abs. 4 ergebenden Tabellenentgelt gewährt. [3]Nach Fristablauf endet die Erprobung. [4]Bei Bewährung wird die Führungsfunktion auf Dauer übertragen; ansonsten erhält die Ärztin/der Arzt eine der bisherigen Eingruppierung entsprechende Tätigkeit.

§ 19 (weggefallen)

§ 20 Kosten des Heilberufsausweises

Der Dienstgeber übernimmt für die Dauer des Dienstverhältnisses die Kosten für den elektronischen Heilberufsausweis (eHBA) für Ärztinnen und Ärzte.

Anlage zu § 13: Tabellenentgelt für Ärztinnen und Ärzte

gültig ab 1. März 2026 (in Euro)

Engelt-gruppe	Grund-entgelt	Entgeltstufen				
	Stufe 1	Stufe 2	Stufe 3	Stufe 4	Stufe 5	Stufe 6
I	5.722,05	6.046,42	6.278,07	6.679,58	7.158,37	7.355,29
II	7.552,19	8.185,40	8.741,40	9.065,74	9.382,33	9.698,91
III	9.459,56	10.015,53	10.810,95	–	–	–
IV	11.127,50	11.922,95	–	–	–	–

Anhang Fahrdienste

Inhalt

Präambel

[1]Durch die wettbewerbsbedingte Lohnspirale nach unten und die gleichzeitig nicht ausreichende Refinanzierung ist es zur Sicherung der Arbeitsplätze im Bereich der Fahrdienste notwendig, eine Sonderregelung der Vergütung für den Bereich Fahrdienste in den AVR zu schaffen. [2]Die Arbeitsrechtliche Kommission wird sich für die Einführung eines Mindestlohns in diesem Bereich einsetzen. [3]Die Arbeitsrechtliche Kommission beauftragt die Leitungsausschüsse der beiden Seiten, zu einem geeigneten Zeitpunkt gemeinsam einen Antrag auf Festsetzung eines Mindestlohns in diesem Bereich beim zuständigen Bundesministerium zu stellen.

§ 1 Geltungsbereich

Anwendungsbereich

Diese Regelung gilt für Mitarbeiter in Fahrdiensten.

§ 2 Definition

Fahrdienste

Fahrdienste im Sinne dieser Regelung umfassen den Transport von Menschen mit Mobilitätseinschränkungen, Menschen mit Behinderung und Kranken im Linien- oder Individualfahrdienst sowie Essen auf Rädern.

§ 3 Vergütung

Vergütung

(1) Der Mitarbeiter erhält eine Vergütung nach Vergütungsgruppe 11 Stufe 1 der Regelvergütungstabelle Anhang Tabellen.

Zeitzuschläge

(2) [1]Zeitzuschläge werden nach § 18 Abs. 1 bis 2 AVR gezahlt. [2]In Abweichung von § 18 Abs. 1 Satz 2 AVR richtet sich die Stundenvergütung nach der in Absatz 1 festgelegten Monatsvergütung. [3]Die Zeitzuschläge für Überstunden betragen je Stunde 25 v.H.

§ 4 Sonstige Bestimmungen

[1]Die Bestimmungen der Anhänge Entgeltordnung, Auszubildende, besondere Regelungen für Praktikanten, Lehrkräfte, Ärztlicher Dienst, Inklusionsbetriebe, Modellprojekte und Überleitung sowie die §§ 18 Abs. 4 bis 5, 27, 30, 31, 32, 33 und 35 AVR finden keine Anwendung auf Mitarbeiter in Fahrdiensten. [2]Ansonsten finden die AVR und ihre Anhänge entsprechende Anwendung, soweit vorstehend keine abweichende Regelung vorgesehen ist.

§ 5 Besitzstandsregelung

Besitzstand

(1) Für Mitarbeiter, denen bis zum 31.12.2013 eine Vergütung nach der damals gültigen Anlage 2 AVR schriftlich zugesagt worden ist oder die bis zum 31.12.2013 eine Vergütung nach der damals gültigen Anlage 2 AVR erhalten haben, finden die vorstehenden Regelungen keine Anwendung.

(2) Mitarbeitern, denen bis zum 31.12.2013 eine höhere als die unter § 3 genannte Vergütung zugesagt worden ist oder die bis zum 31.12.2013 eine höhere als die unter § 3 genannte Vergütung erhalten haben, wird die höhere Vergütung fortgezahlt.

> *Anmerkung zu § 5:*
>
> Im Zuständigkeitsbereich der Regionalkommission Ost gilt § 5 mit der Maßgabe, dass statt des 31.12.2013 jeweils der 31.12.2014 als maßgeblicher Zeitpunkt für die Prüfung von Besitzständen anzunehmen ist.

§ 6 Neuausschreibungen für Beförderungsleistungen; Anwendung von Tarifverträgen

Beförderungsleistungen

(1) Dienstgeber, die ab dem 15. Juni 2018 an einem Zuschlagsverfahren für Beförderungsleistungen teilnehmen, können abweichend von § 3 den Dienstverträgen ihrer Mitarbeiter nach § 1 als Mindestinhalt das Entgelt nach § 2 der Anlage 5 des DRK-Reformtarifvertrages in der jeweils aktuell gültigen Fassung zugrunde legen.

Mitarbeiter mit Vergütung nach § 3

(2) [1]Auf Mitarbeiter, die bis zum 14. Juni 2018 eine Vergütung nach § 3 erhalten haben, findet Absatz 1 für die Dauer des ununterbrochen fortbestehenden Dienstverhältnisses keine Anwendung. [2]Unterbrechungen des Dienstverhältnisses von bis zu einem Monat sind unschädlich.

Anhang Inklusionsbetriebe

Inhalt

Besondere Regelungen für Mitarbeiter in Inklusionsbetrieben

§ 1 Geltungsbereich

Definition Inklusionsbetriebe

(1) [1]Dieser Anhang findet auf nach §§ 215ff. SGB IX anerkannte Inklusionsbetriebe Anwendung. [2]Inklusionsbetriebe sind rechtlich und wirtschaftlich selbstständige Unternehmen oder unternehmensinterne oder von öffentlichen Arbeitgebern im Sinne des § 154 Abs. 2 SGB IX geführte Betriebe oder Abteilungen zur Beschäftigung schwerbehinderter Menschen auf dem allgemeinen Arbeitsmarkt, deren Teilhabe an einer sonstigen Beschäftigung auf dem allgemeinen Arbeitsmarkt auf Grund von Art oder Schwere der Behinderung oder wegen sonstiger Umstände voraussichtlich trotz Ausschöpfens aller Fördermöglichkeiten und des Einsatzes von Integrationsfachdiensten auf besondere Schwierigkeiten stößt.

Anwendungsbereich

(2) Diese Regelung gilt für Mitarbeiter im Anwendungsbereich des Absatz 1 Satz 1, die in den Geltungsbereich der AVR fallen und in der Produktion bzw. Dienstleistung auch für Dritte tätig sind.

§ 2 Anwendung von Tarifverträgen

Abweichen auf Antrag

(1) *(RK BW, Mitte):* [1]Abweichend von den Bestimmungen der AVR können den Dienstverträgen der Mitarbeiter nach § 1 Abs. 2 als Mindestinhalt die branchenüblichen, regional geltenden tarifvertraglichen Regelungen, die mit einer dem Deutschen Gewerkschaftsbund angehörigen Gewerkschaft abgeschlossen wurden, in ihrer jeweils aktuell gültigen Fassung zugrunde gelegt werden. [2]Besteht keine tarifvertragliche Regelung nach Satz 1, können den Dienstverträgen als Mindestinhalt auch die branchenüblichen, regional geltenden Arbeitsbedingungen bzw. Vergütungsregelungen zu Grunde gelegt werden. [3]Hierzu ist vom Dienstgeber bei der zuständigen Regionalkommission der Arbeitsrechtlichen Kommission des Deutschen Caritasverbandes ein in Textform zu begründender Antrag zu stellen. [4]Die Regionalkommission kann vom Dienstgeber geeignete Unterlagen anfordern. [5]Über einen Antrag nach Satz 3 entscheidet die Regionalkommission innerhalb von sechs Monaten durch Beschluss. [6]Soweit die Regionalkommission Abweichungen von den Bestimmungen der AVR zulässt, sind diese zeitlich zu befristen. [7]Die Frist nach Satz 5 beginnt mit der Feststellung des Eingangs der Antragsunterlagen durch die Kommissionsgeschäftsstelle. [8]Bis zu einer Entschei-

dung der Regionalkommission nach Satz 5 gelten die ursprünglichen dienstvertraglichen Regelungen weiter. [9]Die Regelung der Sätze 2 bis 8 ist befristet bis zum 31. Dezember 2030.

(1) *(RK Bayern, Nord, NRW, Ost):* Abweichend von den Bestimmungen der AVR können den Dienstverträgen der Mitarbeiter nach § 1 Abs. 2 als Mindestinhalt die branchenüblichen, regional geltenden tarifvertraglichen Regelungen, die mit einer dem Deutschen Gewerkschaftsbund angehörigen Gewerkschaft abgeschlossen wurden, in ihrer jeweils aktuell gültigen Fassung zugrunde gelegt werden.

Altersvorsorge

(2) [1]Ausgenommen von Absatz 1 sind die Bestimmungen über die betriebliche Altersversorgung. [2]Anstelle der tariflichen Bestimmungen über die betriebliche Altersversorgung findet § 43 AVR i.V.m. Anhang Zusätzliche Altersversorgung entsprechend Anwendung. [3]Ferner von Absatz 1 ausgenommen ist der Anhang Kurzarbeit; er findet Anwendung.

§ 3 Informationspflicht

Information an AK

[1]Wendet ein Träger die Regelungen dieses Anhangs an, hat er unverzüglich eine entsprechende Information an die Geschäftsstelle der Arbeitsrechtlichen Kommission des Deutschen Caritasverbandes zu übersenden. [2]Die Information muss die Bezeichnung des Inklusionsbetriebes und seiner Arbeitsfelder, die Anzahl und den Beschäftigungsumfang der dort angestellten Mitarbeiter sowie die Angabe des den Dienstverhältnissen zugrunde gelegten Tarifvertrages enthalten. [3]Die Angaben sind zum 31. Dezember jeden Jahres zu aktualisieren. [4]Die Geschäftsstelle leitet diese Informationen an die Mitglieder der zuständigen Regionalkommission weiter.

Anhang Modellprojekte

Inhalt

[1]Mit veränderten Vergütungsstrukturen kann das Entgelt der Mitarbeiter flexibler gestaltet werden als bisher. [2]Ziel ist es, die wirtschaftlichen Grundlagen einer Einrichtung und damit die Arbeitsplätze der Mitarbeiter zu sichern. [3]Die veränderten Vergütungsstrukturen haben außerdem zu berücksichtigen, dass alle Mitarbeiter trotz unterschiedlichen Leistungsvermögens in den Einrichtungen integriert bleiben.

§ 1 Erprobung veränderter Vergütungsstrukturen

Beschluss der Arbeitsrechtlichen Kommission

Zur Erprobung veränderter Vergütungsstrukturen kann durch einen Beschluss der Arbeitsrechtlichen Kommission in einzelnen Einrichtungen von vergütungsrelevanten Bestimmungen der AVR abgewichen werden.

§ 2 Vorschlag

gemeinsamer Vorschlag

[1]Voraussetzung für ein Modellprojekt ist ein gemeinsamer Vorschlag von Dienstgeber und Mitarbeitervertretung bzw. Gesamtmitarbeitervertretung einer Einrichtung bzw. eines Trägers an den Geschäftsführer der Arbeitsrechtlichen Kommission. [2]In den Vorschlag sind unter anderem eine Zielbeschreibung, die abweichenden Bestimmungen, die Klärung der Besitzstände, die Bildung einer Projektgruppe, ein Evaluationskonzept und die Befristung des Modellprojektes aufzunehmen. [3]Nähere Voraussetzungen regelt die Arbeitsrechtliche Kommission.

§ 3 Projektgruppe

Unterrichtung Arbeitsrechtliche Kommission

[1]Die Projektgruppe besteht zu gleichen Teilen aus Mitgliedern, die von der Mitarbeitervertretung benannt werden, und Vertretern des Dienstgebers der Einrichtung bzw. des Trägers. [2]Sie begleitet die Entwicklung des Modellprojekts und unterrichtet regelmäßig die Arbeitsrechtliche Kommission. [3]Der Projektgruppe sind die zur Begleitung des Modellprojektes erforderlichen Unterlagen durch den Dienstgeber rechtzeitig und umfassend zur Verfügung zu stellen und zu erläutern.

Anhang TVöD-Anwender

Inhalt

Übergangsregelung für caritative Träger, die das Tarifrecht des öffentlichen Dienstes anwenden

§ 1 Geltungsbereich

Geltungsbereich

Diese Regelung gilt für caritative Träger, die

- die Grundordnung des kirchlichen Dienstes (GrO) in ihr Statut übernommen haben und
- spätestens seit dem 1. Oktober 2005 durchgehend die Tarifverträge für die kommunalen Arbeitgeber (TVöD-VKA bzw. TV-Ärzte-VKA und diese ergänzende Tarifverträge) anwenden.

§ 2 Anwendung von Tarifverträgen

Anwendung von Tarifverträgen

Abweichend von den Bestimmungen der AVR werden den Dienstverträgen der Mitarbeiter im Geltungsbereich nach § 1 die tarifvertraglichen Regelungen für die kommunalen Arbeitgeber (TVöD-VKA bzw. TV-Ärzte-VKA und diese ergänzende Tarifverträge) in ihrer jeweils gültigen Fassung zugrunde gelegt.

§ 3 Informationspflicht

Informationspflicht

Vom Geltungsbereich nach § 1 erfasste Träger haben eine schriftliche Information über die Anwendung der Anlage an die Geschäftsstelle der Arbeitsrechtlichen Kommission zu senden.

Anhang Kurzarbeit

Inhalt

§ 1 Kurzarbeit

Dienstverhältnis

(1) Dieser Anhang gilt für Mitarbeiter, die in einem ungekündigten Dienstverhältnis zu einem Dienstgeber stehen.

Berechnung Dienstbezüge und Krankenbezüge

(2) [1]Für die Berechnung der Dienstbezüge gemäß § 27 AVR und der Krankenbezüge gemäß § 37 AVR gilt § 42 Abs. 2 AVR entsprechend. [2]Für die Anwendung sonstiger Bestimmungen der AVR bleibt die Kürzung der dienstvertraglich vereinbarten Arbeitszeit und die sich daraus ergebende Minderung der Bezüge außer Betracht.

Kündigung

(3) Mitarbeiter, deren Arbeitszeit länger als drei zusammenhängende Wochen verkürzt worden ist, können ihr Dienstverhältnis mit einer Frist von einem Monat zum Monatsende kündigen.

§ 2 Voraussetzungen der Einführung und Ausgestaltung der Kurzarbeit

Anordnung durch Dienstgeber; Abschluss einer Dienstvereinbarung

(1) [1]Bei Vorliegen der gesetzlichen Voraussetzungen gemäß SGB III und der Kurzarbeitergeldverordnung kann der Dienstgeber nach Abschluss einer Dienstvereinbarung Kurzarbeit anordnen. [2]Die Dienstvereinbarung legt ein Datum des Beginns der Kurzarbeit oder einen Zeitraum, in dem die Kurzarbeit beginnt, fest. [3]Dieser Zeitraum beträgt höchstens zwei Monate ab Abschluss der Dienstvereinbarung. [4]Die Mitarbeitervertretung ist über die beabsichtigte Einführung von Kurzarbeit unverzüglich und umfassend zu informieren. [5]Die gesetzlichen Rechte der Mitarbeitervertretung bleiben darüber hinaus bestehen, soweit durch diesen Anhang keine abschließende Regelung getroffen wird. [6]In Einrichtungen ohne Mitarbeitervertretung ist die Kurzarbeit mit jedem betroffenen Mitarbeiter gesondert zu vereinbaren.

Ankündigungfrist

(2) [1]Der Beginn der Kurzarbeit ist den von Kurzarbeit betroffenen Mitarbeitern mit einer Frist von fünf Kalendertagen anzukündigen. [2]Sieht die Dienstvereinbarung einen konkreten Beginn vor, gilt als Ankündigung die Bekanntgabe der

Dienstvereinbarung im Sinne des Absatz 1. [3]Sieht die Dienstvereinbarung einen Zeitraum für den Beginn der Kurzarbeit im Sinne des Absatzes 1 vor, so ist der Beginn den Mitarbeitern auf betriebsüblichem Wege bekannt zu machen.

§ 3 Umfang der Kurzarbeit

Kurzarbeit Null

[1]Die Kurzarbeit kann in Einrichtungen sowie Teilen derselben, nicht jedoch für einzelne Mitarbeiter, eingeführt werden. [2]Die Kurzarbeit kann bis zu einer Herabsetzung der Arbeitszeit auf null Stunden eingeführt werden.

§ 4 Anzeige und Antrag bei der Agentur für Arbeit – Information durch den Dienstgeber

Anzeige Kurzarbeit

(1) Der Dienstgeber zeigt im Falle der Notwendigkeit von Kurzarbeit den Arbeitsausfall unverzüglich bei der zuständigen Agentur für Arbeit an und stellt die Anträge zur Gewährung von Kurzarbeitergeld.

(2) Die Mitarbeitervertretung erhält Kopien der Anzeige, des Erstantrags mit Anlagen und der Bescheide der Agentur für Arbeit.

(3) Im Falle des § 2 Abs. 1 Satz 6 hat der Dienstgeber den Mitarbeitern die für sie erforderlichen Informationen zur Verfügung zu stellen.

§ 5 Aufstockung des Kurzarbeitergeldes

Aufstockungszahlung

(1) [1]Die Mitarbeiter, die von der Kurzarbeit betroffen sind, erhalten vom Dienstgeber zusätzlich zum verkürzten Entgelt und dem von der Agentur für Arbeit zu erwartenden Kurzarbeitergeld eine Aufstockungszahlung. [2]Mitarbeiter, die mindestens für ein Kind unterhaltspflichtig sind, erhalten eine Aufstockung auf 87 v.H., die sonstigen Mitarbeiter auf 80 v.H. des nach § 106 SGB III berechneten pauschalierten Nettoentgelts aus dem Soll-Entgelt. [3]Durch Dienstvereinbarung kann diese Aufstockung erhöht oder verringert werden.

Entgeltbestandteile

(2) Ungekürzt weitergezahlt werden Urlaubsentgelt, vermögenswirksame Leistungen sowie Jahressonderzahlung.

Aufstockungsbetrag

(3) Der Aufstockungsbetrag ist kein monatliches Entgelt und wird deshalb bei tariflichen Leistungen, deren Höhe vom Entgelt abhängig ist, nicht berücksichtigt.

betriebsbedingte Kündigung

(4) [1]Werden während der Kurzarbeit betriebsbedingte Kündigungen gegenüber Mitarbeitern ausgesprochen, die sich in Kurzarbeit befinden, endet die Kurzarbeit. [2]Im Fall einer solchen betriebsbedingten Kündigung erhöht sich für die zweite Hälfte der in Kurzarbeit verbrachten Zeit, mindestens jedoch für die letzten zwei Monate der Kurzarbeit vor dem Ausspruch der betriebsbedingten Kündigung die Aufstockung nach § 5 Abs. 1 auf 100 v.H. des nach § 106 SGB III berechneten pauschalierten Nettoentgelts aus dem Soll-Entgelt. [3]Hiervon kann durch Dienstvereinbarung nicht abgewichen werden.

§ 6 Zahlung des Kurzarbeitergeldes und des Aufstockungsbetrages

[1]Das Kurzarbeitergeld und der Aufstockungsbetrag werden zum Zeitpunkt der monatlichen Entgeltzahlung gemäß § 42 AVR durch den Dienstgeber gezahlt. [2]Dies gilt unabhängig von dem Zahlungszeitpunkt durch die Agentur für Arbeit.

Auszahlung Kurzarbeitergeld

§ 7 Urlaub und Altersteilzeit

(1) Eine aus der Kurzarbeit resultierende Minderung des Umfanges des Anspruches auf Erholungsurlaub nach § 45 AVR kann durch Dienstvereinbarung ganz oder teilweise ausgeschlossen werden.

Erholungsurlaub

(2) [1]Für Mitarbeiter in der Arbeitsphase des Altersteilzeitblockmodells kann § 10 der Anlage 17a in der am 31. Dezember 2026 geltenden Fassung der AVR entsprechend angewendet werden. [2]Die Aufstockung gemäß § 1 Abs. 1 ist kein Regelarbeitsentgelt im Sinne von § 7 Abs. 3 Satz 2 der Anlage 17a in der am 31. Dezember 2026 geltenden Fassung der AVR.

Altersteilzeit Anlage 17a

§ 8 Veränderung der Kurzarbeit

[1]Bei Unterbrechung, Ausweitung, Verlängerung oder Beendigung der Kurzarbeit ist die Mitarbeitervertretung im Rahmen ihrer Beteiligungsrechte einzubeziehen. [2]Die Änderungen müssen mit einer Frist von mindestens fünf Arbeitstagen angekündigt werden.

Mitarbeitervertretung; Ankündigungsfrist

Anhang Überleitung

Inhalt

Teil I. Überleitungs- und Zuordnungsregelungen für Bestandsmitarbeiter

§ 1 Geltungsbereich

Stichtag 31. Dezember 2026

[1]Diese Überleitungs- und Zuordnungsregelungen gelten für alle Mitarbeiter, die nach Anlagen 2, 2d und 2e in der am 31. Dezember 2026 geltenden Fassung der AVR eingruppiert sind und die am 31. Dezember 2026 in einem Dienstverhältnis gestanden haben, das am 1. Januar 2027 fortbesteht. [2]Ein Dienstverhältnis besteht auch fort bei der Verlängerung eines befristeten Dienstvertrages. [3]Unterbrechungen von bis zu einem Monat sind unschädlich.

§ 2 Zuordnungstabellen

Vergütungsgruppen

Die Zuordnung der Vergütungsgruppen zu den Entgeltgruppen erfolgt gemäß dieser Zuordnungstabellen:

Vergütungsgruppe Teil III. Anlage 2	**Entgeltgruppe Anhang Entgeltordnung**
Vergütungsgruppe 1	
Ziffer 3	Teil B, Abschnitt I, EG 15
Ziffer 4	Teil A, Abschnitt I, Ziffer 4, EG 15
Ziffer 5	Teil A, Abschnitt I, Ziffer 4, EG 15
Ziffer 6	Teil A, Abschnitt I, Ziffer 4, EG 15
Ziffer 7	Teil A, Abschnitt I, Ziffer 4, EG 15
Ziffer 8	Teil A, Abschnitt I, Ziffer 4, EG 15
Vergütungsgruppe 1a	
Ziffer 1	Teil B, Abschnitt I, EG 15
Ziffer 1a	Teil B, Abschnitt I, EG 14
Ziffer 7a	Teil A, Abschnitt I, Ziffer 4, EG 15
Ziffer 7b	Teil A, Abschnitt I, Ziffer 4, EG 14
Ziffer 8	Teil A, Abschnitt I, Ziffer 4, EG 14
Ziffer 10	Teil A, Abschnitt I, Ziffer 4, EG 15
Ziffer 11	Teil A, Abschnitt I, Ziffer 4, EG 14
Ziffer 12	Teil A, Abschnitt I, Ziffer 4, EG 14
Ziffer 13	Teil A, Abschnitt I, Ziffer 4, EG 14
Ziffer 14	Teil A, Abschnitt I, Ziffer 4, EG 14
Ziffer 14a	Teil A, Abschnitt I, Ziffer 4, EG 14
Ziffer 14b	Teil A, Abschnitt I, Ziffer 4, EG 15

Vergütungsgruppe Teil III. Anlage 2	**Entgeltgruppe Anhang Entgeltordnung**
Ziffer 14c	Teil A, Abschnitt I, Ziffer 4, EG 15
Ziffer 17	Teil A, Abschnitt I, Ziffer 4, EG 14
Vergütungsgruppe 1b	
Ziffer 1	Teil B, Abschnitt I, EG 14
Ziffer 2	Teil B, Abschnitt I, EG 14
Ziffer 9	Teil A, Abschnitt I, Ziffer 4, EG 14
Ziffer 9a	Teil A, Abschnitt I, Ziffer 4, EG 13 Fallgruppe 1
Ziffer 9d	Teil A, Abschnitt I, Ziffer 4, EG 13 Fallgruppe 1
Ziffer 10a	Teil A, Abschnitt I, Ziffer 4, EG 13 Fallgruppe 1
Ziffer 12	Teil A, Abschnitt I, Ziffer 4, EG 13 Fallgruppe 1
Ziffer 13	Teil A, Abschnitt I, Ziffer 4, EG 13 Fallgruppe 1
Ziffer 14	Teil A, Abschnitt I, Ziffer 4, EG 13 Fallgruppe 1
Ziffer 15	Teil A, Abschnitt I, Ziffer 4, EG 14
Ziffer 16	Teil A, Abschnitt I, Ziffer 4, EG 13 Fallgruppe 1
Ziffer 17	Teil A, Abschnitt I, Ziffer 4, EG 14
Ziffer 17a	Teil A, Abschnitt I, Ziffer 4, EG 14
Ziffer 20	Teil A, Abschnitt I, Ziffer 4, EG 13 Fallgruppe 2
Vergütungsgruppe 2	
Ziffer 1	Teil B, Abschnitt I, EG 14
Ziffer 3	Teil A, Abschnitt I, Ziffer 4, EG 13 Fallgruppe 1
Ziffer 7	Teil A, Abschnitt I, Ziffer 4, EG 13 Fallgruppe 1
Ziffer 7a	Teil A, Abschnitt I, Ziffer 3, EG 12
Ziffer 10a	Teil A, Abschnitt I, Ziffer 3, EG 12
Ziffer 10b	Teil A, Abschnitt I, Ziffer 4, EG 13 Fallgruppe 1
Ziffer 11	Teil A, Abschnitt I, Ziffer 3, EG 12
Ziffer 12	Teil A, Abschnitt I, Ziffer 4, EG 13 Fallgruppe 1
Ziffer 13	Teil A, Abschnitt I, Ziffer 4, EG 13 Fallgruppe 1
Ziffer 14	Teil A, Abschnitt I, Ziffer 4, EG 13 Fallgruppe 1
Ziffer 15	Teil A, Abschnitt I, Ziffer 3, EG 12
Ziffer 16	Teil A, Abschnitt I, Ziffer 4, EG 13 Fallgruppe 1
Ziffer 18	Teil A, Abschnitt I, Ziffer 3, EG 12

Vergütungsgruppe Teil III. Anlage 2	Entgeltgruppe Anhang Entgeltordnung
Vergütungsgruppe 3	
Ziffer 1	Teil A, Abschnitt I, Ziffer 3, EG 12
Ziffer 2	Teil A, Abschnitt I, Ziffer 3, EG 11
Ziffer 2a	Teil A, Abschnitt I, Ziffer 3, EG 12
Ziffer 12	Teil A, Abschnitt I, Ziffer 3, EG 12
Ziffer 13	Teil A, Abschnitt I, Ziffer 3, EG 11
Ziffer 14	Teil A, Abschnitt I, Ziffer 3, EG 11
Ziffer 15	Teil A, Abschnitt I, Ziffer 3, EG 12
Ziffer 15a	Teil A, Abschnitt I, Ziffer 3, EG 11
Ziffer 20	Teil A, Abschnitt I, Ziffer 3, EG 11
Ziffer 20a	Teil A, Abschnitt I, Ziffer 3, EG 12
Ziffer 21	Teil A, Abschnitt I, Ziffer 3, EG 11
Vergütungsgruppe 4a	
Ziffer 4	Teil A, Abschnitt I, Ziffer 3, EG 10
Ziffer 4a	Teil A, Abschnitt I, Ziffer 3, EG 9c
Ziffer 6	Teil B, Abschnitt XI, Ziffer 20, EG 10 Fallgruppe 1
Ziffer 7	Teil B, Abschnitt XI, Ziffer 20, EG 10 Fallgruppe 1
Ziffer 8	Teil A, Abschnitt I, Ziffer 3, EG 10
Ziffer 8a	Teil A, Abschnitt I, Ziffer 3, EG 11
Ziffer 12	Teil A, Abschnitt I, Ziffer 3, EG 11
Ziffer 25	Teil A, Abschnitt I, Ziffer 3, EG 11
Ziffer 25a	Teil A, Abschnitt I, Ziffer 3, EG 9c
Ziffer 39	Teil A, Abschnitt I, Ziffer 3, EG 11
Ziffer 40	Teil A, Abschnitt I, Ziffer 3, EG 10
Vergütungsgruppe 4b	
Ziffer 2	Teil B, Abschnitt XI, Ziffer 7, EG 9b Fallgruppe 1
Ziffer 4	Teil B, Abschnitt XI, Ziffer 20, EG 9b
Ziffer 7 *mit Bewährung aus VG 5b Ziffer 11*	Teil B, Abschnitt XI, Ziffer 5, EG 9b
Ziffer 7 *mit Bewährung aus VG 5b Ziffer 8*	Teil B, Abschnitt XI, Ziffer 20, EG 9b

Vergütungsgruppe Teil III. Anlage 2	Entgeltgruppe Anhang Entgeltordnung
Ziffer 7a	Teil A, Abschnitt II, Ziffer 3, EG 10
Ziffer 8	Teil A, Abschnitt I, Ziffer 3, EG 10
Ziffer 9d	Teil A, Abschnitt I, Ziffer 3, EG 9b Fallgruppe 2
Ziffer 11	Teil B, Abschnitt XI, Ziffer 20, EG 9b
Ziffer 11b	Teil A, Abschnitt I, Ziffer 3, EG 9c
Ziffer 11c	Teil A, Abschnitt I, Ziffer 3, EG 9b Fallgruppe 2
Ziffer 11d	Teil A, Abschnitt I, Ziffer 3, EG 9b Fallgruppe 2
Ziffer 12	Teil B, Abschnitt XI, Ziffer 20, EG 10 Fallgruppe 1
Ziffer 13	Teil B, Abschnitt XI, Ziffer 20, EG 10 Fallgruppe 1
Ziffer 14	Teil A, Abschnitt I, Ziffer 3, EG 9b Fallgruppe 2
Ziffer 14a	Teil A, Abschnitt I, Ziffer 3, EG 10
Ziffer 17	Teil B, Abschnitt XI, Ziffer 8, EG 9b Fallgruppe 1
Ziffer 20 *mit Bewährung aus VG 5b Ziffer 38*	Teil B, Abschnitt XI, Ziffer 20, EG 9b
Ziffer 20 *mit Bewährung aus VG 5b Ziffer 39*	Teil B, Abschnitt XI, Ziffer 10, EG 9b Fallgruppe 1
Ziffer 21	Teil A, Abschnitt I, Ziffer 3, EG 9b Fallgruppe 2
Ziffer 23	Teil A, Abschnitt I, Ziffer 3, EG 9b Fallgruppe 2
Ziffer 24	Teil A, Abschnitt I, Ziffer 3, EG 9b Fallgruppe 2
Ziffer 33	Teil A, Abschnitt I, Ziffer 3, EG 9c
Ziffer 34	Teil A, Abschnitt I, Ziffer 3, EG 9b Fallgruppe 2
Ziffer 35	Teil A, Abschnitt I, Ziffer 3, EG 9b Fallgruppe 1
Ziffer 37 *mit Bewährung aus VG 5b Ziffer 62*	Teil B, Abschnitt XI, Ziffer 20, EG 9b
Ziffer 37 *mit Bewährung aus VG 5b Ziffer 59*	Teil B, Abschnitt XI, Ziffer 13, EG 9b Fallgruppe 1
Ziffer 39 *mit Bewährung aus VG 5b Ziffer 64*	Teil B, Abschnitt XI, Ziffer 20, EG 9b

Vergütungsgruppe Teil III. Anlage 2	**Entgeltgruppe Anhang Entgeltordnung**
Ziffer 39 *mit Bewährung aus VG 5b Ziffer 65*	Teil B, Abschnitt XI, Ziffer 15, EG 9b Fallgruppen 1
Ziffer 52	Teil A, Abschnitt I, Ziffer 3, EG 9b Fallgruppe 1
Vergütungsgruppe 5b	
Ziffer 1	Teil B, Abschnitt XI, Ziffer 7, EG 9b Fallgruppe 1
Ziffer 3	Teil B, Abschnitt XI, Ziffer 7, EG 9a
Ziffer 5	Teil B, Abschnitt XI, Ziffer 6, EG 9a
Ziffer 6	Teil B, Abschnitt XI, Ziffer 20, EG 9b
Ziffer 8	Teil B, Abschnitt XI, Ziffer 20, EG 9b
Ziffer 10 *mit Bewährung aus VG 5c Ziffer 9*	Teil B, Abschnitt XI, Ziffer 20, EG 9b
Ziffer 10 *mit Bewährung aus VG 5c Ziffer 10*	Teil A, Abschnitt I, Ziffer 3, EG 9b Fallgruppe 2
Ziffer 10 *mit Bewährung aus VG 5c Ziffer 13*	Teil B, Abschnitt XI, Ziffer 5, EG 9a
Ziffer 11	Teil B, Abschnitt XI, Ziffer 5, EG 9b
Ziffer 11a	Teil A, Abschnitt II, Ziffer 3, EG 10
Ziffer 16	Teil A, Abschnitt I, Ziffer 3, EG 9b Fallgruppe 2
Ziffer 17	Teil A, Abschnitt II, Ziffer 4, EG 9b Fallgruppe 2
Ziffer 17a	Teil A, Abschnitt II, Ziffer 4, EG 9a Fallgruppe 2
Ziffer 19	Teil A, Abschnitt II, Ziffer 4, EG 9b Fallgruppe 1
Ziffer 19a	Teil A, Abschnitt II, Ziffer 4, EG 9a Fallgruppe 1
Ziffer 19b	Teil A, Abschnitt II, Ziffer 4, EG 9a Fallgruppe 1
Ziffer 23	Teil B, Abschnitt XI, Ziffer 16, EG 9a
Ziffer 24	Teil B, Abschnitt XI, Ziffer 20, EG 9b
Ziffer 25	Teil A, Abschnitt I, Ziffer 3, EG 9b Fallgruppe 2
Ziffer 25a	Teil A, Abschnitt I, Ziffer 3, EG 9b Fallgruppe 2
Ziffer 25b	Teil A, Abschnitt I, Ziffer 3, EG 9a Fallgruppe 2
Ziffer 25c	Teil A, Abschnitt I, Ziffer 3, EG 9b Fallgruppe 2
Ziffer 26	Teil A, Abschnitt I, Ziffer 3, EG 9b Fallgruppe 2

Vergütungsgruppe Teil III. Anlage 2	Entgeltgruppe Anhang Entgeltordnung
Ziffer 28	Teil A, Abschnitt I, Ziffer 3, EG 9a
Ziffer 29	Teil B, Abschnitt XI, Ziffer 8, EG 9b Fallgruppe 1
Ziffer 31	Teil B, Abschnitt XI, Ziffer 8, EG 9a
Ziffer 34	Teil B, Abschnitt XI, Ziffer 20, EG 9b
Ziffer 37	Teil B, Abschnitt XI, Ziffer 10, EG 9a
Ziffer 38	Teil B, Abschnitt XI, Ziffer 20, EG 9b
Ziffer 39	Teil B, Abschnitt XI, Ziffer 10, EG 9b Fallgruppe 1
Ziffer 41	Teil A, Abschnitt II, Ziffer 1, EG 9a Fallgruppe 1
Ziffer 43	Teil A, Abschnitt I, Ziffer 3, EG 9b Fallgruppe 2
Ziffer 44	Teil A, Abschnitt I, Ziffer 3, EG 9a
Ziffer 45	Teil A, Abschnitt I, Ziffer 3, EG 9a
Ziffer 46	Teil A, Abschnitt I, Ziffer 3, EG 9a
Ziffer 55	Teil A, Abschnitt I, Ziffer 3, EG 9a
Ziffer 56	Teil A, Abschnitt I, Ziffer 3, EG 9b Fallgruppe 2
Ziffer 57	Teil A, Abschnitt I, Ziffer 3, EG 9b Fallgruppe 1
Ziffer 58	Teil A, Abschnitt I, Ziffer 3, EG 9b Fallgruppe 1
Ziffer 59	Teil B, Abschnitt XI, Ziffer 13, EG 9b Fallgruppe 1
Ziffer 61	Teil B, Abschnitt XI, Ziffer 13, EG 9a
Ziffer 62	Teil B, Abschnitt XI, Ziffer 20, EG 9b
Ziffer 64	Teil B, Abschnitt XI, Ziffer 20, EG 9b
Ziffer 65	Teil B, Abschnitt XI, Ziffer 15, EG 9b Fallgruppe 1
Ziffer 66	Teil A, Abschnitt I, Ziffer 3, EG 9a
Ziffer 69a	Teil A, Abschnitt II, Ziffer 5, EG 9a
Ziffer 70	Teil A, Abschnitt I, Ziffer 3, EG 9b Fallgruppe 2
Ziffer 70a	Teil A, Abschnitt I, Ziffer 3, EG 9b Fallgruppe 2
Ziffer 71	Teil A, Abschnitt I, Ziffer 3, EG 9a
Vergütungsgruppe 5c	
Ziffer 2	Teil B, Abschnitt XI, Ziffer 7, EG 8
Ziffer 3	Teil B, Abschnitt XI, Ziffer 7, EG 9a
Ziffer 4	Teil A, Abschnitt I, Ziffer 3, EG 8
Ziffer 5	Teil B, Abschnitt XI, Ziffer 6, EG 8
Ziffer 6	Teil B, Abschnitt XI, Ziffer 6, EG 9a

Vergütungsgruppe Teil III. Anlage 2	**Entgeltgruppe Anhang Entgeltordnung**
Ziffer 7	Teil A, Abschnitt I, Ziffer 3, EG 6
Ziffer 8	Teil A, Abschnitt I, Ziffer 3, EG 9b Fallgruppe 2
Ziffer 9	Teil B, Abschnitt XI, Ziffer 20, EG 9b
Ziffer 10	Teil A, Abschnitt I, Ziffer 3, EG 9b Fallgruppe 2
Ziffer 11 *mit Bewährung aus VG 6b Ziffern 14 und 15*	Teil B, Abschnitt XI, Ziffer 20, EG 9b
Ziffer 11 *mit Bewährung aus VG 6b Ziffer 16*	Teil A, Abschnitt I, Ziffer 3, EG 9b Fallgruppe 2
Ziffer 11 *mit Bewährung aus VG 6b Ziffer 17*	Teil B, Abschnitt XI, Ziffer 5 EG 8
Ziffer 12	Teil B, Abschnitt XI, Ziffer 5, EG 7
Ziffer 13	Teil B, Abschnitt XI, Ziffer 5, EG 9a
Ziffer 14	Teil A, Abschnitt I, Ziffer 3, EG 8
Ziffer 21	Teil A, Abschnitt I, Ziffer 3, EG 8
Ziffer 22	Teil A, Abschnitt II, Ziffer 4, EG 9a Fallgruppe 2
Ziffer 22a	Teil A, Abschnitt II, Ziffer 4, EG 8
Ziffer 23	Teil A, Abschnitt II, Ziffer 4, EG 9a Fallgruppe 1
Ziffer 23a	Teil A, Abschnitt II, Ziffer 4, EG 8
Ziffer 25	Teil A, Abschnitt II, Ziffer 4, EG 9a Fallgruppe 1
Ziffer 26	Teil A, Abschnitt I, Ziffer 3, EG 8
Ziffer 26a	Teil A, Abschnitt II, Ziffer 4, EG 8
Ziffer 30	Teil B, Abschnitt XI, Ziffer 16, EG 8
Ziffer 31	Teil B, Abschnitt XI, Ziffer 16, EG 9a
Ziffer 32	Teil A, Abschnitt I, Ziffer 3, EG 9a
Ziffer 32a	Teil A, Abschnitt I, Ziffer 3, EG 9b Fallgruppe 2
Ziffer 32b	Teil A, Abschnitt I, Ziffer 3, EG 9a
Ziffer 32c	Teil A, Abschnitt I, Ziffer 3, EG 9a
Ziffer 34	Teil B, Abschnitt XI, Ziffer 8, EG 7
Ziffer 35	Teil B, Abschnitt XI, Ziffer 8, EG 8
Ziffer 37	Teil B, Abschnitt XI, Ziffer 20, EG 9b

Vergütungsgruppe Teil III. Anlage 2	**Entgeltgruppe Anhang Entgeltordnung**
Ziffer 38	Teil B, Abschnitt XI, Ziffer 20, EG 9b
Ziffer 39	Teil B, Abschnitt XI, Ziffer 10, EG 8
Ziffer 40	Teil B, Abschnitt XI, Ziffer 10, EG 7
Ziffer 41	Teil B, Abschnitt XI, Ziffer 10, EG 9a
Ziffer 41a	Teil A, Abschnitt II, Ziffer 1, EG 7 Fallgruppe 1
Ziffer 42	Teil A, Abschnitt II, Ziffer 1, EG 9a Fallgruppe 1
Ziffer 42a	Teil A, Abschnitt I, Ziffer 3, EG 7
Ziffer 48	Teil A, Abschnitt I, Ziffer 3, EG 9a
Ziffer 48a	Teil A, Abschnitt I, Ziffer 3, EG 9a
Ziffer 48b	Teil A, Abschnitt I, Ziffer 3, EG 8
Ziffer 48c	Teil A, Abschnitt I, Ziffer 3, EG 8
Ziffer 48d	Teil A, Abschnitt I, Ziffer 3, EG 8
Ziffer 49	Teil A, Abschnitt I, Ziffer 3, EG 9a
Ziffer 50	Teil B, Abschnitt XI, Ziffer 13, EG 8
Ziffer 51	Teil B, Abschnitt XI, Ziffer 13, EG 9a
Ziffer 52	Teil B, Abschnitt XI, Ziffer 15, EG 8
Ziffer 53	Teil A, Abschnitt I, Ziffer 3, EG 9a
Ziffer 54	Teil A, Abschnitt I, Ziffer 3, EG 9a
Ziffer 55a	Teil A, Abschnitt II, Ziffer 5, EG 9a
Ziffer 56	Teil A, Abschnitt I, Ziffer 3, EG 9b Fallgruppe 2
Ziffer 56a	Teil A, Abschnitt I, Ziffer 3, EG 8
Ziffer 57	Teil A, Abschnitt I, Ziffer 3, EG 9b Fallgruppe 2
Ziffer 57a	Teil A, Abschnitt I, Ziffer 3, EG 8
Ziffer 58	Teil A, Abschnitt I, Ziffer 3, EG 8
Vergütungsgruppe 6b	
Ziffer 2	Teil A, Abschnitt I, Ziffer 3, EG 6
Ziffer 3	Teil A, Abschnitt I, Ziffer 3, EG 6
Ziffer 4	Teil A, Abschnitt I, Ziffer 3, EG 6
Ziffer 5	Teil B, Abschnitt XI, Ziffer 7, EG 8
Ziffer 6	Teil B, Abschnitt XI, Ziffer 7, EG 7
Ziffer 8	Teil A, Abschnitt I, Ziffer 3, EG 8
Ziffer 9	Teil B, Abschnitt XI, Ziffer 6, EG 8

Vergütungsgruppe Teil III. Anlage 2	Entgeltgruppe Anhang Entgeltordnung
Ziffer 10	Teil B, Abschnitt XI, Ziffer 6, EG 7
Ziffer 11	Teil A, Abschnitt I, Ziffer 3, EG 6
Ziffer 12	Teil A, Abschnitt I, Ziffer 3, EG 9b Fallgruppe 2
Ziffer 13	Teil A, Abschnitt I, Ziffer 3 EG 9a
Ziffer 14	Teil B, Abschnitt XI, Ziffer 20, EG 9b
Ziffer 15	Teil B, Abschnitt XI, Ziffer 20, EG 9b
Ziffer 16	Teil A, Abschnitt I, Ziffer 3, EG 9b Fallgruppe 2
Ziffer 17	Teil B, Abschnitt XI, Ziffer 5, EG 8
Ziffer 18	Teil B, Abschnitt XI, Ziffer 5, EG 7
Ziffer 19	Teil A, Abschnitt I, Ziffer 3, EG 8
Ziffer 23	Teil A, Abschnitt II, Ziffer 5, EG 8
Ziffer 24	Teil A, Abschnitt II, Ziffer 4, EG 8
Ziffer 24a	Teil A, Abschnitt II, Ziffer 4, EG 8
Ziffer 25	Teil A, Abschnitt II, Ziffer 4, EG 8
Ziffer 25a	Teil A, Abschnitt II, Ziffer 4, EG 8
Ziffer 25b	Teil A, Abschnitt I, Ziffer 2, EG 6
Ziffer 25c	Teil A, Abschnitt I, Ziffer 2, EG 6
Ziffer 26	Teil A, Abschnitt I, Ziffer 3, EG 8
Ziffer 26a	Teil A, Abschnitt I, Ziffer 3, EG 6
Ziffer 26b	Teil A, Abschnitt II, Ziffer 4, EG 8
Ziffer 26c	Teil A, Abschnitt II, Ziffer 4, EG 8
Ziffer 26d	Teil A, Abschnitt I, Ziffer 3, EG 7
Ziffer 28	Teil B, Abschnitt XI, Ziffer 16, EG 8
Ziffer 29	Teil B, Abschnitt XI, Ziffer 16, EG 7
Ziffer 30	Teil A, Abschnitt I, Ziffer 3, EG 8
Ziffer 31	Teil A, Abschnitt I, Ziffer 3, EG 9a
Ziffer 31a	Teil A, Abschnitt I, Ziffer 3, EG 9a
Ziffer 32	Teil A, Abschnitt I, Ziffer 3, EG 7
Ziffer 32a	Teil B, Abschnitt X, EG 6 Fallgruppe 2
Ziffer 34	Teil A, Abschnitt I, Ziffer 3, EG 7
Ziffer 35	Teil B, Abschnitt XI, Ziffer 8, EG 8

Vergütungsgruppe Teil III. Anlage 2	Entgeltgruppe Anhang Entgeltordnung
Ziffer 36 *mit Bewährungsaufstieg nach VG 5c Ziffer 34*	Teil B, Abschnitt XI, Ziffer 8, EG 7
Ziffer 36 *mit Bewährungsaufstieg über VG 5c Ziffer 35 nach VG 5b Ziffer 31*	Teil B, Abschnitt XI, Ziffer 8, EG 9a
Ziffer 38 *mit Bewährung aus VG 7 Ziffer 30, 32*	Teil B, Abschnitt XI, Ziffer 9, EG 6
Ziffer 38 *mit Bewährung aus VG 7 Ziffer 29*	Teil B, Abschnitt XI, Ziffer 20, EG 9b
Ziffer 39	Teil B, Abschnitt XI, Ziffer 20, EG 9b
Ziffer 40	Teil B, Abschnitt XI, Ziffer 20, EG 9b
Ziffer 41	Teil B, Abschnitt XI, Ziffer 10, EG 7
Ziffer 42 *mit Bewährungsaufstieg nach VG 5c Ziffer 39*	Teil B, Abschnitt XI, Ziffer 10, EG 8
Ziffer 42 *mit Bewährungsaufstieg über VG 5c Ziffer 41 nach VG 5b Ziffer 37*	Teil B, Abschnitt XI, Ziffer 10, EG 9a
Ziffer 43	Teil A, Abschnitt I, Ziffer 3, EG 6
Ziffer 44	Teil A, Abschnitt II, Ziffer 1, EG 7 Fallgruppe 1
Ziffer 44a	Teil A, Abschnitt II, Ziffer 1, EG 5
Ziffer 45	Teil A, Abschnitt I, Ziffer 3, EG 8
Ziffer 46	Teil A, Abschnitt I, Ziffer 3, EG 6
Ziffer 48	Teil A, Abschnitt I, Ziffer 3, EG 7
Ziffer 48a	Teil A, Abschnitt I, Ziffer 3, EG 6
Ziffer 48b	Teil A, Abschnitt I, Ziffer 3, EG 7
Ziffer 57	Teil A, Abschnitt I, Ziffer 3, EG 8
Ziffer 58	Teil A, Abschnitt I, Ziffer 3, EG 6
Ziffer 59	Teil A, Abschnitt I, Ziffer 3, EG 7
Ziffer 60	Teil B, Abschnitt XI, Ziffer 13, EG 8

Vergütungsgruppe Teil III. Anlage 2	**Entgeltgruppe Anhang Entgeltordnung**
Ziffer 61	Teil B, Abschnitt XI, Ziffer 13, EG 7
Ziffer 61 *mit Bewährungsaufstieg über VG 5c Ziffer 51 nach VG 5b Ziffer 61*	Teil B, Abschnitt XI, Ziffer 13, EG 9a
Ziffer 62	Teil B, Abschnitt XI, Ziffer 15, EG 8
Ziffer 63	Teil B, Abschnitt XI, Ziffer 15, EG 7
Ziffer 64	Teil A, Abschnitt I, Ziffer 3, EG 9a
Ziffer 65	Teil A, Abschnitt I, Ziffer 3, EG 9a
Ziffer 66	Teil A, Abschnitt I, Ziffer 3, EG 6
Ziffer 67	Teil A, Abschnitt I, Ziffer 3, EG 8
Ziffer 67a	Teil A, Abschnitt I, Ziffer 3, EG 6
Ziffer 68	Teil A, Abschnitt I, Ziffer 3, EG 6
Ziffer 69	Teil A, Abschnitt I, Ziffer 3, EG 7
Ziffer 70	Teil A, Abschnitt I, Ziffer 3, EG 8
Ziffer 70b	Teil A, Abschnitt I, Ziffer 3, EG 6
Ziffer 72	Teil A, Abschnitt I, Ziffer 3, EG 6
Vergütungsgruppe 7	
Ziffer 2	Teil A, Abschnitt I, Ziffer 3, EG 5 Fallgruppe 1
Ziffer 3	Teil A, Abschnitt I, Ziffer 3, EG 6
Ziffer 4	Teil A, Abschnitt I, Ziffer 3, EG 5 Fallgruppe 1
Ziffer 5	Teil A, Abschnitt I, Ziffer 3, EG 6
Ziffer 8	Teil A, Abschnitt I, Ziffer 3, EG 6
Ziffer 9	Teil A, Abschnitt I, Ziffer 3 EG 9a
Ziffer 10	Teil A, Abschnitt I, Ziffer 3, EG 9a
Ziffer 11	Teil A, Abschnitt I, Ziffer 3, EG 9a
Ziffer 12	Teil A, Abschnitt I, Ziffer 3, EG 8
Ziffer 16	Teil A, Abschnitt II, Ziffer 4, EG 8
Ziffer 17	Teil A, Abschnitt II, Ziffer 4, EG 8
Ziffer 18	Teil A, Abschnitt I, Ziffer 2, EG 6
Ziffer 18a	Teil A, Abschnitt I, Ziffer 2, EG 5
Ziffer 19	Teil A, Abschnitt I, Ziffer 2, EG 6
Ziffer 19a	Teil A, Abschnitt I, Ziffer 2, EG 5

Vergütungsgruppe Teil III. Anlage 2	Entgeltgruppe Anhang Entgeltordnung
Ziffer 20a	Teil A, Abschnitt I, Ziffer 2, EG 5
Ziffer 20b	Teil A, Abschnitt I, Ziffer 3, EG 6
Ziffer 20c	Teil A, Abschnitt II, Ziffer 4, EG 8
Ziffer 23a	Teil A, Abschnitt I, Ziffer 2, EG 5
Ziffer 25	Teil A, Abschnitt I, Ziffer 3, EG 8
Ziffer 26	Teil B, Abschnitt X, EG 6 Fallgruppe 2
Ziffer 26a	Teil B, Abschnitt X, EG 5
Ziffer 29	Teil B, Abschnitt XI, Ziffer 20, EG 9b
Ziffer 30	Teil B, Abschnitt XI, Ziffer 9, EG 6
Ziffer 31	Teil B, Abschnitt XI, Ziffer 9, EG 5
Ziffer 32	Teil B, Abschnitt XI, Ziffer 9, EG 6
Ziffer 33	Teil B, Abschnitt XI, Ziffer 9, EG 5
Ziffer 35 *mit Bewährungsaufstieg aus VG 8 Ziffer 18*	Teil A, Abschnitt I, Ziffer 3, EG 4 Fallgruppe 1
Ziffer 35 *mit Bewährungsaufstieg aus VG 8 Ziffer 18 über VG 7 Ziffer 35 nach VG 6b Ziffer 43*	Teil A, Abschnitt I, Ziffer 3, EG 6
Ziffer 36	Teil A, Abschnitt II, Ziffer 1, EG 5
Ziffer 37	Teil A, Abschnitt I, Ziffer 3, EG 6
Ziffer 42	Teil A, Abschnitt I, Ziffer 3, EG 5 Fallgruppe 2
Ziffer 42a	Teil A, Abschnitt I, Ziffer 3, EG 4 Fallgruppe 2
Ziffer 42b	Teil A, Abschnitt I, Ziffer 3, EG 5 Fallgruppe 2
Ziffer 42c	Teil A, Abschnitt I, Ziffer 3, EG 6
Ziffer 47	Teil A, Abschnitt I, Ziffer 3, EG 6
Ziffer 49	Teil A, Abschnitt I, Ziffer 3, EG 5 Fallgruppe 2
Ziffer 52	Teil A, Abschnitt I, Ziffer 3, EG 5 Fallgruppe 2
Ziffer 53	Teil B, Abschnitt XI, Ziffer 5, EG 5
Ziffer 54	Teil B, Abschnitt XI, Ziffer 7, EG 5
Ziffer 55	Teil B, Abschnitt XI, Ziffer 6, EG 5
Ziffer 56	Teil B, Abschnitt XI, Ziffer 8, EG 5

Vergütungsgruppe Teil III. Anlage 2	Entgeltgruppe Anhang Entgeltordnung
Ziffer 57	Teil B, Abschnitt XI, Ziffer 13, EG 5
Ziffer 58	Teil B, Abschnitt XI, Ziffer 16, EG 5
Ziffer 61	Teil A, Abschnitt I, Ziffer 3, EG 6
Ziffer 63	Teil A, Abschnitt I, Ziffer 3, EG 6
Ziffer 63a	Teil A, Abschnitt I, Ziffer 3, EG 5 Fallgruppe 2
Ziffer 64	Teil A, Abschnitt I, Ziffer 3, EG 6
Ziffer 64a	Teil A, Abschnitt I, Ziffer 3, EG 5 Fallgruppe 2
Ziffer 65	Teil A, Abschnitt I, Ziffer 3, EG 5
Ziffer 66	Teil A, Abschnitt I, Ziffer 3, EG 6
Ziffer 66a	Teil A, Abschnitt I, Ziffer 3, EG 5
Ziffer 69	Teil A, Abschnitt I, Ziffer 3, EG 5
Vergütungsgruppe 8	
Ziffer 1	Teil A, Abschnitt I, Ziffer 3, EG 5 Fallgruppe 1
Ziffer 2	Teil A, Abschnitt I, Ziffer 3, EG 5 Fallgruppe 1
Ziffer 3	Teil B, Abschnitt XI, Ziffer 9, EG 5
Ziffer 4	Teil A, Abschnitt I, Ziffer 3, EG 8
Ziffer 5	Teil A, Abschnitt I, Ziffer 3, EG 5 Fallgruppe 1
Ziffer 6	Teil A, Abschnitt I, Ziffer 3, EG 4 Fallgruppe 1
Ziffer 7	Teil A, Abschnitt I, Ziffer 3, EG 8
Ziffer 8	Teil A, Abschnitt I, Ziffer 2, EG 5
Ziffer 9	Teil A, Abschnitt I, Ziffer 2, EG 5
Ziffer 9a	Teil A, Abschnitt I, Ziffer 2, EG 5
Ziffer 12	Teil A, Abschnitt I, Ziffer 2, EG 5
Ziffer 15	Teil B, Abschnitt X, EG 5
Ziffer 16 *mit Bewährungsaufstieg nach VG 7 Ziffer 31*	Teil B, Abschnitt XI, Ziffer 9, EG 5
Ziffer 16 *mit Bewährungsaufstieg über VG 7 Ziffer 30 nach VG 6b Ziffer 36*	Teil B, Abschnitt XI, Ziffer 9, EG 6
Ziffer 17	Teil B, Abschnitt XI, Ziffer 9, EG 5

Vergütungsgruppe Teil III. Anlage 2	**Entgeltgruppe Anhang Entgeltordnung**
Ziffer 18 *mit Bewährungsaufstieg nach VG 7 Ziffer 35*	Teil A, Abschnitt I, Ziffer 3, EG 4 Fallgruppe 1
Ziffer 18 *mit Bewährungsaufstieg über VG 7 Ziffer 35 nach VG 6b Ziffer 43*	Teil A, Abschnitt I, Ziffer 3, EG 6
Ziffer 20a	Teil A, Abschnitt I, Ziffer 3, EG 3
Ziffer 20b	Teil A, Abschnitt I, Ziffer 3, EG 4 Fallgruppe 2
Ziffer 20c	Teil A, Abschnitt I, Ziffer 3, EG 5 Fallgruppe 2
Ziffer 25	Teil A, Abschnitt I, Ziffer 3, EG 5 Fallgruppe 2
Ziffer 27	Teil A, Abschnitt I, Ziffer 3, EG 4 Fallgruppe 2
Ziffer 28	Teil A, Abschnitt I, Ziffer 3, EG 4 Fallgruppe 2
Ziffer 29	Teil A, Abschnitt I, Ziffer 3, EG 4
Ziffer 30	Teil A, Abschnitt I, Ziffer 3, EG 3
Ziffer 31	Teil B, Abschnitt XI, Ziffer 7, EG 5
Ziffer 32	Teil B, Abschnitt XI, Ziffer 6, EG 5
Ziffer 33	Teil B, Abschnitt XI, Ziffer 5, EG 5
Ziffer 34	Teil B, Abschnitt XI, Ziffer 16, EG 5
Ziffer 35	Teil B, Abschnitt XI, Ziffer 8, EG 5
Ziffer 36	Teil B, Abschnitt XI, Ziffer 9, EG 3
Ziffer 37	Teil B, Abschnitt XI, Ziffer 13, EG 5
Ziffer 38	Teil A, Abschnitt I, Ziffer 2, EG 5
Ziffer 41	Teil A, Abschnitt I, Ziffer 3, EG 4
Ziffer 42	Teil A, Abschnitt I, Ziffer 3, EG 5 Fallgruppe 2
Ziffer 43	Teil A, Abschnitt I, Ziffer 3, EG 5 Fallgruppe 2
Ziffer 44	Teil A, Abschnitt I, Ziffer 3, EG 5
Ziffer 46	Teil A, Abschnitt I, Ziffer 3, EG 3
Vergütungsgruppe 9a	
Ziffer 1b	Teil A, Abschnitt I, Ziffer 3, EG 3
Ziffer 1c	Teil A, Abschnitt I, Ziffer 3, EG 3
Ziffer 2	Teil A, Abschnitt I, Ziffer 3, EG 3

Vergütungsgruppe Teil III. Anlage 2	**Entgeltgruppe Anhang Entgeltordnung**
Ziffer 2a	Teil A, Abschnitt I, Ziffer 2, EG 4 Fallgruppe 1
Ziffer 2b	Teil A, Abschnitt I, Ziffer 3, EG 3
Ziffer 3	Teil A, Abschnitt I, Ziffer 3, EG 3
Ziffer 4	Teil A, Abschnitt I, Ziffer 3, EG 3
Ziffer 4a	Teil A, Abschnitt I, Ziffer 3, EG 3
Ziffer 4b	Teil A, Abschnitt I, Ziffer 3, EG 3
Ziffer 5	Teil A, Abschnitt I, Ziffer 3, EG 3
Ziffer 6	Teil A, Abschnitt I, Ziffer 3, EG 3
Ziffer 7	Teil A, Abschnitt I, Ziffer 3, EG 3
Ziffer 8	Teil A, Abschnitt I, Ziffer 2, EG 3
Vergütungsgruppe 9	
Ziffer 1	Teil A, Abschnitt I, Ziffer 2, EG 3
Ziffer 2	Teil A, Abschnitt I, Ziffer 2, EG 2
Ziffer 3	Teil A, Abschnitt I, Ziffer 3, EG 2
Ziffer 4	Teil A, Abschnitt I, Ziffer 3, EG 2
Ziffer 5	Teil A, Abschnitt I, Ziffer 3, EG 4 Fallgruppe 1
Ziffer 8	Teil A, Abschnitt I, Ziffer 2, EG 2
Ziffer 9	Teil A, Abschnitt I, Ziffer 3, EG 3
Ziffer 12	Teil A, Abschnitt I, Ziffer 2, EG 2
Ziffer 13	Teil A, Abschnitt I, Ziffer 2, EG 2
Ziffer 14a	Teil A, Abschnitt I, Ziffer 3, EG 3
Ziffer 16	Teil A, Abschnitt I, Ziffer 3, EG 3
Ziffer 17	Teil A, Abschnitt I, Ziffer 3, EG 2
Ziffer 17a	Teil A, Abschnitt I, Ziffer 2 EG 4 Fallgruppe 1
Ziffer 18	Teil A, Abschnitt I, Ziffer 3, EG 3
Ziffer 19	Teil A, Abschnitt I, Ziffer 3, EG 2
Ziffer 20	Teil A, Abschnitt I, Ziffer 3, EG 3
Ziffer 21	Teil A, Abschnitt I, Ziffer 3, EG 2
Ziffer 23	Teil A, Abschnitt I, Ziffer 3, EG 3
Ziffer 24	Teil A, Abschnitt I, Ziffer 3, EG 3
Ziffer 25	Teil A, Abschnitt I, Ziffer 3, EG 4

Vergütungsgruppe Teil III. Anlage 2	Entgeltgruppe Anhang Entgeltordnung
Ziffer 26	Teil A, Abschnitt I, Ziffer 3, EG 3
Ziffer 27	Teil B, Abschnitt XI, Ziffer 9, EG 3
Ziffer 30	Teil A, Abschnitt I, Ziffer 3, EG 3
Ziffer 31	Teil A, Abschnitt I, Ziffer 3, EG 2
Ziffer 33	Teil A, Abschnitt I, Ziffer 3, EG 3
Ziffer 34	Teil A, Abschnitt I, Ziffer 3, EG 3
Ziffer 35	Teil A, Abschnitt I, Ziffer 3, EG 3
Ziffer 38	Teil A, Abschnitt I, Ziffer 2, EG 2
Vergütungsgruppe 10	
Ziffer 1	Teil A, Abschnitt I, Ziffer 3, EG 2
Ziffer 2	Teil A, Abschnitt I, Ziffer 2, EG 2
Ziffer 3	Teil A, Abschnitt I, Ziffer 3, EG 2
Ziffer 6	Teil A, Abschnitt I, Ziffer 2, EG 2
Ziffer 6a	Teil A, Abschnitt I, Ziffer 2, EG 2
Ziffer 7	Teil A, Abschnitt I, Ziffer 2, EG 2
Ziffer 8	Teil A, Abschnitt I, Ziffer 2, EG 2
Ziffer 9	Teil A, Abschnitt I, Ziffer 2, EG 2
Ziffer 10	Teil B, Abschnitt XVI, EG 3
Ziffer 12	Teil A, Abschnitt I, Ziffer 3, EG 2
Ziffer 13	Teil A, Abschnitt I, Ziffer 3, EG 2
Ziffer 14	Teil A, Abschnitt I, Ziffer 3, EG 2
Ziffer 16	Teil A, Abschnitt I, Ziffer 3, EG 2
Ziffer 17	Teil A, Abschnitt I, Ziffer 2, EG 2
Ziffer 18	Teil B, Abschnitt XI. Ziffer 4a, EG 2
Ziffer 19	Teil B, Abschnitt XI. Ziffer 4a, EG 2
Vergütungsgruppe 11	
Ziffer 1	Teil A, Abschnitt I, Ziffer 2, EG 2
Vergütungsgruppe 12	
Ziffer 1	Teil A, Abschnitt I, Ziffer 1 EG 1

Vergütungsgruppe Teil III. Anlage 2d	Entgeltgruppe Anhang Entgeltordnung
Vergütungsgruppe 1a	
Ziffer 1	Teil A, Abschnitt I, Ziffer 4, EG 14
Ziffer 2	Teil A, Abschnitt I, Ziffer 4, EG 14
Vergütungsgruppe 1b	
Ziffer 1	Teil A, Abschnitt I, Ziffer 4, EG 13 Fallgruppe 1
Ziffer 1a	Teil A, Abschnitt I, Ziffer 4, EG 13 Fallgruppe 1
Ziffer 1b	Teil A, Abschnitt I, Ziffer 4, EG 14
Ziffer 2	Teil A, Abschnitt I, Ziffer 4, EG 13 Fallgruppe 1
Ziffer 3	Teil A, Abschnitt I, Ziffer 4, EG 13 Fallgruppe 1
Vergütungsgruppe 2	
Ziffer 1b	Teil A, Abschnitt I, Ziffer 4, EG 13 Fallgruppe 1
Ziffer 3	Teil A, Abschnitt I, Ziffer 4, EG 13 Fallgruppe 1
Ziffer 5	Teil A, Abschnitt I, Ziffer 4, EG 13 Fallgruppe 1

Vergütungsgruppe Teil III. Anlage 2e	Entgeltgruppe Anhang Entgeltordnung
Vergütungsgruppe 4b	
Ziffer 1	Teil B, Abschnitt XXII., Ziffer 1, EG 10
Vergütungsgruppe 5b	
Ziffer 1	Teil B, Abschnitt XXII., Ziffer 1, EG 9c
Ziffer 4	Teil B, Abschnitt XXII., Ziffer 1, EG 6
Vergütungsgruppe 5c	
Ziffer 1	Teil B, Abschnitt XXII., Ziffer 1, EG 9b
Ziffer 3	Teil B, Abschnitt XXII., Ziffer 1, EG 6
Ziffer 4	Teil B, Abschnitt XXII., Ziffer 1, EG N
Mitarbeiter als Rettungsassistent, die aufgrund vorangegangener Überleitung entsprechend der Regelung der AVR in der Fassung vom 30. September 2017 der Vergütungsgruppe 5c zugeordnet sind.	Teil B, Abschnitt XXII., Ziffer 1, EG 6
Vergütungsgruppe 6b	
Ziffer 1	Teil B, Abschnitt XXII., Ziffer 1, EG 6

Vergütungsgruppe Teil III. Anlage 2e	**Entgeltgruppe Anhang Entgeltordnung**
Vergütungsgruppe 7	
Ziffer 1	Teil B, Abschnitt XXII., Ziffer 1, EG 4
Vergütungsgruppe 8	
Ziffer 1	Teil B, Abschnitt XXII., Ziffer 1, EG 3

§ 3 Überleitung in den Anhang Entgeltordnung auf Antrag (Überleitungsantrag)

Antrag

(1) [1]Mitarbeiter nach § 1 sind nur auf ihren Antrag hin in den Anhang Entgeltordnung überzuleiten und einzugruppieren. [2]Der Überleitungsantrag kann frühestens mit Wirkung zum 1. Januar 2027 gestellt werden.

Stichtage

(2) [1]Der Überleitungsantrag kann in den Jahren 2027 und 2028 mit Wirkung zum 1. Januar, 1. April, 1. Juli oder 1. Oktober gestellt werden. [2]In den Jahren 2029 bis 2031 kann der Überleitungsantrag mit Wirkung zum 1. Januar oder 1. Juli gestellt werden. [3]Ab dem Jahr 2032 kann der Überleitungsantrag mit Wirkung zum 1. Januar gestellt werden, letztmalig mit Wirkung zum 1. Januar 2036.

Antragsfrist; Textform

(3) [1]Der Überleitungsantrag muss spätestens acht Wochen vor dem jeweiligen Stichtag in Textform gestellt werden. [2]Kann der Antrag mit Wirkung zum 1. Januar 2036 aufgrund Ruhens des Dienstverhältnisses oder Arbeitsunfähigkeit aufgrund Krankheit nicht fristgerecht gestellt werden, kann der Antrag spätestens acht Wochen vor dem übernächsten Quartalsbeginn nach Wiederaufnahme der Tätigkeit gestellt werden.

Auskunftsanspruch

(4) [1]Vor einem Überleitungsantrag hat der Dienstgeber dem Mitarbeiter auf Verlangen, das in Textform erfolgen muss, verbindlich die Eingruppierung nach dem Anhang Entgeltordnung nach Maßgabe von §§ 2 ff. in Textform mitzuteilen. [2]Die Auskunft durch den Dienstgeber hat innerhalb von vier Wochen ab dem Verlangen des Mitarbeiters zu erfolgen. [3]Die Auskunft durch den Dienstgeber ist verbindlich, solange die gesamte vom Mitarbeiter nicht nur vorübergehend auszuübende Tätigkeit unverändert bleibt. [4]Der Mitarbeiter kann das Verlangen frühestens ab dem 1. Juni 2026 geltend machen.

Eingruppierung

(5) [1]Mitarbeiter, die von ihrem Antragsrecht nach Absatz 1 Gebrauch machen, erhalten Entgelt nach der Entgeltgruppe und Stufe, in die sie mindestens nach § 2, §§ 4 und 5 eingruppiert sind. [2]Ist eine abweichende höhere Entgeltgruppe vom Dienstgeber verbindlich zugesagt worden, erfolgt die Eingruppierung mindestens nach diesem Tätigkeitsmerkmal.

§ 4 Allgemeine Regelungen zur Zuordnung

Zuordnungstabelle § 2

(1) [1]Die Zuordnung des Mitarbeiters erfolgt mindestens nach der Zuordnungstabelle gemäß § 2.

(2) Die Stufenzuordnung richtet sich nach § 5.

IT-Tätigkeit

(3) Übt der Mitarbeiter eine IT-Tätigkeit aus, ist er in der Entgeltgruppe des Teils A Abschnitt II Ziffer 2 Anhang Entgeltordnung eingruppiert, die sich gemäß §§ 24 ff.

AVR i.V.m. den grundsätzlichen Eingruppierungsregelungen (Vorbemerkungen) des Anhangs Entgeltordnung ergibt.

Schulhausmeister

(4) Übt der Mitarbeiter eine Tätigkeit als Schulhausmeister aus, ist er in der Entgeltgruppe des Teils B Abschnitt XXIII Anhang Entgeltordnung eingruppiert, die sich gemäß §§ 24 ff. AVR i.V.m. den grundsätzlichen Eingruppierungsregelungen (Vorbemerkungen) des Anhangs Entgeltordnung ergibt.

§ 5 Überleitung / Stufenzuordnung

Berechnung Stufenzuordnung

[1]Mitarbeiter gemäß § 1 werden so in das neue System übergeleitet, als ob sie seit dem Zeitpunkt, seit dem sie ununterbrochen im Geltungsbereich der AVR oder im sonstigen Bereich der katholischen Kirche tätig waren nach Anhang Entgeltordnung eingruppiert und eingestuft worden wären. [2]Dabei wird der Mitarbeiter aus den Regelvergütungsstufen gemäß § 1 Abschnitt III A der Anlage 1 der am 31. Dezember 2026 geltenden Fassung der AVR so übergeleitet, dass die erreichte Regelvergütungsstufe zunächst mit 2 multipliziert wird. [3]Die sich hieraus ergebende (Jahres-) Zahl wird nachfolgend um die seit dem letzten Stufenaufstieg zurückgelegte Zeit erhöht und als Zeiten im Sinne von § 29 AVR festgelegt.

§ 6 Höhergruppierung

Eingruppierung in höhere Entgeltgruppe

(1) [1]Ergibt sich aufgrund der neuen Entgeltordnung eine höhere Entgeltgruppe als nach der Zuordnungstabelle gemäß § 2 oder nach der Auskunft des Dienstgebers nach § 2 Abs. 3, Abs. 4 Satz 2 sind die Mitarbeiter auf Antrag in die Entgeltgruppe eingruppiert, die sich nach §§ 24 ff. AVR i.V.m. den grundsätzlichen Eingruppierungsregelungen (Vorbemerkungen) des Anhangs Entgeltordnung ergibt. [2]Wird der Höhergruppierungsantrag innerhalb eines Jahres ab dem Tag der Überleitung des Mitarbeiters (§ 3) gestellt, wirkt er auf den Tag der Überleitung zurück (abweichend von § 57 AVR). [3]Ruht das Dienstverhältnis innerhalb des Jahreszeitraums der Ausschlussfrist, verlängert sich die Frist mit der Wiederaufnahme der Tätigkeit um die Zeit des Ruhens; der Antrag wirkt auf den Tag der Überleitung des Mitarbeiters (§ 3) zurück.

Stufenzuordnung in der höheren Entgeltgruppe

(2) [1]Die Stufenzuordnung in der höheren Entgeltgruppe richten sich nach den Regelungen für Höhergruppierungen. [2]Fallen am Tag der Überleitung (§ 3) ein Stufenaufstieg und die Höhergruppierung zusammen, erfolgt erst der Stufenaufstieg und anschließend die Höhergruppierung. [3]Wird der Höhergruppierungsantrag innerhalb eines Jahres ab dem Tag der Überleitung des Mitarbeiters (§ 3) gestellt, richten sich die Stufenzuordnung und -laufzeit in der höheren Entgeltgruppe nach § 5. [4]Die Stufenzuordnung und -laufzeit nach Satz 3 findet keine Anwendung, wenn die korrigierende Höhergruppierung bereits vor dem Antrag auf Überleitung hätte erfolgen müssen.

Teil II. Regelungen für Mitarbeiter nach Teil III. (Anlagen 2 bis 2e)

Mitarbeiter der Anlagen 2 bis 2e AVR Fassung 31.12.2026

Die Regelungen dieses Teils geben die für die in § 1 benannten Mitarbeiter weitergeltenden Regelungen der AVR in der am 31. Dezember 2026 geltenden Fassung wieder. Diese wurden zur Anwendung ab dem 1. Januar 2027 redaktionell angepasst. Eine Anwendung auf ab dem 1. Januar 2027 beginnende Dienstverhältnisse ist ausgeschlossen, es sei denn es handelt sich um eine Verlängerung eines befristeten Dienstverhältnisses oder einer Unterbrechung gemäß § 1 Abs. 1 Sätze 2 und 3.

§ 1 Geltungsbereich

Geltung

(1) [1]Teil II. gilt für alle Mitarbeiter,

a) die am 31. Dezember 2026 nach Anlagen 2, 2d und 2e AVR eingruppiert sind,

b) deren Dienstverhältnis am 1. Januar 2027 fortbesteht und

c) die nicht nach Teil I. übergeleitet sind.

[2]Ein Dienstverhältnis besteht auch fort bei der Verlängerung eines befristeten Dienstvertrages. [3]Unterbrechungen von bis zu einem Monat sind unschädlich.

Anwendung AVR
Mitarbeiter im Rettungsdienst
Mitarbeiter Teil III Anlage 2d

(2) [1]Soweit für Mitarbeiter nach Absatz 1 nachfolgend nichts anderes bestimmt ist, finden die Vorschriften der AVR und ihrer übrigen Anhänge Anwendung; der Anhang Entgeltordnung findet keine Anwendung. [2]Soweit in den AVR von Mitarbeitern im Rettungsdienst gesprochen wird, umfasst dies auch Mitarbeiter, die nach Teil III. Anlage 2e eingruppiert sind. [3]Mitarbeiter, die nach Teil III. Anlage 2d eingruppiert sind, sind keine Mitarbeiter im Sozial- und Erziehungsdienst im Sinne des § 2 Abs. 5 AVR.

§ 2 Eingruppierung

Tätigkeitsmerkmale Teil III

[1]Abweichend von § 24 Abs. 1 AVR richtet sich die Eingruppierung des Mitarbeiters nach den Tätigkeitsmerkmalen des Teils III. [2]Der Mitarbeiter erhält Vergütung nach der Vergütungsgruppe, in die er eingruppiert ist.

§ 3 Anrechnung von Zeiten auf die Zeit einer Bewährung, Tätigkeit, Berufstätigkeit oder Berufsausübung auf die in den Tätigkeitsmerkmalen des Teil III. (Anlagen 2 bis 2d) geforderten Zeiten

(1) Ist in einem Tätigkeitsmerkmal die Eingruppierung oder die Zahlung einer Vergütungsgruppenzulage bzw. Zulage von der Zurücklegung einer Zeit der Bewährung, Tätigkeit, Berufstätigkeit oder Berufsausübung abhängig, erfolgt die Anrechnung der Zeit nach den in den Absätzen 2 bis 10 genannten Grundsätzen.

Anrechnung von Teilzeitbeschäftigung

(2) Zeiten einer Teilzeitbeschäftigung werden auf die im Tätigkeitsmerkmal geforderten Zeiten entsprechend ihrer Bezeichnung voll angerechnet.

Unterbrechungen möglich

(3) [1]Zeiten einer Bewährung, Tätigkeit, Berufstätigkeit oder Berufsausübung müssen nicht ununterbrochen zurückgelegt sein. [2]Die Zeiten einer Unterbrechung sind jedoch nicht auf die im Tätigkeitsmerkmal geforderten Zeiten der Bewährung, Tätigkeit, Berufstätigkeit oder Berufsausübung anzurechnen.

Anrechnung von Unterbrechungszeiten

(4) Folgende Zeiten einer Unterbrechung sind auf die im Tätigkeitsmerkmal geforderten Zeiten anzurechnen: Zeiten eines Urlaubs nach den §§ 45 und 47 AVR, Zeiten einer unverschuldeten Arbeitsunfähigkeit nach § 37 Abs. 1 Sätze 2 und 3 AVR, Zeiten einer Dienstbefreiung nach § 49 Abs. 2 und 3 AVR, Zeiten einer Freistellung zur Qualifizierung nach § 14 AVR, Zeiten einer Dienstunfähigkeit nach § 37 Abs. 2

AVR bis zu 26 Wochen, in den Fällen des Abschnitts § 37 Abs. 4 Satz 3 AVR bis zu 28 Wochen und Zeiten der Beschäftigungsverbote nach dem Mutterschutzgesetz.

Erfüllung der Bewährungszeit

(5) [1]Ist in einem Tätigkeitsmerkmal die Eingruppierung von der Erfüllung einer Bewährungszeit abhängig, so ist das Erfordernis der Bewährung erfüllt, wenn sich der Mitarbeiter während der vorgeschriebenen Bewährungszeit den in der ihm übertragenen Tätigkeit auftretenden Anforderungen gewachsen gezeigt hat. [2]Die Anforderungen ergeben sich aus dem Tätigkeitsmerkmal, dessen Voraussetzungen die dem Mitarbeiter übertragene Tätigkeit erfüllt und die der Vergütungsgruppe entspricht, in die der Mitarbeiter eingruppiert ist.

Anrechnung von Zeiten im Geltungsbereich der AVR

(6) Auf die im Tätigkeitsmerkmal geforderten Zeiten der Bewährung, Tätigkeit, Berufstätigkeit oder Berufsausübung sind alle im Geltungsbereich der AVR verbrachten Zeiten in dem für das Aufrücken jeweils maßgebenden Tätigkeitsmerkmal zusammenzurechnen.

und vergleichbaren Vergütungssystemen im kirchlichen Bereich

(7) Dies gilt auch für Zeiten, die bei vergleichbarer Tätigkeit und entsprechender Eingruppierung in einem den AVR vergleichbaren Vergütungssystem im sonstigen Tätigkeitsbereich der katholischen Kirche, der evangelischen Kirche, in einem Diakonischen Werk oder in einer Einrichtung, die dem Diakonischen Werk angeschlossen ist, verbracht worden sind.

außerhalb verbrachte Berufsjahre

(8) Außerhalb der genannten Bereiche verbrachte Berufsjahre können bei vergleichbarer Tätigkeit und entsprechender Eingruppierung auf die vorgenannten Zeiten entsprechend ihrer Benennung angerechnet werden.

anderweitige berufliche Tätigkeiten

(9) Eine anderweitige berufliche Tätigkeit kann ganz oder teilweise angerechnet werden, wenn die Tätigkeit Voraussetzung für die Einstellung war und dies im Dienstvertrag vereinbart wird.

Vergütungserhöhung ab Monat der Höhergruppierung

(10) [1]Der Mitarbeiter ist nach Ablauf der im Tätigkeitsmerkmal geforderten Zeit einer Bewährung, Tätigkeit, Berufstätigkeit oder Berufsausübung höhergruppiert. [2]Die sich aus der Höhergruppierung ergebende Vergütung erhält der Mitarbeiter vom Beginn des Monats an, in dem die Höhergruppierung wirksam wird.

§ 4 Eingruppierung bei nicht erfüllter Ausbildungsvoraussetzung

niedrigere Eingruppierung bei Fehlen der Vor- oder Ausbildung

[1]Ist in einem Tätigkeitsmerkmal eine Vorbildung oder Ausbildung als Anforderung bestimmt, sind Mitarbeiter, die die geforderte Vorbildung oder Ausbildung nicht besitzen,

- wenn im Einzelfall nichts anderes bestimmt ist,
- wenn nicht auch „sonstige Mitarbeiter“ von diesem Tätigkeitsmerkmal erfasst werden oder
- wenn auch „sonstige Mitarbeiter“ von diesem Tätigkeitsmerkmal erfasst werden, diese Mitarbeiter jedoch nicht die Voraussetzungen des „sonstigen Mitarbeiters“ erfüllen,

bei Erfüllung der sonstigen Anforderungen dieses Tätigkeitsmerkmals in der nächstniedrigeren Vergütungsgruppe eingruppiert. [2]Satz 1 gilt entsprechend für Tätigkeitsmerkmale, die bei Erfüllung qualifizierter Anforderungen eine höhere Eingruppierung vorsehen. [3]Satz 1 gilt nicht, wenn das Vergütungsgruppenverzeichnis nach Teil III. für diesen Fall ein Tätigkeitsmerkmal (z.B. „in der Tätigkeit von ...“) enthält.

§ 4a Eingruppierung bei Veränderung der Tätigkeit

Veränderung der dienstvertraglich vereinbarten Tätigkeit

(1) [1]Bei einer nicht nur vorübergehenden Veränderung der dienstvertraglich vereinbarten Tätigkeit, die zu einer anderen als der dienstvertraglich vereinbarten Eingruppierung führt und die mit Zustimmung des Mitarbeiters erfolgt, ist der Mitarbeiter ab dem Tag der veränderten Tätigkeit nach § 24 AVR i.V.m. der Anlage Entgeltordnung eingruppiert. [2]§ 3 Abs. 5 und § 5 des Teil I. gelten entsprechend. [3]Anhang Überleitung findet ab diesem Zeitpunkt keine Anwendung mehr.

keine Anwendung von Abs. 1

(2) Absatz 1 gilt nicht für sonstige Änderungen der Eingruppierung wie z.B. Bewährungsaufstieg, Korrektur der Eingruppierung.

§ 5 Anfangsregelvergütung

Anfangsregelvergütung

(1) [1]Jeder neu eingestellte Mitarbeiter erhält die Anfangsregelvergütung (1. Stufe) seiner Vergütungsgruppe gemäß Anhang Tabellen in der Fassung der Region, unter deren Regelungszuständigkeit seine Einrichtung fällt. [2]Bei Einstellung im Anschluss an ein Dienstverhältnis bei demselben Dienstgeber wird der Mitarbeiter mit einschlägiger Berufserfahrung (horizontale Wiedereinstellung) abweichend von Satz 1 der im vorhergehenden Dienstverhältnis erworbenen Stufe zugeordnet und die im vorhergehenden Dienstverhältnis erreichte Stufenlaufzeit wird fortgeführt, soweit es zwischen den Dienstverhältnissen zu keiner längeren als einer sechsmonatigen rechtlichen Unterbrechung gekommen ist.

Stufenaufstieg

(2) Nach je zwei Jahren erhält der Mitarbeiter bis zum Erreichen der Endregelvergütung (letzte Stufe) die Regelvergütung der nächsthöheren Stufe seiner Vergütungsgruppe.

> *Anmerkung zu Absatz 2:*
>
> [1]Für alle Mitarbeiter, die am 30. Juni 2008 in einem Dienstverhältnis gestanden haben, das am 1. Juli 2008 im Geltungsbereich der AVR fortbesteht, findet die Anlage 1a der am 31. Dezember 2026 geltenden Fassung der AVR auch weiterhin Anwendung. [2]Danach richten sich abweichend von Absatz 2 die Stufensteigerungen nach den dort genannten Zeitpunkten.

(3) Der Mitarbeiter erhält vom Beginn des Monats an, in dem die nächste Stufe erreicht wird, die Tabellenvergütung nach der neuen Stufe.

Berufserfahrung

> *Anmerkung 1 zu § 5:*
>
> [1]Verfügt der Mitarbeiter über eine einschlägige Berufserfahrung von mindestens zwei Jahren, erfolgt die Einstellung in die Stufe 2; verfügt er über eine einschlägige Berufserfahrung von mindestens vier Jahren, erfolgt in der Regel eine Zuordnung zur Stufe 3. [2]Unabhängig davon kann der Dienstgeber bei Neueinstellungen zur Deckung des Personalbedarfs Zeiten einer vorherigen beruflichen Tätigkeit ganz oder teilweise für die Stufenzuordnung berücksichtigen, wenn diese Tätigkeit für die vorgesehene Tätigkeit förderlich ist. [3]Die Mitbestimmungs- und Beteiligungsrechte nach der Mitarbeitervertretungsordnung (MAVO) bleiben unberührt.

Mitarbeiter der neuen Bundesländer

Anmerkung 2 zu § 5:

Bei Mitarbeitern im Gebiet der Bundesländer Mecklenburg-Vorpommern, Brandenburg, Sachsen-Anhalt, Thüringen und Sachsen sowie in dem Teil des Landes Berlin, in dem das Grundgesetz bis einschließlich 2. Oktober 1990 nicht galt, die am 30. Juni 1991 schon und am 1. Juli 1991 noch im Dienstverhältnis standen, ist für die Zuordnung zur zutreffenden Regelvergütungsstufe der Tag ihres Eintritts in den kirchlich-caritativen Dienst zugrunde zu legen.

Regionale Differenzierung, Deckung des Personalbedarf, Bildung qualifizierter Fachkräfte

Anmerkung 3 zu § 5:

[1]Soweit es zur regionalen Differenzierung, zur Deckung des Personalbedarfs oder zur Bindung von qualifizierten Fachkräften erforderlich ist, kann sowohl Gruppen von Mitarbeitern als auch einzelnen Mitarbeitern, abweichend von der sich aus § 5 Abs. 2 ergebenden Stufe ihrer jeweiligen Vergütungsgruppe zustehenden Regelvergütung, eine um bis zu drei Stufen höhere Regelvergütung ganz oder teilweise vorweggewährt werden. [2]Haben Mitarbeiter bereits die vorletzte Stufe oder die Endstufe ihrer jeweiligen Vergütungsgruppe erreicht, kann ihnen unter den Voraussetzungen des Satzes 1 ein bis zu 20 v.H. der Stufe 2 ihrer jeweiligen Vergütungsgruppe höhere Regelvergütung gezahlt werden. [3]Die Gewährung einer höheren Regelvergütung nach den Sätzen 1 und 2 kann zeitlich befristet erfolgen; sie ist jederzeit widerruflich. [4]Im Übrigen bleiben §§ 5 bis 8 und § 30 Abs. 3 AVR unberührt. [5]Die Mitbestimmungs- und Beteiligungsrechte nach der Mitarbeitervertretungsordnung (MAVO) bleiben unberührt.

§ 6 Höhergruppierung

Differenzbetrag

(1) Wird der Mitarbeiter höhergruppiert, erhält er vom Beginn des Monats an, in dem die Höhergruppierung wirksam wird, in der Aufrückungsgruppe die Regelvergütung der Stufe, deren Satz mindestens um den Differenzbetrag zwischen der Anfangsregelvergütung (1. Stufe) der bisherigen Vergütungsgruppe und der Aufrückungsgruppe höher ist als seine bisherige Regelvergütung, höchstens jedoch die Endregelvergütung (letzte Stufe) der Aufrückungsgruppe, bei einer Höhergruppierung in die Vergütungsgruppe 2 jedoch die Regelvergütung der nächst niedrigeren Stufe, mindestens aber die Anfangsregelvergütung (1. Stufe).

(2) Wird der Mitarbeiter nicht in die nächsthöhere, sondern in eine darüber liegende Vergütungsgruppe höhergruppiert, so ist die Regelvergütung für jede dazwischen liegende Vergütungsgruppe nach Absatz 1 zu berechnen.

Zusammentreffen von Steigerung und Höhergruppierung

(3) Fällt der Zeitpunkt einer Steigerung der Regelvergütung nach § 5 Abs. 2 mit dem einer Höhergruppierung des Mitarbeiters zusammen, so ist zunächst die Steigerung in der bisherigen Vergütungsgruppe vorzunehmen und danach die Höhergruppierung durchzuführen.

Höhergruppierung

(4) Nach der Höhergruppierung erhält der Mitarbeiter erstmals vom Beginn des Monats, in dem er die zwei Jahre nach § 5 Abs. 2 gerechnet ab seiner Einstellung vollendet, bis zum Erreichen der Endregelvergütung (letzte Stufe) die Regelvergütung der nächsthöheren Stufe seiner Vergütungsgruppe.

Anmerkung zu § 6:

§ 6 gilt nicht für Fälle nach § 4a Abs. 1.

§ 7 Anschlussdienstverhältnis

Anschlussdienstverhältnis

(1) Wird der Mitarbeiter in unmittelbarem Anschluss an ein Dienstverhältnis im Geltungsbereich der AVR oder im sonstigen Tätigkeitsbereich der katholischen Kirche eingestellt, so erhält er

a) bei Einstellung in derselben Vergütungsgruppe,
   - wenn seine bisherige Regelvergütung nach diesem Abschnitt oder einer entsprechenden Regelung bemessen war, die Regelvergütung der Stufe, die er beim Fortbestehen des Dienstverhältnisses am Einstellungstag vom bisherigen Dienstgeber erhalten hätte,
   - wenn seine bisherige Regelvergütung in Abweichung von den Vorschriften dieses Abschnittes oder einer entsprechenden Regelung bemessen war, die Regelvergütung der Stufe, die er am Einstellungstag von seinem bisherigen Dienstgeber erhalten würde, wenn seine Regelvergütung ab dem Zeitpunkt, seit dem er ununterbrochen im Geltungsbereich der AVR oder im sonstigen Tätigkeitsbereich der katholischen Kirche tätig ist, nach diesem Abschnitt oder einer entsprechenden Regelung bemessen worden wäre.

b) bei Einstellung in einer höheren Vergütungsgruppe die Regelvergütung der Stufe, die ihm zustünde, wenn er in der bisherigen Vergütungsgruppe entsprechend Buchstabe a eingestellt und er gleichzeitig höhergruppiert worden wäre;

c) bei Einstellung in einer niedrigeren Vergütungsgruppe die Regelvergütung der Stufe, die ihm zustünde, wenn er in der bisherigen Vergütungsgruppe entsprechend Buchstabe a eingestellt und gleichzeitig herabgruppiert worden wäre.

Gestellungsvertrag

(2) Absatz 1 gilt entsprechend, wenn der Mitarbeiter in unmittelbarem Anschluss an eine Tätigkeit im Rahmen eines Gestellungsvertrages eingestellt wird.

Anrechnung der erreichten Stufenlaufzeit

(3) [1]Die im vorhergehenden Dienstverhältnis erreichte Stufenlaufzeit wird im Anschlussdienstverhältnis fortgeführt. [2]War der Mitarbeiter in Abweichung von den Vorschriften dieser Anlage oder einer entsprechenden Regelung eingruppiert, wird die bisherige erreichte Stufenlaufzeit so fortgeführt, wie wenn er ab dem Zeitpunkt, seitdem er ununterbrochen im Geltungsbereich der AVR oder im sonstigen Tätigkeitsbereich der katholischen Kirche tätig ist, nach Teil II. oder einer entsprechenden Regelung eingruppiert worden wäre.

Anmerkung 1 zu § 7:

Der Tätigkeit im Bereich der katholischen Kirche im Sinne von Abschnitt III A steht gleich eine Tätigkeit in der evangelischen Kirche, in einem Diakonischen Werk oder in einer Einrichtung, die dem Diakonischen Werk angeschlossen ist.

Anmerkung 2 zu § 7:

[1]Ein unmittelbarer Anschluss liegt nicht vor, wenn zwischen den Dienstverhältnissen ein oder mehrere Werktage – mit Ausnahme allgemein arbeitsfreier Werktage – liegen, in denen das Dienstverhältnis nicht bestand. [2]Es ist jedoch unschädlich, wenn der Mitarbeiter in dem gesamten zwischen den Dienstverhältnissen liegenden Zeitraum dienstunfähig erkrankt war oder die Zeit zur Ausführung eines Umzuges an einen anderen

A Überl.

Ort benötigt hat. [3]Von der Voraussetzung des unmittelbaren Anschlusses kann abgewichen werden, wenn der Zeitraum zwischen dem Ende des bisherigen Dienstverhältnisses und dem Beginn des neuen Dienstverhältnisses ein Jahr nicht übersteigt.

Anmerkung 3 zu § 7:

§ 7 findet nur Anwendung auf Anschlussdienstverhältnisse, die bis einschließlich 31. Dezember 2026 erfolgt sind.

§ 8 Herabgruppierung

Differenzbetrag

(1) [1]Wird der Mitarbeiter herabgruppiert, erhält er in der Herabgruppierungsgruppe die Regelvergütung der Stufe, deren Satz mindestens um den Differenzbetrag zwischen der Anfangsregelvergütung (1. Stufe) der bisherigen Vergütungsgruppe und der Herabgruppierungsgruppe niedriger ist als seine bisherige Regelvergütung, bei einer Herabgruppierung in die Vergütungsgruppe 3 jedoch die Regelvergütung der nächsthöheren Stufe, höchstens jedoch die Endregelvergütung (letzte Stufe). [2]Wird der Mitarbeiter nicht in die nächstniedrigere, sondern in eine darunter liegende Vergütungsgruppe herabgruppiert, so ist die Regelvergütung für jede dazwischen liegende Vergütungsgruppe nach Satz 1 zu berechnen.

Regelvergütung

(2) Nach der Herabgruppierung erhält der Mitarbeiter erstmals vom Beginn des Monats, in dem er die zwei Jahre nach § 5 Abs. 2 gerechnet ab seiner Einstellung vollendet, bis zum Erreichen der Endregelvergütung (letzte Stufe) die Regelvergütung der nächsthöheren Stufe seiner Vergütungsgruppe.

Anmerkung zu § 8:

§ 8 gilt nicht für Fälle nach § 4a Abs. 1.

§ 9 Übersetzungstabelle

Bestimmung Bemessungssätze Jahressonderzahlung; Überstundenzuschläge

[1]Soweit zur Bestimmung der Bemessungssätze der Jahressonderzahlung nach § 35 AVR und des Überstundenzeitzuschlags nach § 18 AVR sowie des Bereitschaftsdienstentgelts nach Anhang Tabellen auf bestimmte Entgeltgruppen Bezug genommen wird, entspricht

die Vergütungsgruppe	der Entgeltgruppe
1	15
1a	14
1b	13
2	12
3	11
4a	10
4b	9b
5b	9a

5c	8
6b	6
7	5
8 bis 9a	3
9 bis 11	2
12	1

[2]Bei der Anwendung des § 18 AVR wird anstatt auf die Entgeltgruppe auf die jeweilige Vergütungsgruppe abgestellt.

§ 10 Wohn- und Werkstattzulage

Wohnzulagen

(1) [1]Mitarbeiter der Vergütungsgruppen 3 bis 9 sowie Mitarbeiter, die aufgrund eines Bewährungsaufstieges aus Vergütungsgruppe 3 in Vergütungsgruppe 2 eingruppiert sind, erhalten für die Dauer der Tätigkeit in einer besonderen Wohnform (insbesondere stationäre Einrichtungen, Wohngruppen für Menschen mit Behinderung im Sinne von SGB IX, Kinder- und Jugendwohnheimen oder vergleichbaren Einrichtungen [Heim]) oder in der ambulant unterstützten Einzel- oder Gruppenbetreuung, wenn diese als Präsenzleistung durchgängig für 24 Stunden täglich erfolgt, oder in der Heimerziehung nach § 34 SGB VIII eine Zulage in Höhe von 100,00 Euro monatlich, wenn dort ein überwiegender Teil der Menschen mit durchgängigem Unterstützungs- oder Betreuungsbedarf untergebracht ist bzw. betreut wird. [2]Voraussetzung ist, dass die Mitarbeiter in der Pflege, Betreuung, Erziehung oder heilpädagogisch-therapeutischen Behandlung tätig sind. [3]Überwiegt der Teil der Menschen mit durchgängigem Unterstützungs- oder Betreuungsbedarf nicht, beträgt die Zulage 50,00 Euro monatlich.

Werkstattzulagen

(2) [1]Mitarbeiter der Vergütungsgruppen 3 bis 9 sowie Mitarbeiter, die aufgrund eines Bewährungsaufstieges aus Vergütungsgruppe 3 in Vergütungsgruppe 2 eingruppiert sind

1. in Ausbildungs- oder Berufsbildungsstätten oder Berufsförderungswerkstätten
2. oder in Werkstätten für Menschen mit Behinderung

erhalten für die Dauer ihrer Tätigkeit in der beruflichen Anleitung/Ausbildung oder im begleitenden sozialen Dienst eine monatliche Zulage von 65,00 Euro. [2]Die Zulage erhalten auch Mitarbeiter in Versorgungsbetrieben für die Dauer ihrer Tätigkeit, wenn sie in der beruflichen Anleitung/Ausbildung von Menschen mit Behinderungen tätig sind.

Zahlungszeiträume

(3) [1]Die Zulage wird nur für Zeiträume gezahlt, für die Vergütung, Urlaubsvergütung oder Krankenbezüge zustehen. [2]Sie ist bei der Bemessung der Zuwendungen im Todesfall (§ 41 AVR) zu berücksichtigen.

§ 11 Besitzstandsregelungen

Stichtag

(1) [1]Die §§ 11a bis 11b gelten für alle Mitarbeiter, die am 30. Juni 2008 (RK Ost: am 30. Juni 2009) in einem Dienstverhältnis gestanden haben, das am 1. Juli 2008 (RK Ost: am 1. Juli 2009) im Geltungsbereich der AVR fortbesteht, für die Dauer des ununterbrochen fortbestehenden Dienstverhältnisses. [2]Ein Dienstverhältnis besteht auch ununterbrochen fort, bei der Verlängerung eines befristeten Dienstvertrages sowie bei Dienstgeberwechsel innerhalb des Geltungsbereichs der AVR. [3]Unterbrechungen von bis zu einem Monat sind unschädlich.

Teilzeitbeschäftigte

(2) Teilzeitbeschäftigte erhalten den jeweiligen Teilbetrag der Besitzstandszulage, die dem Verhältnis der mit ihnen vereinbarten durchschnittlichen Arbeitszeit eines entsprechenden Vollzeitbeschäftigten entspricht.

§ 11a Zulage für die Vergütungsgruppen 12 bis 10 der Anlage 2 des Teil III.

Zulage

(1) Mitarbeiter, die in die Vergütungsgruppen 12 bis 10 der Anlage 2 des Teil III. eingruppiert sind, erhalten ab 1. Januar 2008 (RK Ost: ab 1. Juli 2009) eine Zulage in Höhe von 50,00 Euro.

keine Zulage

(2) Diese Zulage entfällt ab dem Zeitpunkt, zu dem die in Absatz 1 genannten Mitarbeiter in eine der Vergütungsgruppen 9 bis 1 der Anlage 2 des Teil III. höhergruppiert werden.

§ 11b Zulage aufgrund des Wegfalls des Ortszuschlages der Stufe 2 in Abschnitt V der Anlage 1 AVR in der am 31. Dezember 2007 geltenden Fassung der AVR

Besitzstandszulage

(1) Mitarbeiter, die bis zum 30. Juni 2008 (RK Ost: bis zum 30. Juni 2009) einen Anspruch auf Ortszuschlag der Stufe 2 gemäß Abschnitt V der Anlage 1 und Anlage 4 AVR in der am 31. Dezember 2007 geltenden Fassung der AVR gehabt haben, erhalten ab dem 1. Januar 2008 (RK Ost: ab dem 1. Juli 2009) stattdessen eine monatliche Besitzstandszulage.

(2) Die Zulage nach Absatz 1 beträgt monatlich:

Für Mitarbeiter der Vergütungsgruppen	Höheab 1. Februar 2026
1 bis 5b	178,83 Euro
5c bis 12	170,31 Euro

Wegfall der Voraussetzungen

(3) Die Zulage entfällt ab dem Zeitpunkt, zu dem die Voraussetzungen für die Gewährung des Ortszuschlages der Stufe 2 gemäß Abschnitt V der Anlage 1 und Anlage 4 bzw. gemäß § 2a Abs. 6 des Allgemeinen Teils und Anlage 4 (Ost) AVR in der am 31. Dezember 2007 geltenden Fassung der AVR entfallen.

(4) [1]Bei der Bemessung der Zulage finden die Konkurrenzregelungen in Abschnitt V Abs. h der Anlage 1 AVR in der am 31. Dezember 2007 geltenden Fassung der AVR sinngemäß Anwendung. [2]Diese lauten wie folgt:

Anwendung Konkurrenzregelungen

Sind beide Ehegatten im Geltungsbereich der AVR oder in einem anderen Tätigkeitsbereich der katholischen Kirche vollbeschäftigt und stünde ihnen der Ortszuschlag der Stufe 2 oder einer der folgenden Stufen oder eine entsprechende Leistung in Höhe des Unterschiedsbetrages zwischen der Stufe 1 und der Stufe 2 des Ortszuschlags der Tarifklasse Ib zu, so erhält der Mitarbeiter den Unterschiedsbetrag zwischen der Stufe 1 und der Stufe 2 des Ortszuschlages zur Hälfte. Ist einer der Ehegatten vollbeschäftigt und der andere teilzeitbeschäftigt, erhält der vollbeschäftigte Mitarbeiter den Unterschiedsbetrag zwischen der Stufe 1 und der Stufe 2 des für ihn maßgebenden Ortszuschlages ungekürzt; der teilzeitbeschäftigte Mitarbeiter erhält den Ortszuschlag der Stufe 1. Sind beide Ehegatten teilzeitbeschäftigt und beträgt der gemeinsame Beschäftigungsumfang nicht mehr als die durchschnittliche regelmäßige wöchentliche Arbeitszeit, so erhält der Mitarbeiter den Unterschiedsbetrag zwischen der Stufe 1 und der Stufe 2 des für ihn maßgebenden Ortszuschlages anteilig. Sind beide Ehegatten teilzeitbeschäftigt und beträgt der gemeinsame Beschäftigungsumfang mehr als die durchschnittliche regelmäßige wöchentliche Arbeitszeit, so erhält der Mitarbeiter abweichend von Abschnitt IIa der Anlage 1 den Unterschiedsbetrag zwischen der Stufe 1 und der Stufe 2 des für ihn maßgebenden Ortszuschlages in der Höhe, die dem Anteil seines Beschäftigungsumfangs an dem Gesamtbeschäftigungsumfang beider Ehegatten entspricht. Einer Beschäftigung steht eine Versorgungsberechtigung nach beamtenrechtlichen Grundsätzen gleich. Entsprechendes gilt auch für den Mitarbeiter, dem aus mehreren Rechtsverhältnissen ein Anspruch auf Ortszuschlag oder entsprechende Leistungen wesentlich gleichen Inhalts in Höhe der Stufe 2 oder einer der folgenden Stufen zusteht (Insichkonkurrenz).

Ist der Ehegatte des Mitarbeiters außerhalb der in Satz 3 genannten Bereiche tätig oder nach beamtenrechtlichen Grundsätzen versorgungsberechtigt und hat er Anspruch auf Ortszuschlag oder entsprechende Leistungen wesentlich gleichen Inhalts in Höhe der Stufe 2 oder einer der folgenden Stufen oder auf Familienzuschlag der Stufe 1 oder einer der folgenden Stufen oder eine entsprechende Leistung in Höhe von mindestens dem Unterschiedsbetrag zwischen der Stufe 1 und der Stufe 2 des Ortszuschlags der Tarifklasse Ib, so erhält der Mitarbeiter den Ortszuschlag der Stufe 1. Erreicht der Anspruch des Ehegatten den Unterschiedsbetrag zwischen der Stufe 1 und der Stufe 2 des Ortszuschlages der Tarifklasse Ib nicht, beträgt er aber mindestens die Hälfte des Unterschiedsbetrags zwischen der Stufe 1 und der Stufe 2 des Ortszuschlags der Tarifklasse Ib, so erhält der Mitarbeiter den Unterschiedsbetrag zwischen der Stufe 1 und der Stufe 2 des für ihn maßgebenden Ortszuschlages zur Hälfte. Erreicht der Anspruch des Ehegatten wegen Teilzeitbeschäftigung nicht die Höhe der Stufe 2 oder einer der folgenden Stufen, so erhält der Mitarbeiter den Unterschiedsbetrag zwischen der Stufe 1 und der Stufe 2 des für ihn maßgebenden Ortszuschlages in der Höhe gewährt, dass der Mitarbeiter und sein Ehegatte den Unterschiedsbetrag zwischen der Stufe 1 und der Stufe 2 insgesamt einmal erhalten. Dies gilt entsprechend Abschnitt V Anlage 1 auch für den Mitarbeiter, dem aus mehreren Rechtsverhältnissen ein Anspruch auf Ortszuschlag oder entsprechende Leistungen wesentlich gleichen Inhalts in Höhe der Stufe 2 oder einer der folgenden Stufen zusteht (Insichkonkurrenz). Ist der Ehegatte eines teilzeitbeschäftigten Mitarbeiters außerhalb der in Satz 3 genannten Bereiche ebenfalls teilzeitbeschäftigt und erhält er den Unterschiedsbetrag zwischen der Stufe 1 und der Stufe 2 des für ihn maßgebenden Ortszuschlages anteilig zu seiner Arbeitszeit gewährt, so erhält der Mitarbeiter den Unterschiedsbetrag zwischen der Stufe 1 und der Stufe 2 des für ihn maßgebenden Ortszuschlags in der Höhe, dass der Mitarbeiter und sein Ehegatte den Unterschiedsbetrag zwischen der Stufe 1 und der Stufe 2 insgesamt in der Höhe erhalten, als wenn beide im Geltungsbereich der AVR teilzeitbeschäftigt wären.

Anmerkung 1:

Der Tätigkeit im Bereich der katholischen Kirche im Sinne von Abschnitt V steht gleich eine Tätigkeit in der evangelischen Kirche, in einem Diakonischen Werk oder in einer Einrichtung, die dem Diakonischen Werk angeschlossen ist.

Anmerkung 2:

Sind beide Ehegatten in einem Tätigkeitsbereich der katholischen Kirche beschäftigt und wendet der Dienstgeber des Ehegatten eine andere Konkurrenzregelung zum Ortszuschlag als die nach Abschnitt V an, so erhält der Mitarbeiter den Unterschiedsbetrag zwischen der Stufe 1 und der Stufe 2 des für ihn maßgebenden Ortszuschlages in der Höhe gewährt, dass die Ehegatten den Unterschiedsbetrag in Höhe ihres Gesamtbeschäftigungsumfangs, höchstens jedoch einmal erhalten.

§ 12 Kinderzulage

A Allgemeines

Voraussetzungen

a) Mitarbeiter, denen Kindergeld nach dem Einkommensteuergesetz oder nach dem Bundeskindergeldgesetz zusteht oder ohne Berücksichtigung des § 64 oder § 65 EStG oder des § 3 oder § 4 BKGG zustehen würde, erhalten eine Kinderzulage nach Abschnitt B oder nach Abschnitt C.

b) Die Kinderzulage wird für jeden Monat gezahlt, in dem mindestens für einen Tag die Voraussetzungen vorliegen.

B Mitarbeiter, deren Dienstverhältnis nach dem 30. Juni 2008 (RK Ost: nach dem 30. Juni 2009) begonnen hat

Mitarbeiter, deren Dienstverhältnis nach dem 30. Juni 2008 (RK Ost: nach dem 30. Juni 2009) begonnen hat, erhalten für jedes berücksichtigungsfähige Kind eine Kinderzulage in Höhe von monatlich 90,00 Euro.

C Mitarbeiter, deren Dienstverhältnis vor dem 1. Juli 2008 (RK Ost: vor dem 1. Juli 2009) bestanden hat (Besitzstandregelung)

a) Mitarbeiter, deren Dienstverhältnis vor dem 1. Juli 2008 (RK Ost: vor dem 1. Juli 2009) bestanden hat, erhalten für jedes berücksichtigungsfähige Kind eine Kinderzulage in Höhe von:

ab 1. Februar 2026	151,52 Euro

b) [1]Die Kinderzulage erhöht sich
ab dem 1. Februar 2026 nach folgender Tabelle für

Mitarbeiter nach den Vergütungsgruppen	für das erste zu berücksichtigende Kind um	für jedes weitere zu berücksichtigende Kind um
VG 12, 11, 10 und 9	8,56 Euro	42,80 Euro
VG 9a	8,56 Euro	34,19 Euro
VG 8	8,56 Euro	25,66 Euro

c) (weggefallen)

d) [1]Bei der Bemessung der Kinderzulage finden die Konkurrenzregelungen in Abschnitt V Abs. i der Anlage 1 AVR in der am 31. Dezember 2007 geltenden Fassung der AVR sinngemäß Anwendung. [2]Diese lauten wie folgt:

Stünde neben dem Mitarbeiter einer anderen Person, die im Geltungsbereich der AVR oder in einem anderen Tätigkeitsbereich der katholischen Kirche tätig oder nach beamtenrechtlichen Grundsätzen versorgungsberechtigt ist, ein Anspruch auf Ortszuschlag der Stufe 3 oder einer der folgenden Stufen oder auf Familienzuschlag der Stufe 2 oder einer der folgenden Stufen oder ein Sozialzuschlag oder eine entsprechende Leistung wesentlich gleichen Inhalts zu, so wird der auf das Kind entfallende Unterschiedsbetrag zwischen den Stufen des Ortszuschlags dem Mitarbeiter gewährt, wenn und soweit ihm das Kindergeld nach dem Einkommensteuergesetz oder nach dem Bundeskindergeldgesetz gewährt wird oder ohne Berücksichtigung des § 65 EStG oder des § 4 BKGG vorrangig zu gewähren wäre. Auf das Kind entfällt derjenige Unterschiedsbetrag, der sich aus der für die Anwendung des Einkommensteuergesetzes oder des Bundeskindergeldgesetzes maßgebenden Reihenfolge der Kinder ergibt. Abschnitt IIa der Anlage 1 findet auf den Unterschiedsbetrag keine Anwendung, wenn einer der Anspruchsberechtigten im Sinne des Satzes 1 vollbeschäftigt oder nach beamtenrechtlichen Grundsätzen versorgungsberechtigt ist; das gilt auch, wenn mehrere Anspruchsberechtigte teilzeitbeschäftigt sind, mit der Maßgabe, dass dann der Unterschiedsbetrag zwischen der Stufe 2 und der Stufe 3 oder einer der folgenden Stufen in Höhe des Gesamtbeschäftigungsumfangs der Anspruchsberechtigten gewährt wird, höchstens jedoch der auf das Kind entfallende Unterschiedsbetrag zwischen den Stufen des Ortszuschlages. Entsprechendes gilt auch für den Mitarbeiter, dem aus mehreren Rechtsverhältnissen ein Anspruch auf Ortszuschlag oder entsprechende Leistungen wesentlich gleichen Inhalts in Höhe der Stufe 3 oder einer der folgenden Stufen zusteht (Insichkonkurrenz). Stünde neben dem Mitarbeiter einer anderen Person, die außerhalb der in Unterabsatz 1 Satz 1 genannten Bereiche tätig oder nach beamtenrechtlichen Grundsätzen versorgungsberechtigt ist, ein Anspruch auf Ortszuschlag oder Familienzuschlag oder Sozialzuschlag oder entsprechende Leistungen wesentlich gleichen Inhalts in Höhe der Stufe 3 oder einer der folgenden Stufen zu, so erhält der Mitarbeiter den Ortszuschlag der Stufe 1; erreicht der Anspruch der anderen Person nicht die Höhe der Stufe 3 oder einer der folgenden Stufen, so erhält der Mitarbeiter den Unterschiedsbetrag zwischen der Stufe 2 und der Stufe 3 bzw. einer der folgenden Stufen des für ihn maßgebenden Ortszuschlages in der Höhe gewährt, dass der Mitarbeiter und die andere Person den Unterschiedsbetrag zwischen der Stufe 2 und der Stufe 3

A Überl.

bzw. einer der folgenden Stufen insgesamt einmal erhalten. Dies gilt entsprechend auch für den Mitarbeiter, dem aus mehreren Rechtsverhältnissen ein Anspruch auf Ortszuschlag oder entsprechende Leistungen wesentlich gleichen Inhalts in Höhe der Stufe 3 oder einer der folgenden Stufen zusteht (Insichkonkurrenz). Ist der Ehegatte eines teilzeitbeschäftigten Mitarbeiters außerhalb der in Unterabsatz 1 Satz 1 genannten Bereiche ebenfalls teilzeitbeschäftigt und erhält er den Unterschiedsbetrag zwischen der Stufe 2 und der Stufe 3 oder einer der folgenden Stufen des Ortszuschlages anteilig zu seiner Arbeitszeit gewährt, so erhält der Mitarbeiter den Unterschiedsbetrag zwischen der Stufe 2 und der Stufe 3 oder einer der folgenden Stufen des Ortszuschlages in der Höhe, dass der Mitarbeiter und sein Ehegatte den Unterschiedsbetrag zwischen der Stufe 2 und der Stufe 3 oder einer der folgenden Stufen insgesamt in der Höhe erhalten, als wenn beide im Geltungsbereich der AVR teilzeitbeschäftigt wären.

Anmerkung:

Der Tätigkeit im Bereich der katholischen Kirche im Sinne von Abschnitt V steht gleich eine Tätigkeit in der evangelischen Kirche, in einem Diakonischen Werk oder in einer Einrichtung, die dem Diakonischen Werk angeschlossen ist.

e) [1]Der Mitarbeiter erhält keine oder eine anteilige Kinderzulage nach Absatz a, soweit eine andere Person für dieses Kind eine kinderbezogene Besitzstandszulage nach einem Überleitungstarifvertrag des öffentlichen Dienstes oder einem Tarifvertrag oder Vergütungssystem wesentlich gleichen Inhalts erhält. [2]Die Höhe der anteiligen Kinderzulage wird nach den Grundsätzen des Absatz d berechnet.

§ 13 Arbeitszeitverkürzung durch freie Tage

AZV-Tag

regelmäßige Dienstbezüge

Dauer

(1) [1]Der Mitarbeiter wird in den Kalenderjahren 2027 bis 2035 jeweils an einem Arbeitstag (§ 45 Abs. 4 AVR) von der Arbeit freigestellt. [2]Für die Zeit der Freistellung erhält der Mitarbeiter die Dienstbezüge (§ 27 AVR) und die in Monatsbeträgen festgelegten Zulagen fortgezahlt. [3]Die Dauer der Freistellung beträgt höchstens ein Fünftel der für den Mitarbeiter geltenden durchschnittlichen wöchentlichen Arbeitszeit.

Wartezeit

(2) Der neu eingestellte Mitarbeiter erwirbt den Anspruch auf die Freistellung erstmals, wenn das Dienstverhältnis fünf Monate ununterbrochen bestanden hat.

Nachholen bei dienstlicher Verhinderung

(3) [1]Wird der Mitarbeiter an dem für die Freistellung vorgesehenen Tag aus dienstlichen bzw. betrieblichen Gründen zur Arbeit herangezogen, ist die Freistellung innerhalb desselben Kalenderjahres nachzuholen. [2]Ist dies aus dienstlichen bzw. betrieblichen Gründen nicht möglich, ist die Freistellung innerhalb des folgenden Kalenderjahres nachzuholen. [3]Eine Nachholung in anderen Fällen ist nicht zulässig.

Abgeltungsverbot

(4) Der Anspruch auf Freistellung kann nicht abgegolten werden.

Anrechnung anderer AZV-Tage

(5) Ist der Mitarbeiter in einem anderen Rechtsverhältnis im Geltungsbereich der AVR oder in einem anderen Tätigkeitsbereich der katholischen Kirche nach dieser oder einer entsprechenden Vorschrift für dasselbe Kalenderjahr bereits an einem Tag freigestellt worden, gilt der Anspruch nach Absatz 1 als erfüllt.

Teil III. Anlagen

Die Regelungen dieses Teils geben die für die in § 1 des Teils II. benannten Mitarbeiter weitergeltenden Anlagen zur Eingruppierung der AVR in der am 31. Dezember 2026 geltenden Fassung wieder. Diese wurden zur Anwendung ab dem 1. Januar 2027 redaktionell angepasst. Eine Anwendung auf ab dem 1. Januar 2027 beginnende Dienstverhältnisse ist ausgeschlossen, es sei denn es handelt sich um eine Verlängerung eines befristeten Dienstverhältnisses oder einer Unterbrechung gemäß § 1 Abs. 1 Sätze 2 und 3 des Teils II.

Geltungsbereich

Anlage 2: Vergütungsgruppen für Mitarbeiter (allgemein)

Vergütungsgruppe 1

1 bis 2 (weggefallen)

3 Apotheker als Leiter von Apotheken, denen mindestens fünf Apotheker durch ausdrückliche Anordnung ständig unterstellt sind [1, 2]

4 Mitarbeiter im Verwaltungsdienst mit abgeschlossener wissenschaftlicher Hochschulbildung oder mit gleichwertigen Fähigkeiten und Erfahrungen in Dienststellen von zentraler bzw. überregionaler Bedeutung, die aufgrund ausdrücklicher Anordnung ein Aufgabengebiet, das sich auf den gesamten Zuständigkeitsbereich der Dienststelle erstreckt, abschließend bearbeiten und sich durch das Maß ihrer Verantwortung und den Umfang ihres Aufgabengebietes aus der Vergütungsgruppe 1b Ziffer 15 ausheben, nach zehnjähriger Bewährung in der Vergütungsgruppe 1a Ziffer 10 [3, 4, 103]

5 Verwaltungsleiter mit abgeschlossener wissenschaftlicher Hochschulbildung oder mit gleichwertigen Fähigkeiten und Erfahrungen in Krankenhäusern mit mindestens 240 Betten und mindestens sieben Fachabteilungen, davon mindestens fünf klinische Fachabteilungen nach zehnjähriger Bewährung in Vergütungsgruppe 1a Ziffer 14b [8, 103, 114, 115]

6 Verwaltungsleiter mit abgeschlossener wissenschaftlicher Hochschulbildung oder mit gleichwertigen Fähigkeiten und Erfahrungen in Krankenhäusern mit mindestens 320 Betten nach zehnjähriger Bewährung in Vergütungsgruppe 1a Ziffer 14c [8, 103, 115]

7 Verwaltungsleiter mit abgeschlossener wissenschaftlicher Hochschulbildung oder mit gleichwertigen Fähigkeiten und Erfahrungen in Krankenhäusern mit mindestens 320 Betten und mit mindestens zehn Fachabteilungen, davon mindestens sechs klinischen Fachabteilungen [8, 103, 114, 115]

8 Geschäftsführer von Regional-, Kreis-, Ortscaritasverbänden und Fachverbänden mit abgeschlossener wissenschaftlicher Hochschulbildung oder mit gleichwertigen Fähigkeiten und Erfahrungen mit mindestens 300 Mitarbeitern nach zehnjähriger Bewährung in Vergütungsgruppe 1a Ziffer 7a [77, 103, 119]

A Überl.

Vergütungsgruppe 1a

1 Apotheker als Leiter von Apotheken, denen mindestens vier Apotheker durch ausdrückliche Anordnung ständig unterstellt sind [1, 2]

1a Apotheker als Leiter von Apotheken nach sechsjähriger Bewährung in Vergütungsgruppe 1b Ziffer 1

2 bis 7 (weggefallen)

7a Geschäftsführer von Regional-, Kreis-, Ortscaritasverbänden und Fachverbänden mit abgeschlossener wissenschaftlicher Hochschulbildung oder mit gleichwertigen Fähigkeiten und Erfahrungen mit mindestens 300 Mitarbeitern [77, 103, 119]

7b Geschäftsführer von Regional-, Kreis-, Ortscaritasverbänden und Fachverbänden mit abgeschlossener wissenschaftlicher Hochschulbildung oder mit gleichwertigen Fähigkeiten und Erfahrungen mit mindestens 150 Mitarbeitern nach achtjähriger Bewährung in Vergütungsgruppe 1b Ziffer 9 [77, 103, 119]

8 Mitarbeiter mit abgeschlossener wissenschaftlicher Hochschulbildung oder mit gleichwertigen Fähigkeiten und Erfahrungen in der Tätigkeit als Leiter von Einrichtungen mit mehr als 600 Betten [103]

9 (weggefallen)

10 Mitarbeiter im Verwaltungsdienst mit abgeschlossener wissenschaftlicher Hochschulbildung oder mit gleichwertigen Fähigkeiten und Erfahrungen in Dienststellen von zentraler bzw. überregionaler Bedeutung, die aufgrund ausdrücklicher Anordnung ein Aufgabengebiet, das sich auf den gesamten Zuständigkeitsbereich der Dienststelle erstreckt, abschließend bearbeiten und sich durch das Maß ihrer Verantwortung und den Umfang ihres Aufgabengebietes erheblich aus der Vergütungsgruppe 1b Ziffer 15 herausheben [3, 4, 103]

11 Mitarbeiter im Verwaltungsdienst mit abgeschlossener wissenschaftlicher Hochschulbildung oder mit gleichwertigen Fähigkeiten und Erfahrungen in Dienststellen von zentraler bzw. überregionaler Bedeutung, die aufgrund ausdrücklicher Anordnung ein Aufgabengebiet, das sich auf den gesamten Zuständigkeitsbereich der Dienststelle erstreckt, abschließend bearbeiten, nach zehnjähriger Bewährung in Vergütungsgruppe 1b Ziffer 15 [3, 4, 103]

12 Mitarbeiter mit abgeschlossener wissenschaftlicher Hochschulbildung oder mit gleichwertigen Fähigkeiten und Erfahrungen, die sich aus der Vergütungsgruppe 1b mit Ausnahme der Ziffern 2, 6, 10, 13, 15, 19 und 20 durch hochwertige Leistungen in einem besonders schwierigen Aufgabenkreis herausheben [103]

13 Mitarbeiter mit abgeschlossener wissenschaftlicher Hochschulbildung oder mit gleichwertigen Fähigkeiten und Erfahrungen, denen mindestens fünf Mitarbeiter mindestens der Vergütungsgruppe 2 durch ausdrückliche Anordnung ständig unterstellt sind [103, 77]

14 Verwaltungsleiter mit abgeschlossener wissenschaftlicher Hochschulbildung oder mit gleichwertigen Fähigkeiten und Erfahrungen in Krankenhäusern mit mindestens 160 Betten und mit mindestens fünf Fachabteilungen, davon mindestens drei klinische Fachabteilungen nach achtjähriger Bewährung in Vergütungsgruppe 1b Ziffer 17 [8, 103, 114, 115]

14a Verwaltungsleiter mit abgeschlossener wissenschaftlicher Hochschulbildung oder mit gleichwertigen Fähigkeiten und Erfahrungen in Krankenhäusern mit mindestens 240 Betten nach achtjähriger Bewährung in Vergütungsgruppe 1b Ziffer 17a [8, 103, 115]

14b Verwaltungsleiter mit abgeschlossener wissenschaftlicher Hochschulbildung oder mit gleichwertigen Fähigkeiten und Erfahrungen in Krankenhäusern mit mindestens 240 Betten und mit mindestens sieben Fachabteilungen, davon mindestens fünf klinischen Fachabteilungen [8, 103, 114, 115]

14c Verwaltungsleiter mit abgeschlossener wissenschaftlicher Hochschulbildung oder mit gleichwertigen Fähigkeiten und Erfahrungen in Krankenhäusern mit mindestens 320 Betten [8, 103, 115]

is 16 (weggefallen)

17 Mitarbeiter, die aufgrund gleichwertiger Fähigkeiten und Erfahrungen hinsichtlich Aufgabenbereich und Verantwortung den Mitarbeitern in Tätigkeitsmerkmalen dieser Vergütungsgruppe vergleichbar sind [9, 103]

Vergütungsgruppe 1b

1 Apotheker als Leiter von Apotheken

2 Apotheker nach fünfjähriger Tätigkeit als Apotheker

bis 8 (weggefallen)

9 Geschäftsführer von Regional-, Kreis-, Ortscaritasverbänden und Fachverbänden mit abgeschlossener wissenschaftlicher Hochschulbildung oder mit gleichwertigen Fähigkeiten und Erfahrungen mit mindestens 150 Mitarbeitern [77, 103, 119]

9a Geschäftsführer von Regional-, Kreis-, Ortscaritasverbänden und Fachverbänden mit abgeschlossener wissenschaftlicher Hochschulbildung oder mit gleichwertigen Fähigkeiten und Erfahrungen mit mindestens 75 Mitarbeitern nach sechsjähriger Bewährung in Vergütungsgruppe 2 Ziffer 7 [77, 103, 119]

is 9c (weggefallen)

9d Leiter von Einrichtungen der stationären Altenhilfe mit mindestens 160 Plätzen mit wissenschaftlicher Hochschulbildung oder mit gleichwertigen Fähigkeiten und Erfahrungen, denen wesentliche Funktionen der Betriebs- und Wirtschaftsführung übertragen sind, nach sechsjähriger Bewährung in Vergütungsgruppe 2 Ziffer 10b [14, 103]

10 (durch Überleitung in Teil II. Anhang Lehrkräfte entfallen)

10a Mitarbeiter mit abgeschlossener wissenschaftlicher Hochschulbildung oder mit gleichwertigen Fähigkeiten und Erfahrungen in der Tätigkeit als Leiter von Einrichtungen mit mehr als 400 Betten nach sechsjähriger Bewährung in Vergütungsgruppe 2 Ziffer 3 [103]

s 11a (weggefallen)

12 Mitarbeiter mit abgeschlossener wissenschaftlicher Hochschulbildung nach achtjähriger Bewährung in Vergütungsgruppe 2 Ziffer 12

13 Mitarbeiter mit abgeschlossener wissenschaftlicher Hochschulbildung oder mit gleichwertigen Fähigkeiten und Erfahrungen, die sich durch hochwertige Leistungen in einem besonders schwierigen Aufgabenkreis aus der Vergütungsgruppe 2 herausheben [103]

14 Mitarbeiter mit abgeschlossener wissenschaftlicher Hochschulbildung oder mit gleichwertigen Fähigkeiten und Erfahrungen, deren Tätigkeit im Verwaltungsdienst hochwertige Leistungen erfordert, nach sechsjähriger Bewährung in Vergütungsgruppe 2 Ziffer 13 [103]

15 Mitarbeiter im Verwaltungsdienst mit abgeschlossener wissenschaftlicher Hochschulbildung oder mit gleichwertigen Fähigkeiten und Erfahrungen in Dienststellen von zentraler bzw. überregionaler Bedeutung, die aufgrund ausdrücklicher Anordnung ein Aufgabengebiet, das sich auf den gesamten Zuständigkeitsbereich der Dienststelle erstreckt, abschließend bearbeiten [3, 4, 103]

16 Verwaltungsleiter mit abgeschlossener wissenschaftlicher Hochschulbildung oder mit gleichwertigen Fähigkeiten und Erfahrungen in Krankenhäusern mit mindestens 160 Betten nach sechsjähriger Bewährung in Vergütungsgruppe 2 Ziffer 16 [8, 103, 115]

17 Verwaltungsleiter mit abgeschlossener wissenschaftlicher Hochschulbildung oder mit gleichwertigen Fähigkeiten und Erfahrungen in Krankenhäusern mit mindestens 160 Betten und mit mindestens fünf Fachabteilungen, davon mindestens drei klinischen Fachabteilungen [8, 103, 114, 115]

17a Verwaltungsleiter mit abgeschlossener wissenschaftlicher Hochschulbildung oder mit gleichwertigen Fähigkeiten und Erfahrungen in Krankenhäusern mit mindestens 240 Betten [8, 103, 115]

18 bis 19a (weggefallen)

20 Mitarbeiter, die aufgrund gleichwertiger Fähigkeiten und Erfahrungen hinsichtlich Aufgabenbereich und Verantwortung den Mitarbeitern in Tätigkeitsmerkmalen dieser Vergütungsgruppe vergleichbar sind [9, 103]

Vergütungsgruppe 2

1 Apotheker

2 (weggefallen)

3 Mitarbeiter mit abgeschlossener wissenschaftlicher Hochschulbildung oder mit gleichwertigen Fähigkeiten und Erfahrungen in der Tätigkeit als Leiter von Einrichtungen mit mehr als 400 Betten [103]

4 (weggefallen)

5 (durch Überleitung in Teil II. Anhang Lehrkräfte entfallen)

6 (weggefallen)

7 Geschäftsführer von Regional-, Kreis-, Ortscaritasverbänden und Fachverbänden mit abgeschlossener wissenschaftlicher Hochschulbildung oder mit gleichwertigen Fähigkeiten und Erfahrungen mit mindestens 75 Mitarbeitern [77, 103, 119]

7a Geschäftsführer von Regional-, Kreis-, Ortscaritasverbänden und Fachverbänden mit abgeschlossener Fachhochschulausbildung mit mindestens zehn Mitarbeitern nach fünfjähriger Bewährung in Vergütungsgruppe 3 Ziffer 15 [77, 119]

7b bis 10 (weggefallen)

10a Leiter von Einrichtungen der stationären Altenhilfe mit mindestens 120 Plätzen, denen wesentliche Funktionen der Betriebs- und Wirtschaftsführung übertragen sind, nach fünfjähriger Bewährung in Vergütungsgruppe 3 Ziffer 2a [14]

10b Leiter von Einrichtungen der stationären Altenhilfe mit mindestens 160 Plätzen mit wissenschaftlicher Hochschulbildung oder mit gleichwertigen Fähigkeiten und Erfahrungen, denen wesentliche Funktionen der Betriebs- und Wirtschaftsführung übertragen sind [14, 103]

11 Mitarbeiter in der Verwaltung und Buchhaltung, deren Tätigkeit sich aus Vergütungsgruppe 4a Ziffer 25 durch das Maß der damit verbundenen Verantwortung erheblich heraushebt, nach achtjähriger Bewährung in Vergütungsgruppe 3 Ziffer 12 [127]

12 Mitarbeiter mit abgeschlossener wissenschaftlicher Hochschulbildung und entsprechender Tätigkeit

13 Mitarbeiter mit abgeschlossener wissenschaftlicher Hochschulbildung oder mit gleichwertigen Fähigkeiten und Erfahrungen, deren Tätigkeit im Verwaltungsdienst hochwertige Leistungen erfordert [103]

14 Mitarbeiter mit abgeschlossener wissenschaftlicher Hochschulbildung oder mit gleichwertigen Fähigkeiten und Erfahrungen, die als Assistenten des Verwaltungsleiters in Krankenhäusern mit mindestens 450 Betten berufen sind [1, 103]

15 Verwaltungsleiter in Krankenhäusern mit mindestens 80 Betten nach sechsjähriger Bewährung in Vergütungsgruppe 3 Ziffer 20a [1, 15]

16 Verwaltungsleiter mit abgeschlossener wissenschaftlicher Hochschulbildung oder mit gleichwertigen Fähigkeiten und Erfahrungen in Krankenhäusern mit mindestens 160 Betten [8, 103, 115]

s 17b (weggefallen)

18 Mitarbeiter, die aufgrund gleichwertiger Fähigkeiten und Erfahrungen hinsichtlich Aufgabenbereich und Verantwortung den Mitarbeitern in Tätigkeitsmerkmalen dieser Vergütungsgruppe vergleichbar sind [9, 103]

Vergütungsgruppe 3

1 Leiter des technischen Dienstes in Einrichtungen mit mindestens 450 Betten, die eine Ausbildung als Ingenieur oder Techniker nachweisen

2 Leiter von Einrichtungen der stationären Altenhilfe mit mindestens 80 Plätzen, denen wesentliche Funktionen der Betriebs- und Wirtschaftsführung übertragen sind, nach vierjähriger Bewährung in Vergütungsgruppe 4a Ziffer 8a [14]

2a Leiter von Einrichtungen der stationären Altenhilfe mit mindestens 120 Plätzen, denen wesentliche Funktionen der Betriebs- und Wirtschaftsführung übertragen sind [14]

3 (durch Überleitung in Teil II. Anhang Lehrkräfte entfallen)

is 11 (weggefallen)

12 Mitarbeiter in der Verwaltung und Buchhaltung, deren Tätigkeit sich aus Vergütungsgruppe 4a Ziffer 25 durch das Maß der damit verbundenen Verantwortung erheblich heraushebt [127]

13 Mitarbeiter in der Verwaltung und Buchhaltung, deren Tätigkeit sich aus Vergütungsgruppe 4b Ziffer 33 durch besondere Schwierigkeit und Bedeutung heraushebt, nach sechsjähriger Bewährung in Vergütungsgruppe 4a Ziffer 25 [126]

14 Mitarbeiter, die als Assistent des Verwaltungsleiters in Krankenhäusern mit mindestens 300 Betten berufen sind [1]

15 Geschäftsführer von Regional-, Kreis-, Ortscaritasverbänden und Fachverbänden mit abgeschlossener Fachhochschulausbildung mit mindestens zehn Mitarbeitern [77, 119]

15a Geschäftsführer von Regional-, Kreis-, Ortscaritasverbänden und Fachverbänden mit abgeschlossener Fachhochschulausbildung nach vierjähriger Bewährung in Vergütungsgruppe 4a Ziffer 12 [119]

s 19a (weggefallen)

20 Verwaltungsleiter in Krankenhäusern mit weniger als 80 Betten nach vierjähriger Bewährung in Vergütungsgruppe 4a Ziffer 39 [115]

20a Verwaltungsleiter in Krankenhäusern mit mindestens 80 Betten [115]

21 Mitarbeiter, deren Aufgabenbereich und Verantwortung mit den Tätigkeitsmerkmalen dieser Vergütungsgruppe vergleichbar ist [9]

Vergütungsgruppe 4a

1 bis 3 (durch Überleitung in Teil II. Anhang Lehrkräfte entfallen)

3a (weggefallen)

4 Hauptamtliche Dozenten an Fachschulen nach einer zehnjährigen Bewährung in dieser Tätigkeit

4a Küchenleiter von Küchen, in denen durchschnittlich täglich mehr als 500 Vollportionen hergestellt werden, nach vierjähriger Bewährung in Vergütungsgruppe 4b Ziffer 11b [132, 133]

5 (durch Überleitung in Teil II. Anhang Lehrkräfte entfallen)

6 Leitende Physiotherapeuten/Krankengymnasten in einer Tätigkeit der Vergütungsgruppe 4b Ziffer 12 nach zweijähriger Bewährung in dieser Tätigkeit [43]

7 Leitende medizinisch-technische Assistenten in einer Tätigkeit der Vergütungsgruppe 4b Ziffer 13 nach zweijähriger Bewährung in dieser Tätigkeit [54]

8 Leiter von Einrichtungen der stationären Altenhilfe mit mindestens 40 Plätzen, denen wesentliche Funktionen der Betriebs- und Wirtschaftsführung übertragen sind, nach vierjähriger Bewährung in Vergütungsgruppe 4b Ziffer 14a [14]

8a Leiter von Einrichtungen der stationären Altenhilfe mit mindestens 80 Plätzen, denen wesentliche Funktionen der Betriebs- und Wirtschaftsführung übertragen sind [14]

9 (weggefallen)

10 bis 11 (durch Überleitung in Teil II. Anhang Lehrkräfte entfallen)

11a bis 11d (weggefallen)

12 Geschäftsführer von Regional-, Kreis-, Ortscaritasverbänden und Fachverbänden mit abgeschlossener Fachhochschulausbildung [119]

13 bis 24 (weggefallen)

25 Mitarbeiter in der Verwaltung und Buchhaltung, deren Tätigkeit sich aus Vergütungsgruppe 4b Ziffer 33 durch besondere Schwierigkeit und Bedeutung heraushebt [126]

25a Mitarbeiter in der Verwaltung und Buchhaltung, deren Tätigkeit sich aus Vergütungsgruppe 5b Ziffer 56 dadurch heraushebt, dass sie besonders verantwortungsvoll ist, nach sechsjähriger Bewährung in Vergütungsgruppe 4b Ziffer 33 [125]

26 bis 27 (durch Überleitung in Teil II. Anhang Lehrkräfte entfallen)

28 bis 38 (weggefallen)

39 Verwaltungsleiter in Krankenhäusern mit weniger als 80 Betten [115]

40 Mitarbeiter, deren Aufgabenbereich und Verantwortung mit den Tätigkeitsmerkmalen dieser Vergütungsgruppe vergleichbar ist [9]

Vergütungsgruppe 4b

1 (durch Überleitung in Teil II. Anhang Lehrkräfte entfallen)

2 Audiometristen mit staatlicher Anerkennung oder mit mindestens zweijähriger Fachausbildung an Universitätskliniken oder medizinischen Akademien in einer

Tätigkeit der Vergütungsgruppe 5b Ziffer 1 nach zweijähriger Bewährung in dieser Tätigkeit

3 (durch Überleitung in Teil II. Anhang Lehrkräfte entfallen)

4 Beschäftigungstherapeuten/Ergotherapeuten mit staatlicher Anerkennung in einer Tätigkeit der Vergütungsgruppe 5b Ziffer 6 nach zweijähriger Bewährung in dieser Tätigkeit

5 (weggefallen)

6 (durch Überleitung in Teil II. Anhang Lehrkräfte entfallen)

7 Diätassistenten mit staatlicher Anerkennung in einer Tätigkeit der Vergütungsgruppe 5b Ziffer 8 oder 11 nach zweijähriger Bewährung in einer dieser Tätigkeiten

7a Diplom-Ingenieure mit Fachhochschulausbildung in der Tätigkeit von Beauftragten für die Medizingeräte-Verordnung nach vierjähriger Bewährung in Vergütungsgruppe 5b Ziffer 11a

8 Hauptamtliche Dozenten an Fachschulen

bis 9c (weggefallen)

9d Hauswirtschaftliche Betriebsleiter mit staatlicher Prüfung und entsprechender Tätigkeit in Einrichtungen mit mehr als 300 Plätzen nach vierjähriger Bewährung in Vergütungsgruppe 5b Ziffer 70 [134]

10 (durch Überleitung in Teil II. Anhang Lehrkräfte entfallen)

11 Physiotherapeuten/Krankengymnasten in einer Tätigkeit der Vergütungsgruppe 5b Ziffer 24 nach zweijähriger Bewährung in dieser Tätigkeit

11a (weggefallen)

11b Küchenleiter von Küchen, in denen durchschnittlich täglich mehr als 500 Vollportionen hergestellt werden [132, 133]

11c Küchenleiter von Küchen, in denen durchschnittlich täglich mehr als 300 Vollportionen hergestellt werden, nach vierjähriger Bewährung in Vergütungsgruppe 5b Ziffer 25 [132, 133]

11d Mitarbeiter, die durch ausdrückliche Anordnung als ständige Vertreter der Küchenleiter von Küchen, in denen durchschnittlich täglich mehr als 500 Vollportionen hergestellt werden, bestellt sind, nach vierjähriger Bewährung in Vergütungsgruppe 5b Ziffer 25c [48, 132, 133]

12 Leitende Physiotherapeuten/Krankengymnasten, denen mindestens 16 Physiotherapeuten/Krankengymnasten oder Mitarbeiter in der Tätigkeit von Physiotherapeuten/Krankengymnasten durch ausdrückliche Anordnung ständig unterstellt sind [43, 77]

13 Leitende medizinisch-technische Assistenten, denen mindestens 16 medizinisch-technische Assistenten, medizinisch-technische Gehilfen oder sonstige Mitarbeiter, die aufgrund gleichwertiger Fähigkeiten und ihrer Erfahrung entsprechende Tätigkeiten ausüben, durch ausdrückliche Anordnung ständig unterstellt sind [54, 77]

14 Leiter von Einrichtungen der stationären Altenhilfe, denen wesentliche Funktionen der Betriebs- und Wirtschaftsführung übertragen sind, nach zweijähriger Bewährung in Vergütungsgruppe 5b Ziffer 26 [14]

14a Leiter von Einrichtungen der stationären Altenhilfe mit mindestens 40 Plätzen, denen wesentliche Funktionen der Betriebs- und Wirtschaftsführung übertragen sind [14]

15 (weggefallen)

16 (durch Überleitung in Teil II. Anhang Lehrkräfte entfallen)

17 Logopäden mit staatlicher Anerkennung oder mit mindestens zweijähriger Fachausbildung an Universitätskliniken oder medizinischen Akademien mit Prüfung in einer Tätigkeit der Vergütungsgruppe 5b Ziffer 29 nach zweijähriger Bewährung in dieser Tätigkeit

18 bis 19 (durch Überleitung in Teil II. Anhang Lehrkräfte entfallen)

20 Medizinisch-technische Assistenten in einer Tätigkeit der Vergütungsgruppe 5b Ziffer 38 oder 39 nach zweijähriger Bewährung in einer dieser Tätigkeiten

20a bis 20d (weggefallen)

21 Mitarbeiter, die als Assistenten des Verwaltungsleiters in Krankenhäusern mit mindestens 180 Betten berufen sind [1]

22 bis 22a (weggefallen)

23 Mitarbeiter, die in mehr als zwei fremden Sprachen geläufig nach Diktat schreiben und sich aus Vergütungsgruppe 5c Ziffer 48a dadurch herausheben, dass sie Schriftstücke in diesen Sprachen selbstständig abfassen, nach langjähriger Bewährung in Vergütungsgruppe 5b Ziffer 43

24 Mitarbeiter in Archiven mit abgeschlossener Fachausbildung, denen mehrere Archivangestellte oder gleichwertige Fachkräfte der Vergütungsgruppe 5b unterstellt sind [77]

25 (weggefallen)

26 (durch Überleitung in Teil II. Anhang Lehrkräfte entfallen)

27 bis 32 (weggefallen)

33 Mitarbeiter in der Verwaltung und Buchhaltung, deren Tätigkeit sich aus der Vergütungsgruppe 5b Ziffer 56 dadurch heraushebt, dass sie besonders verantwortungsvoll ist [125]

34 Mitarbeiter in der Verwaltung und Buchhaltung, deren Tätigkeit gründliche, umfassende Fachkenntnisse und selbstständige Leistungen erfordert, nach vierjähriger Bewährung in Vergütungsgruppe 5b Ziffer 56 [123, 124]

35 Mitarbeiter mit abgeschlossener Fachhochschulausbildung nach vierjähriger entsprechender Berufstätigkeit nach abgeschlossener Ausbildung [9]

36 (durch Überleitung in Teil II. Anhang Lehrkräfte entfallen)

37 Orthoptisten mit staatlicher Anerkennung oder mit mindestens zweijähriger Fachausbildung an Universitätskliniken oder medizinischen Akademien mit Prüfung in einer Tätigkeit der Vergütungsgruppe 5b Ziffer 59 oder 62 nach zweijähriger Bewährung in einer dieser Tätigkeiten

38 (durch Überleitung in Teil II. Anhang Lehrkräfte entfallen)

39 Pharmazeutisch-technische Assistenten in einer Tätigkeit der Vergütungsgruppe 5b Ziffer 64 oder 65 nach zweijähriger Bewährung in einer dieser Tätigkeiten

40 bis 51 (weggefallen)

52 Mitarbeiter, deren Aufgabenbereich und Verantwortung mit den Tätigkeitsmerkmalen dieser Vergütungsgruppe vergleichbar ist [9]

Vergütungsgruppe 5b

1 Audiometristen mit staatlicher Anerkennung oder mit mindestens zweijähriger Fachausbildung an Universitätskliniken oder medizinischen Akademien, die als Hilfskräfte bei wissenschaftlichen Forschungsaufgaben mit einem besonders hohen Maß von Verantwortlichkeit tätig sind

2 (durch Überleitung in Teil II. Anhang Lehrkräfte entfallen)

3 Audiometristen mit staatlicher Anerkennung oder mit mindestens zweijähriger Fachausbildung an Universitätskliniken oder medizinischen Akademien in einer Tätigkeit der Vergütungsgruppe 5c Ziffer 3 nach dreijähriger Bewährung in dieser Tätigkeit

4 (durch Überleitung in Teil II. Anhang Lehrkräfte entfallen)

5 Beschäftigungstherapeuten/Ergotherapeuten mit staatlicher Anerkennung in einer Tätigkeit der Vergütungsgruppe 5c Ziffer 6 nach dreijähriger Bewährung in dieser Tätigkeit

6 Beschäftigungstherapeuten/Ergotherapeuten mit staatlicher Anerkennung und entsprechender Tätigkeit, denen mindestens zwei Beschäftigungstherapeuten mit staatlicher Anerkennung oder Mitarbeiter in der Tätigkeit von Beschäftigungstherapeuten/Ergotherapeuten durch ausdrückliche Anordnung ständig unterstellt sind [77]

7 (weggefallen)

8 Diätassistenten mit staatlicher Anerkennung als Leiter von Diätküchen, in denen durchschnittlich mindestens 400 Diätvollportionen täglich hergestellt werden [51]

9 (durch Überleitung in Teil II. Anhang Lehrkräfte entfallen)

10 Diätassistenten mit staatlicher Anerkennung in einer Tätigkeit der Vergütungsgruppe 5c Ziffer 9, 10 oder 13 nach dreijähriger Bewährung in einer dieser Tätigkeiten

11 Diätassistenten mit staatlicher Anerkennung sowie mit zusätzlicher Ausbildung als Ernährungsberater und mit entsprechender Tätigkeit

11a Diplom-Ingenieure mit Fachhochschulausbildung in der Tätigkeit von Beauftragten für Medizingeräte-Verordnung

15a (weggefallen)

16 Gutsverwalter mit Fachausbildung und großem Verantwortungsbereich

17 Gärtnermeister, denen mehrere Gärtnermeister durch ausdrückliche Anordnung ständig unterstellt sind [1, 77, 141]

17a Gärtnermeister, die sich aus Vergütungsgruppe 6b dadurch herausheben, dass sie in einem besonders bedeutenden Arbeitsbereich mit einem höheren Maß an Verantwortlichkeit beschäftigt sind, nach vierjähriger Bewährung in Vergütungsgruppe 5c Ziffer 22 [141]

18a (weggefallen)

19 Handwerksmeister, Industriemeister und sonstige Meister, die sich durch den Umfang und die Bedeutung ihres Aufgabenbereiches und durch große Selbstständigkeit wesentlich aus der Vergütungsgruppe 5c Ziffer 25 herausheben [141]

19a Handwerksmeister und Industriemeister, die sich aus Vergütungsgruppe 6b dadurch herausheben, dass sie an einer besonders wichtigen Arbeitsstätte mit ei-

A Überl.

nem höheren Maß an Verantwortlichkeit beschäftigt sind, nach vierjähriger Bewährung in Vergütungsgruppe 5c Ziffer 23 [141]

19b Handwerksmeister und Industriemeister, sofern sie große Arbeitsstätten (Bereiche, Werkstätten, Abteilungen oder Betriebe) zu beaufsichtigen haben, in denen Handwerker oder Facharbeiter beschäftigt sind, nach vierjähriger Bewährung in Vergütungsgruppe 5c Ziffer 25 [141]

20 bis 20c (weggefallen)

21 bis 22 (durch Überleitung in Teil II. Anhang Lehrkräfte entfallen)

23 Physiotherapeuten/Krankengymnasten in einer Tätigkeit der Vergütungsgruppe 5c Ziffer 31 nach dreijähriger Bewährung in dieser Tätigkeit

24 Physiotherapeuten/Krankengymnasten mit entsprechender Tätigkeit, denen mindestens zwei Physiotherapeuten/Krankengymnasten oder Mitarbeiter in der Tätigkeit von Physiotherapeuten/Krankengymnasten durch ausdrückliche Anordnung ständig unterstellt sind [77]

25 Küchenleiter von Küchen, in denen durchschnittlich täglich mehr als 300 Vollportionen hergestellt werden [132, 133]

25a Küchenleiter von Küchen, in denen durchschnittlich täglich mehr als 120 Vollportionen hergestellt werden, nach vierjähriger Bewährung in Vergütungsgruppe 5c Ziffer 32a [132, 133]

25b Mitarbeiter, die durch ausdrückliche Anordnung als ständige Vertreter der Küchenleiter von Küchen, in denen durchschnittlich täglich mehr als 300 Vollportionen hergestellt werden, bestellt sind, nach vierjähriger Bewährung in Vergütungsgruppe 5c Ziffer 32c [48, 132, 133]

25c Mitarbeiter, die durch ausdrückliche Anordnung als ständige Vertreter der Küchenleiter von Küchen, in denen durchschnittlich täglich mehr als 500 Vollportionen hergestellt werden, bestellt sind [48, 132, 133]

26 Leiter von Einrichtungen der stationären Altenhilfe, denen wesentliche Funktionen der Betriebs- und Wirtschaftsführung übertragen sind [14]

27 (weggefallen)

28 Leiter von Registraturen von besonderer Bedeutung

29 Logopäden mit staatlicher Anerkennung oder mit mindestens zweijähriger Fachausbildung an Universitätskliniken oder medizinischen Akademien mit Prüfung und entsprechender Tätigkeit, die als Hilfskräfte bei wissenschaftlichen Forschungsaufgaben mit einem besonders hohen Maß von Verantwortlichkeit tätig sind

30 (durch Überleitung in Teil II. Anhang Lehrkräfte entfallen)

31 Logopäden mit staatlicher Anerkennung oder mit mindestens zweijähriger Fachausbildung an Universitätskliniken oder medizinischen Akademien mit Prüfung in einer Tätigkeit der Vergütungsgruppe 5c Ziffer 35 nach dreijähriger Bewährung in dieser Tätigkeit

32 (weggefallen)

33 (durch Überleitung in Teil II. Anhang Lehrkräfte entfallen)

34 Masseure, Masseure und medizinische Bademeister in einer Tätigkeit der Vergütungsgruppe 5c Ziffer 38 nach dreijähriger Bewährung in dieser Tätigkeit [40, 44]

34b (weggefallen)

bis 36 (durch Überleitung in Teil II. Anhang Lehrkräfte entfallen)

37 Medizinisch-technische Assistenten in einer Tätigkeit der Vergütungsgruppe 5c Ziffer 41 nach dreijähriger Bewährung in dieser Tätigkeit

38 Medizinisch-technische Assistenten mit entsprechender Tätigkeit, denen mindestens zwei medizinisch-technische Assistenten, medizinisch-technische Gehilfen oder sonstige Mitarbeiter, die aufgrund gleichwertiger Fähigkeiten und ihrer Erfahrung entsprechende Tätigkeiten ausüben, durch ausdrückliche Anordnung ständig unterstellt sind [77]

39 Medizinisch-technische Assistenten mit entsprechender Tätigkeit, die als Hilfskräfte bei wissenschaftlichen Forschungsaufgaben mit einem besonders hohen Maß an Verantwortlichkeit tätig sind [53]

40 (weggefallen)

41 Mitarbeiter als Berechner von Bezügen, deren Tätigkeit sich aus Vergütungsgruppe 6b Ziffer 44 dadurch heraushebt, dass sie aufgrund der angegebenen tatsächlichen Verhältnisse die Bezüge und Versorgungsbezüge selbstständig errechnen und die damit zusammenhängenden Arbeiten (z.B. Feststellung der Versicherungspflicht in der Sozialversicherung und der Zusatzversorgung, Bearbeitung von Abtretungen und Pfändungen) selbstständig ausführen sowie den damit zusammenhängenden Schriftwechsel selbstständig führen, nach sechsjähriger Bewährung in Vergütungsgruppe 5c Ziffer 42

42 (weggefallen)

43 Mitarbeiter, die in mehr als zwei fremden Sprachen geläufig nach Diktat schreiben und sich aus Vergütungsgruppe 5c Ziffer 48a dadurch herausheben, dass sie Schriftstücke in diesen Sprachen selbstständig abfassen

44 Mitarbeiter, die in zwei fremden Sprachen geläufig nach Diktat schreiben und sich aus Vergütungsgruppe 6b Ziffer 45 dadurch herausheben, dass sie Schriftstücke in diesen Sprachen selbstständig abfassen, nach langjähriger Bewährung in Vergütungsgruppe 5c Ziffer 48

45 Mitarbeiter, die in mehr als zwei fremden Sprachen geläufig nach Diktat schreiben oder einfache Übersetzungen aus diesen oder in diese Sprachen anfertigen, nach langjähriger Bewährung in Vergütungsgruppe 5c Ziffer 48a [99]

46 Mitarbeiter in Archiven, mit abgeschlossener Fachausbildung sowie Mitarbeiter, die aufgrund gleichwertiger Fähigkeiten und ihrer Erfahrungen entsprechende Tätigkeiten ausüben

bis 54 (weggefallen)

55 Mitarbeiter in der Verwaltung und Buchhaltung, deren Tätigkeit sich aus Vergütungsgruppe 6b Ziffer 57 dadurch heraushebt, dass sie selbstständige Leistungen erfordert, nach sechsjähriger Bewährung in Vergütungsgruppe 5c Ziffer 49 [123]

56 Mitarbeiter in der Verwaltung und Buchhaltung, deren Tätigkeit gründliche, umfassende Fachkenntnisse und selbstständige Leistungen erfordert [123, 124]

57 Mitarbeiter mit abgeschlossener Fachausbildung für den bibliothekarischen Dienst (Diplombibliothekare) mit entsprechender Tätigkeit

58 Mitarbeiter mit abgeschlossener Fachhochschulbildung und entsprechender Tätigkeit [9]

is 58d (weggefallen)

59 Orthoptisten mit staatlicher Anerkennung oder mindestens zweijähriger Fachausbildung an Universitätskliniken oder medizinischen Akademien mit Prüfung und entsprechender Tätigkeit, die als Hilfskräfte bei wissenschaftlichen Forschungsaufgaben mit einem besonders hohen Maß von Verantwortlichkeit tätig sind

60 (durch Überleitung in Teil II. Anhang Lehrkräfte entfallen)

61 Orthoptisten mit staatlicher Anerkennung oder mit mindestens zweijähriger Fachausbildung an Universitätskliniken oder medizinischen Akademien mit Prüfung in einer Tätigkeit der Vergütungsgruppe 5c Ziffer 51 nach dreijähriger Bewährung in dieser Tätigkeit

62 Orthoptisten mit staatlicher Anerkennung oder mit mindestens zweijähriger Fachausbildung an Universitätskliniken oder medizinischen Akademien mit Prüfung und entsprechender Tätigkeit, denen mindestens zwei Orthoptisten oder Mitarbeiter in der Tätigkeit von Orthoptisten durch ausdrückliche Anordnung ständig unterstellt sind [77]

63 (durch Überleitung in Teil II. Anhang Lehrkräfte entfallen)

64 Pharmazeutisch-technische Assistenten mit entsprechender Tätigkeit, denen mindestens zwei pharmazeutisch-technische Assistenten oder Apothekenhelfer mit Tätigkeiten mindestens der Vergütungsgruppe 7 durch ausdrückliche Anordnung ständig unterstellt sind [49, 77]

65 Pharmazeutisch-technische Assistenten mit entsprechender Tätigkeit, die als Hilfskräfte bei wissenschaftlichen Forschungsaufgaben mit einem besonders hohen Maß von Verantwortlichkeit tätig sind

66 Präparatoren in einer Tätigkeit der Vergütungsgruppe 5c Ziffer 53 oder 54 nach dreijähriger Bewährung in einer dieser Tätigkeiten

67 bis 69 (weggefallen)

69a Techniker mit staatlicher Anerkennung in der Tätigkeit von Beauftragten für die Medizingeräte-Verordnung nach dreijähriger Bewährung in Vergütungsgruppe 5c Ziffer 55a [129, 141]

70 Hauswirtschaftliche Betriebsleiter mit staatlicher Prüfung und entsprechender Tätigkeit in Einrichtungen mit mehr als 300 Plätzen [134]

70a Hauswirtschaftliche Betriebsleiter mit staatlicher Prüfung und entsprechender Tätigkeit in Einrichtungen mit mehr als 200 Plätzen nach vierjähriger Bewährung in Vergütungsgruppe 5c Ziffer 57 [134]

71 Mitarbeiter, deren Aufgabenbereich und Verantwortung mit den Tätigkeitsmerkmalen dieser Vergütungsgruppe vergleichbar ist [9]

Vergütungsgruppe 5c

1 (weggefallen)

2 Audiometristen mit staatlicher Anerkennung oder mit mindestens zweijähriger Fachausbildung an Universitätskliniken oder medizinischen Akademien in einer Tätigkeit der Vergütungsgruppe 6b Ziffer 5 nach zweijähriger Bewährung in dieser Tätigkeit

3 Audiometristen mit staatlicher Anerkennung oder mit mindestens zweijähriger Fachausbildung an Universitätskliniken oder medizinischen Akademien mit entsprechender Tätigkeit nach sechsmonatiger Berufsausübung nach erlangter staatlicher Anerkennung bzw. nach Abschluss der genannten Fachausbildung, die

überwiegend schwierige Aufgaben im Sinne der Vergütungsgruppe 6b Ziffer 5 erfüllen

4 Auswandererberater, sofern nicht aufgrund einer abgeschlossenen Ausbildung eine höhere Eingruppierung vorgesehen ist, nach vierjähriger Bewährung in der Vergütungsgruppe 6b Ziffer 8

5 Beschäftigungstherapeuten/Ergotherapeuten mit staatlicher Anerkennung in einer Tätigkeit der Vergütungsgruppe 6b Ziffer 9 nach zweijähriger Bewährung in dieser Tätigkeit

6 Beschäftigungstherapeuten/Ergotherapeuten mit staatlicher Anerkennung und entsprechender Tätigkeit nach sechsmonatiger Berufsausübung nach erlangter staatlicher Anerkennung, die überwiegend schwierige Aufgaben im Sinne der Vergütungsgruppe 6b Ziffer 9 erfüllen

7 Dermoplastiker (Moulageure) nach fünfjähriger Bewährung in dieser Tätigkeit

8 Desinfektoren mit Prüfung in einer Tätigkeit der Vergütungsgruppe 6b Ziffer 12 nach dreijähriger Bewährung in dieser Tätigkeit

9 Diätassistenten mit staatlicher Anerkennung als Leiter von Diätküchen, in denen durchschnittlich mindestens 200 Diätvollportionen täglich hergestellt werden [51]

10 Diätassistenten mit staatlicher Anerkennung, die als ständige Vertreter von Leiter von Diätküchen, in denen durchschnittlich mindestens 400 Diätvollportionen täglich hergestellt werden, durch ausdrückliche Anordnung bestellt sind [48, 51]

11 Diätassistenten mit staatlicher Anerkennung in einer Tätigkeit der Vergütungsgruppe 6b Ziffer 14, 15, 16 oder 17 nach zweijähriger Bewährung in einer dieser Tätigkeiten

12 Diätassistenten mit staatlicher Anerkennung nach sechsjähriger Bewährung in dieser Tätigkeit

13 Diätassistenten mit staatlicher Anerkennung und entsprechender Tätigkeit nach sechsmonatiger Berufsausübung nach erlangter staatlicher Anerkennung, die überwiegend schwierige Aufgaben im Sinne der Vergütungsgruppe 6b Ziffer 17 erfüllen

14 Dorfhelfer mit staatlicher Anerkennung und entsprechender Tätigkeit nach vierjähriger Bewährung in Vergütungsgruppe 6b Ziffer 19 [98]

s 20b (weggefallen)

21 Gartenbauinspektoren mit Diplom

22 Gärtnermeister, die sich aus der Vergütungsgruppe 6b dadurch herausheben, dass sie in einem besonders bedeutenden Arbeitsbereich mit einem höheren Maß an Verantwortlichkeit beschäftigt sind [141]

22a Gärtnermeister, soweit nicht anderweitig eingruppiert, nach vierjähriger Bewährung in Vergütungsgruppe 6b Ziffer 24 [141]

23 Handwerksmeister und Industriemeister, die sich aus der Vergütungsgruppe 6b dadurch herausheben, dass sie an einer besonders wichtigen Arbeitsstätte mit einem höheren Maß an Verantwortlichkeit beschäftigt sind [141]

23a Handwerksmeister und Industriemeister, soweit nicht anderweitig eingruppiert, nach vierjähriger Bewährung in Vergütungsgruppe 6b Ziffer 25 [141]

24 (weggefallen)

25 Handwerksmeister und Industriemeister, sofern sie große Arbeitsstätten (Bereiche, Werkstätten, Abteilungen oder Betriebe) zu beaufsichtigen haben, in denen Handwerker oder Facharbeiter beschäftigt sind [141]

26 Familienpfleger mit staatlicher Anerkennung und entsprechender Tätigkeit nach vierjähriger Bewährung in Vergütungsgruppe 6b Ziffer 26 [98]

26a Hauswirtschaftsmeister nach vierjähriger Bewährung in Vergütungsgruppe 6b Ziffer 26c

27 bis 28a (weggefallen)

29 (durch Überleitung in Teil II. Anhang Lehrkräfte entfallen)

30 Physiotherapeuten/Krankengymnasten in einer Tätigkeit der Vergütungsgruppe 6b Ziffer 28 nach zweijähriger Bewährung in dieser Tätigkeit

31 Physiotherapeuten/Krankengymnasten mit entsprechender Tätigkeit nach sechsmonatiger Berufsausübung nach erlangter staatlicher Erlaubnis, die überwiegend schwierige Aufgaben im Sinne der Vergütungsgruppe 6b Ziffer 28 erfüllen

31a bis 31b (weggefallen)

32 Küchenleiter von Küchen, in denen durchschnittlich täglich mehr als 60 Vollportionen hergestellt werden, nach vierjähriger Bewährung in Vergütungsgruppe 6b Ziffer 31 [132, 133]

32a Küchenleiter von Küchen, in denen durchschnittlich täglich mehr als 120 Vollportionen hergestellt werden [132, 133]

32b Mitarbeiter, die durch ausdrückliche Anordnung als ständige Vertreter der Küchenleiter von Küchen, in denen durchschnittlich täglich mehr als 120 Vollportionen hergestellt werden, bestellt sind, nach vierjähriger Bewährung in Vergütungsgruppe 6b Ziffer 31a [48, 132, 133]

32c Mitarbeiter, die durch ausdrückliche Anordnung als ständige Vertreter der Küchenleiter von Küchen, in denen durchschnittlich täglich mehr als 300 Vollportionen hergestellt werden, bestellt sind [48, 132, 133]

33 (weggefallen)

34 Logopäden mit staatlicher Anerkennung oder mit mindestens zweijähriger Fachausbildung an Universitätskliniken oder medizinischen Akademien mit Prüfung in einer Tätigkeit der Vergütungsgruppe 6b Ziffer 36 nach zweijähriger Bewährung in dieser Tätigkeit

35 Logopäden mit staatlicher Anerkennung oder mit mindestens zweijähriger Fachausbildung an Universitätskliniken oder medizinischen Akademien mit Prüfung und entsprechender Tätigkeit nach sechsmonatiger Berufsausübung nach erlangter staatlicher Anerkennung bzw. nach Abschluss der genannten Fachausbildung, die überwiegend schwierige Aufgaben im Sinne der Vergütungsgruppe 6b Ziffer 35 erfüllen

36 (durch Überleitung in Teil II. Anhang Lehrkräfte entfallen)

37 Masseure, Masseure und medizinische Bademeister in einer Tätigkeit der Vergütungsgruppe 6b Ziffer 39 oder 40 nach zweijähriger Bewährung in einer dieser Tätigkeiten [44]

38 Masseure, Masseure und medizinische Bademeister mit entsprechender Tätigkeit, denen mindestens acht Masseure, Masseure und medizinische Bademeister oder Mitarbeiter in der Tätigkeit von Masseuren oder Masseuren und medizinischen Bademeistern durch ausdrückliche Anordnung ständig unterstellt sind [44, 77]

39 Medizinisch-technische Assistenten in einer Tätigkeit der Vergütungsgruppe 6b Ziffer 42 nach zweijähriger Bewährung in dieser Tätigkeit [77]

40 Medizinisch-technische Assistenten mit entsprechender Tätigkeit nach sechsjähriger Bewährung in dieser Tätigkeit

41 Medizinisch-technische Assistenten mit entsprechender Tätigkeit nach sechsmonatiger Berufsausübung nach erlangter staatlicher Erlaubnis, die in nicht unerheblichem Umfange eine oder mehrere der folgenden Aufgaben erfüllen:

Wartung und Justierung von hochwertigen und schwierig zu bedienenden Messgeräten (z.B. Autoanalyzern) und Anlage der hierzu gehörenden Eichkurven, Bedienung eines Elektronenmikroskops sowie Vorbereitung der Präparate für Elektronenmikroskopie. Quantitative Bestimmung von Kupfer und Eisen, Bestimmung der Eisenbindungskapazität, schwierige Hormonbestimmungen, schwierige Fermentaktivitätsbestimmungen, schwierige gerinnungsphysiologische Untersuchungen. Virusisolierungen oder ähnliche schwierige mikrobiologische Verfahren, Gewebezüchtungen, schwierige Antikörperbestimmungen (z.B. Coombs-Test, Blutgruppen-Serologie). Vorbereitung und Durchführung von röntgenologischen Gefäßuntersuchungen in der Schädel-, Brust- oder Bauchhöhle. Mitwirkung bei Herzkatheterisierungen, Schichtaufnahmen in den drei Dimensionen mit Spezialgeräten, Encephalographien, Ventrikulographien, schwierigen intraoperativen Röntgenaufnahmen [46, 53]

41a Mitarbeiter als Berechner von Bezügen, deren Tätigkeit sich dadurch aus Vergütungsgruppe 7 Ziffer 36 heraushebt, dass sie aufgrund der angegebenen Merkmale die Bezüge selbstständig errechnen und die im Datenverarbeitungsverfahren erforderlichen Arbeiten und Kontrollen zur maschinellen Berechnung verantwortlich vornehmen und den damit verbundenen Schriftwechsel selbstständig führen, nach vierjähriger Bewährung in Vergütungsgruppe 6b Ziffer 44

42 Mitarbeiter als Berechner von Bezügen, deren Tätigkeit sich aus Vergütungsgruppe 6b Ziffer 44 dadurch heraushebt, dass sie aufgrund der angegebenen tatsächlichen Verhältnisse die Bezüge und Versorgungsbezüge selbstständig errechnen und die damit zusammenhängenden Arbeiten (z. B. Feststellung der Versicherungspflicht in der Sozialversicherung und der Zusatzversorgung, Bearbeitung von Abtretungen und Pfändungen) selbstständig ausführen sowie den damit zusammenhängenden Schriftwechsel selbstständig führen

42a Mitarbeiter mit einer für ihre Tätigkeit förderlichen Vorbildung als Leiter von Bahnhofsmissionen mit schwierigem Aufgabengebiet nach sechsjähriger Bewährung in Vergütungsgruppe 6b Ziffer 48b [137, 139]

is 47 (weggefallen)

48 Mitarbeiter, die in zwei fremden Sprachen geläufig nach Diktat schreiben und sich aus Vergütungsgruppe 6b Ziffer 45 dadurch herausheben, dass sie Schriftstücke in diesen Sprachen selbstständig abfassen

48a Mitarbeiter, die in mehr als zwei fremden Sprachen geläufig nach Diktat schreiben oder einfache Übersetzungen aus diesen oder in diese Sprachen anfertigen [99]

48b Mitarbeiter, die in zwei fremden Sprachen geläufig nach Diktat schreiben oder einfache Übersetzungen aus diesen oder in diese Sprachen anfertigen, nach mehrjähriger Bewährung in Vergütungsgruppe 6b Ziffer 45 [99]

48c Mitarbeiter in der Verwaltung und Buchhaltung, deren Tätigkeit gründliche und vielseitige Fachkenntnisse und mindestens zu einem Viertel selbstständige Leistungen erfordert, nach vierjähriger Bewährung in Vergütungsgruppe 6b Ziffer 57 [122, 123]

48d Mitarbeiter im Schreib- und Sekretariatsdienst, deren Tätigkeit Verwaltungsaufgaben umfasst, die gründliche und vielseitige Fachkenntnisse und mindestens zu einem Viertel selbstständige Leistungen erfordern, oder solche in besonders verantwortlicher Stellung nach vierjähriger Bewährung in Vergütungsgruppe 6b Ziffer 67 [122, 123]

49 Mitarbeiter in der Verwaltung und Buchhaltung, deren Tätigkeit sich aus Vergütungsgruppe 6b Ziffer 57 dadurch heraushebt, dass sie selbstständige Leistungen erfordert [123]

49a bis 49c (weggefallen)

50 Orthoptisten mit staatlicher Anerkennung oder mit mindestens zweijähriger Fachausbildung an Universitätskliniken oder medizinischen Akademien mit Prüfung in einer Tätigkeit der Vergütungsgruppe 6b Ziffer 60 nach zweijähriger Bewährung in dieser Tätigkeit

51 Orthoptisten mit staatlicher Anerkennung oder mit mindestens zweijähriger Fachausbildung an Universitätskliniken oder medizinischen Akademien mit Prüfung und entsprechender Tätigkeit nach sechsmonatiger Berufsausübung nach erlangter staatlicher Anerkennung bzw. nach Abschluss der genannten Fachausbildung, die überwiegend schwierige Aufgaben im Sinne der Vergütungsgruppe 6b Ziffer 60 erfüllen

52 Pharmazeutisch-technische Assistenten in einer Tätigkeit der Vergütungsgruppe 6b Ziffer 62 nach zweijähriger Bewährung in dieser Tätigkeit

53 Präparatoren, denen mindestens zwei Präparatoren, davon mindestens einer mit Tätigkeiten der Vergütungsgruppe 6b Ziffer 65, durch ausdrückliche Anordnung ständig unterstellt sind [77]

54 Präparatoren in einer Tätigkeit der Vergütungsgruppe 6b Ziffer 64 oder 65 nach dreijähriger Bewährung in einer dieser Tätigkeiten

55 (weggefallen)

55a Techniker mit staatlicher Anerkennung in der Tätigkeit von Beauftragten für die Medizingeräte-Verordnung [129, 141]

56 Verwalter von landwirtschaftlichen Betrieben mit einer dreijährigen Ausbildung in einer Ackerbauschule mit Fachprüfung, die in einem bedeutenden Arbeitsbereich mit einem hohen Maß von Verantwortlichkeit beschäftigt sind und durch den Umfang und die Bedeutung ihres Aufgabengebietes aus der Vergütungsgruppe 6b Ziffer 69 sich hervorheben

56a Wäschereileiter in Einrichtungen mit mehr als 300 Betten nach vierjähriger Bewährung in Vergütungsgruppe 6b Ziffer 70 [17, 135]

57 Hauswirtschaftliche Betriebsleiter mit staatlicher Prüfung und entsprechender Tätigkeit in Einrichtungen mit mehr als 200 Plätzen [134]

57a Hauswirtschaftliche Betriebsleiter mit staatlicher Prüfung und entsprechender Tätigkeit nach vierjähriger Bewährung in Vergütungsgruppe 6b Ziffer 26d [134]

58 Mitarbeiter, deren Aufgabenbereich und Verantwortung mit den Tätigkeitsmerkmalen dieser Vergütungsgruppe vergleichbar sind [9]

Vergütungsgruppe 6b

1 (weggefallen)

2 Apothekenhelfer mit Abschlussprüfung in Arzneimittelausgabestellen, denen mindestens drei Apothekenhelfer oder Mitarbeiter in der Tätigkeit von Apothekenhelfern durch ausdrückliche Anordnung ständig unterstellt sind [49, 50, 77]

3 Apothekenhelfer mit Abschlussprüfung in einer Tätigkeit der Vergütungsgruppe 7 Ziffer 3 nach vierjähriger Bewährung in dieser Tätigkeit [49]

4 Arzthelfer mit Abschlussprüfung in einer Tätigkeit der Vergütungsgruppe 7 Ziffer 5 nach vierjähriger Bewährung in dieser Tätigkeit

5 Audiometristen mit staatlicher Anerkennung oder mit mindestens zweijähriger Fachausbildung an Universitätskliniken oder medizinischen Akademien mit entsprechender Tätigkeit, die in nicht unerheblichem Umfang schwierige Aufgaben erfüllen (als „schwierige Aufgaben" gelten z.B. Fertigung von Sprach-, Spiel- und Reflexaudiogrammen, Gehörprüfung bei Kleinkindern und Patienten mit geistigen Behinderungen sowie Gehörgeräteanpassung und Gehörerziehung – Hörtraining – bei Kleinkindern) [46]

6 Audiometristen mit staatlicher Anerkennung oder mit mindestens zweijähriger Fachausbildung an Universitätskliniken oder medizinischen Akademien und entsprechender Tätigkeit

7 (weggefallen)

8 Auswandererberater, sofern nicht aufgrund einer abgeschlossenen Ausbildung eine höhere Eingruppierung vorgesehen ist

9 Beschäftigungstherapeuten/Ergotherapeuten mit staatlicher Anerkennung und entsprechender Tätigkeit, die in nicht unerheblichem Umfang schwierige Aufgaben erfüllen (als „schwierige Aufgaben" gelten z.B. Beschäftigungstherapie bei Querschnittslähmungen, in Kinderlähmungsfällen, mit spastisch Gelähmten, in Fällen von Dysmelien, in der Psychiatrie oder Geriatrie) [46]

10 Beschäftigungstherapeuten/Ergotherapeuten mit staatlicher Anerkennung und entsprechender Tätigkeit

11 Dermoplastiker (Moulageure) nach einjähriger Bewährung in Vergütungsgruppe 7 Ziffer 8

12 Desinfektoren mit Prüfung als Leiter des technischen Betriebs von Desinfektionsanstalten, denen mindestens neun Desinfektoren mit Prüfung durch ausdrückliche Anordnung ständig unterstellt sind [47, 77]

13 Desinfektoren mit Prüfung in einer Tätigkeit der Vergütungsgruppe 7 Ziffer 9, 10 oder 11 nach dreijähriger Bewährung in einer dieser Tätigkeiten

14 Diätassistenten mit staatlicher Anerkennung als Diätküchenleiter (§ 19 RdErl. RuPr. MdI vom 5. April 1937), die als Diätküchenleiterinnen tätig sind [52]

15 Diätassistenten mit staatlicher Anerkennung als Leiter von Diätküchen, in denen durchschnittlich mindestens 50 Diätvollportionen täglich hergestellt werden [51]

16 Diätassistenten mit staatlicher Anerkennung, die als ständige Vertreter von Leiter von Diätküchen, in denen durchschnittlich mindestens 200 Diätvollportionen täglich hergestellt werden, durch ausdrückliche Anordnung bestellt sind [48, 51]

17 Diätassistenten mit staatlicher Anerkennung und entsprechender Tätigkeit, die in nicht unerheblichem Umfang schwierige Aufgaben erfüllen („schwierige Aufgaben" sind z.B. Diätberatung von einzelnen Patienten, selbstständige Durchführung

A Überl.

von Ernährungserhebungen, Mitarbeit bei Grundlagenforschung im Fachbereich klinische Ernährungslehre, Herstellung und Berechnung spezifischer Diätformen bei dekompensierten Leberzirrhosen, Niereninsuffizienz, Hyperlipidämien, Stoffwechsel-Bilanz-Studien, Maldigestion und Malabsorption, nach Shuntoperationen, Kalzium-Test-Diäten, spezielle Anfertigung von Sonderernährung für Patienten auf Intensiv- und Wachstationen) [46]

18 Diätassistenten mit staatlicher Anerkennung und entsprechender Tätigkeit

19 Dorfhelfer mit staatlicher Anerkennung und entsprechender Tätigkeit [98]

20 bis 22a (weggefallen)

23 Gartenbautechniker mit Gartenbauschule und staatlicher Prüfung

24 Gärtnermeister, soweit nicht anderweitig eingruppiert [141]

24a Gärtnermeister mit kleinerem Aufgabenbereich nach vierjähriger Bewährung in Vergütungsgruppe 7 Ziffer 16 [141]

25 Handwerksmeister und Industriemeister, soweit nicht anderweitig eingruppiert [141]

25a Handwerksmeister und Industriemeister mit kleinerem Aufgabenbereich nach vierjähriger Bewährung in Vergütungsgruppe 7 Ziffer 17 [141]

25b Handwerker mit abgeschlossener Fachausbildung in verantwortlicher und selbstständiger Stellung nach vierjähriger Bewährung in Vergütungsgruppe 7 Ziffer 18 [142]

25c Hausmeister mit abgeschlossener handwerklicher Fachausbildung und besonders schwierigem oder besonders vielseitigem Tätigkeitsbereich nach vierjähriger Bewährung in Vergütungsgruppe 7 Ziffer 19

26 Familienpfleger mit staatlicher Anerkennung und entsprechender Tätigkeit [98]

26a Hauswirtschafter mit abgeschlossener Fachausbildung in besonders verantwortlicher und selbstständiger Tätigkeit nach vierjähriger Bewährung in Vergütungsgruppe 7 Ziffer 20b

26b Hauswirtschaftsmeister, Wirtschafter mit staatlicher Prüfung mit kleinerem Aufgabenbereich nach vierjähriger Bewährung in Vergütungsgruppe 7 Ziffer 20c

26c Hauswirtschaftsmeister, soweit nicht anderweitig eingruppiert

26d Hauswirtschaftliche Betriebsleiter mit staatlicher Prüfung und entsprechender Tätigkeit [134]

27 bis 27a (weggefallen)

28 Physiotherapeuten/Krankengymnasten mit entsprechender Tätigkeit, die in nicht unerheblichem Umfange schwierige Aufgaben erfüllen [16, 46]

29 Physiotherapeuten/Krankengymnasten mit entsprechender Tätigkeit

29a (weggefallen)

30 Mitarbeiter, die durch ausdrückliche Anordnung als ständige Vertreter der Küchenleiter von Küchen, in denen durchschnittlich täglich mehr als 60 Vollportionen hergestellt werden, bestellt sind, nach vierjähriger Bewährung in Vergütungsgruppe 7 Ziffer 25 [48, 132, 133]

31 Küchenleiter von Küchen, in denen durchschnittlich täglich mehr als 60 Vollportionen hergestellt werden [132, 133]

31a Mitarbeiter, die durch ausdrückliche Anordnung als ständige Vertreter der Küchenleiter von Küchen, in denen durchschnittlich täglich mehr als 120 Vollportionen hergestellt werden, bestellt sind [48, 132, 133]

32 Kursusleiter mit Lehrbefähigung zur handwerklichen, landwirtschaftlichen oder hauswirtschaftlichen Ausbildung

32a Landwirtschaftlich oder gärtnerisch tätige Mitarbeiter mit abgeschlossener Fachausbildung in besonders verantwortlicher und selbstständiger Tätigkeit nach vierjähriger Bewährung in Vergütungsgruppe 7 Ziffer 26

33 (weggefallen)

34 Leiter von Kassen, denen mindestens ein Mitarbeiter der Vergütungsgruppe 8 unterstellt ist

35 Logopäden mit staatlicher Anerkennung oder mindestens zweijähriger Fachausbildung an Universitätskliniken oder medizinischen Akademien mit Prüfung und entsprechender Tätigkeit, die in nicht unerheblichem Umfang schwierige Aufgaben erfüllen (als „schwierige Aufgaben" gelten z.B. die Behandlung von Kehlkopflosen, von Patienten nach Schlaganfällen oder Gehirnoperationen, von schwachsinnigen Patienten, von Aphasiepatienten, von Patienten mit spastischen Lähmungen im Bereich des Sprachapparates) [46]

36 Logopäden mit staatlicher Anerkennung oder mit mindestens zweijähriger Fachausbildung an Universitätskliniken oder medizinischen Akademien mit Prüfung und entsprechender Tätigkeit

37 (weggefallen)

38 Masseure, Masseure und medizinische Bademeister in einer Tätigkeit der Vergütungsgruppe 7 Ziffer 29, 30 oder 32 nach zweijähriger Bewährung in einer dieser Tätigkeiten [44]

39 Masseure, Masseure und medizinische Bademeister mit entsprechender Tätigkeit, denen mindestens vier Masseure, Masseure und medizinische Bademeister oder Mitarbeiter in der Tätigkeit von Masseuren oder Masseuren und medizinischen Bademeistern durch ausdrückliche Anordnung ständig unterstellt sind [44, 77]

40 Masseure, Masseure und medizinische Bademeister mit entsprechender Tätigkeit, denen mindestens zwei Masseure, Masseure und medizinische Bademeister oder Mitarbeiter in der Tätigkeit von Masseuren oder Masseuren und medizinischen Bademeistern durch ausdrückliche Anordnung ständig unterstellt sind und die überwiegend schwierige Aufgaben im Sinne der Vergütungsgruppe 7 Ziffer 30 oder 32 erfüllen [44, 77]

41 Medizinisch-technische Assistenten mit entsprechender Tätigkeit

42 Medizinisch-technische Assistenten mit entsprechender Tätigkeit, die in nicht unerheblichem Umfange schwierige Aufgaben erfüllen (als „schwierige Aufgaben" gelten z.B. der Diagnostik vorausgehende technische Arbeiten bei überwiegend selbstständiger Verfahrenswahl auf histologischem, mikrobiologischem, serologischem und quantitativ klinisch-chemischem Gebiet; ferner schwierige röntgenologische Untersuchungsverfahren, insbesondere zur röntgenologischen Funktionsdiagnostik, messtechnischen Aufgaben und Hilfeleistung bei der Verwendung von radioaktiven Stoffen sowie schwierige medizinisch-fotografische Verfahren) [46]

43 Medizinisch-technische Gehilfen mit staatlicher Prüfung nach zweisemestriger Ausbildung und entsprechender Tätigkeit, die in nicht unerheblichem Umfange schwierige Aufgaben im Sinne der Vergütungsgruppe 6b Ziffer 42 erfüllen, soweit

diese nicht den medizinisch-technischen Assistenten vorbehalten sind, und sonstige Mitarbeiter, die aufgrund gleichwertiger Fähigkeiten und ihrer Erfahrungen entsprechende Tätigkeiten ausüben, nach vierjähriger Bewährung in dieser Tätigkeit [46]

44 Mitarbeiter als Berechner von Bezügen, deren Tätigkeit sich dadurch aus Vergütungsgruppe 7 Ziffer 36 heraushebt, dass sie aufgrund der angegebenen Merkmale die Bezüge selbstständig errechnen und die im Datenverarbeitungsverfahren erforderlichen Arbeiten und Kontrollen zur maschinellen Berechnung verantwortlich vornehmen und den damit verbundenen Schriftwechsel selbstständig führen

44a Mitarbeiter als Berechner von Bezügen (wie Vergütung, Krankenvergütung, Urlaubsvergütung, Zuschuss zum Mutterschaftsgeld, Urlaubsgeld) und Versorgungsbezügen, deren Tätigkeit gründliche Fachkenntnisse erfordert, nach vierjähriger Bewährung in Vergütungsgruppe 7 Ziffer 36 [121]

45 Mitarbeiter, die in zwei fremden Sprachen geläufig nach Diktat schreiben oder einfache Übersetzungen aus diesen oder in diese Sprachen anfertigen [99]

46 Mitarbeiter, die in einer fremden Sprache geläufig nach Diktat schreiben oder einfache Übersetzungen aus dieser oder in diese Sprache anfertigen, nach vierjähriger Bewährung in Vergütungsgruppe 7 Ziffer 37 [99]

47 (weggefallen)

48 Mitarbeiter in Archiven in Tätigkeiten, die gründliche und vielseitige Fachkenntnisse im Archivdienst und in nicht unerheblichem Umfang selbstständige Leistungen erfordern

48a Mitarbeiter mit einer für ihre Tätigkeit förderlichen Vorbildung als Leiter von Bahnhofsmissionen mit umfangreichem Aufgabengebiet nach sechsjähriger Bewährung in Vergütungsgruppe 7 Ziffer 42c [137, 138]

48b Mitarbeiter mit einer für ihre Tätigkeit förderlichen Vorbildung als Leiter von Bahnhofsmissionen mit schwierigem Aufgabengebiet [137, 139]

49 bis 56 (weggefallen)

57 Mitarbeiter in der Verwaltung und Buchhaltung, deren Tätigkeit gründliche und vielseitige Fachkenntnisse und mindestens zu einem Viertel selbstständige Leistungen erfordert [122, 123]

58 Mitarbeiter in der Verwaltung und Buchhaltung, deren Tätigkeit gründliche und vielseitige Fachkenntnisse erfordert, nach vierjähriger Bewährung in Vergütungsgruppe 7 Ziffer 47 [122]

58a bis 58c (weggefallen)

59 Mitarbeiter mit abgeschlossener Fachschulbildung und entsprechender Tätigkeit

60 Orthoptisten mit staatlicher Anerkennung oder mit mindestens zweijähriger Fachausbildung an Universitätskliniken oder medizinischen Akademien mit Prüfung und entsprechender Tätigkeit, die in nicht unerheblichem Umfange schwierige Aufgaben erfüllen (als „schwierige Aufgaben“ gelten z.B. die Behandlung eingefahrener beidäugiger Anomalien, exzentrischer Fixation und Kleinstanomalien) [46]

61 Orthoptisten mit staatlicher Anerkennung oder mit mindestens zweijähriger Fachausbildung an Universitätskliniken oder medizinischen Akademien mit Prüfung und entsprechender Tätigkeit

62 Pharmazeutisch-technische Assistenten mit entsprechender Tätigkeit, die in nicht unerheblichem Umfange schwierige Aufgaben erfüllen [46, 55]

63 Pharmazeutisch-technische Assistenten mit entsprechender Tätigkeit

64 Präparatoren, denen mindestens zwei Präparatoren durch ausdrückliche Anordnung ständig unterstellt sind [77]

65 Präparatoren, die in nicht unerheblichem Umfange schwierige Aufgaben erfüllen („schwierige Aufgaben" sind z.B. Herstellung von Korrosionspräparaten, Darstellung feiner Gefäße und Nerven) [46]

66 Präparatoren mit entsprechender Tätigkeit nach dreijähriger Bewährung in dieser Tätigkeit

67 Mitarbeiter im Schreib- und Sekretariatsdienst, deren Tätigkeit Verwaltungsaufgaben umfasst, die gründliche und vielseitige Fachkenntnisse und mindestens zu einem Viertel selbstständige Leistungen erfordern, oder solche in besonders verantwortlicher Stellung [122, 123]

67a Mitarbeiter im Schreib- und Sekretariatsdienst, deren Tätigkeit sich aus Vergütungsgruppe 8 Ziffer 42 dadurch heraushebt, dass sie in erheblichem Umfang schwierigere und verantwortungsvolle Aufgaben umfasst oder außergewöhnliche Schreibleistungen erfordert, nach vierjähriger Bewährung in Vergütungsgruppe 7 Ziffer 63

68 Sektionsgehilfen in einer Tätigkeit der Vergütungsgruppe 7 nach sechsjähriger Bewährung in dieser Tätigkeit

69 Verwalter von landwirtschaftlichen Betrieben mit einer dreijährigen Ausbildung in einer Ackerbauschule und mit Fachprüfung

70 Wäschereileiter in Einrichtungen mit mehr als 300 Betten [17, 135]

70a (weggefallen)

70b Wäschereileiter in Einrichtungen mit mehr als 200 Betten nach vierjähriger Bewährung in Vergütungsgruppe 7 Ziffer 66 [17, 135]

71 (weggefallen)

72 Mitarbeiter, deren Aufgabenbereich und Verantwortung mit den Tätigkeitsmerkmalen dieser Vergütungsgruppe vergleichbar ist [9]

Vergütungsgruppe 7

1 (weggefallen)

2 Apothekenhelfer mit Abschlussprüfung und entsprechender Tätigkeit nach dreijähriger Bewährung in dieser Tätigkeit nach Abschluss der Ausbildung [49]

3 Apothekenhelfer mit Abschlussprüfung und schwierigen Aufgaben („schwierige Aufgaben" sind z.B. Taxieren, Mitwirkung bei der Herstellung von sterilen Lösungen oder sonstigen Arzneimitteln unter Verantwortung eines Apothekers) [49]

4 Arzthelfer mit Abschlussprüfung und entsprechender Tätigkeit nach dreijähriger Bewährung in dieser Tätigkeit nach Abschluss der Ausbildung

5 Arzthelfer mit Abschlussprüfung und schwierigen Aufgaben („schwierige Aufgaben" sind z.B. Patientenabrechnungen im stationären und ambulanten Bereich, Durchführung von Elektro-Kardiogrammen mit allen Ableitungen, Einfärben von zytologischen Präparaten oder gleich schwierigen Einfärbungen)

6 bis 7 (weggefallen)

8 Dermoplastiker (Moulageure) mit entsprechender Tätigkeit

9 Desinfektoren mit Prüfung als ausdrücklich bestellte ständige Vertreter von Leitern des technischen Betriebes von Desinfektionsanstalten, denen mindestens neun Desinfektoren mit Prüfung durch ausdrückliche Anordnung ständig unterstellt sind [47, 48, 77]

10 Desinfektoren mit Prüfung und entsprechender Tätigkeit, denen mindestens vier Desinfektoren mit Prüfung durch ausdrückliche Anordnung ständig unterstellt sind [77]

11 Desinfektoren mit Prüfung, die in nicht unerheblichem Umfang Aufsichtstätigkeit bei Begasungen mit hochgiftigen Stoffen ausüben [46]

12 Desinfektoren mit Prüfung in einer Tätigkeit der Vergütungsgruppe 8 Ziffer 4 oder 7 nach dreijähriger Bewährung in einer dieser Tätigkeiten

13 bis 15 (weggefallen)

16 Gärtnermeister mit kleinerem Aufgabenbereich [141]

17 Handwerksmeister und Industriemeister mit kleinerem Aufgabenbereich [141]

18 Handwerker mit abgeschlossener Fachausbildung in verantwortlicher und selbstständiger Tätigkeit [142]

18a Handwerker mit abgeschlossener Fachausbildung und entsprechender Tätigkeit nach zweijähriger Bewährung in Vergütungsgruppe 8 Ziffer 8 [142]

19 Hausmeister mit abgeschlossener handwerklicher Fachausbildung und besonders schwierigem oder besonders vielseitigem Tätigkeitsbereich

19a Hausmeister mit abgeschlossener handwerklicher Fachausbildung nach zweijähriger Bewährung in Vergütungsgruppe 8 Ziffer 9

20 (weggefallen)

20a Hauswirtschafter mit abgeschlossener Fachausbildung nach zweijähriger Bewährung in Vergütungsgruppe 8 Ziffer 9a

20b Hauswirtschafter mit abgeschlossener Fachausbildung in besonders verantwortlicher und selbstständiger Tätigkeit

20c Hauswirtschaftsmeister, Wirtschafter mit staatlicher Prüfung mit kleinerem Aufgabenbereich

21 bis 23 (weggefallen)

23a Köche nach zweijähriger Bewährung in Vergütungsgruppe 8 Ziffer 12

23b bis 24a (weggefallen)

25 Mitarbeiter, die durch ausdrückliche Anordnung als ständige Vertreter der Küchenleiter von Küchen, in denen durchschnittlich täglich mehr als 60 Vollportionen hergestellt werden, bestellt sind [48, 132, 133]

26 Landwirtschaftlich oder gärtnerisch tätige Mitarbeiter mit abgeschlossener Fachausbildung in besonders verantwortlicher und selbstständiger Tätigkeit

26a Landwirtschaftlich oder gärtnerisch tätige Mitarbeiter mit abgeschlossener Fachausbildung nach zweijähriger Bewährung in Vergütungsgruppe 8 Ziffer 15

27 bis 28 (weggefallen)

29 Masseure, Masseure und medizinische Bademeister mit entsprechender Tätigkeit, denen mindestens zwei Masseure, Masseure und medizinische Bademeister oder Mitarbeiter in der Tätigkeit von Masseuren oder Masseuren und medizinischen Bademeistern durch ausdrückliche Anordnung ständig unterstellt sind [44, 77]

30 Masseure mit entsprechender Tätigkeit, die schwierige Aufgaben erfüllen, nach sechsmonatiger Bewährung in dieser Tätigkeit (als „schwierige Aufgaben" gelten z.B. Verabreichung von Kohlesäuren- oder Sauerstoffbädern bei Herz- und Kreislaufbeschwerden, Massage- oder Bäderbehandlung nach Schlaganfällen oder bei Kinderlähmung, Massagebehandlung von Frischoperierten)

31 Masseure mit entsprechender Tätigkeit nach dreijähriger Bewährung in dieser Tätigkeit nach Abschluss der Ausbildung

32 Masseure und medizinische Bademeister mit entsprechender Tätigkeit, die schwierige Aufgaben erfüllen, nach Abschluss der Ausbildung [18, 44]

33 Masseure und medizinische Bademeister mit entsprechender Tätigkeit nach zweieinhalbjähriger Bewährung in dieser Tätigkeit [44]

34 (weggefallen)

35 Medizinisch-technische Gehilfen mit staatlicher Prüfung nach zweisemestriger Ausbildung und mit entsprechender Tätigkeit und sonstige Mitarbeiter, die aufgrund gleichwertiger Fähigkeiten und ihrer Erfahrungen entsprechende Tätigkeiten ausüben, nach dreijähriger Bewährung in dieser Tätigkeit

36 Mitarbeiter als Berechner von Bezügen (wie Vergütung, Krankenvergütung, Urlaubsvergütung, Zuschuss zum Mutterschaftsgeld, Urlaubsgeld) und Versorgungsbezügen, deren Tätigkeit gründliche Fachkenntnisse erfordert [121]

37 Mitarbeiter, die in einer fremden Sprache geläufig nach Diktat schreiben oder einfache Übersetzungen aus dieser oder in diese Sprache anfertigen [93]

bis 41 (weggefallen)

42 Mitarbeiter in Archiven mit gründlichen Fachkenntnissen

42a Mitarbeiter in der Bahnhofsmission mit einer für ihre Tätigkeit förderlichen Vorbildung und schwierigem Aufgabengebiet nach dreijähriger Bewährung in Vergütungsgruppe 8 Ziffer 20b [137, 139]

42b Mitarbeiter mit einer für ihre Tätigkeit förderlichen Vorbildung als Leiter von Bahnhofsmissionen mit einfachem Aufgabengebiet nach dreijähriger Bewährung in Vergütungsgruppe 8 Ziffer 20c [137]

42c Mitarbeiter mit einer für ihre Tätigkeit förderlichen Vorbildung als Leiter von Bahnhofsmissionen mit umfangreichem Aufgabengebiet [137, 138]

bis 46 (weggefallen)

47 Mitarbeiter in der Verwaltung und Buchhaltung, deren Tätigkeit gründliche und vielseitige Fachkenntnisse erfordert [122]

48 (weggefallen)

49 Mitarbeiter in der Verwaltung und Buchhaltung, deren Tätigkeit gründliche Fachkenntnisse erfordert, oder mit schwierigerer Tätigkeit, nach zweijähriger Bewährung in Vergütungsgruppe 8 Ziffer 25 [120, 121]

bis 51 (weggefallen)

52 Mitarbeiter mit gründlichen Fachkenntnissen im Bibliotheksdienst

53 Mitarbeiter ohne staatliche Anerkennung in der Tätigkeit von Diätassistenten nach dreijähriger Bewährung in dieser Tätigkeit

54 Mitarbeiter ohne staatliche Anerkennung in der Tätigkeit von Audiometristen nach dreijähriger Bewährung in dieser Tätigkeit

55 Mitarbeiter ohne staatliche Anerkennung in der Tätigkeit von Beschäftigungstherapeuten/Ergotherapeuten nach dreijähriger Bewährung in dieser Tätigkeit

56 Mitarbeiter ohne staatliche Anerkennung in der Tätigkeit von Logopäden nach dreijähriger Bewährung in dieser Tätigkeit

57 Mitarbeiter ohne staatliche Anerkennung in der Tätigkeit von Orthoptisten nach dreijähriger Bewährung in dieser Tätigkeit

58 Mitarbeiter ohne staatliche Erlaubnis in der Tätigkeit von Physiotherapeuten/Krankengymnasten nach dreijähriger Bewährung in dieser Tätigkeit

59 bis 60 (weggefallen)

61 Präparatoren mit entsprechender Tätigkeit

62 (weggefallen)

63 Mitarbeiter im Schreib- und Sekretariatsdienst, deren Tätigkeit sich aus Vergütungsgruppe 8 Ziffer 42 dadurch heraushebt, dass sie in erheblichem Umfang schwierigere und verantwortungsvolle Aufgaben umfasst oder außergewöhnliche Schreibleistungen erfordert

63a Mitarbeiter im Schreib- und Sekretariatsdienst, deren Tätigkeit sich aus Vergütungsgruppe 9 Ziffer 33 dadurch heraushebt, dass sie Schriftstücke nach skizzierten Angaben oder – bei wiederkehrenden Arbeiten – auch ohne Anleitung in Anlehnung an ähnliche Vorgänge erledigen nach zweijähriger Bewährung in Vergütungsgruppe 8 Ziffer 42

64 Sektionsgehilfen, die in nicht unerheblichem Umfange auch Präparatorentätigkeiten ausüben und denen mindestens zwei Sektionsgehilfen durch ausdrückliche Anordnung ständig unterstellt sind [46, 77]

64a Telefonisten mit umfangreicher oder schwieriger Tätigkeit nach zweijähriger Bewährung in Vergütungsgruppe 8 Ziffer 43

65 Verwalter von Landwirtschaftsbetrieben, landwirtschaftliche Baumeister mit Meisterprüfung oder landwirtschaftlicher Winterschule, Melker mit Fachprüfung

66 Wäschereileiter in Einrichtungen mit mehr als 200 Betten [135]

66a Wäschereileiter nach zweijähriger Bewährung in Vergütungsgruppe 8 Ziffer 44 [17, 135]

67 bis 68 (weggefallen)

69 Mitarbeiter, deren Aufgabengebiet und Verantwortung mit den Tätigkeitsmerkmalen dieser Vergütungsgruppe vergleichbar ist [9]

Vergütungsgruppe 8

1 Apothekenhelfer mit Abschlussprüfung und entsprechender Tätigkeit [49]

2 Arzthelfer mit Abschlussprüfung und entsprechender Tätigkeit

3 Bademeister mit staatlicher Prüfung

4 Desinfektoren mit Prüfung und entsprechender Tätigkeit, denen in nicht unerheblichem Umfange auch die Tätigkeiten eines Gesundheitsaufsehers übertragen sind [46]

5 Desinfektoren mit Prüfung und entsprechender Tätigkeit mit einer Handwerker- oder Facharbeiterausbildung

6 Desinfektoren mit Prüfung und entsprechender Tätigkeit nach einjähriger Bewährung in dieser Tätigkeit

7 Desinfektoren mit Prüfung und entsprechender Tätigkeit, denen mindestens zwei Desinfektoren mit Prüfung durch ausdrückliche Anordnung ständig unterstellt sind [77]

8 Handwerker mit abgeschlossener Fachausbildung und entsprechender Tätigkeit [142]

9 Hausmeister mit abgeschlossener handwerklicher Fachausbildung

9a Hauswirtschafter mit abgeschlossener Fachausbildung

bis 11 (weggefallen)

12 Köche mit Gehilfenprüfung

bis 14 (weggefallen)

15 Landwirtschaftlich oder gärtnerisch tätige Mitarbeiter mit abgeschlossener Fachausbildung

16 Masseure mit entsprechender Tätigkeit

17 Masseure und medizinische Bademeister mit entsprechender Tätigkeit [44]

18 Medizinisch-technische Gehilfen mit staatlicher Prüfung nach zweisemestriger Ausbildung und mit entsprechender Tätigkeit und sonstige Mitarbeiter, die aufgrund gleichwertiger Fähigkeiten und ihrer Erfahrungen entsprechende Tätigkeiten ausüben

bis 20 (weggefallen)

20a Mitarbeiter in der Bahnhofsmission mit einer ihrer Tätigkeit förderlichen Vorbildung oder berufsbegleitenden Schulung nach zweijähriger Bewährung in Vergütungsgruppe 9a Ziffer 1c [137]

20b Mitarbeiter in der Bahnhofsmission mit einer für ihre Tätigkeit förderlichen Vorbildung und schwierigem Aufgabengebiet [137, 139]

20c Mitarbeiter mit einer für ihre Tätigkeit förderlichen Vorbildung als Leiter von Bahnhofsmissionen mit einfachem Aufgabengebiet [137]

s 24a (weggefallen)

25 Mitarbeiter in der Verwaltung und Buchhaltung, deren Tätigkeit gründliche Fachkenntnisse erfordert, oder mit schwierigerer Tätigkeit [120, 121]

26 (weggefallen)

27 Mitarbeiter mit schwierigen Tätigkeiten in Archiven

28 Mitarbeiter mit schwierigen Tätigkeiten in Büchereien

29 Mitarbeiter ohne Prüfung in der Tätigkeit von Apothekenhelfer nach dreijähriger Bewährung in dieser Tätigkeit

30 Mitarbeiter ohne Prüfung in der Tätigkeit von Arzthelfer nach dreijähriger Bewährung in dieser Tätigkeit

31 Mitarbeiter ohne staatliche Anerkennung in der Tätigkeit von Audiometristen

32 Mitarbeiter ohne staatliche Anerkennung in der Tätigkeit von Beschäftigungstherapeuten/Ergotherapeuten

33 Mitarbeiter ohne staatliche Anerkennung in der Tätigkeit von Diätassistenten

34 Mitarbeiter ohne staatliche Erlaubnis in der Tätigkeit von Physiotherapeuten/Krankengymnasten

35 Mitarbeiter ohne staatliche Anerkennung in der Tätigkeit von Logopäden

36 Mitarbeiter ohne staatliche Prüfung in der Tätigkeit von Masseuren oder von Masseuren und medizinischen Bademeistern nach dreijähriger Bewährung in dieser Tätigkeit [44, 45]

37 Mitarbeiter ohne staatliche Anerkennung in der Tätigkeit von Orthoptisten

38 Orthopädiemechaniker

39 bis 40 (weggefallen)

41 Sektionsgehilfen nach einjähriger Bewährung in dieser Tätigkeit

42 Mitarbeiter im Schreib- und Sekretariatsdienst, deren Tätigkeit sich aus Vergütungsgruppe 9 Ziffer 33 dadurch heraushebt, dass sie Schriftstücke nach skizzierten Angaben oder – bei wiederkehrenden Arbeiten – auch ohne Anleitung in Anlehnung an ähnliche Vorgänge erledigen

43 Telefonisten mit umfangreicher oder schwieriger Tätigkeit

44 Wäschereileiter [17, 135]

45 (weggefallen)

46 Mitarbeiter, deren Aufgabenbereich und Verantwortung mit den Tätigkeitsmerkmalen dieser Vergütungsgruppe vergleichbar ist [9]

Vergütungsgruppe 9a

1 bis 1a (weggefallen)

1b Mitarbeiter in der Bahnhofsmission ohne Ausbildung nach zweijähriger Bewährung in Vergütungsgruppe 9 Ziffer 14a [143]

1c Mitarbeiter in der Bahnhofsmission mit einer ihrer Tätigkeit förderlichen Vorbildung oder berufsbegleitenden Schulung [137]

2 Mitarbeiter in der Verwaltung und Buchhaltung mit einfacheren Tätigkeiten nach zweijähriger Bewährung in Vergütungsgruppe 9 Ziffer 16 [21, 143]

2a Mitarbeiter mit Tätigkeiten in einem anerkannten Anlernberuf nach zweijähriger Bewährung in Vergütungsgruppe 9 Ziffer 17a [143, 150]

2b Mitarbeiter mit Tätigkeiten, für die eine fachliche Einarbeitung erforderlich ist, mit selbstständiger Tätigkeit nach zweijähriger Bewährung in Vergütungsgruppe 9 Ziffer 9 [143, 150]

3 Mitarbeiter mit einfacherer Tätigkeit in Archiven nach zweijähriger Bewährung in Vergütungsgruppe 9 Ziffer 18 [143]

4 Mitarbeiter mit einfacher Tätigkeit in Büchereien nach zweijähriger Bewährung in Vergütungsgruppe 9 Ziffer 20 [143]

4a Mitarbeiter ohne Ausbildung in der Tätigkeit von Dorfhelfern nach zweijähriger Bewährung in Vergütungsgruppe 9 Ziffer 23 [143, 150]

4b Mitarbeiter ohne Ausbildung in der Tätigkeit von Familienpflegern nach zweijähriger Bewährung in Vergütungsgruppe 9 Ziffer 24 [143, 150]

5 Pförtner in Einrichtungen mit mehr als 200 Betten nach zweijähriger Bewährung in Vergütungsgruppe 9 Ziffer 30 [143]

6 Mitarbeiter im Schreibdienst nach zweijähriger Bewährung in Vergütungsgruppe 9 Ziffer 33 [20, 143]

7 Telefonisten nach zweijähriger Bewährung in Vergütungsgruppe 9 Ziffer 35 [143]

8 Beiköche in selbstständiger Tätigkeit nach zweijähriger Bewährung in Vergütungsgruppe 9 Ziffer 1 [143, 150]

Vergütungsgruppe 9

1 Beiköche in selbstständiger Tätigkeit[150]

2 Beiköche nach zweijähriger Bewährung in Vergütungsgruppe 10 Ziffer 2 [136, 143, 150]

3 Mitarbeiter mit Tätigkeiten, für die eine fachliche Einarbeitung erforderlich ist, nach zweijähriger Bewährung in Vergütungsgruppe 10 Ziffer 1 [143, 150]

4 Boten nach zweijähriger Bewährung in Vergütungsgruppe 10 Ziffer 3 [143]

5 Desinfektoren mit Prüfung und entsprechender Tätigkeit

6 bis 7 (weggefallen)

8 Hausmeister (Hauswarte), soweit nicht als Hausmeister mit abgeschlossener handwerklicher Fachausbildung in der Vergütungsgruppe 8, nach zweijähriger Bewährung in Vergütungsgruppe 10 Ziffer 6 [143, 150]

9 Mitarbeiter mit Tätigkeiten, für die eine fachliche Einarbeitung erforderlich ist, mit selbstständiger Tätigkeit[150]

10 bis 11 (weggefallen)

12 Kraftfahrer ohne entsprechende handwerkliche Ausbildung nach zweijähriger Bewährung in Vergütungsgruppe 10 Ziffer 8 [143]

13 Landwirtschaftlich oder gärtnerisch tätige Mitarbeiter ohne Fachausbildung nach fünfjähriger Bewährung in Vergütungsgruppe 10 Ziffer 9 [143, 150]

14 (weggefallen)

14a Mitarbeiter ohne Ausbildung in der Bahnhofsmission

bis 15 (weggefallen)

16 Mitarbeiter in der Verwaltung und Buchhaltung mit einfacheren Tätigkeiten [21]

17 Mitarbeiter in der Verwaltung und Buchhaltung mit mechanischen Tätigkeiten nach zweijähriger Bewährung in Vergütungsgruppe 10 Ziffer 12 [22, 143]

17a Mitarbeiter mit Tätigkeiten in einem anerkannten Anlernberuf[150]

18 Mitarbeiter mit einfacherer Tätigkeit in Archiven

19 Mitarbeiter mit vorwiegend mechanischer Tätigkeit in Archiven nach zweijähriger Bewährung in Vergütungsgruppe 10 Ziffer 14 [143]

20 Mitarbeiter mit einfacher Tätigkeit in Büchereien

21 Mitarbeiter mit überwiegend mechanischer Tätigkeit in Büchereien nach zweijähriger Bewährung in Vergütungsgruppe 10 Ziffer 13 [143]

22 (weggefallen)

23 Mitarbeiter ohne Ausbildung in der Tätigkeit von Dorfhelfern [150]

24 Mitarbeiter ohne Ausbildung in der Tätigkeit von Familienpflegern [150]

25 Mitarbeiter ohne Prüfung in der Tätigkeit von Apothekenhelfern

26 Mitarbeiter ohne Prüfung in der Tätigkeit von Arzthelfern

27 Mitarbeiter ohne staatliche Prüfung in der Tätigkeit von Masseuren oder von Masseuren und medizinischen Bademeistern

28 und 29 (weggefallen)

30 Pförtner in Einrichtungen mit mehr als 200 Betten

31 Pförtner nach zweijähriger Bewährung in Vergütungsgruppe 10 Ziffer 16 [143]

32 (weggefallen)

33 Mitarbeiter im Schreibdienst [20]

34 Sektionsgehilfen

35 Telefonisten

36 bis 37 (weggefallen)

38 Mitarbeiter, deren Aufgabenbereich und Verantwortung mit den Tätigkeitsmerkmalen dieser Vergütungsgruppe vergleichbar ist [9, 150]

Vergütungsgruppe 10

1 Mitarbeiter mit Tätigkeiten, für die eine fachliche Einarbeitung erforderlich ist[150]

2 Beiköche[150]

3 Boten

4 bis 5 (weggefallen)

6 Hausmeister (Hauswarte), soweit nicht als Hausmeister mit abgeschlossener handwerklicher Fachausbildung in Vergütungsgruppe 8 [150]

6a Hauswirtschaftliche, gärtnerische und landwirtschaftliche Hilfskräfte sowie Reinigungskräfte nach zweijähriger Bewährung in Vergütungsgruppe 11 Ziffer 1 [143, 150]

7 Helfer in sonstigen sozialen Einrichtungen [150]

8 Kraftfahrer ohne entsprechende handwerkliche Ausbildung

9 Landwirtschaftlich oder gärtnerisch tätige Mitarbeiter ohne Fachausbildung [150]

10 Laborgehilfen

11 bis 11a (weggefallen)

12 Mitarbeiter in der Verwaltung und Buchhaltung mit mechanischen Tätigkeiten [22]

13 Mitarbeiter mit überwiegend mechanischer Tätigkeit in Büchereien

14 Mitarbeiter mit vorwiegend mechanischer Tätigkeit in Archiven

15 (weggefallen)

16 Pförtner

17 Mitarbeiter, deren Aufgabenbereich und Verantwortung mit den Tätigkeitsmerkmalen dieser Vergütungsgruppe vergleichbar ist [9, 150]

18 Betreuungskräfte in der ambulanten Pflege mit Tätigkeiten zur Unterstützung im Alltag, soweit sie im Rahmen der von ihnen auszuübenden Tätigkeiten in einem Umfang von mindestens 25 v.H. ihrer vereinbarten Arbeitszeit gemeinsam mit Bezieherinnen und Beziehern von Pflegeleistungen tagesstrukturierend, aktivierend, betreuend oder pflegend tätig werden [144, 145, 146, 147, 148, 149, 150]

19 Betreuungskräfte mit Tätigkeiten in der Betreuung und Aktivierung in stationären Pflegeeinrichtungen, soweit sie im Rahmen der von ihnen auszuübenden Tätigkeiten in einem Umfang von mindestens 25 v.H. ihrer vereinbarten Arbeitszeit gemeinsam mit Bezieherinnen und Beziehern von Pflegeleistungen tagesstrukturierend, aktivierend, betreuend oder pflegend tätig werden [144, 145, 146, 147, 148, 149, 150]

Vergütungsgruppe 11

1 Hauswirtschaftliche, gärtnerische und landwirtschaftliche Hilfskräfte sowie Reinigungskräfte [151]

2 bis 3 (weggefallen)

Vergütungsgruppe 12

1 Mitarbeiter, deren Beschäftigung nach §2 Abs. 1 Buchst. a und b AVR erfolgt, wenn die Anwendung der AVR mit ihnen nicht ausdrücklich durch schriftlichen Vertrag ausgeschlossen wurde

> *Hinweis:*
>
> § 3 Buchst. a und b in der am 31. Dezember 2026 geltenden Fassung der AVR wurde inhaltsgleich in § 2 Abs. 1 Buchst. a und b AVR übernommen.

2 bis 4 (weggefallen)

Anmerkungen zu den Tätigkeitsmerkmalen der Vergütungsgruppen 1–12

Die nachstehenden Anmerkungen sind bei der Einstufung der Mitarbeiter in das Vergütungsgruppenverzeichnis zu beachten.

I

Wissenschaftliche Hochschulbildung

[1]Eine abgeschlossene wissenschaftliche Hochschulbildung liegt vor, wenn das Studium an einer staatlichen Hochschule im Sinne des § 1 Hochschulrahmengesetz (HRG) oder einer nach § 70 HRG staatlich anerkannten Hochschule

a) mit einer nicht an einer Fachhochschule abgelegten ersten Staatsprüfung, Magisterprüfung oder Diplomprüfung oder

b) mit einer Masterprüfung

beendet worden ist. [2]Diesen Prüfungen steht eine Promotion oder die Akademische Abschlussprüfung (Magisterprüfung) einer Philosophischen Fakultät nur in den Fällen gleich, in denen die Ablegung einer ersten Staatsprüfung, einer Masterprüfung oder einer Diplomprüfung nach den einschlägigen Ausbildungsvorschriften nicht vorgesehen ist. [3]Eine abgeschlossene wissenschaftliche Hochschulbildung im Sinne des Satzes 1 Buchst. a setzt voraus, dass die Abschlussprüfung in einem Studiengang abgelegt wurde, der seinerseits mindestens das Zeugnis der Hochschulreife (allgemeine Hochschulreife oder einschlägige fachgebundene Hochschulreife) oder eine andere landesrechtliche Hochschulzugangsberechtigung als Zugangsvoraussetzung erfordert, und für den Abschluss eine Regelstudienzeit von mindestens acht Semestern – ohne etwaige Praxissemester, Prüfungssemester o.Ä. – vorschreibt. [4]Ein Bachelorstudiengang erfüllt diese Voraussetzung

A Überl.

auch dann nicht, wenn mehr als sechs Semester für den Abschluss vorgeschrieben sind. [5]Der Masterstudiengang muss nach den Regelungen des Akkreditierungsrats akkreditiert sein. [6]Ein Abschluss an einer ausländischen Hochschule gilt als abgeschlossene wissenschaftliche Hochschulbildung, wenn er von der zuständigen staatlichen Stelle als dem deutschen Hochschulabschluss vergleichbar bewertet wurde.

Anmerkung zu Satz 5:

Das Akkreditierungserfordernis ist bis zum 31. Dezember 2029 ausgesetzt.

Hochschulbildung

[1]Eine abgeschlossene Hochschulbildung liegt vor, wenn von einer staatlichen Hochschule im Sinne des § 1 HRG oder einer nach § 70 HRG staatlich anerkannten Hochschule ein Diplomgrad mit dem Zusatz „Fachhochschule" („FH"), ein anderer nach § 18 HRG gleichwertiger Abschlussgrad oder ein Bachelorgrad verliehen wurde. [2]Die Abschlussprüfung muss in einem Studiengang abgelegt worden sein, der seinerseits mindestens das Zeugnis der Hochschulreife (allgemeine Hochschulreife oder einschlägige fachgebundene Hochschulreife) oder eine andere landesrechtliche Hochschulzugangsberechtigung als Zugangsvoraussetzung erfordert, und für den Abschluss eine Regelstudienzeit von mindestens sechs Semestern – ohne etwaige Praxissemester, Prüfungssemester o.Ä. – vorschreibt. [3]Der Bachelorstudiengang muss nach den Regelungen des Akkreditierungsrats akkreditiert sein. [4]Dem gleichgestellt sind Abschlüsse in akkreditierten Bachelorausbildungsgängen an Berufsakademien. [5]Ein Abschluss an einer ausländischen Hochschule gilt als abgeschlossene Hochschulbildung, wenn er von der zuständigen staatlichen Stelle als dem deutschen Hochschulabschluss vergleichbar bewertet wurde.

Anmerkung zu Satz 3 und 4:

Das Akkreditierungserfordernis ist bis zum 31. Dezember 2029 ausgesetzt.

II

[1]Die Rechtsstellung der Mitarbeiter, die beim Inkrafttreten der Beschlüsse der „Ständigen arbeitsrechtlichen Kommission" vom 16. und 26. Juli 1968 bzw. vom 11. Juni 1970 eine Tätigkeit ausgeübt haben, die nach der Neufassung des Berufsgruppenverzeichnisses bzw. nach der Änderung des Vergütungsgruppenverzeichnisses eine bestimmte Ausbildung für die Einstufung in einer Vergütungsgruppe voraussetzt, ohne diese nachweisen zu können, wird nicht vermindert. [2]Üben diese Mitarbeiter ihre Tätigkeit seit mindestens zehn Jahren zum Zeitpunkt des Inkrafttretens dieser Kommissionsbeschlüsse aus, so werden sie den Mitarbeitern mit der jeweils vorgeschriebenen Ausbildung gleichgestellt. [3]Für Mitarbeiter, die bei Inkrafttreten dieser Kommissionsbeschlüsse noch keine zehn Jahre ihre jetzige Tätigkeit ausüben, treten die Wirkungen dieser Kommissionsbeschlüsse in Kraft, sobald sie ununterbrochen mindestens zehn Jahre die bisherige Tätigkeit erfüllt haben.

III

Mitarbeiter, die mit berufsfremden Aufgaben betraut sind, sind entsprechend der ausgeübten Tätigkeit einzustufen.

IV

(weggefallen)

V

Ist die Einstufung eines Mitarbeiters in eine bestimmte Vergütungsgruppe von der Anzahl der Betten in der Einrichtung abhängig, in der er tätig ist, so sind Personalbetten und vorübergehend zusätzlich aufgestellte Betten für die Benutzer der Einrichtung nicht anrechnungsfähig.

VI

(weggefallen)

VII

[1]Aufgrund des Artikels 37 des Einigungsvertrages und der Vorschriften hierzu als gleichwertig festgestellte Abschlüsse, Prüfungen und Befähigungsnachweise stehen ab dem Zeitpunkt ihres Erwerbes den in den Tätigkeitsmerkmalen geforderten entsprechenden Anforderungen gleich. [2]Ist die Gleichwertigkeit erst nach Erfüllung zusätzlicher Erfordernisse festgestellt worden, gilt die Gleichstellung ab der Feststellung.

**
*

1 Die Berufung beziehungsweise Bestellung oder Anordnung erfolgt ausschließlich durch den Rechtsträger der Einrichtung.

2 Ist die Eingruppierung von der Zahl der unterstellten Apotheker abhängig, gilt Folgendes:

a) Für die Eingruppierung ist es unschädlich, wenn im Organisations- und Stellenplan zur Besetzung ausgewiesene Stellen nicht besetzt sind.

b) Bei der Zahl der unterstellten Apotheker zählen nur diejenigen unterstellten Apotheker mit, die in einem Dienstverhältnis zu demselben Dienstgeber stehen oder im Krankenhaus von diesem zur Krankenversorgung eingesetzt werden.

c) Teilzeitbeschäftigte Mitarbeiter zählen entsprechend dem Verhältnis der mit ihnen im Dienstvertrag vereinbarten Arbeitszeit zur regelmäßigen Arbeitszeit eines vollzeitbeschäftigten Mitarbeiters.

3 [1]Dienststellen von zentraler Bedeutung im Sinne dieser Einstufungsbestimmung sind Dienststellen, deren Aufgabenbereich sich über das Bundesgebiet erstreckt. [2]Die Einstufungsvoraussetzung, „ein Aufgabengebiet abschließend bearbeiten“, ist auch dann erfüllt, wenn der Mitarbeiter nicht die letzte Entscheidungsbefugnis besitzt.

4 [1]Dienststellen von überregionaler Bedeutung im Sinne dieser Einstufungsbestimmung sind Dienststellen, deren Aufgabenbereich sich mindestens auf den Gesamtbereich einer Diözese erstreckt. [2]Die Einstufungsvoraussetzung, „ein Aufgabengebiet abschließend bearbeiten", ist auch dann erfüllt, wenn der Mitarbeiter nicht die letzte Entscheidungsbefugnis besitzt.

5 [1]Ständiger Vertreter im Sinne des Tätigkeitsmerkmals ist nur der Arzt (Zahnarzt), der den leitenden Arzt (leitenden Zahnarzt) in der Gesamtheit seiner Dienstaufgaben vertritt. [2]Das Tätigkeitsmerkmal kann daher innerhalb einer Abteilung nur von einem Arzt (Zahnarzt) erfüllt werden.

6 bis 7 (weggefallen)

8 Verwaltungsleiter, die das Seminar für Krankenhausverwaltungen an der Universität Köln bzw. das Seminar für Krankenhausleitung und -verwaltung an der Universität Düsseldorf erfolgreich absolviert haben, erfüllen die Voraussetzung für das Eingruppierungsmerkmal gleichwertige Fähigkeiten.

9 Hier sind nur Mitarbeiter mit solchen Tätigkeiten einzustufen, für die im Vergütungsgruppenverzeichnis kein Tätigkeitsmerkmal ausdrücklich aufgeführt ist.

10 bis 13 (weggefallen)

14 Wesentliche Funktionen der Betriebs- und Wirtschaftsführung liegen in der Regel vor, wenn Geschäftsführungsfunktionen des Einrichtungsträgers mit übertragen sind oder die Mittel eines Wirtschaftsplanes oder eines Teilwirtschaftsplanes im Wesentlichen eigenverantwortlich verwaltet werden und die Verantwortung für Personaleinsatz und Menschenführung übertragen ist.

15 Die Voraussetzung für die Einstufung in diese Vergütungsgruppe ist bei entsprechend ausgebildeten Mitarbeitern erfüllt, die an Höheren Fachschulen die Praxisanleitung zur Aufgabe haben.

16 [1]„Schwierige Aufgaben" sind z.B. Physiotherapie/Krankengymnastik nach Lungen- oder Herzoperationen, nach Herzinfarkten, bei Querschnittslähmungen, in Kinderlähmungsfällen, mit spastisch Gelähmten, in Fällen von Dysmelien, nach Verbrennungen, in der Psychiatrie oder Geriatrie, nach Einsatz von Endoprothesen. [2]„Schwierige Aufgaben" im Sinne dieser Einstufungsbestimmungen werden von einem Mitarbeiter in „erheblichem Umfang" erfüllt, wenn sie seiner Gesamttätigkeit das Gepräge geben. [1]Dabei brauchen die schwierigen Aufgaben nicht zu überwiegen.

17 Eine Einstufung als Wäschereileiter setzt voraus, dass der betreffende Mitarbeiter die Meisterprüfung abgelegt hat oder den erfolgreichen Besuch eines Wäscherei-Fachlehrgangs nachgewiesen hat.

18 Als „schwierige Aufgabe" im Sinne dieser Einstufungsbestimmungen gelten z.B. Verabreichung von Kohlensäure- oder Sauerstoffbädern bei Herz- und Kreislaufbeschwerden, Massage- oder Bäderbehandlungen nach Schlaganfällen oder bei Kinderlähmung, Massagebehandlung von Frischoperierten.

19 [1]Erforderlich sind gründliche Kenntnisse der Vergütungsregelung und der Versorgungsordnung. [2]Eine entsprechende Tätigkeit ist bei überwiegender Beschäftigung mit Personalangelegenheiten gegeben.

20 Unter dieses Tätigkeitsmerkmal fallen Mitarbeiter mit einfacheren Tätigkeiten wie zum Beispiel Führung des allgemeinen Schriftwechsels nach Vordruck, Aufnahme von Stenogrammen und deren zügige Übertragung in Maschinenschrift,

Schreiben nach Phonodiktat, Ausfüllen von formularmäßigen Bescheinigungen und Benachrichtigungen.

21 Einfachere Tätigkeiten sind in der Regel nach Schema zu erledigende Arbeiten, die über die mechanische Tätigkeit hinaus ein gewisses Maß an Überlegungen erfordern (z.B. Postannahme oder Postabfertigung; Bedienung von Vervielfältigungsgeräten; Verwaltung von Büromaterial und Vordrucken; Führung von Verzeichnissen, Listen, Karteien, die nach verschiedenen Merkmalen geordnet sind).

22 Mechanische Tätigkeiten sind Tätigkeiten, zu deren Erledigung nur wenig gedankliche Arbeit aufgewendet werden muss und die auf einen leicht übersehbaren, eng begrenzten Arbeitsbereich beschränkt sind (z.B. Hilfeleistung bei der Postabfertigung, in Büchereien oder Archiven; Fotokopieren; Ausschneide- und Klebearbeiten; Bereithaltung von Büromaterial).

bis 39 (weggefallen)

40 [1]Das Tätigkeitsmerkmal ist nur erfüllt, wenn die Lehrtätigkeit überwiegt. [2]Dabei ist von der für die in Betracht kommende Mitarbeitergruppe geltenden regelmäßigen Arbeitszeit auszugehen.

41 Erste Lehrkräfte sind Lehrkräfte, denen auch die Leitungsaufgaben der Lehranstalt unter der Verantwortung des Leiters der Lehranstalt durch ausdrückliche Anordnung übertragen sind.

42 (weggefallen)

43 Leitende Physiotherapeuten/Krankengymnasten sind Physiotherapeuten/Krankengymnasten, denen unter der Verantwortung eines Arztes für eine physiotherapeutische Abteilung insbesondere die Arbeitseinteilung, die Überwachung des Arbeitsablaufs und der Arbeitsausführung durch ausdrückliche Anordnung übertragen sind.

44 Mitarbeiter, die aufgrund des Gesetzes des Freistaates Bayern über Masseure und medizinische Bademeister vom 28. September 1950 (Bayerisches Gesetz- und Verordnungsblatt S. 209) die staatliche Anerkennung als „medizinischer Bademeister“ erhalten haben, sind nach den Tätigkeitsmerkmalen „für Masseure und medizinische Bademeister“ einzugruppieren.

45 Das Tätigkeitsmerkmal erfasst auch die Kneippbademeister, sofern nicht ein anderes Tätigkeitsmerkmal gilt, weil der Kneippbademeister die Berufsbezeichnung „Masseur“ oder „Masseur und medizinischer Bademeister“ aufgrund staatlicher Erlaubnis führen darf.

46 Der Umfang der schwierigen Aufgaben beziehungsweise der Tätigkeiten ist nicht mehr unerheblich, wenn er etwa ein Viertel der gesamten Tätigkeit ausmacht.

47 Zu den Desinfektionsanstalten rechnen sich auch entsprechende Einrichtungen mit anderer Bezeichnung.

48 Ständige Vertreter sind nicht die Vertreter in Urlaubs- und sonstigen Abwesenheitsfällen.

49 Den Apothekenhelfern mit Abschlussprüfung stehen Drogisten mit Abschlussprüfung gleich.

50 Apotheken sind keine Arzneimittelausgabestellen im Sinne dieses Tätigkeitsmerkmals.

51 a) Schonkost ist keine Diätkost.

b) [1]Die Tätigkeitsmerkmale sind auch erfüllt, wenn statt 400, 200 beziehungsweise 50 Diätvollportionen eine entsprechende Zahl von Teilportionen hergestellt wird. [2]Hierbei werden die Teilportionen mit dem Teilbetrag der Diätvollportionen angesetzt, der dem Sachbezugswert nach § 17 Abs. 1 Satz 1 Nr. 4 des SGB IV entspricht.

52 In den Ländern, in denen eine staatliche Anerkennung als Diätküchenleiter nicht erfolgt, gilt das Tätigkeitsmerkmal als erfüllt, wenn sich der Diätassistent drei Jahre als Diätküchenleiter bewährt hat.

53 Medizinisch-technische Assistenten, die im Rahmen ihrer Tätigkeit als Hilfskräfte bei wissenschaftlichen Forschungsaufgaben mit einem besonders hohen Maß von Verantwortlichkeit tätig sind, werden auch dann als solche eingruppiert, wenn sie im Rahmen dieser Tätigkeiten Aufgaben erfüllen, die im Tätigkeitsmerkmal der Vergütungsgruppe 5c Ziffer 38 genannt sind.

54 Leitende medizinisch-technische Assistenten im Sinne dieses Tätigkeitsmerkmals sind Assistenten, denen unter der Verantwortung eines Arztes für eine Laboratoriumsabteilung oder für eine radiologische Abteilung insbesondere die Arbeitseinteilung, die Überwachung des Arbeitsablaufs und der Arbeitsausführung durch ausdrückliche Anordnung übertragen sind.

55 [1]Als „schwierige Aufgaben“ gelten z.B. in der chemisch-physikalischen Analyse: gravimetrische, titrimetrische und photometrische Bestimmungen einschließlich Komplexometrie, Leitfähigkeitsmessungen und chromatographische Analysen. [2]In der Pflanzenanalyse: Anfertigung mikroskopischer Schnitte. [3]Schwierige Identitäts- und Reinheitsprüfungen nach dem Deutschen Arzneibuch (Chemikalien, Drogen). [4]Herstellung und Kontrolle steriler Lösungen der verschiedensten Zusammensetzungen in größerem Umfang unter Verwendung moderner Apparaturen. [5]Herstellung von sonstigen Arzneimitteln in größerem Umfang unter Verwendung moderner in der Galenik gebräuchlicher Apparaturen (Suppositorien, Salben, Pulvergemische, Ampullen, Tabletten u.a.), Herstellung von Arzneizubereitungen nach Rezept oder Einzelvorschrift.

56 bis 76 (weggefallen)

77 Soweit die Eingruppierung von der Zahl der unterstellten oder in dem betreffenden Bereich beschäftigten Mitarbeiter abhängt,

a) ist es für die Eingruppierung unschädlich, wenn im Organisations- und Stellenplan zur Besetzung ausgewiesene Stellen nicht besetzt sind,

b) zählen teilzeitbeschäftigte Mitarbeiter entsprechend dem Verhältnis der mit ihnen im Dienstvertrag vereinbarten Arbeitszeit zur regelmäßigen Arbeitszeit eines entsprechenden vollzeitbeschäftigten Mitarbeiters,

c) zählen Mitarbeiter, die zu einem Teil ihrer Arbeitszeit unterstellt oder zu einem Teil ihrer Arbeitszeit in einem Bereich beschäftigt sind, entsprechend dem Verhältnis dieses Anteils zur regelmäßigen Arbeitszeit eines entsprechenden vollzeitbeschäftigten Mitarbeiters.

78 bis 97 (weggefallen)

98 [1]Der staatlichen Anerkennung steht in Ländern, in denen diese nicht erteilt wird, die abgeschlossene Fachausbildung gleich. [2]Die Fachausbildung gilt erst nach Ableistung des vorgeschriebenen Jahrespraktikums als abgeschlossen.

99 [1]Einfache Übersetzungen sind Übersetzungen von Texten, deren Verständnis in der Ausgangssprache weder inhaltlich noch sprachlich Schwierigkeiten bietet sowie von Texten, deren adäquate Wiedergabe in der Zielsprache keine besonderen Anforderungen an das Formulierungsvermögen stellt. [2]Die Übertragung einfacher Texte schließt auch die Erledigung der fremdsprachigen Routinekorrespondenz ein.

is 102 (weggefallen)

103 [1]Die Mitarbeiter müssen Fähigkeiten und Erfahrungen besitzen, die denen der Mitarbeiter mit der vorgeschriebenen Vor- und Ausbildung gleichwertig sind. [2]Es wird jedoch nicht das gleiche Wissen und Können gefordert, wie es durch die vorausgesetzte Vorbildung bzw. Ausbildung erworben wird. [3]Andererseits genügt es noch nicht, dass der Mitarbeiter nur auf einem begrenzten Einzelarbeitsgebiet Leistungen erbringt, die denen eines Angestellten mit der Vor- und Ausbildung gleichwertig sind. [4]Es muss eine der Vor- und Ausbildung ähnlich gründliche Beherrschung eines auch vom Umfang her entsprechenden Wissensgebiets gefordert werden.

is 113 (weggefallen)

114 [1]Als Fachabteilungen gelten beziehungsweise stehen diesen gleich

- Belegabteilungen,
- Vollapotheken,
- Schulen für Medizinalfachberufe,
- zentrale Versorgungseinrichtungen, die auch für andere Krankenhäuser und Einrichtungen bestimmte Versorgungsaufgaben wahrnehmen (z. B. Zentralwäscherei, Zentralküche),
- Sondereinrichtungen der Kranken-, Alten-, Jugend- und Behindertenhilfe.

[2]Als klinische Fachabteilungen im Sinne dieses Tätigkeitsmerkmals gelten bettenführende Fachabteilungen, die von einem hauptamtlich angestellten Leitenden Arzt geführt werden. Die Eigenschaft als Akademisches Lehrkrankenhaus steht dem Vorhandensein einer (weiteren) klinischen Fachabteilung gleich.

115 Dieses Tätigkeitsmerkmal ist erfüllt, wenn dem Mitarbeiter im Rahmen der Krankenhausleitung zumindest folgende Aufgaben übertragen sind:

a) Koordination der Planung und Organisation des gesamten Krankenhausbetriebes sowie Koordination der Planung von Neu- und Erweiterungsbauten,
b) Beschaffung,
c) Arbeitsgestaltung und Überwachung des wirtschaftlichen Versorgungsdienstes und des technischen Dienstes,
d) Vollzug und Überwachung des Gebührenwesens,
e) Krankenhausverwaltung (Personalwesen, Finanz- und Rechnungswesen und allgemeine Verwaltung).

is 118 (weggefallen)

A Überl.

119 Dieses Tätigkeitsmerkmal ist erfüllt, wenn der Regional-, Kreis-, Ortscaritasverband bzw. Fachverband ein eingetragener Verein ist und dem Geschäftsführer mindestens die folgenden Aufgaben übertragen sind:

a) Koordination der Planung und Organisation des gesamten Vereins,
b) gesamte Verwaltung (Personalwesen, Finanz- und Rechnungswesen, allgemeine Verwaltung),
c) Mitgliedswesen.

120 Dazu sind gewisse allgemeine Grundkenntnisse erforderlich, die sich auf der Ebene der gründlichen Fachkenntnisse bewegen (z.B. Mitwirkung bei der Bearbeitung laufender oder gleichartiger Geschäfte nach Anleitung; Erledigung ständig wiederkehrender Arbeiten in Anlehnung an ähnliche Vorgänge; Prüfung von Rechnungen und Fertigung von Kassenanordnungen; Kontenführung).

121 [1]Gründliche Fachkenntnisse liegen vor, wenn zur abschließenden Bearbeitung routinemäßiger Normfälle in einem eng begrenzten Aufgabengebiet Erlerntes oder durch Erfahrung gewonnenes Spezialwissen angewandt wird. [2]Hierzu gehört die nähere Kenntnis und gegebenenfalls die Anwendung von staatlichen und kirchlichen Gesetzen, Verwaltungsvorschriften und sonstigen Ordnungen.

122 Gründliche und vielseitige Fachkenntnisse verlangen gegenüber gründlichen Fachkenntnissen ein breites Aufgabengebiet mit verschiedenartigen Aufgaben, in denen ein fachliches Umdenken und die Anwendung mehrerer fachlicher Vorschriften und Regelungen geboten ist.

123 Selbstständige Leistungen erfordern insgesamt eine eigene Initiative, die nach Art und Umfang eine eigene geistige Beurteilung und Gedankenarbeit im Rahmen der geforderten Fachkenntnisse für das übertragene Aufgabengebiet sowie eine eigene Entschließung hinsichtlich des einzuschlagenden Weges und des zu findenden Ergebnisses verlangen. Die Letztverantwortung ist nicht erforderlich.

124 Gründliche, umfassende Fachkenntnisse erfordern gegenüber gründlichen und vielseitigen Fachkenntnissen eine Steigerung der Tiefe und Breite, das heißt der Qualität und dem Umfang nach.

125 [1]Besonders verantwortungsvolle Tätigkeit liegt dann vor, wenn sie unter Einbeziehung von gründlichen, umfassenden Fachkenntnissen und selbstständigen Leistungen deutlich erkennbare Auswirkungen im Innen- und Außenverhältnis zeitigt. [2]Die besonders verantwortungsvolle Tätigkeit kann sich z.B. auf Aufsichts- und Leitungsfunktion beziehen; es können durch die Wahrnehmung der Tätigkeit in besonderer Verantwortlichkeit die kirchlich-caritativen oder materiellen Belange des Dienstgebers betroffen sein, oder sie kann sich auf die Lebensverhältnisse Dritter (z.B. Mitarbeiter, außenstehende Personen und Institutionen) erstrecken.

126 [1]Eine Tätigkeit von besonderer Schwierigkeit und Bedeutung liegt dann vor, wenn den gestellten Anforderungen nach zusätzliche Fachkenntnisse und Fähigkeiten über die der nächstniedrigen Vergütungsgruppen hinaus für die Aufgabenbewältigung notwendig sind und sie sich außerdem noch aus dieser durch ihre Bedeutung im Wirkungsgrad des Aufgabenfeldes heraushebt. [2]Beide Elemente – besondere Schwierigkeit und Bedeutung – müssen zusammenkommen. [3]Die besondere Schwierigkeit der Tätigkeit liegt dann vor, wenn die zu bearbeitenden Tatbestands- und Rechtsmaterien umfangreich und vielschichtig sind, komplexe Zusammenhänge analysiert und Lösungen unter hohem Abstraktionsgrad bewirkt werden müssen. [4]Die Bedeutung der Tätigkeit kann sich aus der Bearbeitung

besonders wichtiger Fachbereiche oder solcher von grundsätzlicher Bedeutung ergeben. [5]Auch hier können mit der Tätigkeit deutlich erkennbare Auswirkungen im Innen- oder Außenverhältnis verbunden sein; es kann sich auch um eine richtungsweisende Tätigkeit gegenüber nachgeordneten Dienststellen handeln.

127 [1]Das hier geforderte Maß der Verantwortung muss die Tätigkeit entscheidend prägen, zumal schon für die Tätigkeit der Vergütungsgruppe 4b eine besondere Verantwortung verlangt wird. [2]Dabei muss es sich im Regelfall um besonders schwierige Grundsatzfragen oder wichtige Fachbereiche mit richtungweisender Bedeutung handeln. [3]Die wahrgenommene Tätigkeit kann sich z.B. darauf beziehen, dass in besonderer Intensität Leitungs-, Koordinierungs- oder aufsichtliche Tätigkeiten, schwierige und umfangreiche Aufgaben beim Personaleinsatz oder in der Menschenführung oder wirtschaftliche Verantwortung verlangt werden.

128 (weggefallen)

129 Unter Technikern im Sinne dieses Tätigkeitsmerkmals sind Mitarbeiter zu verstehen, die

a) einen nach Maßgabe der Rahmenordnung für die Ausbildung von Technikern (Beschluss der Kultusministerkonferenz vom 27. April 1964 bzw. vom 18. Januar 1973) gestalteten Ausbildungsgang mit der vorgeschriebenen Prüfung erfolgreich abgeschlossen und die Berechtigung zur Führung der Berufsbezeichnung „Staatlich geprüfter Techniker“ bzw. „Techniker mit staatlicher Abschlussprüfung“ mit einem die Fachrichtung bezeichnenden Zusatz erworben haben, oder

b) einen nach Maßgabe über Fachschulen mit zweijähriger Ausbildungsdauer (Beschluss der Kultusministerkonferenz vom 27. Oktober 1980) gestalteten Ausbildungsgang mit der vorgeschriebenen Prüfung erfolgreich abgeschlossen und die Berechtigung zur Führung der ihrer Fachrichtung/ihrem Schwerpunkt zugeordneten Berufsbezeichnung „Staatlich geprüfter Techniker“ erworben haben.

is 131 (weggefallen)

132 [1]Nach diesem Tätigkeitsmerkmal ist der Mitarbeiter eingruppiert, dem die Verantwortung für den Küchenbereich obliegt. [2]Er ist zuständig unter anderem für die Dienstplangestaltung dieses Bereiches, die Erstellung des Speiseplanes, die Menükalkulationen und den Einkauf von Lebensmitteln innerhalb des Budgets.

133 [1]Bei der Ermittlung der Anzahl der Vollportionen wird das Mittagessen mit 50 v H., Abendessen und Frühstück jeweils 25 v.H., bewertet. [2]Hierbei steht eine Diätportion einer Vollportion gleich.

134 Ist dem Mitarbeiter neben der Verantwortung für die Wäscherei, die Reinigung, die Hausgestaltung, den Einkauf und den Personaleinsatz auch der Küchenbereich unterstellt, so erfolgt die Eingruppierung jeweils eine Vergütungsgruppe höher.

135 Werden Teile der Schmutzwäsche (z.B. Flachwäsche oder persönliche Wäsche) nicht in der Wäscherei der Einrichtung gewaschen, so erfolgt die Eingruppierung jeweils eine Vergütungsgruppe niedriger.

136 (weggefallen)

137 Als förderliche Vorbildung gilt auch mehrjährige Erfahrung in ehrenamtlicher sozialer Tätigkeit.

138 Ein Aufgabengebiet ist umfangreich, wenn neben der Beratung, Weiterleitung und Betreuung unterschiedlicher und schwieriger Klienten Reisehilfen auf Bahnhöfen mittlerer Größe oder auf kleineren Bahnhöfen mit besonders großer Zahl von speziellen Klienten (z.B. auf Grenzbahnhöfen) gegeben werden.

139 Ein Aufgabengebiet ist schwierig, wenn neben der Beratung, Weiterleitung und Betreuung unterschiedlicher und schwieriger Klienten Reisehilfen auf Bahnhöfen mit besonders umfangreichem Reiseverkehr gegeben werden oder Bahnhofsmissionen durchgängige Öffnungszeiten haben.

140 (weggefallen)

141 Diese Mitarbeiter erhalten eine monatliche Zulage in Höhe von 38,35 Euro.

142 Das Tätigkeitsmerkmal erfasst auch Kraftfahrer mit abgeschlossener Fachausbildung im Kraftfahrzeughandwerk oder anderen metallverarbeitenden Berufen.

143 [1]Das Tätigkeitsmerkmal ist nur erfüllt für Mitarbeiter, die am Tag vor dem Inkrafttreten des Beschlusses der jeweiligen Regionalkommission in einem Dienstverhältnis gestanden haben, das am Tag des Inkrafttretens des Beschlusses der jeweiligen Regionalkommission im Geltungsbereich der AVR fortbesteht, für die Dauer des ununterbrochen fortbestehenden Dienstverhältnisses. [2]Ein Dienstverhältnis besteht auch ununterbrochen fort bei der Verlängerung eines befristeten Dienstvertrages sowie bei Dienstgeberwechsel innerhalb des Geltungsbereichs der AVR. [3]Unterbrechungen von bis zu einem Monat sind unschädlich.

144 Pflegefachliche Tätigkeiten und Pflegehilfstätigkeiten werden von diesem Tätigkeitsmerkmal nicht erfasst.

145 [1]Die Bestimmungen der Anlage 1 Abschnitt V in der am 31. Dezember 2026 geltenden Fassung der AVR finden keine Anwendung. [2]Für Betreuungskräfte, auf die am 31. Dezember 2018 die Bestimmungen des § 12 Teil II. Anwendung finden, verbleibt es bei dieser Anwendung. [3]Für Mitarbeiter, auf die am 31. Oktober 2022 die Bestimmungen des § 12 Teil II. Anwendung finden, verbleibt es bei dieser Anwendung.

146 Diese Eingruppierung tritt [in der neuen Fassung] zum 1. November 2022 in Kraft.

147 Für Betreuungskräfte, die am 31. Dezember 2018 bzw. am 31. Oktober 2022 höher eingruppiert sind, verbleibt es bei der höheren Eingruppierung.

148 Abweichend von § 5 Abs. 1 Teil II. ist für Betreuungskräfte in Vergütungsgruppe 10 Ziffern 18 und 19 die Stufe 4 Einstiegsstufe. Bestandsmitarbeiter, die die Stufe 4 noch nicht erreicht haben, werden zum 1. November 2022 der Stufe 4 zugeordnet.

149 Das Tätigkeitsmerkmal wird z.B. erfüllt von Betreuungskräften in Angeboten nach § 45a SGB XI oder Betreuungskräften in Pflegeeinrichtungen im Sinne des § 43b SGB XI. Das Tätigkeitsmerkmal ist auch erfüllt bei Mitarbeitern in der Verwaltung, Haustechnik, Küche, hauswirtschaftlichen Versorgung, Gebäudereinigung, Empfangs- und Sicherheitsdienst, Garten- und Geländepflege, Wäscherei sowie Logistik, soweit sie im Rahmen der von ihnen auszuübenden Tätigkeiten in einem Umfang von mindestens 25 v.H. ihrer vereinbarten Arbeitszeit gemeinsam mit Bezieherinnen und Beziehern von Pflegeleistungen tagesstrukturierend, aktivierend, betreuend oder pflegend tätig werden.

150 [1]Mitarbeiter, die im Rahmen der von ihnen auszuübenden Tätigkeiten in einem Umfang von mindestens 25 v.H. ihrer vereinbarten Arbeitszeit gemeinsam mit Bezieherinnen und Beziehern von Pflegeleistungen tagesstrukturierend, aktivierend, betreuend oder pflegend tätig werden, erhalten ab 1. März 2024 eine Zulage in

Höhe von monatlich 133,80 Euro. [2]Die Zulage ist bis zum 31. Dezember 2035 befristet.

151 Soweit Mitarbeiter in dieser Ziffer im Rahmen der von ihnen auszuübenden Tätigkeiten in einem Umfang von mindestens 25 v.H. ihrer vereinbarten Arbeitszeit gemeinsam mit Bezieherinnen und Beziehern von Pflegeleistungen tagesstrukturierend, aktivierend, betreuend oder pflegend tätig werden, erfolgt die Eingruppierung in Vergütungsgruppe 10 Ziffer 18 oder 19.

Anlage 2d: Vergütungsgruppen für Mitarbeiter im Sozial- und Erziehungsdienst A 2d

Geltungsbereich

[kein Abdruck, es gilt die Regelung der am 31. Dezember 2026 geltenden Fassung der AVR]

Vergütungsgruppe 1a

1 Mitarbeiter mit abgeschlossener wissenschaftlicher Hochschulbildung oder gleichwertigen Fähigkeiten und Erfahrungen in der Tätigkeit als Leiter von Erziehungs- oder Eheberatungsstellen, denen mindestens sechs weitere in der Beratungsstelle vollzeitbeschäftigte Mitarbeiter in der Tätigkeit als Erziehungs- bzw. Eheberater unterstellt sind [1]

2 Mitarbeiter mit abgeschlossener wissenschaftlicher Hochschulbildung oder gleichwertigen Fähigkeiten und Erfahrungen als Leiter des Bereiches der beruflichen Ausbildung mit einer Durchschnittsbelegung von mindestens 360 Plätzen in Einrichtungen der Erziehungs- oder Behindertenhilfe nach zehnjähriger Bewährung in Vergütungsgruppe 1b Ziffer 1b [1, 10, 27]

Vergütungsgruppe 1b

1 Mitarbeiter mit abgeschlossener wissenschaftlicher Hochschulbildung oder gleichwertigen Fähigkeiten und Erfahrungen als Leiter einer Werkstatt für behinderte Menschen mit einer Durchschnittsbelegung von mindestens 300 Plätzen nach sechsjähriger Bewährung in Vergütungsgruppe 2 Ziffer 3 [1, 19]

1a Mitarbeiter mit abgeschlossener wissenschaftlicher Hochschulbildung oder gleichwertigen Fähigkeiten und Erfahrungen als Leiter des Bereiches der beruflichen Ausbildung mit einer Durchschnittsbelegung von mindestens 240 Plätzen in Einrichtungen der Erziehungs- oder Behindertenhilfe nach sechsjähriger Bewährung in Vergütungsgruppe 2 Ziffer 1b [1, 10, 27]

1b Mitarbeiter mit abgeschlossener wissenschaftlicher Hochschulbildung oder gleichwertigen Fähigkeiten und Erfahrungen als Leiter des Bereiches der beruflichen Ausbildung mit einer Durchschnittsbelegung von mindestens 360 Plätzen in Einrichtungen der Erziehungs- oder Behindertenhilfe [1, 10, 27]

2 Mitarbeiter mit abgeschlossener wissenschaftlicher Hochschulbildung oder gleichwertigen Fähigkeiten und Erfahrungen in der Tätigkeit als Leiter von Erziehungs- oder Eheberatungsstellen nach sechsjähriger Bewährung in Vergütungsgruppe 2 Ziffer 5 [1]

3 Mitarbeiter mit abgeschlossener wissenschaftlicher Hochschulbildung oder gleichwertigen Fähigkeiten und Erfahrungen in der Tätigkeit als Leiter von Er-

ziehungs- oder Eheberatungsstellen, denen mindestens drei weitere in der Beratungsstelle vollzeitbeschäftigte Mitarbeiter in der Tätigkeit als Erziehungs- bzw. Eheberater unterstellt sind [1]

Vergütungsgruppe 2

1 bis 1a (weggefallen)

1b Mitarbeiter mit abgeschlossener wissenschaftlicher Hochschulbildung oder gleichwertigen Fähigkeiten und Erfahrungen als Leiter des Bereiches der beruflichen Ausbildung mit einer Durchschnittsbelegung von mindestens 240 Plätzen in Einrichtungen der Erziehungs- oder Behindertenhilfe [1, 10, 27]

2 (weggefallen)

3 Mitarbeiter mit abgeschlossener wissenschaftlicher Hochschulbildung oder gleichwertigen Fähigkeiten und Erfahrungen als Leiter einer Werkstatt für behinderte Menschen mit einer Durchschnittsbelegung von mindestens 300 Plätzen [1, 19]

4 (weggefallen)

5 Mitarbeiter mit abgeschlossener wissenschaftlicher Hochschulbildung oder gleichwertigen Fähigkeiten und Erfahrungen in der Tätigkeit als Leiter von Erziehungs- oder Eheberatungsstellen [1]

Anmerkungen zu den Tätigkeitsmerkmalen der Vergütungsgruppen 1a bis 2

Die nachstehenden Anmerkungen sind bei der Eingruppierung der Mitarbeiter zu beachten.

I

Die Ziffern I bis VII der Anmerkungen zu den Tätigkeitsmerkmalen der Vergütungsgruppen 1 bis 12 der Anlage 2 zu den AVR gelten sinngemäß.

II

(kein Abdruck, es gilt die Regelung der am 31. Dezember 2026 geltenden Fassung der AVR)

III

(kein Abdruck, es gilt die Regelung der am 31. Dezember 2026 geltenden Fassung der AVR)

*

1 [1]Die Mitarbeiter müssen Fähigkeiten und Erfahrungen besitzen, die denen der Mitarbeiter mit der vorgeschriebenen Vor- und Ausbildung gleichwertig sind. [2]Es wird jedoch nicht das gleiche Wissen und Können gefordert, wie es durch die vorausgesetzte Vorbildung bzw. Ausbildung erworben wird. [3]Andererseits genügt es noch nicht, dass der Mitarbeiter nur auf einem begrenzten Einzelarbeitsgebiet Leistungen erbringt, die denen eines Mitarbeiters mit der Vor- und Ausbildung gleichwertig sind. [4]Es muss eine der Vor- und Ausbildung ähnlich gründliche Beherrschung eines auch vom Umfang her entsprechenden Wissensgebiets gefordert werden.

10 Der Ermittlung der Durchschnittsbelegung ist für das jeweilige Kalenderjahr grundsätzlich die Zahl der vom 1. Oktober bis 31. Dezember des vorangegangenen Kalenderjahres vergebenen, je Tag gleichzeitig belegbaren Plätze zugrunde zu legen.

19 [1]Der Ermittlung der Durchschnittsbelegung ist die Zahl der tatsächlich belegten, nicht jedoch die Zahl der vorhandenen Plätze zugrunde zu legen. [2]Vorübergehend oder für kurze Zeit, z. B. wegen Erkrankung, nicht belegte Plätze sind mitzurechnen. [3]Der Ermittlung der Durchschnittsbelegung ist ein längerer Zeitraum zugrunde zu legen. [4]Zeiten, in denen die Einrichtung vorübergehend nicht oder nur gering belegt ist, sind außer Betracht zu lassen. [5]Bei der Feststellung der Durchschnittsbelegung ist von der täglichen Höchstbelegung auszugehen.

27 Die Leitung des Bereiches der beruflichen Ausbildung/Anleitung umfasst im Wesentlichen die Verantwortung für Organisation, Koordination, Überwachung und Planung der beruflichen Ausbildung/Anleitung in einer Einrichtung.

Anlage 2e: Vergütungsgruppen für Mitarbeiter im Rettungsdienst/Krankentransport

Vergütungsgruppe 4b

1 Rettungsassistenten/Notfallsanitäter als Leiter einer Rettungswache, denen mindestens 40 Mitarbeiter durch ausdrückliche Anordnung ständig unterstellt sind (Anmerkung 1)

Vergütungsgruppe 5b

1 Rettungsassistenten/Notfallsanitäter als Leiter einer Rettungswache, denen mindestens 20 Mitarbeiter durch ausdrückliche Anordnung ständig unterstellt sind (Anmerkung 1)

4 Rettungsassistenten/Notfallsanitäter als Lehrrettungsassistenten mit entsprechender Zusatzausbildung in einer Lehrrettungswache nach vierjähriger Bewährung in Vergütungsgruppe 5c Ziffer 3

Vergütungsgruppe 5c

1 Rettungsassistenten/Notfallsanitäter als Leiter einer Rettungswache

(Anmerkung 1)

3 Rettungsassistenten/Notfallsanitäter als Lehrrettungsassistenten mit entsprechender Zusatzausbildung in einer Lehrrettungswache

4 Notfallsanitäter mit entsprechenden Tätigkeiten [A, B, C, D]

Vergütungsgruppe 6b

1 Rettungsassistenten mit entsprechender Tätigkeit [A, B]

(Anmerkung 1)

Vergütungsgruppe 7

1 Rettungssanitäter mit entsprechender Tätigkeit [B]

(Anmerkung 1)

Vergütungsgruppe 8

1 Rettungshelfer mit entsprechender Tätigkeit
(Anmerkung 1)

Anmerkung 1:

[kein Abdruck, es gilt die Regelung der am 31. Dezember 2026 geltenden Fassung der AVR]

Anmerkungen zu den Tätigkeitsmerkmalen der Vergütungsgruppen 4b bis 8

I

Die nachstehenden Anmerkungen sind bei der Eingruppierung der Mitarbeiter zu beachten. Die Ziffern I bis VII und die Ziffer 77 (Definition Unterstellungsverhältnisse) der Anmerkungen zu den Tätigkeitsmerkmalen der Vergütungsgruppen 1 bis 12 der Anlage 2 gelten sinngemäß.

II

1 Mitarbeiter als Stellvertreter des Leiters einer Rettungswache erhalten für die Dauer dieser Tätigkeit eine Zulage in Höhe von monatlich 100,00 Euro, sofern ihnen diese Aufgabe vom Dienstgeber schriftlich übertragen wurde. Hierunter fallen nicht Vertretungen in Urlaubs- und sonstigen Abwesenheitsfällen.

2 Mitarbeiter als Qualitätsbeauftragte erhalten für die Dauer dieser Tätigkeit eine Zulage in Höhe von monatlich 100,00 Euro, sofern ihnen diese Aufgabe vom Dienstgeber schriftlich übertragen wurde.

3 Mitarbeiter als Medizinprodukte-Beauftragte (MPG-Beauftragte) bzw. als Beauftragte für Medizinproduktesicherheit erhalten für die Dauer dieser Tätigkeit eine Zulage in Höhe von monatlich 100,00 Euro, sofern ihnen diese Aufgabe vom Dienstgeber schriftlich übertragen wurde.

4 Mitarbeiter als Desinfektoren mit staatlicher Prüfung, denen durch schriftliche Anordnung des Dienstgebers die Erstellung der Hygienepläne sowie die Überwachung der Einhaltung aller Maßnahmen für den Rettungsdienst gem. der jeweils einschlägigen Unfallverhütungsvorschriften und anderer Vorgaben übertragen wurde, erhalten für die Dauer dieser Tätigkeit eine Zulage in Höhe von monatlich 100,00 Euro.

5 Mitarbeiter als Hygienebeauftragte mit entsprechender Qualifikation, denen durch schriftliche Anordnung des Dienstgebers die Überwachung der Einhaltung aller Maßnahmen für den Rettungsdienst gem. der jeweils einschlägigen Unfallverhütungsvorschriften und anderer Vorgaben übertragen wurde, erhalten für die Dauer dieser Tätigkeit eine Zulage in Höhe von monatlich 100,00 Euro.

6 Mitarbeiter in der Rettungsleitstelle erhalten für die Dauer dieser Tätigkeit eine Zulage in Höhe von monatlich 100,00 Euro. Ist der Mitarbeiter nicht zu 100% in der Rettungsleitstelle tätig, wird die Zulage entsprechend anteilig gezahlt.

7 Mitarbeiter als Arzneimittelbeauftragte erhalten für die Dauer dieser Tätigkeit eine Zulage in Höhe von monatlich 100,00 Euro, sofern ihnen diese Aufgabe vom Dienstgeber schriftlich übertragen wurde.

8 Mitarbeiter als Lagerverantwortliche erhalten für die Dauer dieser Tätigkeit eine Zulage in Höhe von monatlich 100,00 Euro, sofern ihnen diese Aufgabe vom Dienstgeber schriftlich übertragen wurde.

9 Mitarbeiter, denen Aufgaben nach Nr. 1 bis 8 übertragen wurden, kann aufgrund einzelvertraglicher Absprache eine höhere Zulage gewährt werden, wenn die zugewiesene Aufgabe das übliche Maß übersteigt.

10 Mitarbeiter als Praxisanleiter in den Vergütungsgruppen 6b, 5c und 5b erhalten für die Dauer der Tätigkeit eine nach dem Anteil der für die Tätigkeit erteilten Freistellung gestaffelte monatliche Zulage:

Anteil der Praxisanleitertätigkeit	Höhe der Zulage
bis 25 Prozent	100,00 Euro
bis 50 Prozent	150,00 Euro
bis 75 Prozent	200,00 Euro
bis 100 Prozent	250,00 Euro

11 Mitarbeiter der Vergütungsgruppe 5c Ziffer 1 erhalten eine monatliche Zulage i.H.v. 500,00 Euro.

Mitarbeiter der Vergütungsgruppe 5b Ziffer 1 erhalten eine monatliche Zulage i.H.v. 500,00 Euro.

Mitarbeiter der Vergütungsgruppe 4b Ziffer 1 erhalten eine monatliche Zulage i.H.v. 500,00 Euro.

12 *(RK Bayern):* Mitarbeiter als Beauftragte der elektronischen Einsatzdokumentation erhalten für die Dauer dieser Tätigkeit eine Zulage in Höhe von monatlich 100,00 Euro, sofern ihnen diese Aufgabe vom Dienstgeber schriftlich übertragen wurde.

III

Rettungsassistenten, die aufgrund der Anmerkung III der Anlage 2b in der am 30. September 2017 geltenden Fassung der AVR bereits in der Vergütungsgruppe 5c eingruppiert sind und die eine Weiterbildung zum Notfallsanitäter erfolgreich absolviert haben, erhalten für die Dauer der Eingruppierung in die Vergütungsgruppe 5c der Anlage 2e eine monatliche Zulage in Höhe von 100,00 Euro

IV

Beschreibung des Rettungsdienstes

1. Rettungsdienst

   Aufgaben und Organisation des Rettungsdienstes richten sich nach den einschlägigen Rettungsdienstgesetzen der Länder.

   Der ärztliche Not- und Bereitschaftsdienst (Synonyme: ärztlicher Notfalldienst oder ärztlicher Bereitschaftsdienst) ist ein von den ärztlichen Körperschaften eingerichteter Dienst zur ambulanten ärztlichen Betreuung Erkrankter, Verletzter oder sonstiger Hilfsbedürftiger außerhalb der ortsüblichen Sprechstunde. Dieser Not- und Bereitschaftsdienst ist nicht Teil des Rettungsdienstes in diesem Sinne.

2. Einrichtungen des Rettungsdienstes

2.1 Rettungsleitstelle

Die Rettungsleitstelle (Synonym: Integrierte Leitstelle) ist eine ständig besetzte Einrichtung zur Annahme von Meldungen sowie zur Alarmierung, Koordination und Lenkung des Rettungsdienstes.

2.2 Rettungswache

Die Rettungswache ist eine Einrichtung des organisierten Rettungsdienstes, in der Einsatzkräfte, Rettungsmittel und sonstige Ausstattung unter einer einheitlichen Leitung einsatzbereit vorgehalten werden.

2.2.1 Lehrrettungswache

Die Lehrrettungswache ist eine Rettungswache im Sinne von 2.2. Darüber hinaus ist sie von der zuständigen Behörde zur Annahme von Auszubildenden und Praktikanten ermächtigt.

3. Personal im Rettungsdienst

3.1 Rettungshelfer

Rettungshelfer sind Mitarbeiter im Rettungsdienst, die ihre Ausbildung entweder nach einer Landesvorgabe oder einer akzeptierten Ausbildungsordnung erfolgreich absolviert haben.

3.2 Rettungssanitäter

Rettungssanitäter sind Mitarbeiter im Rettungsdienst, die sich einer Ausbildung der vom Ausschuss Rettungswesen in Abstimmung mit den Hilfsorganisationen empfohlenen 520-Stunden-Mindestausbildung unterzogen haben. Dem Rettungssanitäter stehen Personen gleich, die durch Gesetz, Verordnung oder Organisationsbestimmung gleichgestellt sind.

3.3 Rettungsassistent

Rettungsassistenten sind Mitarbeiter, welche gemäß § 1 RettAssG die Erlaubnis zum Führen der Berufsbezeichnung Rettungsassistent besitzen.

3.4 Lehrrettungsassistent

Ein Rettungsassistent oder Notfallsanitäter, welcher über die entsprechende Zusatzqualifikation (i.d.R. 120 Stunden Weiterbildung) verfügt.

3.5 Notfallsanitäter

Notfallsanitäter sind Mitarbeiter, die gemäß § 1 NotSanG die Erlaubnis zum Führen der Berufsbezeichnung Notfallsanitäter besitzen.

3.6 Praxisanleiter

Praxisanleiter ist, wer die Voraussetzungen gemäß § 3 Abs. 1 Satz 2 Nr. 1 und 2 NotSanAPrV erfüllt.

4. Sonstige Tätigkeiten/Aufgaben

4.1 Desinfektor

Mitarbeiter als Desinfektoren mit staatlicher Prüfung, dem durch schriftliche Anordnung des Dienstgebers die Erstellung von Hygieneplänen sowie die Überwachung der Einhaltung aller Maßnahmen für den Rettungsdienst übertragen wurde.

4.2 Hygienebeauftragter

Mitarbeiter mit entsprechender Qualifikation, dem durch schriftliche Anordnung des Dienstgebers die Überwachung der Einhaltung aller Maßnahmen für den Rettungsdienst übertragen wurde.

A [1]Die Eingruppierung als Notfallsanitäter setzt voraus, dass in dem jeweiligen Rettungsdienstgesetz des Landes die Besetzung mit einem Notfallsanitäter zwingend vorgesehen ist. [2]Sieht das jeweilige Rettungsdienstgesetz des Landes weiterhin eine Besetzung mit Rettungsassistenten vor, erfolgt die Eingruppierung von ausgebildeten Notfallsanitätern in die Vergütungsgruppe 5b. [3]Der Notfallsanitäter erhält in diesem Fall eine monatliche Zulage in Höhe von 100,00 Euro. [4]Soweit es zur regionalen Differenzierung, zur Deckung des Personalbedarfs oder zur Bindung von qualifizierten Fachkräften erforderlich ist, kann die Eingruppierung abweichend von den Sätzen 1 und 2 in die Vergütungsgruppe 5c erfolgen. [5]In diesem Fall besteht kein Anspruch auf die monatliche Zulage.

B [1]Soweit es zur regionalen Differenzierung, zur Deckung des Personalbedarfs oder zur Bindung von qualifizierten Fachkräften erforderlich ist, kann Mitarbeitern der Vergütungsgruppen 5c Ziffer 4, 6b Ziffer 1 und 7 Ziffer 1, abweichend von § 5 Abs. 2 des Teil II., ein um bis zu zwei Stufen höheres Entgelt ganz oder teilweise vorweggewährt werden. [2]Haben Mitarbeiter bereits die Endstufe ihrer jeweiligen Vergütungsgruppe erreicht, kann ihnen unter der Voraussetzung des Satzes 1 ein bis zu 10 v.H. höheres Entgelt gezahlt werden.

C Abweichend von § 5 Abs. 1 des Teil II. ist Eingangsstufe in der Vergütungsgruppe 5c Ziffer 4 die Stufe 3.

D Zulage für Notfallsanitäter

(1) Notfallsanitäter erhalten ab dem 1. Januar 2028 zuzüglich zur Regelvergütung gemäß Anhang Tabellen eine Zulage gemäß Absatz 2.

(2) [1]Die Höhe der Zulage beträgt unter Anrechnung bisheriger Tätigkeiten beim selben Dienstgeber monatlich:

ab dem 3. Tätigkeitsjahr 150,00 Euro

ab dem 5. Tätigkeitsjahr 250,00 Euro

ab dem 7. Tätigkeitsjahr 400,00 Euro

[2]Für die Berechnung der für die Zulage relevanten Tätigkeitsjahre werden alle ununterbrochen zurückgelegten Zeiten in der Tätigkeit als Rettungsassistent und Notfallsanitäter beim selben Dienstgeber sowie die Zeiten der Ausbildung zum Notfallsanitäter berücksichtigt. [3]Den Zeiten einer ununterbrochenen Tätigkeit stehen gleich:

(a) Zeiten von Beschäftigungsverboten nach dem Mutterschutzgesetz sowie Elternzeiten bis zu drei Jahren nach dem Bundeselterngeld- und Elternzeitgesetz,

(b) Zeiten einer Arbeitsunfähigkeit nach § 37 AVR bis zu 26 Wochen,

(c) Zeiten einer sonstigen Unterbrechung der Tätigkeit von weniger als einem Monat im Kalenderjahr.

[4]Soweit es zur Deckung des Personalbedarfs erforderlich ist, sind bei Neueinstellung Zeiten in der Tätigkeit als Notfallsanitäter und Rettungsassistent auch bei anderen Dienst- oder Arbeitgebern anzurechnen. [5]Soweit es zur Bin-

dung von Mitarbeitern erforderlich ist, sind im bestehenden Dienstverhältnis Zeiten in der Tätigkeit als Notfallsanitäter und Rettungsassistent auch bei anderen Dienst- oder Arbeitgebern anzurechnen. [6]Zeiten der Tätigkeit als Notfallsanitäter und Rettungsassistent bei anderen Dienst- oder Arbeitgebern müssen zur Anrechnung nachgewiesen werden.

(3) [1]Abweichend von der Regelung in Absatz 1 ist die Zulage gemäß Absatz 2 bei Neuausschreibungen schon ab dem Zeitpunkt des Auftragsbeginns zu zahlen, frühestens aber ab 1. Januar 2025. [2]Satz 1 gilt entsprechend für den Fall, dass ein vertraglicher Anspruch auf Anpassung der Vergütung für die rettungsdienstliche Leistung gegenüber dem Auftraggeber vorliegt, in deren Bereich der Notfallsanitäter eingesetzt ist, oder wenn unabhängig davon eine neue Vergütung vereinbart wird.

(4) Abweichend von der Regelung in Absatz 1 kann die Zulage gem. Absatz 2 zur Deckung des Personalbedarfs in einer Rettungswache allen dort tätigen Notfallsanitätern frühestens ab dem 1. Januar 2025 gezahlt werden.

Anmerkung zu B:

Ab dem 1. Oktober 2023 gilt ergänzend die Anmerkung 3 zu § 5 des Teils II.

V

[kein Abdruck, es gilt die Regelung der am 31. Dezember 2026 geltenden Fassung der AVR]

Anhang Beschlüsse der Zentralen Arbeitsrechtlichen Kommission (ZAK)

Inhalt

Entgeltumwandlung

Beschluss der Zentral-KODA gem. § 3 Abs. 1 Ziff. 1 Zentral-KODA-Ordnung (ZKO) vom 15. April 2002, zuletzt geändert durch Beschluss vom 8. November 2018

Unter Bezugnahme § 19 Abs. 1 und § 20 Abs. 1 Betriebsrentengesetz (BetrAVG) beschließt die Zentral-KODA gemäß § 3 Abs. 1 Ziffer 1 ZKO folgende Regelung:

(1) [1]Der Mitarbeiter (Arbeitnehmer und zu seiner Ausbildung Beschäftigte) hat Anspruch auf Entgeltumwandlung bei der Kasse, bei der auch seine zusätzliche betriebliche Altersversorgung (Pflichtversicherung) durchgeführt wird. [2]Voraussetzung ist, dass die dafür zuständige Kasse satzungsrechtlich die entsprechende Möglichkeit schafft. [3]Im Einzelfall können die Vertragsparteien bei Vorliegen eines sachlichen Grundes arbeitsvertraglich vereinbaren, dass die Entgeltumwandlung bei einer anderen Kasse oder Einrichtung erfolgt. [4]Die Regelung gilt unabhängig davon, ob der Mitarbeiter die steuerliche Förderung durch Steuerfreiheit nach § 3 Nr. 63 Satz 1 EStG oder durch Sonderausgabenabzug nach § 10a EStG (einschließlich Zulagenförderung nach §§ 79 ff. EStG) in Anspruch nimmt.

(1a) Soweit aufgrund staatlicher Refinanzierungsbedingungen für bestimmte Berufsgruppen die Entgeltumwandlung ausgeschlossen ist, besteht auch kein Anspruch nach dieser Regelung.

(1b) [1]Der Höchstbetrag der Entgeltumwandlung einschließlich des Arbeitgeberzuschusses nach § 1a Abs. 1a BetrAVG wird begrenzt auf kalenderjährlich 8 Prozent der Beitragsbemessungsgrenze in der allgemeinen Rentenversicherung. [2]Im Einvernehmen zwischen Dienstgeber und Dienstnehmer können auch höhere Beträge umgewandelt werden.

(2) [1]Möglichkeiten der Inanspruchnahme von Steuerfreiheit, einer pauschalen Besteuerung sowie einer Zulagenförderung sowie damit verbundener Sozialversicherungsfreiheit finden zunächst Anwendung auf Aufwendungen (Beiträge bzw. Umlagen) des Dienstgebers, sodann auf umgewandelte Entgeltbestandteile des Mitarbeiters. [2]Dies gilt für den Fall von Zuwendungen des Dienstgebers an eine Pensionskasse zum Aufbau einer nicht kapitalgedeckten Altersversorgung im Sinne des § 3 Nr. 56 EStG auch im Verhältnis zu einer Steuerfreiheit nach § 3 Nr. 63 EStG; der Mitarbeiter wird hierzu notwendige Erklärungen abgeben. [3]Erfolgt eine

pauschale Besteuerung des Beitrags nach § 40b EStG in der am 31. Dezember 2004 geltenden Fassung, trägt der Mitarbeiter die Pauschalsteuer. [4]Dies gilt auch soweit nach § 40b EStG beim Aufbau einer nicht kapitalgedeckten betrieblichen Altersversorgung aus umgewandelten Entgeltbestandteilen finanzierte Zuwendungen der Pauschalsteuer unterworfen werden.

(3) Bemessungsgrundlage für Ansprüche und Forderungen zwischen Dienstgeber und Mitarbeiter bleibt das Entgelt, das sich ohne die Entgeltumwandlung ergeben würde.

(4) [1]Bietet die für die Pflichtversicherung zuständige Kasse keine rechtliche Möglichkeit für die Durchführung der Entgeltumwandlung, soll die zuständige arbeitsrechtliche Kommission eine andere Kasse festlegen, bei der die Entgeltumwandlung durchgeführt werden kann. [2]Nimmt die zuständige arbeitsrechtliche Kommission eine solche Festlegung nicht vor, kann der Mitarbeiter verlangen, dass die Entgeltumwandlung bei der KZVK Köln oder einer anderen Kasse durchzuführen ist, bei der nach den Regelungen der arbeitsrechtlichen Kommissionen die Pflichtversicherung durchgeführt werden kann.

(5) [1]Der Dienstgeber leistet den gesetzlichen Zuschuss nach § 1a Abs. 1a BetrAVG an den Pensionsfonds, die Pensionskasse oder die Direktversicherung soweit möglich auf den Vertrag, in dem die Entgeltumwandlung erfolgt. [2]Der Zuschuss ist spätestens zum Zahlungstermin des Dezembergehaltes fällig. [3]Scheidet der Mitarbeiter vorher aus, ist der Zuschuss zum Zeitpunkt des Ausscheidens fällig. [4]Aus abrechnungstechnischen und steuerlichen Gründen soll der Zuschuss einmal im Jahr gezahlt werden.

> *Übergangsvorschrift:*
>
> [1]Im Zeitraum vom 1. Januar 2019 bis zum 31. Dezember 2021 ist der Arbeitgeberzuschuss nach § 1a Absatz 1a des Betriebsrentengesetzes (BetrAVG) auch bei solchen Entgeltumwandlungsvereinbarungen zu erbringen, die vor dem 1. Januar 2019 geschlossen worden sind, wenn am 31. Dezember 2018 der Anspruch auf den Zuschuss nach den Absätzen 5.1 bis 5.2 des Beschlusses zur Entgeltumwandlung in der bis zum 31. Dezember 2018 geltenden Fassung bestanden hat*. [2]Dies gilt auch ab dem Zeitpunkt des Eintritts einer Verpflichtung zur gesetzlichen Krankenversicherung, soweit am 31. Dezember 2018 ein Anspruch auf den Zuschuss nur deshalb nicht bestanden hat, weil keine Krankenversicherungspflicht gegeben war.

* Absatz 5.1 bis 5.2 in der am 31. Dezember 2018 geltenden Fassung lauteten:

(5.1) [1]Wandelt ein krankenversicherungspflichtig Beschäftigter Entgelt um, leistet der Arbeitgeber in jedem Monat, in dem Arbeitsentgelt umgewandelt wird, einen Zuschuss in Höhe von 13 % des jeweiligen sozialversicherungsfrei in die zusätzliche betriebliche Altersversorgung umgewandelten Betrages. [2]Der Zuschuss wird vom Dienstgeber an die zuständige Altersvorsorgeeinrichtung abgeführt. [3]Der Zuschuss wird nicht gewährt im Falle der Nettoumwandlung (Riester-Rente).

(5.2) [1]Für umgewandelte Beiträge, die unter Berücksichtigung des Höchstbetrages im Jahresdurchschnitt sozialversicherungspflichtig sind, besteht kein Anspruch auf Zuschuss. [2]Der Zuschuss errechnet sich in diesem Fall aus dem höchstmöglichen zuschussfähigen Umwandlungsbetrag einschließlich des Zuschusses, so dass der Zuschuss zusammen mit den eingezahlten Beträgen des Beschäftigten die sozialversicherungsfreie Höchstgrenze erreicht. [3]Für darüber hinaus umgewandelte Beträge besteht kein Anspruch auf Zuschuss. [4]Diese darüber hinaus vom Beschäftigten umgewandelten Beträge sind ggf. entsprechend den gesetzlichen Vorgaben zu verbeitragen und zu versteuern.

(6) Der Anspruch auf Entgeltumwandlung besteht, solange er gesetzlich ermöglicht wird.

Ordnung für den Arbeitsschutz im liturgischen Bereich

Beschluss der Zentral-KODA gem. § 3 Abs. 1 Ziffer 3 b) Zentral-KODA Ordnung vom 1. Juli 2004

§ 1 Geltungsbereich

(1) [1]Diese Ordnung gilt für Tätigkeiten von Mitarbeitern im liturgischen Bereich, auf die gem. § 18 Abs. 1 Nr. 4 ArbZG das Arbeitszeitgesetz nicht anzuwenden ist. [2]In den liturgischen Bereich fallen nur solche Aufgaben, die für die Vorbereitung, Durchführung und Nachbereitung von Gottesdiensten und/oder aus damit im Zusammenhang stehenden Gründen notwendig sind.

(2) Weitere berufliche Tätigkeiten sind bei der Ermittlung der höchstzulässigen Arbeitszeit zu berücksichtigen.

(3) Für die Ruhezeit von Mitarbeitern, denen in demselben oder einem anderen Arbeitsverhältnis auch Tätigkeiten außerhalb des liturgischen Bereichs übertragen sind, ist diese Ordnung anzuwenden, wenn die nach Ablauf der Ruhezeit zu verrichtende Tätigkeit in den Geltungsbereich dieser Ordnung fällt.

§ 2 Begriffsbestimmungen

Hinsichtlich der in dieser Ordnung verwendeten Begriffe wird § 2 des Arbeitszeitgesetzes vom 6. Juni 1994 (BGBl. I S. 1170) für entsprechend anwendbar erklärt.

§ 3 Arbeitszeit

(1) Die Arbeitszeit ist dienstplanmäßig auf höchstens 6 Tage in der Woche zu verteilen.

(2) [1]Die tägliche Arbeitszeit darf 8 Stunden nicht überschreiten. [2]Sie kann auf bis zu 10 Stunden nur verlängert werden, wenn innerhalb von 26 Wochen im Durchschnitt 8 Stunden täglich nicht überschritten werden.

(3) Die tägliche Arbeitszeit kann an Ostern und Weihnachten an bis zu drei aufeinanderfolgenden Tagen sowie an bis zu 8 besonderen Gemeindefesttagen auf bis zu 12 Stunden verlängert werden, wenn die über 8 Stunden hinausgehende Arbeitszeit innerhalb von 4 Wochen ausgeglichen wird.

(4) [1]Zusammen mit Beschäftigungsverhältnissen außerhalb des liturgischen Bereichs soll die wöchentliche Arbeitszeit 48 Stunden nicht überschreiten. [2]Bei Abschluss eines Arbeitsvertrages hat der Dienstgeber zu überprüfen, ob und gegebenenfalls mit welchem zeitlichen Umfang weitere Arbeitsverhältnisse bestehen.

§ 4 Ruhepausen

[1]Die Arbeit ist durch im Voraus feststehende Ruhepausen von mindestens 30 Minuten bei einer Arbeitszeit von mehr als 6 bis zu 9 Stunden und von mindestens 45 Minuten bei einer Arbeitszeit von mehr als 9 Stunden insgesamt zu unterbrechen. [2]Die Pausen nach Satz 1 können in Zeitabschnitte von jeweils mindestens 15 Minuten aufgeteilt werden. [3]Länger als 6 Stunden hintereinander dürfen Mitarbeiter nicht ohne Ruhepause beschäftigt werden.

§ 5 Ruhezeit

(1) Mitarbeiter müssen nach Beendigung der täglichen Arbeitszeit eine ununterbrochene Ruhezeit von mindestens 11 Stunden haben.

(2) [1]Soweit die zeitliche Lage der Gottesdienste oder andere Tätigkeiten im Sinne des § 1 Abs. 1 Satz 2 dies erfordern, kann die Mindestdauer der Ruhezeit bis zu fünf Mal innerhalb von vier Wochen auf bis zu 9 Stunden verkürzt werden, wenn die Kürzung der Ruhezeit innerhalb von vier Wochen durch Verlängerung anderer Ruhezeiten auf jeweils mindestens 12 Stunden ausgeglichen wird. [2]Diese Verkürzung darf nicht öfter als zwei Mal aufeinander erfolgen.

(3) Die Ruhezeit kann an Ostern und Weihnachten an bis zu zwei aufeinanderfolgenden Tagen sowie vor oder nach der täglichen Arbeitszeit an einem besonderen Gemeindefeiertag (z. B. Patronatsfest) auf bis zu 7 Stunden verkürzt werden, wenn die Verkürzung innerhalb von 2 Wochen durch Verlängerung anderer Ruhezeiten ausgeglichen wird.

§ 6 Arbeit an Sonn- und Feiertagen

(1) An Sonn- und Feiertagen dürfen Mitarbeiter nur zu Tätigkeiten im Sinne des § 1 Abs. 1 Satz 2 herangezogen werden.

(2) Werden Mitarbeiter an einem auf einen Werktag fallenden gesetzlichen Feiertag oder an einem Werktag, an dem aufgrund einer besonderen kirchlichen Feiertagsregelung oder betrieblichen Regelung nicht gearbeitet wird, dienstplanmäßig beschäftigt, wird die geleistete Arbeit dadurch ausgeglichen, dass die Mitarbeiter

a) innerhalb der nächsten 4 Wochen einen zusätzlichen arbeitsfreien Tag erhalten oder

b) einmal im Jahr für je 2 Wochenfeiertage einen arbeitsfreien Samstag mit dem darauffolgenden Sonntag erhalten.

§ 7 Inkrafttreten

Diese Ordnung tritt am 1. Januar 2006 in Kraft. Arbeitszeitschutzregelungen, die von in Art. 7 GrO genannten Kommissionen beschlossen und spätestens bis zum 1. Januar 2006 in Kraft gesetzt sind, bleiben einschließlich etwaiger künftiger Änderungen unberührt.

Kinderbezogene Entgeltbestandteile

Beschluss der Zentral-KODA gemäß § 10 Abs. 3 in Verbindung mit § 3 Abs. 1 Ziffer 3. lit. d Zentral-KODA-Ordnung vom 6. November 2008

[1]Kinderbezogene Entgeltbestandteile, auf die zum Zeitpunkt des Wechsels von einem Dienstgeber im Bereich der Grundordnung des kirchlichen Dienstes im Rahmen kirchlicher Arbeitsverhältnisse (GrO) zu einem anderen Dienstgeber Anspruch besteht, werden vom neuen Dienstgeber als Besitzstand weitergezahlt, so lange den Beschäftigten nach dem Einkommensteuergesetz (EStG) oder nach dem Bundeskindergeldgesetz (BKGG) Kindergeld gezahlt wird oder ohne Berücksichtigung der §§ 64 oder 65 EStG oder der §§ 3 oder 4 BKGG gezahlt würde. [2]An die Stelle des bisherigen Besitzstands tritt eine andere geldwerte Leistung, wenn diese in der aufgrund von Art. 7 GrO errichteten zuständigen Kommission ausdrücklich als kinderbezogener Entgeltbestandteil gekennzeichnet worden ist. [3]Diese Regelung gilt für alle Mitarbeiterinnen und Mitarbeiter, die zwischen dem 1. Januar 2009 und dem 31. Dezember 2012 den kirchlichen Dienstgeber wechseln, jeweils für die Dauer von insgesamt vier Jahren. [4]Nach zwei Jahren halbiert sich der jeweilige Besitzstandswahrungsanspruch.

[5]Günstigere Besitzstandswahrungsklauseln in bestehenden und künftigen Regelungen der zuständigen Kommissionen bleiben unberührt.

Arbeitsvertragsformular

Beschluss der Zentral-KODA gemäß § 3 Abs. 1 Nr. 2 Zentral-KODA-Ordnung vom 6. November 2008

In die Arbeitsvertragsformulare ist folgender Passus aufzunehmen:

„Die Grundordnung des kirchlichen Dienstes ist Bestandteil des Arbeitsvertrages."

Arbeitsvertragliche Folgen bei Dienstgeberwechsel

Die Zentrale Kommission der Zentral-KODA hat am 23. November 2016 gem. § 3 Abs.1 Nr. 3 d Zentral-KODA-Ordnung die nachfolgende Ordnung beschlossen:

Ordnung über die Rechtsfolgen eines Dienstgeberwechsels im Geltungsbereich der Grundordnung des kirchlichen Dienstes im Rahmen kirchlicher Arbeitsverhältnisse

Bei jedem Wechsel eines oder einer Beschäftigten von einem Dienstgeber im Bereich der Grundordnung des kirchlichen Dienstes im Rahmen kirchlicher Arbeitsverhältnisse zu einem anderen Dienstgeber im Bereich der Grundordnung, für den ein anderer arbeitsrechtlicher Regelungsbereich gilt (Wechsel in der Zuständigkeit der nach Art. 7 Grundordnung gebildeten Kommission), gilt Folgendes:

1. Bei der Zuordnung zur Stufe der Entgelttabelle erfolgt grundsätzlich keine Anrechnung von Vordienstzeiten. Soweit die Unterbrechung zwischen den Arbeitsverhältnissen nicht mehr als 6 Monate beträgt, darf der oder die Be-

A ZAK-Beschl.

schäftigte jedoch nicht mehr als eine Entwicklungsstufe gegenüber dem vorherigen Arbeitsverhältnis mit einschlägiger beruflicher Tätigkeit zurückgestuft werden.

Weichen die Entgeltsysteme der verschiedenen Kommissionen hinsichtlich der Anzahl der Stufen und oder hinsichtlich der regulären Verweildauer in den Stufen innerhalb derselben Entgeltgruppe voneinander ab, erfolgt die Stufenzuordnung im neuen Kommissionsrecht unter Anrechnung der einschlägigen beruflichen Tätigkeiten, soweit diese bei einem früheren Dienstgeber im Geltungsbereich der Grundordnung geleistet wurden und die Unterbrechung zwischen den Arbeitsverhältnissen nicht mehr als 6 Monate beträgt. Die sich daraus ergebende Stufenzuordnung kann um eine Stufe abgesenkt werden.

2. Der oder die Beschäftigte erhält auf Antrag vom bisherigen Dienstgeber die Jahressonderzahlung bzw. das Weihnachtsgeld beim Ausscheiden anteilig auch dann, wenn das Arbeitsverhältnis vor einem festgelegten Stichtag endet. Der Anspruch nach Satz 1 beträgt ein Zwölftel für jeden Kalendermonat, in dem der oder die Beschäftigte Anspruch auf Entgelt oder Fortzahlung des Entgelts hat. Als Monat gilt eine Beschäftigungszeit von mehr als 15 Kalendertagen.

   Diese Regelungen zur Jahressonderzahlung bzw. zum Weihnachtsgeld sind sinngemäß auch auf Regelungen zum Leistungsentgelt bzw. zur Sozialkomponente bei Dienstgeberwechsel im oben genannten Sinne anzuwenden.
3. Für die Berechnung von Kündigungsfristen werden Vorbeschäftigungszeiten aus einem vorherigen Arbeitsverhältnis mit einem Faktor von 0,5 berücksichtigt (Vorbeschäftigungszeiten von mehr als 6 Monaten werden hierbei wie ein volles Jahr angerechnet). Alle anderen Regelungen, welche darüber hinaus an die Beschäftigungszeit anknüpfen, bleiben hiervon unberührt; dies gilt insbesondere für die Unkündbarkeit und die Regelungen über die Probezeit.
4. Von den vorstehenden Vorschriften abweichende, für die Beschäftigten günstigere Regelungen in den Arbeitsvertragsordnungen bleiben unberührt.
5. Diese Ordnung tritt rückwirkend zum 1. Juni 2016 in Kraft. Sie tritt an die Stelle der „Ordnung über die Anrechnung von Vordienstzeiten zur Anerkennung von Stufenlaufzeiten" (Beschluss der Zentral-KODA vom 12.11.2009).

Gesamtregelung zur Befristung

Ersetzende Entscheidung des Vermittlungsausschusses der Zentralen Arbeitsrechtlichen Kommission (ZAK) vom 22. Januar 2024 zuletzt geändert mit Beschluss vom 13. November 2025

Der Vermittlungsausschuss trifft einstimmig die folgende ersetzende Entscheidung:

1. [1]Die Befristung von Dienstverträgen zwischen derselben/demselben Beschäftigten und demselben Dienstgeber ist höchstens bis zur Dauer von insgesamt 6 Jahren oder innerhalb dieses Zeitraums bis zur Höchstzahl von 12 Verlängerungen zulässig. [2]Frühere Befristungszeiträume werden auf die Befristungshöchstdauer nach Satz 1 angerechnet, es sei denn, diese liegen bei Begründung des Dienstverhältnisses länger als 12 Jahre zurück. [3]Die Sätze 1

und 2 gelten entsprechend für die Vereinbarung auflösend bedingter Dienstverträge. [4]Die Sätze 1 bis 3 gelten nicht, wenn die Befristung oder auflösende Bedingung sich aus der unmittelbaren Anwendung von arbeitsrechtlichen Regelungen der einzelnen Arbeitsrechtlichen Kommissionen ergibt. [5]Eine Vereinbarung, die die Beendigung des Dienstverhältnisses mit dem Erreichen der Regelaltersgrenze ohne Kündigung vorsieht (§ 41 Abs. 2 SGB VI), gilt nicht als Befristung im Sinne des Satzes 1.

2. [1]Die Vereinbarung eines befristeten Dienstvertrages ohne Vorliegen eines sachlichen Grundes ist grundsätzlich unzulässig. [2]Abweichend von Satz 1 ist die kalendermäßige Befristung eines Dienstvertrages ohne Vorliegen eines sachlichen Grundes i.S.d. § 14 Abs. 1 Teilzeit- und Befristungsgesetz (TzBfG) für den unter Buchstabe a) genannten Fall bis zur Dauer von 12 Monaten, für die unter den Buchstaben b) und c) genannten Fälle bis zur Dauer von 21 Monaten und den unter d) genannten Fällen bis zur Dauer von 24 Monaten zulässig, wenn
   a) der/die Beschäftigte erstmals in einem Dienstverhältnis bei dem Dienstgeber erprobt wird;
   b) eine Einrichtung* eine neue Aufgabe übernimmt oder ein neues Projekt durchführt, deren dauerhafte Fortführung oder dessen dauerhafter Fortbestand im Zeitpunkt der Begründung des Dienstverhältnisses ungewiss ist, und die befristete Einstellung der Deckung eines dadurch neu entstehenden Beschäftigungsbedarfs dient;
   c) der/die Beschäftigte aus Drittmitteln vergütet wird, die nur für begrenzte Zeit zur Verfügung stehen oder deren dauerhafte Verfügbarkeit im Zeitpunkt der Begründung des Dienstverhältnisses ungewiss ist;
   d) sich der/die Beschäftigte mit fortdauerndem Förderungsbedarf, zu Beschäftigungsbeginn in einer öffentlich geförderten Beschäftigungsmaßnahme (z.B. nach SGB II, SGB III) befindet und im Rahmen von Maßnahmen der Beschäftigung und/oder Qualifizierung zur Erlangung eines Arbeitsplatzes und/oder Erhaltung der Beschäftigungsfähigkeit eine fachliche und/oder sozialpädagogische Anleitung erhält oder für die Eingliederungsleistungen gewährt werden.

   [3]Bis zur Gesamtdauer nach Satz 2 ist in diesen Fällen auch die höchstens zweimalige Verlängerung eines kalendermäßig befristeten Dienstvertrages zulässig. [4]Eine Befristung nach Satz 2 ist nicht zulässig, wenn mit demselben Dienstgeber bereits zuvor ein befristetes oder unbefristetes Dienstverhältnis bestanden hat.

3. Abweichend von Nr. 1 und 2 dürfen Dienstverhältnisse nach gesetzlich geregelten Sondertatbeständen i.S.d. § 23 TzBfG, insbesondere nach dem Gesetz über befristete Arbeitsverträge mit Ärzten in der Weiterbildung (ÄArbVG) und dem Gesetz über befristete Arbeitsverträge in der Wissenschaft (WissZeitVG), auch über die genannten Höchstgrenzen hinaus befristet werden.

4. In Dienstvereinbarungen kann geregelt werden, bei welchen Tatbeständen bzw. Fallgestaltungen abweichend von Nr. 1 eine über 6 Jahre hinausgehende Befristung von Dienstverhältnissen sowie abweichend von Nr. 2 Buchstaben b) und c) eine über 21 Monate hinausgehende Befristung möglich ist.

* Der Einrichtungsbegriff wird im Sinne der MAVO verwendet.

5. Beschäftigte in einem befristeten Dienstverhältnis werden bei der Besetzung von Arbeitsplätzen bevorzugt berücksichtigt, wenn die sachlichen und persönlichen Voraussetzungen gegeben sind.
6. Wurden Dienstverträge unter Missachtung der Nr. 1 - 5 oder dort in Bezug genommener Regelungen vereinbart, gelten die Dienstverhältnisse als auf unbestimmte Zeit abgeschlossen.
7. [1]Die Regelung tritt zum 1. Juni 2024 in Kraft. [2]Sie gilt für alle Dienstverträge, die ab 1. Juni 2024 befristet abgeschlossen werden. [3]Sie ersetzt die ersetzende Entscheidung des Vermittlungsausschusses der Zentral-KODA vom 28. Oktober 2019 „Sachgrundlose Befristung von Arbeitsverträgen".
8. [1]Die Arbeitsrechtlichen Kommissionen können bis 6 Monate nach Inkraftsetzung dieser Regelung entscheiden, ob sie anstelle der Regelung der Zentralen Arbeitsrechtlichen Kommission die bislang in eigener Zuständigkeit beschlossenen Regelungen beibehalten oder unverändert wieder in Kraft setzen. [2]Betreffen diese nur einen Teil der hier geregelten Rechtsfragen, gelten ergänzend die hier getroffenen Regelungen.

BK-Beschluss vom 20. Juni 2024

I. Der Vermittlungsausschuss der Zentralen Arbeitsrechtlichen Kommission hat mit der ersetzenden Entscheidung vom 22. Januar 2024 eine „Gesamtregelung zur Befristung" getroffen. Die Regelungen ersetzen die Entscheidung vom 28. Oktober 2019. Der Beschluss tritt zum 1. Juni 2024 in Kraft. Entsprechend Nummer 8 der Entscheidung kann die Arbeitsrechtliche Kommission die bislang in eigener Zuständigkeit beschlossenen Regelungen unverändert wieder in Kraft setzten. Die AVR enthalten Regelungen zum Befristungsrecht. Sie sollten für den Fall, dass sie durch die Ersetzende Entscheidung des Vermittlungsausschusses außer Kraft gesetzt wurden, wieder in Kraft gesetzt werden.

Bestätigung der AVR-Befristungsregelungen durch BK-Beschluss

II. Die Bundeskommission bestätigt in Anwendung dessen unter Wiederinkraftsetzung der unveränderten Regelungen mit Stand vom 31. Mai 2024 zum 1. Juni 2024

§ 19 Absatz 5 AT AVR,

§ 18 Anlage 30 AVR,

§§ 18 und 19 Anlage 31 AVR,

§§ 18 und 19 Anlage 32 AVR und

§§ 17 und 18 Anlage 33 AVR.